GARTENPFLANZEN

Rosa Wolf
Fotos: Ursel Borstell

Garten PFLANZEN

PraxisHandbuch

Sommerblumen | Stauden | Zwiebelblumen | Gräser und Farne
Ziergehölze | Rosen | Kletterpflanzen

blv

Inhalt

Einführung

Der Garten rund um das Haus

Gartenpflanzen im Porträt

Pflegekalender für Gartenpflanzen

Anhang

Einführung

Der Garten ist wie eine Pralinenschachtel – er steckt voller süßer Überraschungen, und man kann nie genug davon bekommen. Probieren Sie aus, was Ihnen gefällt. Gestalten Sie frei nach Ihrem Geschmack. Damit die Überraschungen auch nach Jahren noch positiv sind, sollten Sie bei der Anlage des Gartens grundsätzliche Dinge beachten. Das Buch bietet Ihnen dazu den Überblick.

Was sind Einjährige, Stauden und Gehölze?

Was unterscheidet Stauden von einjährigen Sommerblumen? Kann ich Stauden so behandeln wie Sträucher und alle anderen Pflanzen im Garten? Was macht ein Gehölz zu einem Baum oder Strauch? Und was davon ist das Richtige für meinen Garten? Fragen, die Sie sich am Anfang stellen. Hier die Antworten.

Es sind die Bäume, Ziersträucher und Hecken, die unseren Gärten für viele Jahre ihre Struktur geben. Auch so manche Staude wird 20 Jahre alt und über die Jahre mächtig groß – durchaus tragende Säulen für die Gestaltung großer Beete oder ganzer Gartenecken. Einjährige Sommerblumen dagegen bestimmen nur für einen Sommer das Aussehen, sie verschieben für ein paar Monate mit ihrer Blütenflut die Schwerpunkte im Garten. Und das ist gewollt und wunderschön, doch schon im Herbst ist ihre Spielzeit zu Ende, der Blütenvorhang fällt zu Boden und das Spektakel ist vorbei.

In den Beeten trumpfen nun Herbstastern, Fetthennen und die Gräser auf. Herbst bedeutet im Garten nicht Trauer, sondern kraftvoller, farbenfroher Höhepunkt. Wenig später färben manche Laubsträucher ihre Blätter feurig rot oder glühend orange, danach aber lassen sie das bunte Kleid fallen, und der Garten liegt nackt vor dem Haus. Zu Tage kommt die ihm zu Grunde liegende Struktur, gezeichnet durch Immergrüne, durch Wege und Beeteinfassungen. Die Sträucher und Bäume markieren die Eckpunkte. Nach letztem Aufflackern der Astern kehrt Ruhe ein in den Garten. Leise wiegen die Gräser ihre Halme im Wind.

Im Frühjahr beginnt wieder alles von vorne, und doch wird es ganz anders werden. Der Garten steckt voller Überraschungen, voller Wandel und Entwicklung. Die Bühne ist wieder frei für die einjährigen Tänzer der Sonne, für neue Gesichter und bewährte Gestalten. Alles hat seine Zeit und braucht auch seine Zeit. Ungeduld quittiert der Garten mit Gedränge und Völle; Geduld mit wunderbarer Fülle;

Die Pflanzengruppen

Grundsätzlich unterscheiden wir Pflanzen im Garten nach ihrer Lebensdauer und ihrer Wuchsform. Die Fachleute teilen die Pflanzenwelt in verschiedene Gruppen ein: Einjährige, Zweijährige, Stauden, Zwiebelblumen, Kletterpflanzen und Gehölze. Die wichtigsten, für Einsteiger und weniger erfahrene Hobbygärtner empfehlenswerten Arten haben wir im zweiten Teil des Buches für Sie zusammengestellt, geordnet nach diesen Pflanzengruppen.

Wie alt eine Pflanze werden kann oder darf, bestimmt neben ihrer Größe, ihrem Blätterkleid, der Farbe und Form der Blüte auch die Rolle, die sie im Garten ausfüllt – ob als Leitpflanze oder Leitstaude, ob als Flächenpflanze, Bodendecker oder Solitärpflanze in Einzelstellung. Lassen Sie sich dazu von den verschiedenen Pflanzideen rund ums Haus ab Seite 28 inspirieren.

Was sind einjährige und zweijährige Blumen?

Einjährige Blumen

Sie blühen unermüdlich, vom Frühsommer bis zum Herbst. Man sät sie jedes Jahr neu, von Ende März bis Mitte Mai, oder ihr Samen liegt noch vom Vorjahr in der Erde. Die Saat keimt bei entsprechender Bodentemperatur, die Sämlinge wachsen zu stattlichen Pflanzen heran und beginnen meist zum Sommeranfang mit der Blüte, die bis weit nach Sommerende andauert. Erst im goldenen Herbst geht sie nach pausenlosem Blühen zu Ende.

Und damit endet auch das Leben der einjährigen Sommerblumen wie Ringelblumen *(Calendula officinalis)*, Jungfer-im-Grünen *(Nigella damascena)*, Kornblumen *(Centaurea cyanus)* und Studentenblumen *(Tagetes-*Arten). Die meisten von ihnen setzen nach der Blüte reichlich Samen an und verteilen diesen rund um ihren Standort.

Häufig sind die bei uns als »Einjährige« angesehenen in Wahrheit mehrjährige, ausdauernde Pflanzen – nur bei uns nicht winterhart. Und weil es einfacher ist, frisch auszusäen, als jede Art nach ihren Ansprüchen zu überwintern, haben sich viele mehrjährige Pflanzen in unseren Gärten als Einjährige »etabliert«. So wird die Kapuzinerkresse *(Tropaeolum majus)* bei uns als Einjährige gezogen, in ihrer südamerikanischen Heimat lebt sie jedoch als ausdauernde Staude viele Jahre. Hier bei uns setzt sie reichlich Samen an. In Gegenden mit starken Frösten sollten Sie die Samenkapseln absammeln, trocknen und im nächsten Frühjahr aussäen. In milden Regionen überwintern die Samen im Boden schadlos.

Tipp für Anfänger

Auf der Fensterbank oder im Gewächshaus kann man Ende Februar mit der Aussaat beginnen. Am einfachsten ist es, in Jiffy- oder andere Torfpresstöpfe zu säen. Man erspart sich dadurch das Pikieren (Vereinzeln). Die Jungpflanzen können dann ab Mitte April samt Topfballen ins Freie gesetzt werden. In den ersten Wochen muss man sie aufmerksam beobachten und gegebenenfalls mit Reisig oder Vlies abdecken.

Tipp für Anfänger

Säen Sie im Juli oder August auf einem separaten Beet zweijährige Blumen aus, z. B. Stiefmütterchen und Vergissmeinnicht. Pflanzen Sie die Jungpflanzen etwa im September an die Stellen, an denen sie im nächsten Frühjahr blühen sollen. Dieses Verfahren wird seit Jahrzehnten in den Bauerngärten praktiziert und macht viel Freude. Im Frühjahr rechnet man nicht mehr mit den Zweijährigen, sondern wird von ihrer Blütenfülle regelrecht überrascht.

Zweijährige Blumen

Zweijährig bedeutet, die Pflanze lebt zwei Jahre und stirbt dann ab. Sie bildet im ersten Jahr eine kräftige Blattrosette und überwintert damit. Im zweiten Jahr erscheint die prächtige Blüte. Wenn diese vorbei ist, reifen die Samen heran, die die meisten Zweijährigen im ganzen Garten verteilen, oft an Stellen, wo es mager und karg ist. Man selbst käme nie auf die Idee, an diesen Stellen Samen in den Boden zu stecken, der oft nur aus »Dreck« in den Fugen besteht. Aber gerade an diesen »unmöglichen Stellen«, am Rand von Stufen und Platten, erfreuen uns die Weggesellen und erheitern die Laune. Und deshalb rate ich Ihnen: Lassen Sie sie wandern, im Laufe der Jahre kontinuierlich durch alle Beete, über Treppen und entlang der Wege, damit sie ihre blühenden Spuren im Garten hinterlassen.

Ein kunterbuntes Blumenbeet. Hinten ragen die Rispen der zweijährigen Stockrosen in die Höhe, dazwischen leuchten die Löwenmäulchen, die pinkfarbenen Blütensterne der einjährigen Kosmeen und die Blütenbälle der rotweißen Dahlien.

Zu den Zweijährigen gehören z. B. die Stockrosen *(Alcea rosea)*, die Königskerze *(Verbascum)*, der Fingerhut *(Digitalis)*, das Vergissmeinnicht *(Myosotis sylvestris)*, der Muskatellersalbei *(Salvia sclarea)* oder die Stiefmütterchen *(Viola*-Wittrockiana-Hybriden).

Ein Frühlingsgarten vom Feinsten: Knallrote, gelbe und weiß-rot geflammte Tulpen inmitten von Gräsern und Gehölzen, begleitet von Goldlack und eingerahmt von rot blühenden Polsterstauden und Primeln.

Was sind Stauden?

Stauden – das sind krautartige Pflanzen. Also Gewächse, deren Triebe nicht verholzen, sondern weich, meist grün und saftig bleiben. Die meisten Stauden leben viele Jahre, überdauern den Winter unter der Erde und treiben jedes Frühjahr aus frostharten Überdauerungsorganen neu aus. Diese Knospen liegen dicht an der Erdoberfläche. Wer im Winter vorsichtig am Fuße einer Fetthenne die Erde wegschürft, wird die ersten Knospen sehen können. Allerdings müssen Sie diese sofort wieder bedecken.

Im Laufe des Sommers wachsen manche Stauden mannshoch, zum Beispiel der Große Sonnenhut *(Rudbeckia nitida)*, der Federmohn *(Macleaya cordata)* oder der Wasserdost *(Eupatorium purpureum)*.

Einige Stauden sind winter- oder immergrün und zeigen auch im Winter einen grünen Blattschopf, zum Beispiel die Pfirsichblättrige Glockenblume *(Campanula persicifolia)* oder die Bergenien *(Bergenia cordifolia)*. Sie ziehen sich nicht völlig unter die Erde zurück. Ihre grünen Blätter halten Frost aus.

Tipp für Anfänger

Generell empfiehlt es sich, abgestorbene Pflanzenteile von Stauden stehen und liegen zu lassen. Diese schützen die Knospen im Winter. Im März werden die Teile dann entfernt. Gleiches gilt für die Ziergräser, deren höhere Halme Sie stehen lassen sollten. Sie schmücken mit ihren trockenen Halmen und Blüten den Garten auch im Winter. Erst zum Neuaustrieb im Frühjahr werden sie abgeschnitten.

Die markanten Blüten des Roten Sonnenhuts *(Echinacea purpurea*, links) werden eingerahmt von Flammenblumen *(Phlox*-Paniculata-Hybriden) und blauem Anis-Ysop *(Agastache foeniculum)*.

Zwiebel- und Knollenblumen

Einige Stauden treiben ihre oberirdischen Blätter und Blüten jedes Jahr aus Zwiebeln wie die Tulpen oder Narzissen, oder aus Knollen wie das Alpenveilchen *(Cyclamen hederifolium)*.

Zwiebeln sind nichts anderes als viele Triebe in Schuppenform, die auf kleinstem Raum, eng gefaltet wachsen. Sie sind zu Speicherorganen umfunktioniert. Knollen sind verdickte Sprosse oder Sprossteile, die ebenfalls als Nährstoffspeicher dienen. Nachfolgend werden beide Gruppen einfach als Zwiebelblumen bezeichnet.

Die Zwiebel- und Knollenblumen zählen ebenfalls zu den Stauden. Der Botaniker nennt sie Kryptophyten oder **Geophyten.** Sie leben nämlich die meiste Zeit des Jahres unter der Erde, in ihren Zwiebeln oder Knollen. Meist nur so lange, wie die Äste der Laubbäume noch kahl sind und viel Sonne auf den Boden fällt, also früh im Jahr, zeigen sie ihre Blätter und Blüten. Bald nach der Blüte werden die Blätter gelb, weil sie sämtliche Nährstoffe nach unten in die Zwiebel bzw. Knolle abgegeben haben. Dadurch welken die Blätter langsam. (oder werden von uns entfernt). Bis zum nächsten Stelldichein schlummern die Zwiebelblumen im Boden, bilden Brutzwiebeln und sorgen für die Blüte des nächsten Jahres.

Die Lebensbereiche der Stauden

Stauden werden häufig nach ihren Ansprüchen an den Boden eingeteilt. Diese Ordnung richtet sich streng genommen nach den so genannten Lebensbereichen der Stauden in ihrer ursprünglichen Heimat. Je nach Herkunft lieben sie die trockene, nährstoffarme Steppe, wie die Steppenkerze *(Eremurus stenophyllus)*, oder den feuchten Waldboden, wie der Salomonssiegel *(Polygonatum multiflorum)*. Die angestammten Lebensbereiche der Wildstauden sind wie folgt gruppiert: Gehölz, Gehölzrand, Freiflächen, Steingarten, Matten und Geröll, Beet, Wasserrand (=Ufer) und Wasser. Für jeden dieser Lebensbereiche oder Standorttypen gibt es außerdem die Unterscheidung in sonnig, halbschattig und schattig.

Wie lange leben Stauden?

Unterschiedlich. Eine Pfingstrose *(Paeonia)* kann 20 Jahre alt werden, wenn man sie in Ruhe lässt und nicht verpflanzt. Kokardenblumen *(Gaillardia)* dagegen, ebenfalls Stauden, leben manches Mal nur drei Jahre. Das hängt einerseits von Boden, Licht und dem Nahrungsangebot ab, zum anderen aber auch von der Veranlagung der Pflanzen. Unter den Stauden gibt es kurzlebige Arten, die ihre gesamte Lebenskraft in ein, zwei Sommern verausgaben. In den meisten Fällen sorgen sie aber vor ihrem Ableben für eine große Nachkommenschaft und bilden viel Samen, wenn man die Fruchtstände stehen und den Samen reifen lässt.

Tipp für Anfänger

Noch bevor die Kokardenblumen (Gaillardia) *oder andere kurzlebige Stauden völlig abgeblüht sind, werden sie bodennah abgeschnitten und kräftig gedüngt. Das verhilft ihnen oft zu einer etwas verlängerten Lebensdauer.*

Was macht eine Pflanze zum Gehölz?

Gehölze sind alle Pflanzen, deren Zellen verholzendes Gewebe produzieren können – also alle Laub- und Nadelbäume, Sträucher, Heckenpflanzen und Klettergehölze. Ein Grenzfall zwischen Stauden und Gehölzen sind die so genannten Halbsträucher, deren Triebe nur teilweise verholzen. (siehe Seite 12).

Bäume

Bäume sind deutlich in Stamm und Krone gegliedert. Sie können bis über 100 Meter hoch werden, etwa die Mammutbäume in Nordamerika oder bestimmte *Eucalyptus*-Arten in Australien. Heimische Nadelgehölze wie Fichte und Tanne erreichen bis zu 60 m Höhe. Bis dahin vergehen viele Jahre. Bäume werden alt, bis zu hundert oder mehr Jahre, manche sogar mehrere tausend.

Es gibt **Laubbäume** wie Ahorn, Linde, Eiche und Buche, die ihr Laub im Winter fallen lassen und eine Art »Winterschlaf« halten. Ihre Äste sind dann kahl und lassen das Licht bis zum Boden durch, ideal für eine bunte Unterpflanzung aus Frühlingsblumen.

Nadelbäume wie Fichte, Tanne und Kiefer sind immergrün. Ihre Äste sind das ganze Jahr über mit Nadeln bedeckt. Unter ihnen ist es das ganze Jahr dunkel und trocken, der Boden ist von der Nadelstreu sauer. Es wachsen dort nur wenige Pflanzen, etwa Farne und Gräser.

Für die meisten Hausgärten kommen aufgrund der Grundstücksgröße nur kleinkronige Bäume in Frage.

Die Kugel-Akazien geben zusammen mit der Buchenhecke im Hintergrund dem Staudengarten einen herrschaftlichen Rahmen. Beide Gehölze müssen Sie in Form schneiden.

Kleinkronige Bäume	Höhe
Blumenesche *(Fraxinus ornus)*	8–10 m
Kugel-Akazie *(Robinia* 'Umbraculifera')	2– 3 m
Eberesche *(Sorbus americana)*	7– 9 m
Feuerahorn *(Acer ginnala)*	5– 6 m
Zierapfel *(Malus floribunda)*	8–10 m

Sträucher und Kletterpflanzen

Sträucher zählen ebenfalls zu den Holzgewächsen. Sie bilden mehrere, gleichwertige, also etwa gleich starke, verholzende Triebe. Je nach Lebensform behalten oder verlieren sie ihre Blätter im Winter. Es gibt also immergrüne Sträucher wie z. B. den Kirschlorbeer *(Prunus laurocerasus)*. Die Mehrzahl der heimischen Sträucher ist jedoch sommergrün, das heißt, sie verlieren im Herbst nach einer mehr oder weniger intensiven Färbung die Blätter. Streng genommen gehören die mehrjährigen Kletterpflanzen zu den Sträuchern, werden aber fast immer – vor allem in Katalogen – als Kletterpflanzen geführt. Zum Beispiel das Geißblatt *(Lonicera)*, die Kletterhortensie *(Hydrangea petiolaris)*, die Waldrebe *(Clematis)* oder der Spindelstrauch *(Euonymus)*.

Sträucher werden im Gegensatz zu Bäumen maximal fünf Meter hoch. Ausnahmen sind Klettergehölze und Lianen wie die Italienische Waldrebe *(Clematis vitalba)*, die auch schon mal 10 m lange Triebe ausbildet.

Die bei uns winterharten Sträucher bilden jedes Jahr an ihren neuen und auch alten Trieben frische Knospen für Blätter und Blüten. Das heißt, die Sträucher werden immer dichter und breiter.

Damit sie ihre Form behalten und jedes Jahr üppig blühen, muss man sie alle drei Jahre verjüngen. Mehr dazu ab Seite 229.

Tipp für Anfänger

Das Knospenwachstum an den alten Trieben lässt mit der Zeit nach. Deshalb führt der Gärtner nach 3–5 Jahren einen Verjüngungsschnitt durch und schneidet alle alten Triebe direkt über dem Boden ab. Mehr dazu im Pflege-Kapitel ab Seite 229.

Halbsträucher

Sträucher, deren Triebe bei uns im Winter Frostschäden erleiden, die Wurzeln aber den Winter unterirdisch überdauern, nennen die Gärtner »Halbsträucher«. Bekannte Vertreter sind der Schmetterlingsstrauch *(Buddleja)* oder die Blauraute *(Perovskia)*. Diese Halbsträucher werden deshalb jedes Frühjahr – nicht schon im Herbst – ziemlich stark zurückgeschnitten. Dadurch bilden sich viele junge Triebe, und der Busch blüht kräftiger.

Die verschiedenen Wuchsformen

Die Profigärtner teilen die Pflanzen, Stauden wie Gehölze, auch nach ihrer Wuchsform ein. Diese bestimmt neben der Lebensdauer vor allem die Verwendungsmöglichkeit im Garten. Für die Strukturierung des Gartens, für die Raumbildung und für das Gestalten mit verschiedenen Formen ist das Wissen um die Wuchsform unerlässlich.

Baumformen

Bäume wachsen von Natur aus mit einem geraden Stamm und bilden eine Baumkrone aus, die mit den Jahren immer dichter und breiter breit. Sie kann kugelrund sein wie beim Kugelahorn *(Acer platanoides* 'Globosum'), kegelförmig wie bei Koniferen wie Tanne *(Abies nordmanniana)*, Fichte *(Picea abies)* oder Lebensbaum *(Thuja)*. Eiförmig sind die Kronen von vielen Laubbäumen wie der Linde *(Tilia × vulgaris)* oder der Hainbuche *(Carpinus betulus)*. Zu den strengen Kronenformen gehören auch die sehr schlanken, schmal wachsenden Laubbäume wie die Säulenbuche *(Fagus sylvatica* 'Fastigiata'). Optisch sehr auffällig sind die Hänge- oder Trauerformen von Birke *(Betula pendula* 'Tristis') und Buche *(Fagus sylvatica* 'Pendula').

Der Blauregen *(Wisteria sinensis)* ist eigentlich eine Kletterpflanze, doch lässt er sich auf Grund seines starken Dickenwachstums auch als Hochstamm erziehen. Ein Traum!

Ein formaler Staudengarten mit runder Mitte und zentralen Achsen. Auffällig die weißen Blütenwolken der Dreiblattspiere *(Gillenia)*. Links grenzt eine hohe Hecke das weiße Gartenzimmer ab.

Beim Einkauf in der Baumschule werden Ihnen Bäume in verschiedenen **Erziehungsformen** angeboten:

- Bäume als **Hochstamm**: Das sind Bäume mit einem geraden Stamm und einer Baumkrone, die mindestens in 1,80 m Höhe beginnt. Sie eignen sich als Hausbaum.
- Bäume als **Stammbusch**: Bei dieser Erziehungsform handelt es sich um einen Baum, dessen Äste und Zweige am Stamm belassen wurden. Er ist also vom Boden bis zur Spitze beastet; der Fachmann spricht von »garniert«. Sie eignen sich als Einzel- bzw. Solitärpflanze im Garten.
- **Heister** sind jüngere Stammbüsche; hier ist ebenfalls der Stamm vom Boden bis zur Spitze mit Zweigen besetzt. Sie sind preisgünstig und wachsen im Garten relativ problemlos an.

Strauchformen

Sträucher wachsen unterschiedlich. Ziersträucher wie der Falsche Jasmin *(Philadelphus coronarius)* oder die Deutzie *(Deutzia amabilis)* sind **kahlfüßig** und blühen an der Spitze der Triebe üppig. Das heißt für die Verwendung im Garten: Vor sie sollte man schattenverträgliche Zwerggehölze oder Stauden pflanzen. Sie haben dort genug Raum und verdecken zugleich die kahlen Basistriebe.

Andere Ziersträucher wie der Hartriegel *(Cornus alba)* haben bogenförmige Triebe, wachsen »bodenschlüssig«, bedecken also den Boden rund um ihre Basis. Ein Unterpflanzen ist bei diesen Arten unnötig.

Sparrige Wildgehölze wie die Schlehe *(Prunus spinosa)* bilden mehrere Haupttriebe, die stark verzweigt sind. Extrem flach wachsende, am Boden **kriechende Pflanzen** wie der Kriechwacholder *(Juniperus horizontalis* 'Glauca' und die Kriechspindel *(Euonymus fortunei* var. *radicans)* gehören in die Gruppe der **Bodendecker.** Die Bezeichnung deutet darauf hin, dass diese Pflanzen im Garten dort eingesetzt werden, wo man den Boden mit Pflanzen bedecken will. So erspart man sich das Unkrautjäten.

Wuchsformen bei Stauden

Auch Stauden wachsen sehr unterschiedlich. Es gibt flach wachsende Arten, so genannte **Kriechstauden**, die maximal 5 cm hoch werden und mattenartig Steine und Boden überziehen. Diese Stauden bezeichnet man ebenfalls als Bodendecker.

Zu dieser Gruppe zählen außerdem viele **niedrige Stauden**, die nur bis 30 cm hoch werden, horstig oder flächig wachsen, etwa der Storchschnabel *(Geranium macrorrhizum)* oder die Elfenblume *(Epimedium × perralchicum)*.

Andere wachsen **straff aufrecht** und werden über 1 m hoch, zum Beispiel die Goldrute *(Solidago)* oder die Herbstastern *(Aster novi-angliae)*. Sie zählen zu den **Schaftstauden.**

Viele Prachtstauden, von Züchterhand ausgelesen und kultiviert, und die meisten Ziergräser wachsen **horstartig**, wie der Rittersporn *(Delphinium)* oder der Sonnenhut *(Rudbeckia)*. Einige treiben **Ausläufer** und verbreiten sich im Beet, z. B. die Herbstastern *(Aster*-Arten) oder der Felberich *(Lysimachia)*.

Wenn man das erste Mal einen eigenen Garten hat, freut man sich zunächst über den Ausbreitungsdrang. Sobald man aber mit gezieltem Gestalten und »Malen« beginnt, wird man diesen Ausläufern schnell Einhalt gebieten. Zudem hält nicht jede Staude in der Nachbarschaft diesem Ausbreitungsdrang Stand. Dies sollte man bereits bei der Planung eines Staudenbeetes beachten.

Grundsätzliches zur Gartengestaltung

Den Garten zu gestalten, das ist vergleichbar mit der Planung des Hauses, der Einteilung der Zimmer, der Verbindung der Räume durch Türen, Durchgänge und Treppen sowie letztlich der Frage der Einrichtung.

In dieser Reihenfolge sollte man auch bei der Gestaltung des Gartens vorgehen. Erst am Schluss überlegt man sich für drinnen die Farbe der Tapeten, sucht man nach passenden Möbeln sowie Accessoires. Draußen im Garten sind dies die Pflanzen, ihre Formen und Größen, ihre Blüten- und Blattfarben sowie die Steine, Wasserspiele, Skulpturen oder weitere schmückende Gegenstände.

Gartengestaltung Schritt für Schritt

① Ideen sammeln

Zuerst ist es wichtig, viele Ideen zu sammeln. Skizzieren Sie diese auf Papier oder legen Sie Bilder aus Zeitschriften, selbst fotografierte Fotos und anderes Bildmaterial zur Seite. Heften Sie Auszüge aus Zeitschriftenartikeln, Katalogseiten oder Prospekten in einem Sammelordner ab.

② Wunschliste schreiben

Das Ideen sammeln ist das Eine. Aber genauso wichtig ist es, sich klar zu machen, was man im Garten sehen und erleben will. Verdeutlichen Sie sich Ihre Bedürfnisse und Vorstellungen bezüglich des Gartens.

Schreiben Sie die Wünsche auf, ordnen Sie diese in praktische Dinge wie Gemüsebeet, Kompost oder Geräteschuppen und in sinnliche Elemente wie Sitzplätze, kuschelige Lauben und nostalgische Brunnen, Putten.

Gartenräume wie den Gemüsegarten, den Spielbereich für Kinder und ein Sitzplatz am Wasser gehören ebenfalls auf die Wunschliste. Auch bestimmte Farben, Formen oder Materialien, die Sie oder Ihre Familie schön finden und im Garten haben möchten, sollten Sie mit auf diese Wunschliste schreiben.

Achten Sie bereits bei der Wunschliste auf den **»roten Faden«**, der später durch Ihren Garten führt. Verbinden Sie die einzelnen Räume mit Wegen oder schmalen Pfaden. Durchgänge

machen neugierig, erhöhen die Spannung. Hindernisse, Kurven und Stufen unterbrechen den Gleichklang und bringen Rhythmus in den Garten. Auch ein Rosenbogen über dem Weg signalisiert: Hier beginnt ein neuer Abschnitt. Sehr wirkungsvoll ist auch eine Brücke oder ein Steg über den Gartenteich, sofern dieser eine schmale Stelle hat, oder über einen kleinen Bach, der wie zufällig durch das Grundstück fließt.
Planen Sie deshalb bereits auf der Wunschliste nach Bedürfnissen und Sehnsüchten. Auch wenn noch offen ist, wie Sie die Vision realisieren, schreiben Sie sie auf. Die Wunschliste könnte die Ordnung für den Sammelordner sein. Das erleichtert später die Auswahl.

Tipp für Anfänger

Je baulicher ein Element, desto auffälliger ist es im Garten. Eine Pergola aus weißem Holz etwa wirkt so dominant, dass sie nur bewusst als Blickfang eingesetzt werden kann. Als unauffälliger Raumteiler ist sie ungeeignet. Pflanzen wirken als Sichtschutz immer harmonischer und fügen sich besser ins Bild ein.

③ Bestandsaufnahme

Es geht darum, im eigenen Garten eine gründliche Bestandsaufnahme zu machen. Laufen Sie Schritt für Schritt durch den Garten, drehen Sie sich, ändern Sie die Perspektive und blicken Sie vom hinteren Garten zurück. Sie werden sehen, wie anders alles aussieht, wie fremd oder überraschend groß der Garten erscheint. Vielleicht ergibt sich bereits bei diesem Rundgang mit Perspektivenwechsel der Platz, an dem 1eine Laube stehen soll.
Zeichnen Sie solche Erkenntnisse auf einen maßstabsgetreuen Grundriss Ihres Grundstücks ein. Markieren Sie die Grundstücksgrenzen, wo sie offen, wo sie geschlossen sind sowie Fenster und Türen des Hauses. Letzteres ist wichtig für den gelungenen Ausblick. Sie werden es verstehen, wenn Sie später Ihren Garten von drinnen betrachten und sich über eine Figur oder eine besondere Lieblingspflanze freuen, die wie zufällig direkt vor Ihrem Fenster steht. **Sichtachsen** nennt der Fachmann diese Perspektiven. Außerdem sollten Sie größere Pflanzen, Bäume oder Sträucher, die erhalten bleiben sollen, einzeichnen. Auch vorhandene Tore, Wege und Gebäude sind wichtig.
Es hilft auch, zu fotografieren, aus der Küche hinaus in den Garten, vom Gartentor in den hinteren Garten usw., eben alle möglichen Perspektiven und Ansichten des Gartens. Damit kann man sich später, vielleicht im Winter, am Planungstisch, die Situationen besser vorstellen und muss sie nicht mühsam ins Gedächtnis rufen.

Auch wenn das Grundstück noch so klein und schmal ist, mit einer Gartenplanung können Sie Schritt für Schritt alle Wünsche der Familie verwirklichen.

④ Die Standorte im Garten beurteilen

Erstellen Sie dann eine Standortanalyse auf der Grundlage des Grundrisses. Dabei werden Faktoren wie Schatten, Sonne, Haupt-Windrichtung, aber auch bauliche Beschränkungen wie Höhenunterschiede, Kabel im Boden, Versorgungsleitungen eingezeichnet.
Beobachten Sie Ihren Garten genau. Notieren Sie sich auf dem Grundstücksplan, wo der Boden so verdichtet ist, dass das Regenwasser tagelang stehen

Unter Hopfenbögen zu lustwandeln – welch sinnliches Vergnügen. Der Goldhopfen *(Humulus lupulus* 'Aureus') wächst innerhalb eines Jahres schnell den Bogen entlang nach oben.

bleibt und nicht abläuft. Solche Staunässe, wie der Fachmann sagt, vertragen nur wenige Pflanzen. Genauso das andere Extrem: völlig trockener Boden – weil das Dach übersteht und kein Regen an die Stelle kommt, oder weil große Bäume das Wasser aus dem Boden saugen, oder weil der Boden einfach steinig und sandig ist und kein Wasser halten kann.

Optimal ist es, wenn man vor dem endgültigen Anlegen des Gartens ein Jahr wartet. Häufig ist man nach dem Einzug sowieso mit anderen Dingen beschäftigt und dankbar, wenn man die Gartengestaltung verschieben kann.

Verfolgen Sie vor allem den Lauf der Sonne. Welche Stellen werden im Winter besonnt? Oftmals wirft ein Nachbarhaus im Winter Schatten und im Sommer nicht. Der Grund: Die Sonne steigt im Winterhalbjahr nicht so hoch, dadurch wird der Einfallswinkel flacher. Für alle immergrüne Pflanzen wie Rhododendren, Eriken und Lavendelheide sind diese Plätze optimal. Denn starke Wintersonne an Frosttagen stört ihre Winterruhe, die Blätter tauen auf. Die Folge: Die Immergrünen verdursten, denn die Wurzeln können aus dem gefrorenen Boden kein Wasser nachsaugen. Eine oft verkannte Sache.

Werfen hohe Bäume, die Begrenzung des Grundstücks, dichte Hecken oder Mauern sogar ganzjährigen Schatten auf Beete, die eigentlich auf der Südseite des Grundstücks liegen? Südseite ist nicht gleich Sonnenseite. Wärme liebende, graulaubige Pflanzen gedeihen im Schlagschatten von Hecken oder Mauern nicht, obwohl das Beet auf der Südseite liegt.

Wo pfeift der Wind, wo gibt es Turbulenzen? Das ist nichts für zarte Pflänzchen. Wo ist eine vor starken Winden geschützte Stelle? Letztere ist ideal für Winterblüher oder andere empfindliche Gehölze. All dies ist unbedingt im Plan zu notieren.

Fazit: Um die richtige Pflanzenwahl zu treffen, muss man seinen Garten genau kennen.

⑤ Den Garten einteilen

Nun haben Sie einen Grundriss, eine Standortanalyse und Ihre Wunschliste. Jetzt geht es darum, alles zusammenzufügen und den einzelnen Flächen im Garten ihre Funktion, ihre Nutzung zuzuordnen. Also im hinteren Bereich vielleicht der Obstgarten, links in der Mitte die Spielecke für die Kinder oder der Gartenteich mit Sitzplatz – je nachdem, was Sie auf Ihrer Wunschliste stehen haben. Das ist ganz individuell zu entscheiden und von Fall zu Fall anders! Finden Sie Ihren eigenen Stil und bauen Sie sich Ihren Wunschgarten.

Legen Sie nun die **Struktur des Gartens** fest. Achten Sie darauf, dass der Garten nicht mit einem Blick erfassbar ist. Schaffen Sie **verschiedene Räume**, die nicht sofort einsehbar sind. Der Überraschungseffekt macht sich bezahlt. Auch kleine Gärten wirken deutlich größer, wenn sie aus verschiedenen Gartenzimmern bestehen (siehe »Tipps für kleine Gärten« auf Seite 22).

Schirmen Sie die Räume voneinander ab, durch Hecken, dichte Sträucher, breite und hohe Staudenbeete, Mauern, Lauben oder Rankgerüste. Bäume, Hecken und einzelne Sträucher werden dort positioniert, wo ein Halt, ein Rahmen oder eine bestimmte Höhe benötigt werden. Beziehen Sie vorhandene Bäume unbedingt mit ein. Bedenken Sie dabei auch den Schattenwurf eines Baumes, den im Winter bei flach stehender Sonne langen, weit reichenden und den kurzen Schattenwurf bei hoch stehender Sonne im Sommer.

⑥ Pflanzpläne erstellen

Erst jetzt ist der Zeitpunkt gekommen, an dem Sie die Flächen auf dem Plan konkret mit Pflanzen füllen. Verteilen Sie zuerst die Farben in Ihrem Garten. Wer gern monochrome Flächen mag, der malt zum Beispiel eine gelbe und eine blaue Rabatte. Die Vielfalt an Farben ist groß. Ihre psychologische Wirkung auf uns ist stärker, als der moderne Mensch glauben mag. Rot macht uns aggressiv, Blau weckt Fernweh und Orange macht Mut. Lesen Sie dazu mehr ab Seite 19.

Im Porträtteil des Buches (ab Seite 68) sind alle wichtigen und für den Einsteiger empfehlenswerten Gartenblumen, Ziergehölze, Kletterpflanzen usw. zu finden. Die genauen Beschreibungen, die exakte Angabe der Ansprüche an

Unterschiedliche Blattstrukturen bringen Ruhe ins Beet und vermitteln zwischen rivalisierenden Blütenfarben.

Die klare Weg- und Hausgestaltung wird von der monochromen und einheitlichen Beetgestaltung mit formal geschnittenen Lavendelbüschen unter Hochstämmchen betont.

Boden, Licht und Wasser werden Ihnen die Planung des Gartens erleichtern.
Schreiben Sie sich am besten eine Pflanzenliste, mit Höhe und Blütezeit, und skizzieren Sie zu den Namen das Aussehen der Pflanze. Nur grob, etwa die großen Kugeln einer Silberdistel, die schmalen Blätter der Gräser oder die Blütenkerzen der Prachtscharten. Sie werden sehen, nur der kleinste Anhaltspunkt wird Ihnen später die Erinnerung an die Pflanzen erleichtern. Noch besser ist ein »Garten-Tagebuch«, für jeden Tag eine Seite. Das sollten Sie auch auf Reisen mitnehmen, jederzeit für eine kleine Notiz bereit.
Dann geht es ans Pläne schmieden. Höhe, Blütenfarbe und Habitus (Wuchsform) der Pflanzen sowie deren Ansprüche an Licht, Boden und Wasser sind bei der Zuordnung in die Flächen zu berücksichtigen.
Wie Sie die einzelnen Standorte im Garten gestalten können, wird im zweiten Teil des Buches (Seite 28 ff.) ausführlich anhand vieler Beispiele erklärt.

Gestalten mit Formen und Strukturen

Formen liegen dem Garten zu Grunde und bestimmen den Gesamteindruck in hohem Maße. In der Ebene sind es die Formen der freien Flächen, auf die man schaut, also der Terrassen und Sitzplätze, sowie der Wege und Pfade, auf denen man geht.

Die **Wahl des Bodenbelags** entscheidet über den Eindruck der Fläche. Kombinieren Sie verschiedene Materialien, das erhöht die Spannung. Achten Sie auf den Fugenverlauf. Längs verlegte Platten, Bretter oder Pflasterreihen lassen den Weg schmaler und länger wirken, quer zum Weg verlegt, erzeugt es den gegenteiligen Effekt. Der Weg wirkt breiter und kürzer. Dieses Spiel mit den Linien bietet vor allem für kleine Gärten raffinierte Lösungen.
Das **Quadrat** als Grundform für den Garten oder für einzelne Flächen gilt als beruhigend, ebenso der **Kreis** und das **Sechseck**. Sie können zum Beispiel den gesamten Garten in verschieden große Kreise einteilen, die sich überlappen. Das kann man leicht mit einem Zirkel auf dem Papier ausprobieren. Verstärkend wirken Pflastersteine, die auf Sitzplatz und Terrasse ebenfalls kreisförmig verlegt sind. Sie werden sehen, wie beruhigend eine solche Gestaltung wirkt. Podeste, Holzdecks und kreisförmige Verbreiterungen eines Weges laden zum Verweilen ein. Ein wichtiges Element, um Ruhe in den Garten zu bringen. Schmale Wege mit in Längsrichtung verlegten Steinen fordern zum schnellen Gehen und Hetzen auf. Ein Effekt, den man im Garten vermeiden sollte.

Vertikale Elemente

Auf die ebenen Flächen treffen die senkrechten Elemente. Die Vertikale wird durch Gebäude, Zäune, Mauern, Pergolen und hohe Pflanzen betont. Große Gärten gewinnen durch vertikale Elemente an Intimität.
Zäune begrenzen das Grundstück und schirmen nach außen ab. Hecken dienen ebenfalls der Einfriedung am äußeren Grundstücksrand, doch sie können auch im Garten einzelne Räume abtrennen. Dekorative Elemente wie Ranksäulen, Obelisken oder Rosenbögen bringen schnell Höhe und Struktur in den Garten.
Beete erhalten durch vertikale Elemente einen Rhythmus. Gruppieren Sie kissenförmige Sträucher mit schlanken Säulen. Das sorgt ohne jede Blütenfarbe für eine angenehme Spannung. Durch die senkrechte, in die Höhe strebende Linie wird das Auge von der Ebene abgelenkt.

Hohe Stauden, Ziersträucher und Rosen-Hochstämmchen bilden auf Augenhöhe ein Schauspiel für sich. Sie betonen die senkrechten Linien, die Strukturen im Garten. **Leitpflanzen** mit dominanten Formen, wie hohe Gräser, Strauchrosen oder Bäume, sind vor allem für den winterlichen Garten unerlässliche Pfeiler und Stützen.

Raureif bringt die Formen klar zum Ausdruck – hier die handförmigen Blätter der Christrosen und die vertrockneten Blütenbälle der Hortensie 'Annabelle', im Hintergrund auf Augenhöhe.

Formale und naturnahe Gestaltungen

Formale Gestaltungen haben streng geschnittene Eiben- und Buchskegel und -kugeln als Leitpflanzen, naturnahe Gärten dagegen frei wachsende Schmetterlingssträucher, Wildrosen und heimische Sträucher. Aber auch in einem frei gestalteten Garten beruhigen formal geschnittene Eiben das Bild, etwa als Rahmen für eine Gartenbank oder als Raumteiler im Garten.

Pflanzen gehören zu den dynamischen, bewegten Elementen im Garten. Sie wachsen und verändern sich, der Wind bewegt sie. Im Winter sehen sie völlig anders aus als im Sommer und Herbst.

Die Blütenkerzen der Ligularie tanzen über ihren großen, herzförmigen Blättern. Vorne die lockeren Kerzen der Goldrute.

Es braucht seine Zeit, bis die Pflanzen ihre volle Höhe erreicht haben. Wer kleine, sehr junge Pflanzen setzt, muss warten können. Es lohnt sich. Hecken wirken nach ein paar Jahren weitaus organischer und harmonischer als schnell aufgestellte Holzzäune.

Abwechselnde Wuchsformen

Runde Büsche, wie geschnittene Buchskugeln, Zwergspireen, Latschenkiefern oder kugelige Stauden, betonen die Ebene, lenken den Blick auf den Boden. Große Blätter beruhigen ein Beet, das ansonsten mit vielen filigranen Pflanzen gefüllt ist. Funkienblätter zum Beispiel setzen Ruhepunkte. Der Frauenmantel vereint beides: filigrane, schäumende Blütenwolken über einem Nest aus großen, runden Blättern.

Hohe Kerzen von Königskerze, Steppenkerze oder Stockrosen ragen aus dem Beet heraus. Ihre schlanken Blütenkerzen kontrastieren von Natur aus mit den Blättern, den Rosetten oder Blattbüscheln am Boden. Sie sind gute Vorbilder für die Gestaltung mit Formen, um die Spannung im Beet zu erhöhen.

Setzen Sie mit solchen auffälligen Formen sowie mit unterschiedlichen Oberflächen (Texturen) bewusst harte Kontraste. **Karl Förster**, der berühmte Staudengärtner aus Potsdam, nannte dieses Gestalten mit gegensätzlichen Formen und Blättern, das Spiel mit »Harfe und Pauke«. Setzen Sie etwa eine großblättrige, blau bereifte Funkie zusammen mit einer hellgrünen, schmalblättrigen Taglilie. Immer wieder entsteht ein Spannungsbogen zwischen großen, herz- oder kreisförmigen und schmalen, lanzettlichen Blättern.

Vor allem für den Schattenbereich, in dem manchmal Blütenfarben fehlen, bietet dieses Spiel Abwechslung und Spannung. Farne und Wiesenraute *(Thalictrum)* mit filigranen Blättern neben breiten oder herzförmigen Blättern wie denen von Ligularien, Rodgersien oder Funkien. Eine Sonate der Natur.

Wie Skulpturen setzen geschnittene Gehölze oder skurril wachsende Pflanzen in der Höhe Akzente. Elegante Gestalten wie die Zaubernuss oder die Zwergulme kommen am besten zur Geltung, wenn die Pflanzen zu ihren Füßen niedrig sind und sich wie ein roter Teppich vor dem Gehölz ausbreiten.

Farben – die Sprache der Blumen

Einen Garten gestalten ist ein so künstlerischer Akt wie das Malen eines Bildes. Farbklänge, Kontraste und Harmonien, Farbverläufe und monochrome Bilder – je nach Gemüt, Charakter und Typ des Malers bzw. Gärtners entsteht ein individuelles Kunstwerk. Experimentieren ist im eigenen Garten so erlaubt wie das Mischen von Farben im Malkasten. Und das Schöne ist: Die Natur ist eine unerschöpfliche Quelle der Inspiration, und die Leinwand liegt jedes Frühjahr wieder frisch vor Ihnen. Es bleibt Ihnen überlassen, Stauden zu verpflanzen, Sommerblumen in anderen Farben als im letzten Jahr auszusäen, Beete zu verändern.

Gertrude Jekyll, die englische Gartengestalterin, malte tatsächlich, bevor sie pflanzte, und zwar mit Pinsel und Aquarellfarben. Zuerst bestimmte nur die Lehre der Farbharmonien ihr Malen der Pflanzpläne. Im zweiten Arbeitsgang ordnete sie den gewählten Farbnuancen die entsprechenden Stauden, Sommerblumen und Gehölze zu.

Ein enormes Pflanzenwissen ist Voraussetzung für so ein Vorgehen. Erst als die Farbe getrocknet war, entschied sie, welche Staude diese oder jene Farbnuance am volkommensten treffen könnte und schrieb deren Namen in die Pflanzflächen. Ihre Pflanzungen sind leicht an den »drifts«, den lang gezogenen, schmalen Streifen zu erkennen, die sie mit einem Pinselstrich formte und mit Tupfern (=»Tuffs«) unterbrach.

Blau bringt Tiefe in kleine Gärten, lässt das Auge schweifen und den Geist träumen. Hier Glockenblumen und Blaunessel.

Diese »drifts« haben zwei Vorteile: Zum einen sieht das Beet je nach Standort und Blickwinkel stets anders aus, ob von vorne oder von der Seite. Zum anderen hinterlassen Stauden, die ihre Blätter schon früh im Jahr einziehen, keine hässlichen Lücken. Die schmalen, dann leeren Bänder werden von den Pflanzen davor und dahinter leicht kaschiert.

Farben sind für die Blumen eine Ausdrucksform. Blau lässt die Pflanzen distanziert, vornehm und wie im Nadelstreifenanzug gekleidet aussehen, mit ein wenig Rotanteil darin wirken sie bereits wärmer und kontaktfreudiger. Blumen, ganz in Weiß gekleidet, wirken festlich und edel – ganz besonders, wenn die Blätter graublau behaart sind. Rot dagegen verwandelt die Blumen in leidenschaftliche, kämpferische Gestalten, Orange sprüht nur so vor Lebensfreude.

Nun zu den Farben und ihren Wirkungen im Einzelnen.

Blau

Eine heiß begehrte Farbe unter den Gärtnern. So üppig wie Blau am Firmament vorhanden ist, so selten kommt sie in der Natur vor. Wenige Blumen blühen blau, einige tragen blaue Nadeln oder graublaue Blätter.

Schon die Pharaonen kleideten ihre Kinder in blaue Gewänder, weil für sie die Farbe Blau himmlischer Herkunft war. Der Lapislazuli, der blaue Stein, schmückte die Häupter vieler Herrscher und zählt seit altersher zu den begehrten Edelsteinen.

Die Farbpsychologie sagt, die Farbe Blau wirkt kühl, vornehm, distanziert, leidenschaftslos und unerreichbar. Vielleicht kommt dies von der Assoziation an den blauen Schatten auf Schnee und Eis, oder von den blau schimmernden weiten Horizonten. Blau gilt zumindest als die Farbe des Rückzugs und des Hintergrunds.

Tipp für Anfänger

Pflanzen Sie blaue Blumen am Ende eines kurzen Weges. Dies lässt ihn länger wirken. Werden schmale, lange Handtuchgärten seitlich mit blauen und an der Stirnseite mit roten und orangefarbenen Blumen gestaltet, erscheint die Fläche breiter und kürzer.

Im Garten erhöhen blaue Staudenbeete das Gefühl von Weitläufigkeit. Blaue Tupfer verleihen einem Beet Tiefe und heben die Kontraste zu Gelb und Orange. Gelb leuchtet in der Nachbarschaft von Blau deutlich intensiver. Wer will, kann mit breiten Pflanzstreifen aus blau blühenden Blumen eine Schattenwirkung erzielen.

Enge Gärten, die seitlich mit Sichtschutzzäunen eingerahmt sind, können durch eine Bepflanzung mit einer blau blühenden Kletterpflanze wie die Klematis 'Lasurstern' großzügiger wirken.

Grün

Der Slogan der deutschen Baumschulwirtschaft lautet »Grün ist Leben«. Was simpel klingt, ist aber der Ausdruck für das, was wir Menschen beim Anblick von saftigen Wiesen, gesunden Bäumen und frischen grünen Blättern denken: Leben. Grünes Gemüse ist gesund, eine mütterliche Weisheit, die kleine Kinder jahrelang Spinat verordnet hat. Grün ist der Farbstoff aus dem tatsächlich das Leben der Pflanzen gemacht wird: Chlorophyll.

Grün ist in unseren Breitengraden in den Gärten allgegenwärtig. Es bildet stets den Hintergrund für andere Farben und ist doch zugleich ein eigener Malstoff. Streng geschnittene Eiben- oder Buchshecken sind ideale Kulissen für bunte Staudenbeete und malen im Winter, der blütenlosen Zeit, einen grünen Rahmen in den Garten. Wunderbar.

So viele Grüntöne wie die Natur zu schaffen in der Lage ist, kann kein Maler auf seine Leinwand fixieren. Grün gibt es in zig verschiedenen Nuancen, gelblich, wässrig, satt und dunkel, rötlich oder bläulich. Grün ist damit auch ein Ausdruck der Vielfalt des Lebens. Es gibt Gärten, die sind ganz in Grün gehalten. Das wirkt beruhigend, für manchen sogar eintönig. Aber einzelne Beete könnte man in seinem Garten ganz in Grüntönen spannend gestalten. Durch die Oberflächenbeschaffenheit, die Textur der Blätter, scheint jedes Grün doch wieder anders, je nach dem wo die Sonne steht und wie der Einfallswinkel des Lichts ist. Vor allem im Frühling empfinden wir das jungfräuliche Grün als Wohltat und erfrischend.

In der Farbpsychologie gilt Grün als mitfühlende, saftige Farbe, als elegant und vornehm. Die Komplementärfarbe von Grün ist Rot. Rote Blüten glühen inmitten einer grünen Fläche.

Grün ist eine Mischfarbe aus Blau und Gelb. Und so sind diese beiden Grundfarben auch immer wahrnehmbar, mal die eine, mal die andere stärker. Grünblaue oder graugrüne Blätter z. B. von der Silberkerze *(Cimicifuga simplex* 'Atropurpurea') wirken dunkel, wie ein Schatten, gelbgrüne dagegen heller und leuchtender, etwa die von der Goldwolfsmilch *(Euphorbia polychroma)* oder dem gelben Hopfen *(Humulus lupulus* 'Aureus').

Gelb

Strahlend wie die Sonne, hell wie das Licht – Gelb ist die Farbe, die am meisten Licht reflektiert. Gelb strahlt Fülle und Überfluss, Heil und Fröhlichkeit aus. Gelb ist das Licht am Tor zum Nirvana der Buddhisten, golden ist der Heiligenschein der Christen und gelb ist die Farbe des Solarplexus, der mittleren Körperregion nach buddhistischer Lehre. Gelb ist Symbol und Farbe zugleich. Gelbe Rabatten leuchten wie pures Sonnenlicht. Gelb sind die Staubbeutel in einer Blüte, gelb sind viele Blütenblätter, manche Pflanzen haben nur gelbe Knospen oder gelbe Blattadern. Je nach dem wie genau man sich die Beete anschaut, entdeckt man noch einen gelben Strahl zwischen all dem Grün.

Im Garten drängt sich Gelb auf, nichts für kleine Gärten. In praller Sonne wirkt Gelb gleisend, nicht gut.

Orange

Diese Farbe lässt sich nicht in den Hintergrund drängen. Sie ist stark, warm und lebensfroh. Sie belebt die Rabatten und wärmt die Seele, auch an grauen Regentagen.

Es ist die Farbe der Freude. Orange erinnert an mediterrane Terrassen, an die Gewänder der buddhistischen Mönche, an faszinierende Sonnenauf- und un-

Blau

▶ Einjährige Sommerblumen:
- Wachsblume *(Cerinthe major)*
- Jungfer-im-Grünen *(Nigella damascena)*
- Kornblume *(Centaurea cyanus)*

▶ Stauden:
- Bergflockenblume *(Centaurea montana)*
- Kugeldistel *(Echinops bannaticus)*
- Rittersporn *(Delphinium*-Hybriden)

▶ Ziergehölze:
- Säckelblume *(Ceanothus)*
- Blauraute *(Perovskia abrotanoides)*
- Waldrebe *(Clematis* 'Lasurstern')

Grün

▶ Einjährige Sommerblumen:
- Ziertabak *(Nicotiana alata* 'Lime Green')

▶ Stauden:
- Engelwurz *(Angelica archangelica)*
- Elfenbeindistel *(Eryngium giganteum)*
- Funkie *(Hosta* 'Frances Williams')

▶ Zwiebelblumen:
- Kaiserkrone *(Fritillaria imperialis)*
- Tulpe *(Tulipa viridis* 'Spring Green')

Gelb

▶ Stauden:
- Goldgarbe *(Achillea filipendulina)*
- Sonnenhut *(Rudbeckia hirta)*
- Sonnenbraut *(Helenium*-Hybriden)

▶ Zwiebelblumen:
- Goldlauch *(Allium moly)*

▶ Ziergehölze:
- Fingerstrauch *(Potentilla fruticosa)*
- Forsythie *(Forsythia × intermedia)*
- Rose 'Graham Thomas'

Orange

▶ Einjährige Sommerblumen:
- Zinnien *(Zinnia elegans)*
- Schlafmützchen *(Eschscholtzia californica)*

▶ Stauden:
- Kokardenblume *(Gaillardia)*
- Scheinmohn *(Meconopsis cambrica)*
- Nelkenwurz *(Geum* 'Dolly North')

▶ Zwiebelblumen:
- Dahlien *(Dahlia* 'David Howard')
- Tulpen *(Tulipa* 'Golden Artist')

▶ Ziergehölze:
- Blasenstrauch *(Colutea × media)*
- Strauchrose *(Rosa* 'Westerland')

Rot

▶ Einjährige Sommerblumen:
- Kapuzinerkresse *(Tropaeolum majus* 'Empress of India')

▶ Stauden:
- Bartnelke *(Dianthus barbatus)*
- Pfingstrose *(Paeonia officinalis* 'Rubra')
- Taglilie *(Hemerocallis* 'Aztec')
- Brennende Liebe *(Lychnis coronaria)*
- Purpurglöckchen *(Heuchera*-Hybride 'Stormy Seas', rotblättrig)

▶ Zwiebelblumen:
- *(Canna*-Hybriden)
- Dahlien *(Dahlia* 'Bishop of Llandaff')
- Tulpe *(Tulipa praestans* 'Fusilier')
- Lobelien *(Lobelia fulgens)*

▶ Ziergehölze:
- Scheinquitte *(Chaenomeles speciosa)*
- Blut-Berberitze *(Berberis thunbergii* 'Atropurpurea', rotblättrig)
- Zwerg-Blutberberitze *(Berberis thunbergii* 'Atropurpurea Nana')

▶ Rosen:
- Apfelrose *(Rosa rugosa)*

Rosa

▶ Stauden:
- Flammenblume *(Phlox*-Paniculata-Hybride 'Mother of Pearl')
- Seifenkraut *(Saponaria officinalis* 'Rubra Plena')
- Herbstanemone *(Anemone hupehensis)*
- Tränendes Herz *(Dicentra spectabilis)*

▶ Ziergehölze:
- Zierapfel *(Malus*-Hybriden)

▶ Rosen:
- Strauchrose *(Rosa* 'Fantin Latour')

Weiß

▶ Stauden:
- Tränendes Herz *(Dicentra spectabilis* 'Alba')
- Wollziest *(Stachys byzantina)*
- Hornkraut *(Cerastium tomentosum)*
- Meerkohl *(Crambe cordifolia)*

▶ Zwiebelblumen:
- Knotenblume *(Leucojum aestivum)*
- Tulpen *(Tulipa* 'White Triumphator')

Rot – das Feuer, die Glut, sie scheint die Blüten zu verbrennen. Für kleine Flächen ist es oft zu aggressiv. Hier Fetthenne, Dahlien und Herbstastern.

tergänge und an saftige Orangen. In der Farbtherapie wird Orange gegen Depression und Lethargie eingesetzt. Die Energie dieser Farbe ist enorm und belebt unseren Geist. Im Garten zusammen mit Gelb und Weiß einsetzen, so wirkt es nicht zu stark.

Rot

Die Farbe des Blutes, der Gefahr, der Warnung und das Signal für Halt. Überall wo Rot als Signal auftaucht, schalten wir um auf Alarm.

Rot gilt als »heiße« Farbe und setzt im Garten starke Akzente, lässt Rabatten pulsieren und weckt müde Geister zu neuem Leben. Bewusst und gekonnt eingesetzt, wirkt es lebendig, voller Lebenskraft und nah.

Zu viel davon, könnte erschlagen und den Garten aggressiv wirken lassen.

Wer keine ganze Rabatte züngeln lassen will, der setzt rotblühende und rotlaubige Pflanzen in Töpfe und Kübel und stellt diese in die Lücken der Staudenrabatten.

Rot mit Blauanteilen wirkt violett. Die »Purple Border«, oft auch als Secret-Border, also geheimnisvoll und dunkel, bezeichnet, klettert in der Beliebtheitsskala der Farbbeeten nach oben. Im Hintergrund einer »Violetten Rabatte« könnte die rotblättrige Blut-Berberitze *(Berberis thunbergii* 'Atropurpurea') stehen, zusammen mit einer rotblättrigen Wildrose *(Rosa glauca)*, davor vielleicht ein rotblättriges Purpurglöckchen und die schwarzblättrige Oktober-Silberkerze *(Cimicifuga simplex* 'Brunette').

Rot mit Schwarz wirkt dunkel und noch mysteriöser als weinrote Blätter. Kleine dunkle Sträucher sind die Kugel-Blutberberitzen *(Berberis thunbergii* 'Atropurpurea Nana'), die kleinen 2 cm langen Blätter sind dunkel-purpurbraun und färben sich im Herbst vor dem Blattfall feuerig rot.

Rot mit Gelbanteilen tendiert zu Orange und leuchtet hell und freundlich. Zinnoberrot, Scharlachrot und Kirschrot sind nur ein paar der möglichen Rotttöne. Allein was Bartfaden *(Penstemon)* und Lobelien an Rotttönen zu bieten haben, füllt den Farbkasten eines Malers.

Rosa

Der einfache Pastellton, eine Kombination aus Rot und Weiß, wirkt beruhigend und beschwingt zugleich. Je mehr Weiß darin enthalten ist, um so zarter wirkt die Farbe. Je satter sie ist, um so mehr tendiert sie hin zu Pink und zu einem aggressiven Farbton.

Rosa ist die Farbe der weiblichen Babys, der süßen Mädchen und strahlt immer positiv. Rosa leuchtet im Schatten und zwischen dunklem Blattwerk. Im vollen Sonnenlicht wirkt es blass, leuchtet bei Regen aber immer noch tapfer, stets positiv eben. zu viel davon könnte kitschig und grell wirken. Man sollte Rosa mit Bedacht einsetzen.

Weiß und Grau

Es strahlt so hell wie das Licht. Selbst in der Nacht leuchten weiße Blüten. Es glänzt als Schäfchenwolke vom Himmel. Weiß ist die Farbe der Braut und der Jungfräulichkeit, mit leichtem Blauanteil ist es die Farbe des unberührten Schnees und Eises im Winter.

Streng genommen ist es keine Farbe, sondern ein farbloser Zustand. Weiß leuchtet wie Grau und Silber im Halbdunkeln, indem es mehr Licht reflektiert, als es absorbiert.

Graue Blätter reflektieren das Sonnenlicht und schützen sich durch eine Wachseinlagerung auf der Blattoberseite vor zu starker Verdunstung. Die Natur hat sich angepasst und sorgt für das Überleben an noch so heißen und trockenen Standorten. Grau harmoniert mit allen anderen Farbtönen, wirkt vornehm und zurückhaltend und neu-

Frieden strahlt dieses weiß-grüne Beet aus. Unter der silbernen Ölweide *(Elaeagnus)* tanzen die Spornblume, Ruhe bringt der silberne Teppich des Wollziests und die weiß-grünen Funkien.

tralisiert verschiedene Farbtöne. Der »Weiße Garten« erfreut sich überall großer Beliebtheit und Nachahmung. Man sollte dabei bedenken, dass viele der weißblütigen Pflanzen im verblühten Zustand hässlich aussehen. Die Blütenblätter verfärben sich häufig braun und kleben an den Pflanzen, anstatt ab zu fallen. Kleine weiße Blüten zwischen anders farbigen Blumen heben diese hervor und erhellen das Bild. Klassisch auf diese Weise eingesetzt wird das Schleierkraut *(Gypsophila paniculata)*. Es hüllt mit weißem Blütendunst die anderen, vielleicht grellen Töne ein. Einen geheimnisvollen Schleier bilden der Meerkohl *(Crambe cordifolia)*, der Wiesenkerbel und die Wilde Möhre, alljährlich am Straßenrand zu bewundern.

Das Spiel mit der Perspektive

Linien, die parallel verlaufen, wirken starr. Lässt man sie langsam aufeinander zu laufen, den Abstand dazwischen schmaler werden, so meint das Auge, sie bilden einen Weg, der ins Unendliche führt.

Die Symmetrie lässt sich durch gleichförmige Pflanzen leicht betonen. Das wirkt immer beruhigend, wenn gleich auch streng, und betont die Horizontale, lässt also Flächen oder Wege breiter erscheinen.

Das Spiel mit der Perspektive eröffnet gerade für kleine Gärten einen großen Schatz. Räumliche Tiefe entsteht zum Beispiel durch einen Blickfang im Vordergrund. Etwa eine Skulptur oder eine besonders dekorative Pflanze an der Terrasse. Sie lassen den Blick zunächst darauf ruhen, bevor er in die Weite, über dieses Objekt hinweg in den Garten schweift. Durch diesen Zwischenstopp wird dem Auge ein Maßstab für die Dimension gegeben - ein Trick, den sehr viele Landschaftsmaler oder Fotografen anwenden. Bei ihnen findet sich immer im Vordergrund des Bildes ein Baum, eine Blume oder ein Stück eines Gebäudes, das dem Betrachter die richtige Relation zum Hintergrund vermittelt.

Trompe-l'oeil-Effekt (= Täuschung der Augen)

Optische Täuschungen liebten schon die Griechen. Sie bauten ihre Säulen nach oben hin schmaler, was sie von unten betrachtet höher erscheinen ließ. Ein Weg, der rechts und links symmetrisch von gleichen Pflanzen gesäumt ist, wirkt länger, wenn die Pflanzen nach hinten zu tatsächlich kleiner werden.

Das Auge lässt sich auch ganz simpel durch Malereien an Hauswänden, Mauern oder auf Holzzäunen täuschen. Seit Jahrhunderten beliebt ist der Spiegel an der Wand, eingefasst von Malereien oder Holzleisten, die eine Dreidimensionalität vortäuschen. Dabei kommt es darauf an, dass der Abstand der Leisten nach innen immer enger wird. Es wird der Blick in einen Tunnel simuliert. In der Mitte kann eine Skulptur, ein Bild oder ein Spiegel positioniert sein, je nach Belieben. Auch ein Torbogen, der nur auf eine Wand gemalt ist, in der Mitte aber einen Spiegel hat, verblüfft den Betrachter. Der glaubt, einen Durchgang vor sich zu haben. Auch graulaubige und dunkelgrüne Pflanzen täuschen eine größere Entfernung vor.

Tipps für kleine Gärten

- Unser Auge lässt sich täuschen. Betonen wir die längste Linie in einem Raum, so wirkt dieser größer. Lassen wir also einen Weg diagonal durch den kleinen Vorgarten laufen, erscheint dieser für unser Auge länger. Ein Trick, der wenig Mühe macht.
- Je mehr wir auf einem Bild entdecken können, umso reichhaltiger erscheint es uns. So ist es auch im Garten. Viele kleine Räume, viele Felder mit unterschiedlichen Themen lassen kleine Gärten größer wirken. Etwa ein Kräuterbeet, eine rote, blaue und weiße Staudenrabatte, ein Gartenteich oder Quellstein, ein Rosenbeet oder ein Beet mit bunten Sommerblumen.
- Durchblicke, Blickpunkte und bewusst betonte Sichtachsen lassen Gärten geräumig erscheinen. Eine Öffnung, sei es ein Durchgang oder nur ein rundes Sichtfenster in einer sonst dichten Hecke, erweitert den Blick, lässt tiefer blicken und macht neugierig.
- Ein am Ende eines Weges platzierter Blickfang, eine Bank, eine Figur oder ein Gefäß, erhöhen die Spannung und lassen den Weg weiter erscheinen.
- Sehr effektvoll sind Spiegel am Ende eines Weges, an einer Mauer oder in einer Gartenecke. Es entstehen völlig neue Perspektiven, je nachdem von welchem Platz im Garten aus Sie in den Spiegel schauen. Der Blickwinkel ändert sich. Dem Auge wird eine tiefe Perspektive vorgegaukelt, der Garten wirkt viel größer.
- Vermeiden Sie hohe Mauern oder dichte, hohe Hecken als Rahmen für ein kleines Grundstück. Diese Grenzen rufen Platzangst hervor. Wählen Sie stattdessen Pergolen mit Unterbrechungen, Rankgitter und Mauern mit Gittermustern.
- Pflanzen Sie lieber niedrige Hecken und unterbrechen Sie gezielt die Blickachsen mit einzelnen, hohen Pflanzen.

Hier wird uns etwas »vorgespiegelt«: Der Laubengang endet vor einem Spiegel, der gekonnt die Perspektive nach hinten verlängert.

Der Garten im Wandel der Jahreszeiten

Jeder Garten zeigt im Laufe eines Jahres viele Gesichter. Im Frühjahr strukturieren Bäume und Sträucher den sonst kahlen Raum, im Sommer dominieren die Blüten der Sommerblumen, Stauden und Rosen. Der Herbst bekennt Farbe und taucht den Garten in Rot-Orange, bis der Winter die wahren Linien offenbart. Hier in Kürze, wie Sie den Garten in allen vier Jahreszeiten optimal gestalten können.

Frühjahr

Das ist die Zeit der Geophyten, der Zwiebelblumen, die sich während der laublosen Zeit im Laubwald zeigen, um später, wenn die Äste ihre Blätter tragen, wieder unter die Erde zu verschwinden. Am natürlichsten wirkt es, wenn die Frühaufsteher sich unter einem Baum vom Stamm nach außen hin ausbreiten dürfen.

Zum Beispiel unter einer Zaubernuss *(Hamamelis japonica)*. Dieser malerische Strauch leuchtet oft bereits im Dezember, immer aber im Januar mit gelben, ungewöhnlichen Blüten. In den ersten Jahren nach der Pflanzung wirkt er kümmerlich und schief. Aber im reifen Alter, wie so oft, entwickelt er seine vollendete Schönheit: grazil, bizarr und elegant streckt die Zaubernuss dann ihre Äste in die Breite. Ein besonders Schauspiel ist es schon, wenn früh im Jahr auf diesen kahlen Zweigen unzählige gelbe (oder auch rote, je nach Sorte) Blüten tanzen. Das Gelb strahlt so warm und positiv und macht Hoffnung auf den Frühling. Die rostroten Formen wirken kostbar und geheimnisvoll.

Später, ab Ende Februar, spitzen Weidenkätzchen mit ihren weißen Samtpfötchen, die Haselnüsse lassen ihre grüngelben Würstchen baumeln, pudern all jene voll, die sie stupsen. Später setzen Magnolien und Zierkirschen blühende Höhepunkte in den Baumwipfeln.

Der Frühling lässt sein blaues Band flattern durch die Lüfte – im Garten streift er mit seinem blauen Band den Boden. Viele Zwiebelblumen blühen blau, wie der Schneestolz *(Chionodoxa luciliae)*, der Elfenkrokus *(Crocus tommasinianus)*, das Blausternchen *(Scilla siberica)*, die Traubenhyazinthe *(Muscari armeniacum)*.

Auch die weißen Buschwindröschen, orangefarbenen Kaiserkronen, rosa Tausendschön und gelben Krokusse sind Boten des Frühlings.

Eine der spektakulärsten Frühlingsblumen ist die Tulpe. Es gibt sie in allen Farbtönen, von Weiß bis Gelb, von Rot bis Violett und sogar Schwarz. Ein bunter Fleckerlteppich begrüßt den Lenz jeden Tag aufs Neue. Mit frühen, mittleren und spät blühenden Tulpen können Sie die Tulpenblüte auf viele Wochen strecken.

Schnee scheint den Garten zu verzaubern. In weiße Zuckerwatte hüllt er die Gartenbank, den Tisch und die immergrünen Gehölze.

Nach der Schneeschmelze atmen die Rhododendren auf, die Sternmagnolie und die Tulpenmagnolie wiegen als erste Gehölze ihre Blüten im Frühlingswind.

Auch im Frühsommer gehören die Rhododendren zu den Leitpflanzen im Garten. Ihnen zu Füßen leuchten die schwefelgelben Blüten der Wolfsmilch, der Frauenmantel hat seine Blätter bereits voll entfaltet.

Der goldene Herbst: Die Azaleen haben ihre Blätter weinrot gefärbt, der Zierapfel leuchtet mit seinen goldgelben Früchten. Langsam kehrt wieder Ruhe ein nach dem Farbenrausch des Sommers.

Doch alle im Frühling blühenden **Zwiebel- und Knollenpflanzen** ziehen bald nach der Blüte ein, ihre Blätter verwelken. Im Beet entstehen Lücken. Deshalb pflanzt man sie besser in den Hintergrund des Beetes oder in kleineren Gruppen zwischen andere Stauden, die später die Lücken kaschieren.

die Bunten Margeriten *(Tanacetum coccineum)*. Danach ziehen sie ein, ihr Laub wird fahl und verschwindet. Deshalb sollte man diese Gruppe der Stau-

Sommer

Der Garten zeigt sich komplett ergrünt, kein Ast ist mehr kahl, der Rasen leuchtet saftig grün, harte Kanten und strenge Beetränder verschwinden unter den Blütenwolken der Stauden und Sommerblumen. In den frei wachsenden Zierhecken blühen ab Mai Blutjohannisbeere, Felsenbirne und Schneeball.

In den Staudenbeeten beginnen dann die Vorsommerblüher mit der Blüte. Einige blühen nur kurz, so zum Beispiel die Schwertlilie *(Iris)*. Ihre Blüte ist sehr dekorativ, doch von sehr knapper Lebensdauer. Gleiches gilt für den Türkischen Mohn *(Papaver orientale)*, die Trollblume *(Trollius europaeus)* und

Tipp für Anfänger

Dekorativ sehen die gelben Blätter der Tulpen nach der Blüte nicht aus. Entweder verpflanzen Sie die Tulpenzwiebeln an eine weniger auffällige Stelle. Oder Sie flechten die Blätter zu einem Zopf und legen diesen auf den Boden.

Tipp für Anfänger

Säen Sie rund um die Vorsommerblüher wie den Türkischen Mohn die Samen von Kornblumen und Kapuzinerkresse. Diese wüchsigen Sommerblumen leben zwar nur einen Sommer, doch machen sie sich in dieser Zeit als wunderschöne Lückenfüller breit. Wichtig: Arbeiten Sie vor der Aussaat etwas organisch-mineralischen Dünger in den Boden ein.

den nur in die Mitte eines Beetes oder zusammen mit Spätsommerblühern pflanzen.

Blütenreigen ohne Pause

Ab Juni steht der Garten voll im Zeichen der Rosen und Prachtstauden. Rittersporn, Flammenblume und Kokardenblume leuchten um die Wette, bieten den rosa- und orangefarbenen Rosenblüten eine bunte Bühne. Der Garten scheint in dieser Zeit zu explodieren. Mit öfterblühenden Strauchrosen wie 'Westerland' sichert man sich monatelange Rosenblüte.
Auch im Staudenbeet gibt es Vertreter, die wochenlang unermüdlich blühen. Zu den Dauerblühern gehören die Katzenminze *(Nepeta)* und die Spornblume *(Centranthus ruber)*. Auf diese treuen Gesellen darf man nicht verzichten. Auch Sonnenauge *(Heliopsis)* und Edelgarbe *(Achillea filipendulina)* blühen ohne Unterlass. All diese Sommerblüher kann man im Staudenbeet beliebig nach Farbe, Form und Höhe verteilen.
Lupinen, Frauenmantel und Salbei blühen wochenlang, wenn man sie nach der ersten Blüte zurückschneidet (bei Lupinen und Frauenmantel bis zum Boden, bei Salbei nur die Blütenrispen) und kräftig düngt. So verlängern Sie das Blütenspektakel bis in den Herbst.

Der Sommer strotzt auch in der dritten Dimension! Clematis, Geißschlingen und die Kapuzinerkresse sowie Kletterrosen lassen Lauben, Pergolen und Klettergerüste aufblühen.

Erd- und Himbeeren, Stachel- und Johannisbeeren verwöhnen unser Auge und unseren Gaumen – die Früchte des Sommers versüßen uns die Zeit im eigenen Garten.

Herbst und Winter

Immer wieder zaubert die Herbstsonne nochmal einen Sommertag hervor. Zumindest für ein paar Stunden. Die Sonnenbräute leuchten in der warmen Herbstsonne, der Ziergamander und die schwefelgelben Blüten des Frauenmantels strecken ihre Blüten in die warme Spätsommersonne. Der Garten flirrt. Die letzten Rosenblüten trotzen stolz den ersten Frostnächten, so langsam zieht der Garten sein üppiges Sommerkleid aus und stülpt sich den bunt gefärbten Herbstmantel über. Jetzt trumpfen Astern, Gräser und alle jene Pflanzen noch einmal auf, die ihr Blätterkleid zum Grand Finale umfärben: Unter den Sträuchern vor allem Felsenbirne *(Amelanchier lamarckii)*, Fächerhorn *(Acer palmatum)* und Feuerahorn *(Acer ginnala)*, Pfaffenhütchen *(Euonymus europaeus)* sowie viele Stauden. Etwa die Funkienblätter mit ihren gelb-braunen Schattierungen, die Verfärbung mancher Wolfsmilch-Arten, die Bergenien in Rot und viele Gräser im goldenen Herbstkleid.
Kleine, niedrige Spätsommer- oder Herbstblüher wie die Kissenastern *(Aster dumosus)* können in die erste Reihe im Staudenbeet gesetzt werden, z. B. die bewährten Sorten 'Schneekissen' und 'Rosenwichtel'. Der Grund: Sie sehen das ganze Jahr gut aus, bereits als blütenlose Blatthorste.
Die hohen Herbstblüher wie Herbstastern *(Aster novae-angliae)* gehören in die Mitte des Beetes, damit ihre manchmal kahlen »Beine« verdeckt werden können, zum Beispiel mit Herbstanemonen, Katzenminze oder Steinquendel. Auf diese Weise lässt sich der kleine Schönheitsfehler charmant kaschieren. Auf die Astern sollte man jedenfalls auf keinen Fall verzichten. Sie sind die zuverlässigsten Herbstblüher, etwa *Aster pringlei* oder *A. ericoides*.
Aber auch das Vergängliche hat seinen Reiz und vor allem im Oktoberbeet zaubert manchmal der Raureif und leichter Schneefall ganz neue Hauptdarsteller auf die Bühne. Da werden die Fruchtstände der Stauden, die Knöpfe der Korbblütler, die abgeblühten Rispen der Gelenkblume zu Ballerinen. Dies wird viel zu wenig beachtet. In vielen Gärten wird bereits Ende September Tabula rasa gemacht – viel zu früh. Für das Schauspiel des Welkens geht der Vorhang dann erst auf! Und dahinter tauchen Christrosen *(Helleborus niger)* und andere Winterblüher auf, wie etwa der traumhafte, duftende Duftschneeball *(Viburnum × bodnantense)*.
Im Winter erfreuen wir uns an diesen Zeugen des letzten Sommers, ganz sicher. Für jeden Garten ist der Winter aber auch die Stunde der Wahrheit. Liegt der Boden nackt und bloß vor dem Betrachter, oder strukturieren Gehölze, Buchshecken oder Mäuerchen den Garten, bedecken Bodendecker den offenen Boden. Wenn das Farbspektakel des Sommers und Herbstes vorbei ist, kommen die Leitpflanzen zum Vorschein und mit ihnen Figuren, Plätze und Wege.
Außerdem kündet – wie bereits vorgeschwärmt wurde – der eine oder andere Frühjahrsblüher ja schon Ende Dezember vom Frühling. Welch ein Segen!

Der Garten rund um das Haus

Ob vor der Haustüre, im Vorgarten oder rund um die Terrasse – für alle Gartensituationen lassen sich passende Pflanzenkombinationen finden. Hier die schönsten Ideen für die Gestaltung der häufigsten Standorte im Hausgarten. Mit Tipps für Anfänger, genauen Pflanzlisten und detaillierten Pflegeplänen.

Die typischen Standorte in einem Hausgarten

Die Bedingungen für die Pflanzen sind im Garten sehr verschieden. Auf der einen Seite ist es sonnig und das ganze Jahr über sonnenhell, der Boden trocken und durchlässig. Auf der anderen, der Nordseite des Hauses, scheint die Sonne nie, und der Boden ist fast das ganze Jahr über feucht. Am Beispiel eines typischen Hausgartens werden ab Seite 32 die Unterschiede der Standorte erläutert.

Bäume

Beschirmt ein Hausbaum Ihr Grundstück, Ihren Vorgarten oder den Sitzplatz im hinteren Garten? Als **Hausbaum** eignen sich Bäume 2. Ordnung, wie die Fachleute sagen. Das sind Bäume, die etwa 20 m hoch und 6 m breit werden. Und nicht mehr. Denn die meisten Hausgärten sind keine großen Parkanlagen.
Dichte, breite, fast schirmartige Kronen sind ideal als Schattenspender. Das heißt, ihre Äste und Zweige wachsen waagerecht bis schräg nach außen. Dichte Kronen zum Beispiel haben der Trompetenbaum *(Catalpa bignonioides)* und der Feuerahorn *(Acer ginnala)*. An Ihrem Sitzplatz im Garten könnte daher ein Feuerahorn seine Zweige schützend über die Sitzgruppe strecken. In unserem Beispiel auf Seite 36 steht im Vorgarten als Hausbaum ein Trompetenbaum.
Eine schlanke, straff aufrecht wachsende Form ist dagegen nicht sinnvoll, es sei denn, der Garten ist ein kleiner Innenhof oder das Grundstück extrem schmal. Aber unter solch schlanken Bäumen herrscht ein ganz anderes Kleinklima als unter einem Baum mit breiter, ausladender Krone. Solche Unterschiede sind für die Gartenplanung wichtig, denn die Pflanzenauswahl für die Baumscheibe unter einem Schatten werfenden Baum ist völlig anders als die unter einer schlanken Säulenkirsche oder Säulenbuche. Dort ist es sonnig, und den ohnehin knappen Wasservorrat im Boden müssen sich die kleinen Pflanzen dann mit den Baumwurzeln und der Sonne teilen.
Studieren Sie dazu die Gestaltungsvorschläge für das »Beet mit heißer Mittagssonne und trockenem Boden« auf Seite 44, für die Plätze unter der dichten Krone dagegen die Vorschläge auf Seite 56.

Hecken

Sträucher, frei wachsend oder streng in Form geschnitten, rahmen als Hecken unsere Grundstücke ein. Frei wachsende Hecken brauchen mehr Platz, mindestens 2 m in der Breite. In Form geschnittene Hecken können auf 50 cm Breite begrenzt werden, was vor allem für kleine Gärten ein echter Vorteil ist. Allerdings macht das Schneiden viel Arbeit und man braucht spezielle Geräte dazu.

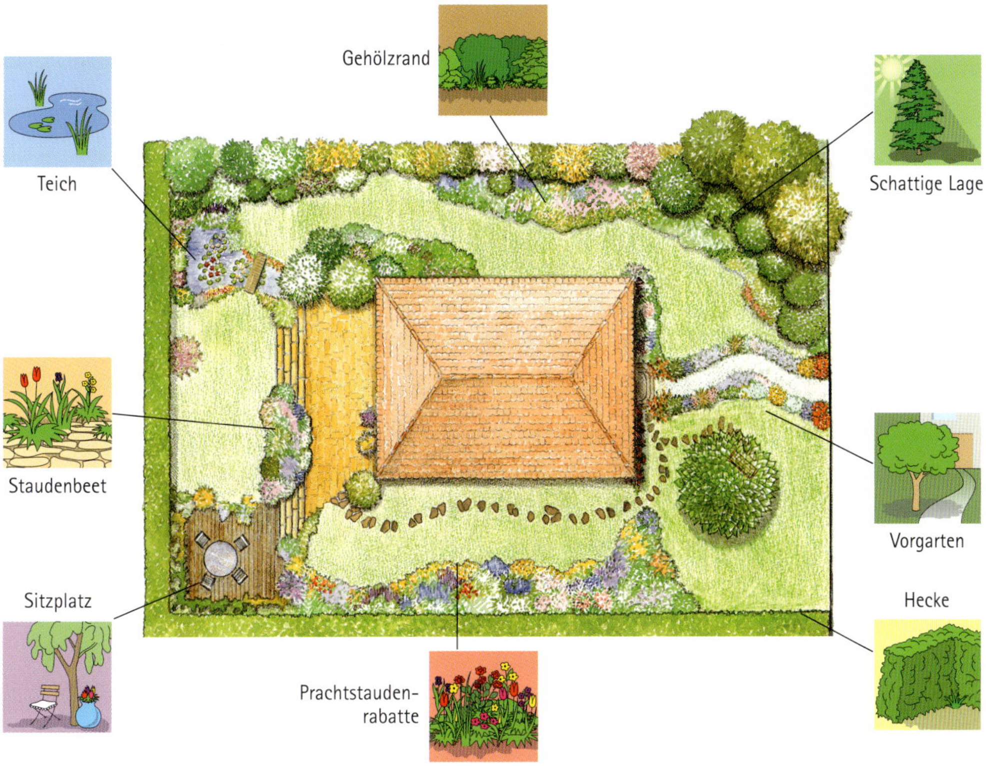

Ein typischer Hausgarten
Diese Grafik zeigt beispielhaft, welche Standorte und typische Situationen in einem Hausgarten meist vorhanden sind oder sein können. Da wäre der **Vorgarten**, der häufig zur Ostseite liegt, in diesem Falle mit Hausbaum. Das **Prachtstaudenbeet** ist im Südosten vor einer Buchenhecke gelegen, und zwar so, dass man es aus dem Wohnzimmer durch die Fenster betrachten kann. Auf der Südseite des Hauses liegt die **Terrasse** mit einem **Staudenbeet** für heiße Lagen, in der Ecke befindet sich der **Sitzplatz** mit üppiger Staudenvielfalt und einer romantischen Hopfenwand als Sichtschutz zur Straße.
In der anderen Ecke liegt der **Teich**, mit großer Artenvielfalt. Wer will, kann über das Wasser laufen, der Holzsteg lädt dazu ein. Auf dem Rundweg streifen Sie dann rechts das Staudenbeet, das nur am Abend die Sonne genießt. Links liegt die frei wachsende **Blütenhecke**. Auf der Nordwest-Seite würde Ihr Weg die Staudenbeete am sonnigen Gehölzrand streifen, an einer **Pflanzung unter hohen Bäumen** vorbei bis hin zu dem Staudenbeet, das die Morgensonne genießt. Trittsteine, so genannte Step-Stones, laden ein, auf der anderen Seite des Hauses entlang zu spazieren. Eine Gartenbank unter dem **Hausbaum** verlockt, ein Päuschen zu machen.
Für all diese doch sehr typischen Situationen finden Sie direkt im Anschluss jeweils eine Gestaltungsidee mit Pflanzplan, Pflanzliste und Pflegeplan.

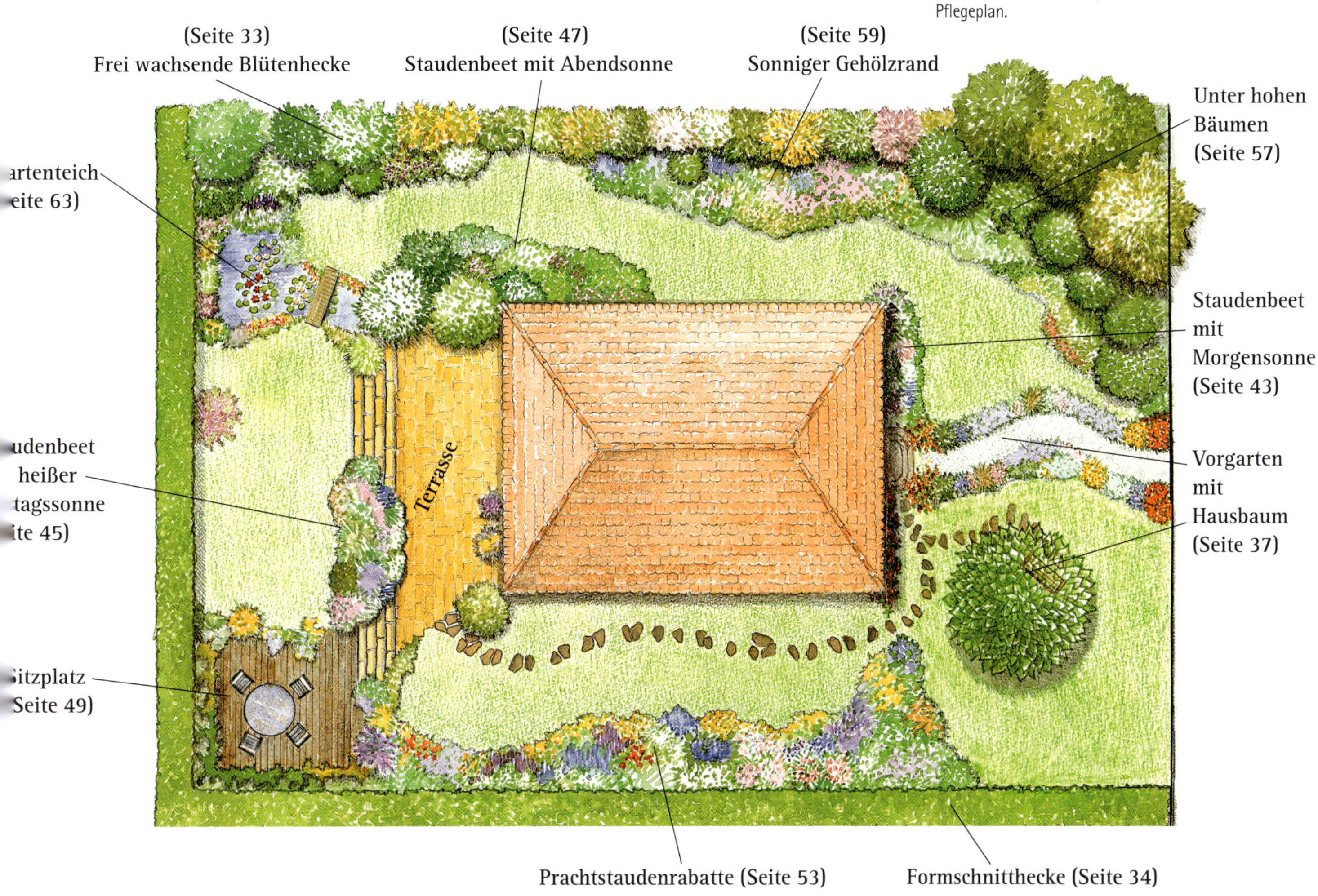

In unserem Beispiel begrenzt eine streng geschnittene Buchenhecke *(Fagus sylvatica)* den Garten auf der einen und eine frei wachsende Blütenhecke auf der anderen Seite.

Wer einzelne Räume im Garten abtrennen möchte, kann dies mit Eibenhecken *(Taxus baccata)* oder mit frei wachsenden Sträuchern tun; letztere brauchen dabei doppelt so viel Platz.

Beete im Bauerngarten wurden traditionell mit Einfassungspflanzen wie der Rosenprimel *(Primula rosea)*, Teppichphlox *(Phlox subulata)* oder mit geschnittenen Buchshecken *(Buxus sempervirens)* gegliedert.

Ein lauschiges Plätzchen, eingerahmt von zwei mächtigen Scheinzypressen-Kegeln, beschirmt von einem Sonnenschirm. Wählen Sie für den Sitzplatz nur Platten oder größere Steine. Zu kleines Pflaster lässt Stühle und Tische wackeln.

Am lichten Gehölzrand

Entlang der Hecken und am Gehölzrand am Fuße der Sträucher tummeln sich Blumen wie die Pfirsichblättrige Glockenblume *(Campanula persicifolia)*, der Fingerhut *(Digitalis purpurea)* und das Gedenkemein *(Omphalodes verna)*.

Auf der leicht beschatteten Gartenecke wurde der anstehende, Kalk haltige Boden gegen sauren ausgetauscht. Dort gedeihen Rhododendren, zusammen mit Zaubernuss und niedrigen Stauden, wie Primeln, Farne und Astilben. Diese Ecke hat im Mai ihren Höhepunkt.

Im Schatten hoher Bäume

In der Nord-Ost-Ecke des Grundstücks, hinter dem Haus, stehen hohe Bäume, Eichen, eine Fichte und eine Kiefer. Darunter herrscht die meiste Zeit voller Schatten. Unter den Eichen blühen im Frühjahr Zwiebelblumen, Winterlinge und Schneeglöckchen zusammen mit Narzissen. Später bedecken Schatten verträgliche Stauden wie die Elfenblume, die Silberrandmarbel und der Waldmeister den Boden. Es ist wichtig, hier Pflanzen zu verwenden, die mit der Situation zurecht kommen – schließlich stehen die Wurzeln der Bäume in harter Konkurrenz um Wasser und Nährstoffe zu den Stauden!

Terrasse

Die Hauptterrasse liegt in unserem Beispiel auf der Süd- und Südwest-Seite des Hauses. Dies ist in den meisten Gärten so. In aller Regel ist es dort sonnig und heiß, denn man möchte ja den Sommer auf seiner Terrasse im Liegestuhl genießen. Damit wir uns dort nicht völlig beobachtet fühlen, begrenzen wir die Terrasse häufig mit dichtem Sichtschutz aus Gehölzen oder Bauelementen wie Holzwänden oder Eisenspalieren. Setzen Sie diese Wände nicht zu dicht vor Ihre Nase. Das engt ein und schottet von dem eigenen Garten ab. Kein gutes Gefühl, es erinnert eher an Gefängnismauern.

Besser ist es, von vornherein die Terrasse nicht erhöht, sondern ebenerdig anzulegen. Oftmals ist der Keller der Grund, warum das nicht geht. Damit dieser noch Tageslicht bekommt, wird er nur halb in den Boden versenkt, weshalb das Erdgeschoss über die Erde hinaus ragt. Da man der festen Überzeugung ist, man müsse ohne Stufen auf seine Terrasse treten können, liegt diese wie ein Podest vor dem Haus.

Eine bessere Lösung wäre es, mit ein paar breiten Treppenstufen oder einem

Tipp für Anfänger

Beim Pflanzen unter Bäumen passiert es leicht, dass man die Wurzeln der Gehölze verletzt. Deshalb verwendet man eine Grabegabel mit vier Zinken. Niemals mit dem Spaten in den Boden stechen, denn dabei zerschneidet man die Feinwurzeln. Vor dem Pflanzen den Boden lockern, mit der Grabegabel hin und her bewegen, dann Kompost oder nährstoffreiche Pflanzerde ausbringen und leicht unterarbeiten. Gießen Sie die Flächen ein, zwei Tage vorher gründlich an. Das erleichtert die Arbeit. Zur besseren Versorgung der frisch gepflanzten Stauden sollte man einen Depotdünger (einen organischen Langzeitdünger) mit ins Pflanzloch geben.

Holzpodest den Höhenunterschied zu überwinden und den Hang an der Terrasse flach abfließen lassen. Bei Neuanlagen sollte man deshalb das Gelände modellieren, einen sanften Hügel von der Terrasse bis zum Garten schaffen, diesen flach auslaufen und dann ab der Mitte des Gartens wieder ansteigen lassen. So vergrößern Sie Ihren Garten optisch und können sämtliche Pflanzen genießen. Bepflanzen Sie dann die leichte Böschung mit attraktiven Gräsern, Stauden und mittelhohen Sträuchern.

Für norddeutsche Regionen oder andere Gebiete mit viel kaltem Ostwind ist ein **Senkgarten** eine gute Lösung. Warum nicht an Stelle eines Teiches einen 80 cm bis 100 cm tief versenkten Sitzplatz bauen? Wer nicht in den Boden graben will, kann mit einem kreisrunden, zur windabgewandten Seite offenen Erdwall das Ganze simulieren. Wichtig, den Erdwall mit Steinen oder Pallisaden abfangen.

Laube

Ebenfalls sehr kuschelig ist eine **Laube** aus Weiden, die eingerahmt von Sträuchern oder duftenden Strauchrosen den Feierabend zur Freude machen. Besonders schön ist es, wenn die Laube an einem Platz steht, an dem die Abendsonne scheint. In unserem Beispiel könnte die Laube gegenüber dem Teich ihren Platz haben. Wer keinen Gartenteich hat, der positioniert einen Quellstein dazu; der streichelt die Lärm geplagten Ohren und beruhigt die Nerven.

Denkbar ist auch, dass an der Laube Clematis und ein Geißblatt zusammen mit einer Schatten verträglichen Kletterrose nach oben klettern. Die Laube sollte so aufgestellt werden, dass sie nicht in der direkten Sichtachse steht. So kann man auf alle Fälle abschalten und hat nicht immer das Haus (und damit den Alltag und die damit verbundenen Probleme) im Blick.

Der Sitzplatz im Garten

Der zweite Sitzplatz zusätzlich zur Terrasse liegt in unserem Beispiel an der Südwestecke des Grundstücks, und zwar auf einem großen Holzpodest, das man auch wunderbar zum Sonnen nutzen kann. Das Holz erwärmt sich in der Sonne schnell und dient auch schon mal als Liegestuhl-Ersatz. Eingerahmt und gleichzeitig auch leicht beschattet wird der Sitzplatz von Staudenhopfen *(Humulus lupulus)* und dem einjährigen Gold-Hopfen *(Humulus scandens* 'Aurea') am Klettergerüst. Beide Schlinger färben sich im Oktober wundervoll rot. Ihre Blätter sterben ab, der Staudenhopfen überdauert im Boden und treibt im kommenden Jahr neu aus. Schöne Alternativen sind das in den Abendstunden duftende Geißblatt *(Lonicera)*, eine blau blühende Glyzine *(Wisteria sinensis)* oder eine kleinfrüchtige Kiwi *(Actinidia arguta)*. Letztere schenkt mit großen Blättern Schatten und im Herbst süße Früchte.

Vor dem Holzpodest, das Sie genauso gut aus Terrakotta-Fliesen bauen können, blühen Salbei, Bartfaden, Ginster und Schmetterlingsstrauch und locken jede Menge Schmetterlinge an.

Teich

Um den **Teich** tummeln sich die Uferpflanzen wie die Ligularie, die gelbe Scheinkalla, Sumpfvergissmeinnicht und Gauklerblumen und gestalten den flachen Teichrand und damit das nasse Ufer für Molche, Frösche und Kröten einladend.

Mit einem Gehölz rahmen Sie den Teich ein und geben ihm in der Höhe einen Blickfang.

Wasser im Garten zählt mit zu den belebenden Elementen in der Gestaltung. Je nachdem wie das Wasser in den Garten gebracht wird, ob durch Quellstein, Sprudelstein, Brunnen, Bachlauf oder Teich, wird es plätschern, ruhig stehen und den Himmel spiegeln oder aber fließen oder sprudeln.

Je kleiner die Wasserfläche ist, desto weniger Pflanzen dürfen in und am Wasser wachsen, damit die Wasserfläche noch zur Geltung kommt und der Teich nicht binnen kurzer Zeit verlandet. Auch ein noch so kleines Wassergefäß ist Tränke für Vögel und Insekten. Allerdings darf es dann nicht zu tief sein!

Besonders attraktiv und erholsam ist das Plätschern eines kleinen Wasserlaufs quer durch das Grundstück. Manche Gartenbesitzer haben das Glück und grenzen an einen natürlichen Bach an. Dann ist es leicht, ein wenig Wasser umzuleiten. Ohne diese natürliche Hilfe muss man zwei Becken auf unterschiedlicher Höhe anlegen und den Kreislauf mit Pumpen schließen.

Wie in einem Japangarten, so ruhig und zugleich kraftvoll ist diese Gartenszene. Trittsteine führen durchs Wasser, rote Primelblüten wirken wie Signallichter vor dem satten Grün der Blätter.

Hecken – Rahmen und Grenze zugleich

Hecken rahmen die Gärten ein, trennen Räume im Garten und gliedern ihn. Ob frei wachsend, mit Blüten und Früchten oder schmal und streng in Form geschnitten – Hecken bestimmen den Charakter eines Gartens erheblich.

Hecken strukturieren und geben Halt. Sie rahmen den Garten ein, bilden Kulissen für Staudenbeete, Skulpturen und kleine Szenen innerhalb des Gartens. Vor ihrem Hintergrund kommen Farben, Formen und Texturen der Gartenpflanzen besser zur Wirkung. In England liegen die Staudenrabatten klassisch vor einer Eiben- oder Buchenhecke, getrennt durch einen schmalen Pflegepfad. So lassen sich Hecke und Beet gut pflegen.

Mit Hecken können wir die Ruhezone vom Spielbereich der Kinder abgrenzen, wir können uns mit Hecken auch vor den Blicken der Nachbarn oder der Passanten schützen.

Jegliche Art von Einfriedung, ob durch bauliche oder pflanzliche Mittel, betont die Höhe und definiert den Raum. Hecken, Mauern und andere vertikale Elemente hinter einer Gartenbank geben uns das Gefühl von Rückendeckung. Dadurch fühlen wir uns nicht nackt und ungeschützt, sondern behaglich und wohl.

Hecken schützen vor Wind, Lärm und Schmutz. Vor allem wenn sie entlang der Grundstücksgrenze verlaufen, die an eine Straße oder einen öffentlichen Weg stößt. Der Windschutz ist um so größer, je tiefer und je dichter eine Hecke ist. Eine schmale, formal geschnittene Hecke lässt meist viel Wind durch, außerdem entstehen häufig dahinter Wirbel – wie hinter einer hohen Gartenmauer.

Freie Strauchhecken

Vorbild für diese Form sind die **Vogelschutzhecken** draußen in der freien Landschaft. Dort bieten sie Vögeln und Kleinsäugetiere Lebensraum und Nahrungsquellen.

Typisch für die Vogelschutzhecke sind heimische Wildsträucher wie die Kornelkirsche, die Heckenkirsche, die Haselnuss und die Weide. Je dichter verzweigt die Äste sind, desto leichter ist es für die Vögel, Halt für ihre Nester zu finden.

Diese ökologisch sehr wertvollen Hecken kommen nur für großflächige Gärten in Frage. Man muss mit der doppelten Breite im Verhältnis zur formalen Hecke rechnen.

Die Sträucher werden **zweireihig** gepflanzt, sie brauchen mindestens 3,50 m Platz in der Breite.

Im kleinen Hausgarten tauschen wir die Wildgehölze gegen Blütensträucher aus und pflanzen sie **einreihig**. Mit Sträuchern, die im Sommer blühen oder die im Herbst mit buntem Laub oder mit schönen Früchten auffallen, wie zum

Gestaltungsvorschlag für eine frei wachsende Blütenhecke

Pflanzliste

Anzahl und Name	Höhe	Breite	Farbe	Blütezeit
① 2 × Brautspiere *(Spiraea × arguta)*	1,5–2 m	1,5–2 m	weiß	4–5
② 2 × Bauernhortensie *(Hydrangea macrophylla)*	1,2–1,5 m	1,2–1,5 m	rosa	7–10
③ 2 × Wildrose *(Rosa rugosa)*	1,2–1,5 m	1,3–1,5 m	rot	5–7
④ 1 × Edelflieder *(Syringa-*Vulgaris-Hybride)	3–4 m	2–3 m	lila	5
⑤ 1 × Kirschlorbeer *(Prunus laurocerasus)*	2–3 m	1,5–3 m	weiß	4/5
⑥ 1 × Falscher Jasmin *(Philadelphus-*Hybride)	2–3 m	2–3 m	weiß	6–7
⑦ 2 × Ranunkelstrauch *(Kerria japonica)*	1,5–2 m	2–3 m	gelb	4–5

Pflegeplan

Frühling

Alle drei bis vier Jahre die Ziersträucher und die Wildrose auslichten. Altes und krankes Holz regelmäßig entfernen, bodennah abschneiden. Nach den Eisheiligen die Bauernhortensien zurückschneiden. Dabei wird jeder Trieb bis zum nächsten, gesunden Knospenpaar gekürzt.

Wer die Fläche vor den Sträuchern mit niedrigen, den Boden abdeckenden Stauden bepflanzt hat, verteilt in den ersten drei Jahren Kompost oder Pflanzerde – so lange bis die Stauden den Boden völlig bedecken.

Dürre Zweige am Ranunkelstrauch abschneiden. Organischen Volldünger in den Boden einarbeiten. Hortensien mit Hortensiendünger düngen.

Sommer

In den ersten Jahren nach der Pflanzung in heißen Sommern gießen. Falls nötig, die Frühlingsblüher wie Brautspiere und Ranunkelstrauch nach der Blüte auslichten.

Herbst

Wer möchte, kann trockene Blütenstände der Hortensien für die Vase schneiden. Im Winter sehen bei Schnee oder Raureif die trockenen Hortensienblüten auch im Garten gut aus. Verblühtes am Flieder entfernen. Zwiebelblumen pflanzen.

Winter

Bauernhortensien mit Fichtenreisig abdecken, Laub über die Stauden 5 cm hoch verteilen. Den Kirschlorbeer in trockenen Wintern wässern.

Im Frühling dominieren in dieser frei wachsenden Blütenhecke Brautspiere und Ranunkelstrauch, im Sommer der Pfeifenstrauch, im Herbst die Hortensien. Unten die Hecke als Aufsicht.

Beispiel das Pfaffenhütchen *(Euonymus europaeus)* oder Wildrosen *(Rosa hugonis)*.

Die frei wachsenden Blütenhecken wirken dann richtig schön, wenn jeder einzelne Strauch genug Platz hat, sich zu entfalten. Der Abstand zwischen den Sträuchern beträgt daher mindestens einen, besser zwei Meter.

Gestaltungstipps

Eine Blütenhecke schmückt den Vorgarten und schirmt diesen zur Straße hin ab. Auch schmale, lang gezogene Grundstücke gewinnen an Atmosphäre

Wildrosen – ideal für frei wachsende Blütenhecken

Name	Höhe	Farbe	Duft	Bemerkungen
Weiße Rose *(Rosa × alba* 'Semiplena')	200 cm	weiß	stark	einmalblühend, leicht gefüllt
Feld-Rose *(Rosa arvensis)*	200 cm	weiß	–	rote Hagebutten
Moosrose *(Rosa × centifolia* 'Muscosa')	100 cm	rosa	stark	dicht gefüllte Blüten, Alte Rose
'Rose de Resht' *(Rosa × damascena)*	120 cm	blaurot	stark	gefüllt, wertvoll, remontiert
Apothekerrose *(Rosa gallica* 'Officinalis')	100 cm	karminrot	angenehm	halbgefüllt, großblütig
Hechtrose *(Rosa glauca)*	300 cm	rosa	–	rote Hagebutten, blau-rotes Blatt
Zimtrose *(Rosa majalis)*	200 cm	karminrot	–	Blatt duftet zimtig
Mandarin-Rose *(Rosa moyesii)*	300 cm	pinkrosa	–	ungefüllt, längliche Hagebutten
Vielblütige Rose *(Rosa multiflora)*	250 cm	weiß	duftend	anspruchslos, wenig Stacheln, starkwüchsig
Schottische Zaunrose *(Rosa rubiginosa)*	300 cm	weinrot	duftend	rote Hagebutten, stark bedornt

durch eine Blütenhecke, die eine Seite des Grundstücks stärker betont. Lassen Sie die Hecke – wenn Platz ist – wellenförmig an einer Stelle etwas breiter werden und dann wieder schmaler. Das lockert zusätzlich auf und verlängert die Perspektive, aus der man die Blütensträucher betrachten kann.

Immergrüne Gehölze schützen das ganze Jahr vor Blicken, bieten aber keine so große Vielfalt an Farben, Formen, Blüten und Früchten. Kombinieren Sie beide Gruppen, um der Blütenhecke im Winter Struktur zu geben.

Gemischte Hecken mit Koniferen, Scheinzypressen oder Fichten, oder mit immergrünen Sträuchern wie Kirschlorbeer und Rhododendren, sind im Winter nicht so kahl wie Hecken, die ausschließlich aus sommergrünen Gehölzen zusammengestellt sind.

Sehr natürlich wirkt ein mit Stauden und Zwiebelblumen bepflanzter Streifen entlang der Hecke, der so genannte **Gehölzsaum.** Sehr wohl fühlen sich dort Stauden wie die Waldsteinie *(Waldsteinia ternata)* oder die Elfenblume *(Epimedium)*. Detaillierte Pflanzideen für diesen Standort finden Sie auf Seite 58.

Niedrige Hecken aus **Zwergsträuchern** wie den Zwergspieren *(Spiraea japonica* 'Little Princess'), Fingersträuchern *(Potentilla)*, Buchs *(Buxus sempervirens* 'Blauer Heinz'), Hortensien *(Hydrangea macrophylla)* oder Berberitzen *(Berberis thunbergii)* sind sehr wertvoll als Einfassung für Beete oder als Abgrenzung für kleine Gärten. Man muss sie nicht mehrmals im Jahr in Form schneiden, sondern nur einmal stutzen. Mehr über Schnitt auf Seite 229.

Formschnitthecken

Streng geschnittene Konturen passen in formale Gärten. Sie bilden die Kulisse für Staudenbeete und Skulpturen. Einen besonders ruhigen Hintergrund bieten Hecken aus **immergrünen Pflanzen** wie der Eibe, dem Wacholder, dem Lebensbaum, dem Liguster und dem Buchsbaum.

Sommergrüne Gehölze, wie Rot- und Hainbuche, Feldahorn, Heckenberberitze, Forsythie und Feuerdorn, sorgen für eine Kulisse, die sich im Laufe des Jahres wandelt. Genaue Informationen zu den Heckenpflanzen finden Sie ab Seite 68 im Porträtteil des Buches.

Entweder Sie pflanzen nur eine einzige Pflanzenart, oder Sie bilden die Hecke aus verschiedenen Gruppen. Das könnte vor allem für sehr lange Grundstücke interessant sein. Die Hecke wirkt dann nicht so eintönig und so lang.

Der Schnittaufwand ist abhängig von der Wüchsigkeit und letztlich der Endgröße einer Heckepflanze im ungeschnittenen Zustand. Eine Rotbuche wird in der freien Natur mehr als 15 Meter hoch, eine Berberitze dagegen stoppt bei zwei, maximal drei Metern ihr Wachstum und erfordert entsprechend weniger Schnittaufwand.

Die rosafarbenen Rosenblüten kommen vor der Efeuwand am besten zur Geltung. Der Durchblick macht neugierig auf die Räume, die dahinter liegen.

Formhecken strukturieren den Garten in verschiedene Räume, entlang der Grundstücksgrenze rahmen sie den Garten ein. Gartentore laden ein, neue Wege zu gehen.

Gehölze für Formhecken

Deutscher Name	Botanischer Name	Höhe
Sommergrüne Gehölze:		
Hainbuche	*(Carpinus betulus)*	3–6 m
Rotbuche	*(Fagus sylvatica)*	3–6 m
Kornelkirsche	*(Cornus mas)*	2–4 m
Liguster	*(Ligustrum vulgare)*	2–3 m
Immergrüne Gehölze:		
Buchsbaum	*(Buxus sempervirens)*	1–2 m
Eibe	*(Taxus baccata)*	2–4 m
Stechpalme	*(Ilex aquifolium)*	2–4 m
Spindelstrauch	*(Euonymus*-Arten)	1–2 m

Pflanzenabstand für Formhecken

30 cm Abstand brauchen:

- Buchsbaum *(Buxus sempervirens)*
- Liguster *(Ligustrum vulgare)*
- Lavendel *(Lavandula angustifolia)*
- Heckenkirsche *(Lonicera nitida)*

45 cm Abstand brauchen:

- Berberitze *(Berberis thunbergii)*
- Weißdorn *(Crategus monogyna)*
- Forsythie *(Forsythia intermedia)*
- Stechpalme *(Ilex aquifolium)*
- Kartoffelrose *(Rosa rugosa)*

60 cm Abstand brauchen:

- Weißbuche *(Carpinus betulus)*
- Scheinzypresse *(Chamaecyparis lawsoniana)*
- Haselnuss *(Corylus avellana)*
- Blutbuche *(Fagus sylvatica)*
- Feuerdorn *(Pyracantha coccinea)*
- Eibe *(Taxus baccata)*
- Lebensbaum *(Thuja plicata)*

So werden Hecken gepflanzt

Ziehen Sie vor dem Pflanzen entlang der gewünschten Pflanzlinie Schnüre, und zwar an fest im Boden verankerten Pfosten. Eine Schnur 30 cm über dem Boden, die zweite in 80 cm Höhe – je nach Größe der Heckenpflanzen.

Heben Sie dann einen Pflanzgraben mit dem Spaten aus. Dann werden die Heckenpflanzen im Abstand von 30 bis 50 cm (je nach Art) hineingestellt. Die Aushuberde zu gleichen Teilen mit einer frischen Pflanzerde mischen. Ist die fertige Pflanzerde nicht vorgedüngt, mischen Sie auch noch einen organischen Gartendünger unter. Dosierungen stehen auf der Rückseite der Verpackungen. Dann mit dem Erde-Dünger-Gemisch den Graben halb füllen, die Pflanzen rütteln und dafür sorgen, dass die Erde zwischen die Wurzeln rieselt. Kräftig wässern. Warten Sie, bis das Wasser ziemlich versickert ist, dann restliche Erde auffüllen, festtreten und eine Gießmulde formen. Nochmal kräftig wässern, bis das Wasser stehen bleibt. Im ersten Jahr nach der Pflanzung sollte man bei trockenem Wetter die Heckenpflanzen wässern.

Die Pflanzen werden an den Schnüren festgebunden, mit Bast oder Blumendraht. Das schützt die jungen Setzlinge davor, vom Wind lockergerissen zu werden. Im zweiten Jahr die Schnur entfernen.

Tipp für Anfänger

Damit eine sommergrüne Hecke im Winter nicht so kahl aussieht, pflanzen Sie immergrüne Kletterpflanzen wie den Spindelstrauch (Euonymus fortunei var. radicans) *dazwischen. Dieser Kletterer durchwebt die Äste der Sträucher und lässt es auch im Winter dazwischen grün aufleuchten.*

Vorgarten mit Hausbaum und Beet

Der Vorgarten ist die Visitenkarte Ihres Hauses. Zeigen Sie sich auch dort von Ihrer besten Seite, heißen Sie Ihre Gäste schon an der Gartenpforte Willkommen und gönnen Sie sich Raum für einen Plausch vor der Haustür.

Eine Gartenbank vor dem Haus, unter dem Hausbaum im Vorgarten und eingerahmt von einer Weinrebe am Spalier lädt ein, zu verweilen, um ein Gespräch mit Freunden oder der Familie zu führen oder einfach dem Treiben auf der Straße zuzusehen.

Die Bank oder der Stuhl vor dem Haus sind eine Möglichkeit, seinem Vorgarten eine persönliche Note zu geben. Romantische Rosenbögen, Kletterrosen oder Waldreben eine andere Variante. Je nach Stil Ihres Hauses, ob Landhaus, Stadtvilla oder Reihenhaus, wird auch der Vorgarten gestaltet. Zum Countrystil passt der ländliche Bauerngarten mit Hausbank, streng geschnittenen Buchshecken und üppigen Blumenbeete. Vor einer Stadtvilla wirkt ein formaler, strenger Gartentyp mit Eiben- und Buchskugeln, geraden Wegen und symmetrisch angeordneten Pflanzenpaaren gut.

Der Vorgarten ist, sofern er nicht hinter hohen Mauern versteckt liegt, stets ein öffentlicher Bereich. Niedrige Hecken rahmen ihn ein, ohne abzugrenzen. Dafür eignen sich die Zwergspieren *(Spiraea japonica* 'Little Princess') gut. Setzen Sie Eckpfeiler dieses niedrigen »Zaunes« mit höheren Blütensträuchern wie Kolkwitzie oder Weigelie, oder mit immergrünen Gehölzen wie einem Kirschlorbeer. Das gibt Halt.

Niedrige Hecken signalisieren die Grenze, ohne den Vorgarten einzuengen. Häufig sind sie am Grundstücksrand zu sehen.

Eine andere Lösung für diese halb-offene Grenzgestaltung sind niedrige Holzlatten- oder andere Staketenzäune. Dahinter ist Platz für Blumenbeete mit Stauden, Sonnenblumen und Stockrosen, die sich an den Zaun anlehnen.

Formale, immergrüne Hecken wirken streng. Hohe Hecken (siehe Kapitel Hecken Seite 32 ff.), Zäune und Mauern bieten Schutz gegen den Straßenstaub, die Blicke und bedingt auch gegen den Straßenlärm. Allerdings: Je dichter und höher der Zaun oder die Hecke, desto enger und abgeschlossener wirkt der Vorgarten.

Doch ohne Zaun und Einfriedung lädt der Gartenabschnitt zum Hereinspazieren ein. Das stört auf Dauer. Manchmal reicht schon eine Reihe Natursteine oder eine niedrige Hecke, um Hunde und andere Störenfriede davon abzuhalten, einfach in den Vorgarten zu marschieren.

Vermeiden Sie zu viele Gehölze in Ihrem Vorgarten. Schnell wirkt dieser zu voll und zu dicht. Stattdessen sollten Sie einzelne auserwählte Gehölze pflanzen, und zwar an ganz bestimmte Plätze. Duftende Pflanzen direkt an die Haustüre oder an den Weg, sodass Sie beim nachhausekommen kurz einen tiefen Atemzug guter Luft genießen können. Oder Sie setzen winterblühen-

Von Stauden rechts und links des Weges begleitet, schreitet der Besucher zum Haus heran. Beschirmt von einem klein bleibenden Hausbaum, lädt eine Bank zum Sitzen ein. Als Unterpflanzung könnte man Elfenkrokusse *(Crocus tommasinianus)* und Dichternarzissen *(Narcissus poeticus)* einstreuen und verwildern lassen.

Gestaltungsidee für einen Vorgarten mit Staudenrabatten und Hausbaum

Pflanzliste

Anzahl und Name	Höhe	Farbe	Blütezeit
① 2 × Sonnenbraut *(Helenium*-Hybride 'Waltraud')	100 cm	kupfrig-rot	7–8
② 1 × Kissenaster *(Aster*-Dumosus-Hybr. 'Prof. Anton Klippenberg')	40 cm	blau	9–10
③ 4 × Spornblume *(Centranthus ruber* 'Coccineus')	70 cm	karminrot	6–9
④ 2 × Sonnenhut *(Rudbeckia fulgida* var. *sullivantii* 'Goldsturm')	80 cm	gelb	7–10
⑤ 4 × Salbei *(Salvia nemorosa* 'Ostfriesland')	50 cm	blauviolett	6–9
⑥ 2 × Blaunessel *(Agastache foeniculum)*	70 cm	blauviolett	7–9
⑦ 8 × Katzenminze *(Nepeta × faassenii* 'Walkers Low')	60 cm	blau	6–10
⑧ 2 × Spornblume *(Centranthus ruber* 'Albiflorus')	60 cm	weiß	6–9
⑨ 1 × Gelenkblume *(Physostegia virginiana* 'Bouquet Rose')	70 cm	rosa	8–9
⑩ 5 × Mädchenauge *(Coreopsis verticillata* 'Moonbeam')	40 cm	hellgelb	7–9
⑪ 2 × Reitgras *(Calamagrostis × acutiflora* 'Karl Förster')	70/130 cm	bräunlich/gelb	7–8
⑫ 2 × Hohe Fetthenne *(Sedum telephium* 'Herbstfreude')	50 cm	rostrot + blaugrau	8–10
Vor der Hauswand:			
⑬ 2 × Bartblume *(Caryopteris × clandonensis)*	60–100 cm	blau	*8–10*
⑭ 2 × Kapuzinerkresse *(Tropaelum majus)*	100–200 cm	orangegelb	*6–10*
An der Hauswand:			
⑮ 1 × Öfterblühende Kletterrose: 'Super Excelsa'	3–5 cm	rot	6–10
Auf der Wiese, links vom Weg			
⑯ 1 × Trompetenbaum *(Catalpa bignonioides* 'Nana')	4–7 m	weiß	6–7
Zwiebelblumen:			
10 × Dichternarzissen *(Narcissus poeticus)*	40 cm	weiß	4–5
10 × Krokus *(Crocus tommasinianus)*	12 cm	lilafarben	2–3

Pflegeplan

Frühjahr
Im Frühjahr die verblühten, vertrockneten Fruchtstände des letzten Sommers abschneiden. Laub oder Winterschutz abnehmen und den Boden mit frischem Kompost oder Gartendünger versorgen.

Sommer
Katzenminze nach der Blüte über dem Boden abschneiden und nochmal mit organisch-mineralischem Dünger versorgen. Das fördert die Nachblüte. Die Gelenk- und die Spornblume nach der Blüte 10 cm über dem Boden abschneiden. Damit verhindern Sie, dass sich die Stauden verausgaben und all ihre Kräfte verblühen.

Herbst
Die Sommerblüher abschneiden. Bei Herbstblühern wie der Sonnenbraut das Verblühte laufend abschneiden, das verlängert die Blütezeit. Fruchtstände des Sonnenhutes stehen lassen, das ergibt wunderschöne Bilder im Winter.
Jetzt Blumenzwiebeln pflanzen, und zwar doppelt so tief, wie die Zwiebel hoch ist. Am besten geht das mit einem Zwiebelblumen-Pflanzer.

Winter
In schneelosen, frostigen Zeiten die Stauden mit Fichtenreisig abdecken.

de Gehölze direkt vor das Fenster des Wohn- oder Kaminzimmers. Dann freuen Sie sich in der grauen Jahreszeit ganz besonders darüber. Pflanzen Sie Gehölze nicht zu dicht ans Haus! Im Alter breiten die Bäume ihre Kronen aus und beschädigen möglicherweise das Haus.

Liegen mehrere Gärten wie z. B. Reihenhausgärten dicht an dicht nebeneinander, empfiehlt es sich, mit den Nachbarn gemeinsame Sache zu machen und die Gärten im gleichen Stil zu gestalten. Das wirkt insgesamt viel großzügiger.

Staudenbeete rechts und links des Weges zeichnen sich, durch eine möglichst lange Blütezeit von Spornblume, Katzenminze und Salbei aus. Die Stauden wachsen locker, nicht zu straff horstig. Dadurch wirkt die Gestaltung natürlich. Für die Verlängerung der Blütezeit werden Zwiebelblumen, Sommerblumen und Stauden kombiniert. Die Herbstblüte wird dominiert von den Astern und späten Korbblütlern sowie zwei Ziersträuchern *(Caryopteris)*, die ab August blau blühen. Die Hauswand ziert eine öfterblühende Kletterrose.
Links der Baum, darunter eine Gartenbank – im Frühling eingerahmt von blühenden Krokussen und Narzissen, dann folgt eine Rasenfläche. Zur Bank führen Trittsteine durch den Rasen. Der Hauptweg schlängelt sich von der Gartenpforte hinter dem Holzlattenzaun in S-Form zur Haustreppe hin, rechts und links begleitet von blühenden Stauden. Die Treppe wird eingerahmt von zwei Pokalen, die auf der untersten Stufe stehen, gefüllt mit Kapuzinerkresse, deren lange Ranken nach unten fallen und übersät sind mit orangefarbenen und gelben Blüten.

Der Hausbaum

Entweder im Vorgarten oder im Ziergarten, als Sonnenschutz für eine Sitzgruppe, für eine Gartenbank oder einfach unterpflanzt mit Bodendeckern – zu jedem Haus gehört ein Baum. Die meisten Gärten sind allerdings so klein, dass nur kleinkronige Bäume darin Platz haben. Beispiele sind der Trompetenbaum oder die Kugel-Steppenkirsche *(Prunus fruticosa* 'Globosa'); beide kommen keinem Dachvorsprung oder Hausvorbau in die Quere. Die Steppenkirsche muss nicht geschnitten werden, sie bleibt von alleine kugelig kompakt. Große Bäume, vor allem hohe Koniferen wie Blautanne oder Stechfichte, stellen schon nach wenigen Jahren für kleine Gärten ein echtes Problem dar. Wie schneiden und wie begrenzen? Das ist meist nicht ohne größeren Schaden an diesen großen Bäumen möglich. Die Gehölze sehen gekappt und unschön aus. Stimmen Sie deshalb gerade beim Hausbaum die Dimension des Gartens auf die endgültige Wuchshöhe des Baumes ab. Damit ersparen Sie sich Arbeit und Ärger

Edel und doch natürlich – der Trompetenbaum

Das Gestaltungsbeispiel (siehe Grafik auf Seite 37) wird charakterisiert von einem wunderschönen Trompetenbaum als Hausbaum, dessen große Blätter und Kastanienbaum ähnlichen Blütenkerzen majestätisch wirken. Die

Sonnige Vorgärten

Wo die Sonne den ganzen Sommer über scheint, herrscht meist Trockenheit. Es sei denn, der Boden ist sehr lehmig und extrem tonhaltig. Nur dann verfügt er über so viel Wasserhaltekraft, dass man mit dem Gießen auch in Trockenperioden nachkommt.
Auf allen anderen Böden, vor allem auf mageren Sand- oder Schotterböden, sollte man sich für Pflanzen entscheiden, die von Natur aus mit Trockenheit und sehr wenig Nährstoffen gut zurechtkommen. Zum Beispiel die Stauden der Prärie, Felssteppen und Magerrasen wie die Palmlilien *(Yucca filamentosa)*, die Königskerze *(Verbascum*-Hybriden) oder die Steppenlilie *(Eremurus stenophyllus)*. Die Königskerzen

Ein Traum von Vorgarten – wer kommt hier nicht gerne nach Hause oder zu Besuch? Die Tulpenmagnolie rechts bidet einen idealen Hausbaum.

sind zwar kurzlebig, doch sie versamen sich so reich und treten jedes Jahr spontan an verschiedenen Ecken wieder auf. Zu diesen sehr schlanken, hochwüchsigen Stauden passen verschiedene Zierlauch-Arten *(Allium)* wunderbar. So zum Beispiel der Blauzungenlauch *(Allium karataviense)*, der seine Blütenkugeln auf sehr kurzem Schaft trägt. Auch er versamt sich gern.

Fehlen dürfen nicht die Gräser, die mit ihren zarten Halmen und filigranen Blüten die Steppe in der Sonne glitzern lassen. So sind etwa die herzförmigen Ähren an den dünnen Stielen des Zittergrases *(Briza media)* ein Juwel für den Steppengarten. Mit seinem silbergrauen Laub bringt der Wermut eine flirrenden Farbton in die Pflanzung. Den Boden bedecken der Milde Mauerpfeffer *(Sedum sexangulare)* und der der Scharfe Mauerpfeffer *(Sedum acre)*. Zu diesen Stauden passen trockenheitsverträgliche Sträucher wie der Erbsenstrauch *(Caragana jubata)*, der Sanddorn *(Hippophae rhamnoides)* oder die Rote Zwergberberitze *(Berberis thunbergii* 'Atropurpurea Nana').

Unter den Einjährigen halten die Verbenen *(Verbena)*, die Gazanien *(Gazania*-Arten) und der Prachtsalbei *(Salvia splendens)* trockene Böden problemlos aus. Mit ihren feurigen Farben lockern Sie die Pflanzung auf.

Will man den steppenartigen Charakter betonen oder ist der Boden zu lehm- und nährstoffhaltig, magert man die anstehende Erde mit Kies und Schotter ab. Das sieht zudem noch sehr originell aus. Nach unten hin kann die Steppenpflanzung mit einer Teichfolie in 80 cm Tiefe gegen den zu nährstoffhaltigen Boden abgeschottet werden.

Schattige Vorgärten

Immergrüne Gehölze wie die Stechpalme *(Ilex crenata)*, Hortensien *(Hydrangea*-Arten) und viele Schattenstauden kommen in Vorgärten, die nach Norden gerichtet sind oder vom Nachbarhaus total beschattet werden, gut zurecht.

Weitere schattenverträgliche Gehölze sind Azaleen und Rhododendren, die Weigelie *(Weigela florida)* und der Hartriegel *(Cornus alba)* sowie der Rote Fächerahorn *(Acer palmatum* 'Atropurpureum').

Farbakzente setzen Schattenstauden mit ihren Blüten, allen voran im Frühling die Akeleien *(Aquilegia vulgaris)* und der Fingerhut *(Digitalis purpurea)*. Taglilien *(Hemerocalllis)* und die im Sommer blühenden Astilben *(Astilbe*-Arendsii-Hybriden) lassen wahre Feuerwerke brennen. Im Herbst trumpfen die Herbstanemone (*Anemone hupehensis)* und die Silberkerze (*Cimicifuga racemosa)* nochmal richtig auf.

Den Boden können Sie problemlos mit Schatten liebenden Stauden bedecken, zum Beispiel der Schaumblüte *(Tiarella)*, den Funkien *(Hosta*-Arten) und dem Lungenkraut *(Pulmonaria)*. Wunderschön tanzen die zarten himmelblauen Blüten des Kaukasus-Vergissmeinnichts *(Brunnera macrophylla)* im Frühling über den herzförmigen Blättern.

Das ganze Jahr über schmückend ist der wintergrüne Ysander *(Pachysandra terminalis)*. Dieser Bodendecker hat sich als sehr robust und praktisch erwiesen. Er schluckt auch das Herbstlaub! Ebenso problemlos ist der Efeu *(Hedera helix)* in schattigen Bereichen, gerne auch unter hohen Bäumen.

Staudenbeete im Garten

Es ist schon eine besondere Freude, zu beobachten, wie Stauden den Garten im Laufe der Jahre erobern und vollenden. Ihre Farben machen ihn fröhlich, ihre Wuchskraft strömt Lebensfreude aus und ihre Treue, jedes Jahr wieder zu erscheinen und so üppig zu wachsen, als ob sie nie verschwunden gewesen wären – das macht Freude und Mut.

Ein Staudenbeet macht überall im Garten Freude. Entweder Sie planen es entlang eines Weges, auf dem Sie jeden Abend entlangschlendern und die Blütenpracht im Beet genießen können, oder Sie platzieren das Beet direkt vor eine Hecke oder Mauer. Vor ruhigen Kulissen leuchten die Farben der Blumen besonders intensiv, und ihre Schönheit kommt erstklassig zur Geltung. Stauden gedeihen aber auch wunderbar unter Bäumen, vor Sträuchern oder direkt an der Terrasse. Das Experimentieren, welche Arten miteinander klar kommen, am besten nebeneinander aussehen, wer sich mit welchem Begleiter am wohlsten fühlt, das braucht Zeit. Denn die Stauden entwickeln sich erst nach zwei Jahren zu ihrer vollen Größe.
Ein paar Regeln erleichtern das Malen mit Blütenfarben im Beet. So wachsen zum Beispiel nicht alle Stauden auf allen Böden und an allen Plätzen. Auf den folgenden Seiten finden Sie für die häufigsten Plätze in Hausgärten beispielhafte Beetideen mit bewährten Stauden. Denn das Reich der Stauden ist sehr groß und für einen Einsteiger nicht erfassbar.
Da gibt es die **Wildstauden** – wie am Naturstandort -, die bisher noch gar nicht in gärtnerischer Zucht waren; sie gedeihen meist nur an Plätzen, die denen in ihrer heimatlichen Region sehr nahe kommen. Einige unter ihnen sind extrem genügsam und kommen auch auf sehr steinigen, kargen Böden zurecht.
Gezüchtete Stauden, die **Prachtstauden** und ihre zahlreichen Sorten dagegen, sind bereits gewöhnt an ständige Betreuung, kontinuierliche Versorgung mit Wasser und Dünger. Deshalb kümmern sie auf mageren Böden und bei Trockenheit. Sie brauchen unsere ganze Aufmerksamkeit, nahrhaften Boden und bei Trockenheit regelmäßig Wasser.

Stauden stützen und stäben

Die hochbeinigen und nicht immer standfesten Prachstauden sollte man mit Staudenhaltern stützen, sonst liegen sie beim ersten Sommergewitter am Boden und schaffen es nicht mehr, alleine aufzustehen.
Schnüren Sie die Horste nicht zu eng zusammen, und schon gar nicht mit Strohschnüren, Kordeln oder Draht. Das sieht wie stranguliert aus, und zudem bekommt das den Stauden überhaupt nicht. An die Stängel muss Luft und Sonne herankommen können.

Ein sonniges Staudenbeet mit durchlässigem Boden, direkt vor der Gartenmauer – ideal für Wärme liebende Pflanzen wie der silberfarbige Wollziest.

Am schönsten sehen Staudenhalter aus Schmiedeeisen aus. Oder die in England seit Jahrzehnten eingesetzten Link-Stakes. Ihr Vorteil: Es gibt unzählige Varianten an Kreisen, Haltern und Stäben.
Allerdings muss man die mit grünem Kunststoff ummantelten Stakes im Herbst wieder aus den Beeten herausholen, und zwar bevor man die Staudenhorste abschneidet. Das macht zusätzlich Arbeit. Die schmiedeeisernen Halter können das ganze Jahr im Beet stehen bleiben. Sie wirken wie eine Zierde im kahlen, winterlichen Garten.
Man kann aber auch einfach Birkenreisig im Frühjahr, wenn die Stauden noch klein sind, rund um die Horste in den Boden stecken, auf halber Höhe waagerecht umknicken und stehen lassen. Mit der Zeit drängen sich die Triebe der Stauden durch das Reisig hindurch zum Licht. Das Reisig kann im Herbst beim Abräumen der Beete in einem Arbeitsgang weggenommen und auf den Kompost gebracht werden.
Wildstauden wie die Myrtenaster sehen von vornherein sehr struppig aus, man sollte sie nicht stäben oder strangulieren. Wenn Sie nach einem Sturm am Boden lagern, stehen einzelne Halme auf, andere nicht. Das macht den Charme eines Wildstaudenbeetes aus.

Die Vielfalt des Gartenbodens

Ob man Wild- oder Prachtstaude wählt, richtet sich nach dem Boden in Ihrem Garten. Sprechen die Gärtner von einem **frischen Boden**, so meinen sie nicht etwa frisch gekauft oder frisch zubereitet. Nein, sie sprechen von einem Gartenboden, der sich beim Anfassen frisch, also kühl, anfühlt. Nicht feucht. Das ist sozusagen die Vorstufe davon. Im halbschattigen oder lichten Schatten ist der Boden oftmals frisch. Ausnahme: der sonnige Gehölzrand. Dort scheint im Sommer den ganzen Tag die Sonne, der Boden ist völlig trocken.
Feuchter Boden ist wirklich mit Wasser gesättigt, noch nicht sumpfig-nass, aber schon ziemlich feucht. Man findet ihn im Vollschatten von Mauern und Bäumen, an Stellen, wo keine Sonne hinkommt, um den Boden nach Regenfällen abzutrocknen, aber auch kein Baum oder Strauch die Feuchtigkeit aus dem Boden holt.
Fruchtbaren, feuchten Boden im Halbschatten lieben zum Beispiel Funkien *(Hosta*-Arten), Etagenprimeln *(Primula × bullesiana)* und der blaue Scheinmohn *(Meconopsis betonicifolia)*.
Eher **trockene**, aber auch nährstoffreiche Böden in der vollen Sonne lieben die Fackellilie *(Kniphofia)* und die Hohe Fetthenne *(Sedum telephium)*.
Magere, steinige oder schotterige, aber auf keinen Fall humose Böden und pralle Sonne vertragen, ja brauchen die Wildstauden der Steppen und Geröllflächen. Dazu zählen etwa die Blaunessel *(Agastache foeniculum)* und die Edeldistel *(Eryngium)*. Auf fetten, also nährstoffreichen Böden würden sie kümmern, quasi eingehen.
Prachtstauden gehen dagegen auf mageren Standorten »in die Knie« und entwickeln sich mangels Nahrung nicht zu ihrer vollen Schönheit.

Schwere Tonböden

Enthält der Boden viel Tonmineralien, kann er viel Wasser und reichlich Nährstoffe speichern. Der Nachteil: Er erwärmt sich nur langsam, was vor allem im Frühjahr ungünstig ist. Die Pflanzen treiben später aus. Trocknet er aus, bekommt er schnell Risse. Regnet es viel, wird der Boden klebrig und schwer zu bearbeiten.
Sie können solche Böden durch Dränage, durch Unterarbeiten von Kies, Sand oder Schotter lockerer machen und so-

mit die Wasserführung verbessern. Außerdem sollte man regelmäßig organische Substanz zu fügen, entweder eigenen Kompost, sofern dieser nicht Überträger von Unkrautsamen ist, oder Rindenkompost.

Geeignete Pflanzen für Tonböden sind die Taglilien *(Hemerocallis)*, die gelben und rostroten Sonnenbräute *(Helenium)*, der malvenfarbene Wasserdost *(Eupatorium)* und auch viele Frühlingsblumen mit kräftigen Wurzeln, wie die Christrose *(Helleborus niger)*, wobei diese kalkarme Böden bevorzugt. Dagegen ist Rittersporn *(Delphinium*-Hybriden) nicht geeignet, feuchte Erde führt bei ihm zu Wurzelhalsfäule. Schleierkraut *(Gypsophila paniculata)* ist um so langlebiger, je trockener der Boden ist. Überhaupt nicht gut wachsen Nelken *(Dianthus)*, Skabiosen und Purpurglöckchen *(Heuchera)* auf eher schweren Böden.

Frostempfindliche, bei uns nicht vollkommen winterharte Pflanzen erleiden auf schweren, im Winter häufig nassen Tonböden Frostschäden.

Vor allem, wenn die Plätze in der Sonne liegen, fühlen sich Gänsekresse *(Arabis)*, Wolfsmilch-Arten und alle Fetthennen wohl. Das gilt auch für Blaukissen und Glockenblumen sowie Brandkraut *(Phlomis)*. Alle Pflanzen, die Nässe nicht vertragen, fühlen sich in den trockenen, steinigen Steppengärten wohl.

An schattigen Plätzen breiten Storchschnabel *(Geranium × cantabrigiense)* und Elfenblumen sich problemlos aus. Auch der Günsel und das Tränende Herz sowie Kissenprimeln überziehen den trockenen Boden.

Extrem trockene Böden

Nur Sukkulenten, also dickfleischige Pflanzen, wie etwa der Scharfe Mauerpfeffer oder Dachwurze, kommen fast ohne Wasser aus. Für die meisten Gartenpflanzen muss man diesen Bodentyp aufbessern, organische Masse unterarbeiten, Ton oder Lehm einbringen. Auch eine Mulchschicht aus Grasschnitt, Stroh oder Rindenkompost erhöht die Feuchtigkeit bzw. verringert die Verdunstung des Bodenwassers. Diese Maßnahmen helfen auf freien Beeten.

Holen sich dicke Wurzeln von großen Bäumen das Wasser, ist es schwieriger, den Boden zu verändern. Die Wurzeln lassen ein tiefgründiges Graben nicht zu, ein Aufbringen von organischer Substanz ist nur bis zu einer Höhe von 5-8 cm möglich.

Trockene, schattige Plätze unter Bäumen sind deshalb die schwierigsten Stellen im Garten. Es fehlen Feuchtigkeit und Licht, beides lebensnotwendige Dinge für Mensch, Tier und Pflanze.

Hat man den Boden so weit wie möglich verbessert, kann man probieren, immergrüne Gewächse anzupflanzen, z. B. Liguster *(Ligustrum)*, die Stechpalme *(Ilex aquifolium)*, den Schildfarn *(Polystichum)*, den robusten Wurmfarn *(Dryopteris)* und immergrüne Stauden wie die Elfenblume oder Kletterpflanzen als Bodendecker, etwa Efeu und Clematis.

Nasse Böden

Wenn Bereiche im Garten von Natur aus feucht sind, etwa am Ufer eines Baches, dann sollte man dort Pflanzen der Uferzonen ansiedeln. Erlen, Weiden, Trollblume und Sumpfprimeln etwa. Auch Ligularien, Iris und Blutweiderich gedeihen auf nassen Böden gut.

Ist aber der Untergrund so verdichtet, dass das Wasser nach einem Regenfall nicht ablaufen kann, dann sollte man den Boden drainieren. Auch wenn diese Arbeit aufwändig ist, es lohnt sich.

Wer keine Dränage legen will, kann ein Hochbeet bauen und dies mit sandiger Erde auffüllen.

Kübel oder Tröge schaffen ebenfalls bodenunabhängige Verhältnisse. Durchlässige Kübelpflanzenerde ist für Stauden genau richtig.

Steinige Böden

Für Trockenheit liebende Pflanzen ist ein durchlässiger, steiniger Boden ideal.

Staudenbeete mit Morgensonne auf frischem Boden

An bestimmten Stellen in Ihrem Garten kommt nur morgens für ein paar Stunden die Sonne hin. Diese Plätze sind ideal für Blumen und Pflanzen, die heiße Sonnenstrahlen nicht vertragen. Die Morgensonne ist noch kühl, nicht so intensiv wie die Mittagssonne. Meist ist der Boden an diesen Stellen auch eher frisch als trocken. Das heißt, der Boden fühlt sich immer kühl an, wenn man ihn zwischen den Fingern reibt.

Den absonnigen Standort, so nennen Profi-Gärtner Plätze im Garten, die nicht den ganzen Tag von der Sonne beschienen werden, lieben die Monarden. An diesen eher kühleren Stellen bekommen sie vor allem im Hochsommer nicht so schnell Mehltau, bleiben also länger gesund. Trifft es Ihre Pflanze trotzdem, dann hilft nur noch der beherzte Griff zur Gartenschere und der radikale Rückschnitt. Keine Angst, das Herz der Pflanzen sitzt im Boden. Sie treiben wieder neu aus.

Unser Beispielbeet blüht von Juni ununterbrochen bis zum Oktober. Die zwischen die Stauden gesetzten Zwiebelblumen läuten den Frühling ein. Dies könnten zum Beispiel Trompetennarzissen sein: Einfarbige Sorten wie die rein weiße 'Cantatrice' oder die schwefelgelbe 'Spellbinder'. Die klassische gelbe Osterglocke blüht im April und wird durch die Sorte 'Royal Gold' am besten verkörpert. Unter den zweifarbigen mit orangefarbener Nebenkrone gefällt 'Louise de Coligny', mit leicht gebogenen, schneeweißen Außenblättern, aprikosenfarbener Krone und einem intensiven Duft!

Gestaltungsidee für ein fröhliches Blumenbeet mit Morgensonne und frischem Gartenboden

Pflanzliste

Anzahl und Name	Höhe	Farbe	Blütezeit
① 1 × Kapuzinerkresse *(Tropaelum majus)*	100–200 cm	orangerot	6–10
② 1 × Bartblume *(Caryopteris × clandonensis)*	60–100 cm	blau	8– 10
③ 10 × Elfenblume *(Epimedium × versicolor* 'Sulphureum')	30–50 cm	hellgelb	4– 5
④ 1 × Reitgras *(Calamagrostis × acutiflora* 'Karl Förster')	60/120 cm	cremeweiß/ocker	7– 8
⑤ 1 × Ehrenpreis 'Blauriesin' *(Pseudolysimachion longifolium)*	90 cm	blau	7– 8
⑥ 2 × Kerzen-Knöterich *(Polygonum amplexicaule* 'Firetail')	120 cm	scharlachrot	6– 9
⑦ 4 × Trugerdbeere *(Duchesnea indica)*	10 cm	weiß	5– 9
⑧ 1 × Ehrenpreis 'Schneeriesin' *(Pseudolysimachion longifolium)*	90 cm	weiß	7– 8
⑨ 1 × Indianernessel 'Schneewittchen' *(Monarda*-Hybride)	100 cm	weiß	6– 8
⑩ 1 × Indianernessel 'Squaw' *(Monarda*-Hybriden)	100 cm	scharlachrot	6– 8
⑪ 1 × Rutenhirse *(Panicum virgatum* 'Rotstrahlbusch')	90–100 cm	grünbraun	8–10
⑫ 2 × Schildblume *(Chelone obliqua)*	50–70 cm	rosa	7– 9
⑬ 1 × Astilbe *(Astilbe*-Arendsii-Hybride 'Brautschleier')	70 cm	weiß	7– 8
⑭ 1 × Blutweiderich *(Lythrum salicaria)*	80 cm	rosa-violett	6– 9

Frei zu verteilen:

10 × weiße Krokusse, 10 × Dichternarzissen und 10 × Trompetennarzissen (z. B. 'Louise de Coligny', 40 cm)

Dieses Beet auf der Ostseite des Hauses erhält morgens Sonne, danach liegt es im Schatten. Fröhliche Farben bereiten dem, der die Haustüre öffnet, schon am Morgen Freude.

Pflegeplan

Frühjahr

Laub- und Winterschutz von den Flächen nehmen, Kompost verteilen, Monarden und Zwiebelblumen vor der Blüte düngen. Gräser zurückschneiden. Eventuell Sommerblumen aussäen. Gelbes Laub der Zwiebelblumen entfernen. Wer will, kann es vorher zu Zöpfen flechten, dann fällt es nicht so auf.

Sommer:

Bei Mehltaubefall radikaler Rückschnitt der Monarden direkt über dem Boden. Wässern bei Trockenheit.

Herbst und Winter:

Rückschnitt der restlichen Monarden. Astilben, Rutenhirse und Reitgras stehen lassen. Zwiebelblumen pflanzen, doppelt so tief, wie die Zwiebeln hoch sind.

Tipp für Anfänger

Damit man im Laufe des Sommers nicht vergisst, wo Blumenzwiebeln im Boden schlummern, steckt man entweder Holzstäbe an die Stellen oder schöne Etiketten aus Terrakotta. So hackt man nicht versehentlich die Zwiebeln aus dem Boden heraus oder gar mit dem Spaten entzwei. Schöne Lückenfüller für diese Stellen sind Kornblumen und Kapuzinerkresse!

Staudenbeete mit heißer Mittagssonne und trockenem, steinigem Boden

Auf der Südseite des Hauses, wo in den meisten Fällen die Terrasse liegt, ist der sonnigste Platz im Garten. Im Winter wie im Sommer brennt hier die Sonne erbarmungslos, der Boden trocknet schneller ab als auf der Ost- oder Westseite, die Hitze dominiert. Ideal für Pflanzen, die aus Regionen stammen, in denen die Sommer heiß sind. Die meisten Stauden der Steppe halten extreme Hitze problemlos aus. Auch der Boden kann so karg sein wie die Steinhänge am Mittelmeer, die Pflanzen schieben ihre Wurzeln gern zwischen Geröll und blankes Gestein. Sie können am besten mit dem Wasser haushalten und haben über viele Generationen gelernt, sich vor der Sonne zu schützen. Sie verkleiden sich buchstäblich: Ihre schützende Haut ist meist grau-grün oder silbrig, weißfilzig oder bestachelt und schützt sie vor dem Austrocknen.

Im Hausgarten ist allen Vertretern der Wunsch nach Freiheit gemeinsam. Sie brauchen Luft, vertragen keinen dichten Stand und sollten daher in großen Abständen gepflanzt werden. Der Boden darf nicht zu nährstoffhaltig sein und im Winter nicht zu nass. Am besten mischt man vor dem Anlegen eines Steppenbeetes Sand unter lehmhaltige Gartenböden.

Steppenbeete

Die Goldgelbe Teppichgarbe *(Achillea tomentosa)* überzieht im Juni/Juli die Steine mit ihren goldgelben Blüten. Dazwischen schiebt sich das Perlpfötchen *(Anaphalis margaritacea)* mit 40 cm hohen, weißen Blüten auf straffen Stielen. Bezaubernd ist die Ausstrahlung des Perlkörbchens *(Anaphalis triplinervis)*, dessen Blätter oberseits grünlich, weißfilzig sind. Besonders wertvoll ist die späte, von September bis Oktober blühende Sorte 'Silberregen'. Sehr dekorativ wirken dazwischen die 15 cm großen, lilafarbenen Kugeln des Sternkugellauchs *(Allium christophii)* mit ihren sternförmigen Blüten.

Sehr pflegeleicht sind Flächen mit Fetthennen. Kombinieren Sie dabei niedrige, teppichbildende Arten wie das wüchsige, sich im Winter rötlich färbende *Sedum hybridum* 'Immergrünchen', unterbrochen von hohen Sorten wie *Sedum* 'Herbstfreude'.

Die Weite der Ostsee lässt der tiefblaue Salbei *(Salvia nemorosa* 'Rügen') entstehen. Mannshohe Horste bringt der Meerkohl *(Crambe cordifolia)* in einem Jahr hervor, egal wie mager der Boden ist. Ein Wunder der Natur, im Garten ein unverzichtbares Schauspiel.

Mediterrane Beete

Eine andere Möglichkeit, heiße und trockene Plätze rund ums Haus zu begrünen, ist die Gestaltung eines mediterranen Gartens.

Als Leitstauden könnten darin verschiedene Yucca *(Yucca filamentosa)* dienen, deren steife Blätter wie Schwerter nach außen ragen, oder auch Gruppen des ungewöhnlichen Brandkrauts *(Phlomis russeliana)*, dessen straffe Stiele nach oben ragen und mit gelben Blütenquirlen besetzt sind. Beide eingebettet in einen rosa blühenden Thymian-Teppich *(Thymus serpyllum* 'Coccineus'), oder in einen blaugrauen Schwingelteppich von *Festuca cinerea*, dem Blauschwingel.

Farbtupfer setzen die silbergraue Schafgarbe *(Achillea ageratifolia* var. *serbica)*, die goldgelben Blüten der Nachtkerze *(Oenothera missouriensis)*

Frauenmantel, Storchschnabel und Scheinmohn blühen zu Füßen von Kletterrosen. Die verschiedenen Rottöne werden durch das Schwefelgelb gemildert.

Gestaltungsidee für ein Staudenbeet mit heißer Mittagssonne und trockenem Boden

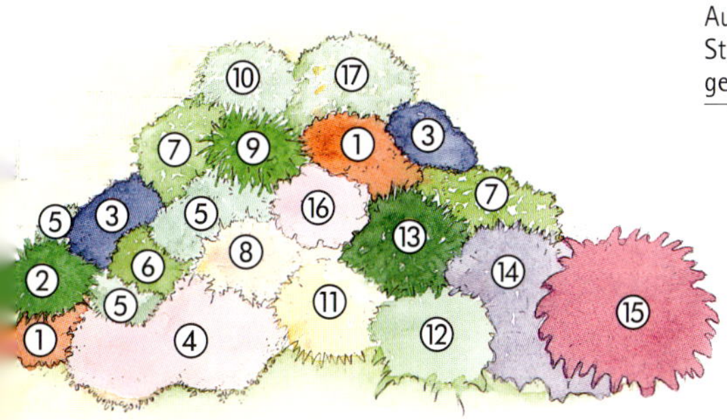

Auf der Südseite des Hauses liegt dieses Staudenbeet. Hier wurden bewusst nur Arten gewählt, die heiße, trockene Plätze lieben.

Pflanzliste

Anzahl und Name	Höhe	Farbe	Blütezeit
① 6 × Zierdost *(Origanum vulgare* 'Compactum')	20–25 cm	rosa	7–9
② 3 × Yucca *(Yucca filamentosa)*	40 cm	weiß	7–8
③ 4 × Ehrenpreis *(Veronica spicata* ssp. *incana)*	20 cm	blau	6–8
④ 3 × Bodendeckerrose 'Ballerina'	60–80 cm	weiß/rosa	5–10
⑤ 4 × Pfingstnelke *(Dianthus gratianopolitanus)*	8–15 cm	rosa	4–8
⑥ 1 × Bergaster *(Aster amellus)*	40–60 cm	blau	7–9
⑦ 8 × Weißer Mauerpfeffer *(Sedum album* 'Coral Carpet')	10 cm	rot-weiß	6–7
⑧ 2 × Weichblättriger Akanthus *(Acanthus mollis)*	60–80 cm	rosa	6–8
⑨ 2 × Mittelhohe Bartiris *(Iris*-Barbata-Hybride)	50 cm	weiß/blau/lila	5–6
⑩ 2 × Weiße Spornblume *(Centranthus ruber* 'Albus')	60 cm	weiß	6–9
⑪ 3 × Steppenkerze *(Eremurus × isabellinus)*	80–100 cm	gelb-rot	5–6
⑫ 1 × Immergrüne Berberitze *(Berberis julianae)*	100–200 cm	orangegelb	5
⑬ 1 × Bartblume *(Caryopteris × clandonensis)*	60–100 cm	blau	8–10
⑭ 3 × Katzenminze *(Nepeta × faassenii)*	30–40 cm	blau	5–8
⑮ 1 × Schmetterlingsstrauch *(Buddleja*-Davidii-Hybride 'Pink Delight')	300–400 cm	dunkelrosa	7–10
⑯ 2 × Muskatellersalbei *(Salvia sclarea)*	150 cm	hellblau	6–8
⑰ 5 × Perlkörbchen *(Anaphalis triplinervis)*	30–40 cm	weiß	7–8

Pflegeplan:

Frühjahr

Winterschutz entfernen. Bartblume und Schmetterlingsstrauch 20 cm über dem Boden abschneiden. Erfrorene oder vertrocknete Triebspitzen und Hagebutten der Rosen abschneiden. Braune Stängel und alte Blütenstände vom Vorjahr wegschneiden, direkt über den am Grund bereits austreibenden Basisknospen. Die Spornblume überwintert häufig mit grünen Blättern. Je nach Größe der Staude können diese auch belassen werden. Blattrosette kontrollieren. Im Frühjahr nach der Blüte auf Sämlinge des Muskatellersalbeis achten.

Sommer

Die Spornblume sofort nach der Blüte 10 cm über dem Boden abschneiden. Das bewahrt die Pflanze davor, dass sie all ihre Kräfte in einem Sommer verblüht.

Im Juni werden die Bartiris verpflanzt, oder, sofern sie blühfaul oder krank geworden sind, auch geteilt. Altes, faules Rhizomgewebe wegschneiden. Beim Teilen darauf achten, dass jedes Rhizomstück mindestens eine, besser zwei Knospen besitzt.

Herbst

Verblühtes, das faulen könnte, entfernen. Trockene, gut haltbare Fruchtstände stehen lassen und erst im Frühjahr entfernen.

Winter

Abdeckmaterial bereithalten für schneearme Frosttage. In dieser milden Zeit – oft in der Wintermitte – erwachen die Pflanzen, treiben leicht aus und werden dann von Frösten im Februar/März bitter überrascht. Bei wärmerer Witterung rechtzeitig entfernen.

Ein mediterranes Schotterbeet mit gelber Nachtkerze und prächtiger Yucca-Blütenrispe.

und die orange blühenden Sonnenröschen *(Helianthemum)*. Die Farbe des Meeres oder des Himmels bringen größere Gruppen von Salbei *(Salvia nemorosa)* oder von Silbrigem Ehrenpreis *(Veronica spicata* ssp. *incana)*. Letzterer hat silbrige Blätter und dunkelblaue Blütenähren.

Mediterran wird es im Garten auch ohne Seegrundstück mit dem Meerlavendel *(Limonium latifolium)*, auch Strandflieder genannt. Dieser Pionier besiedelt die nährstoffärmsten Sandböden ohne weitere menschliche Hilfe. Gut zu sehen auf den Halligen in der Nordsee, zum Beispiel Hallig Hooge, südlich von Sylt. Im Garten darf man dann auch die fliederfarbenen Blütenstände im Hochsommer pflücken und für Trockensträuße sammeln. Auf der Hallig ist das streng verboten.

Wunderschön ist der weichblättrige Akanthus *(Acanthus mollis)*. Er wirkt mediterran und hat einen Solitärplatz verdient. Seine oberseits glänzenden, weichen Blätter sind wenig gelappt, die markanten Blüten rosa-weiß.

Folgende Gehölze gehören ins trockene, sonnige Beet: die Zwergmispel *(Cotoneaster praecox)* und die Bartblume *(Caryopteris clandonensis)*. Wer will, setzt noch Ginster *(Cytisus praecox)* oder die Blauraute *(Perovskia abrotanoides)* dazwischen.

Auf mageren, sandigen oder mineralischen Plätzen sollte man hauptsächlich Pflanzen ansiedeln, die mit Trockenheit und Dürre zurecht kommen. Wer unbedingt eine Staude, an dem Fleck haben möchte, die nährstoffreiche, humose Erde braucht, wie zum Beispiel der Rittersporn, sollte diese Staude in einen großen Topf mit guter Pflanzerde setzen und diesen ins Beet stellen. Doch dann heißt es aufgepasst: Wenn es nicht regnet, muss der Topf jeden Tag gegossen werden.

Ein Beet direkt am Haus

Dicht an der Hauswand liegt meist noch jede Menge Schutt vom Bau des Hauses tief im Boden. Dies sowie steiniger Boden führen dazu, dass die Erde wenig Wasser speichert und der pH-Wert des Bodens relativ hoch ist. Steht dann noch das Dach relativ weit über, liegt das Beet im Regenschatten und bleibt fast das ganze Jahr über trocken. Entweder man legt zur Abhilfe einen Tropfschlauch ins Beet oder man wählt Pflanzen aus der Steppe oder der Steppenheide. Die Wurzeln suchen zwischen den Steinen nach Wasser und Nahrung.

Dekorativ wirken hohe Stauden direkt vor der Hausmauer, etwa Königskerzen oder der Lilienschweif *(Eremurus)*. Möglich sind auch anspruchslose Halbsträucher wie die Säckelblume *(Ceanothus)* oder die Blauraute *(Perovskia)*, deren blaue Blüten im Herbst besonders auffallen. Auch einige Gräser nehmen mit den bescheidenen Bedingungen Vorlieb. Pudelwohl auf den mageren Böden in praller Sonne fühlt sich etwa der blaugrüne, je nach Sorte 10 bis 25 cm hohe Blauschwingel *(Festuca glauca)*. Den Boden bedecken Polsterstauden wie Polsterphlox, Wollziest oder Habichtskraut.

Tipp für Anfänger

Pflanzen mit grauen, silbrigen oder filzigen Blättern kommen mit trockenen, sonnigen Plätzen meist sehr gut zurecht. Häufig sehen die Stauden mediterraner Herkunft so aus.

Staudenbeete mit Abendsonne und lichtem Schatten

Nach Westen gerichtete Beete genießen die warme, nicht mehr so heiße Abendsonne. Hier fühlen sich Stauden wohl, die unter der warmen Abendsonne im eher frischen Boden gut gedeihen; in unserem Beispiel der Graue Felberich *(Lysimachia ephemerum)*. Eine stark wachsende Staude für den nach Westen geöffneten Gehölzrand und das Staudenbeet. Wie die Ähren des Schneefelberichs neigen sich auch seine weißen Blütenstände leicht zur Seite. Sie sind vor allem im Herbst eine Zierde durch das orangerote Farbspiel ihrer Früchte.

Unter Ziersträucher wie dem Schneeball *(Viburnum opulus)* oder dem Pfeifenstrauch *(Philadelphus coronaria)* wird die Fläche unterpflanzt mit Stauden, die dem Wurzeldruck Stand halten und mit dem lichten Schatten Vorlieb nehmen. Die Halbschatten liebenden Bodendeckern wie Storchschnabel, Purpurglöckchen *(Heuchera)* oder Waldsteinie *(Waldsteinia)* enttäuschen den Gärtner nie – ideal für Anfänger.

Gestaltungsidee für ein Staudenbeet in der Abendsonne

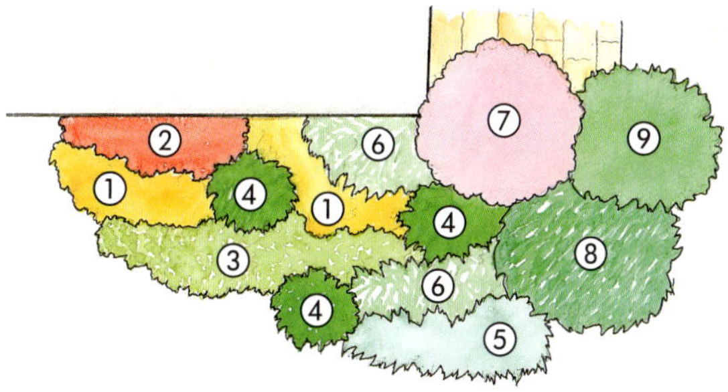

Hinter dem Haus wärmt die Abendsonne in den letzten Stunden des Tages den Boden. Ideal also für Halbschatten liebende Pflanzen.

Pflanzliste

Anzahl und Name	Höhe	Farbe	Blütezeit
Stauden:			
① 10 × Waldsteinie *(Waldsteinia geoides)*	25 cm	gelb	4–5
② 5 × Purpurglöckchen *(Heuchera micrantha* 'Palace Purple')	30 cm	rot	5–8
③ 8 × Weißer Blut-Storchschnabel *(Geranium sanguineum* 'Album')	40–50 cm	weiß	5–8
④ 4 × Herbstanemone *(Anemone hupehensis)*	80 cm	rosa	8–10
⑤ 2 × Grauer Felberich *(Lysimachia ephemerum)*	80 cm	weiß	7–8
⑥ 4 × Schneefelberich *(Lysimachia clethroides)*	60 cm	weiß	6–8
Sträucher:			
⑦ 2 × Schneeball *(Viburnum opulus)*	300–400 cm	weiß	5–6
⑧ 1 × Kirschlorbeer *(Prunus laurocerasus)*	180–200 cm	weiß	5
⑨ 1 × Falscher Jasmin *(Philadelphus coronarius)*	150–300 cm	weiß	6–7

Pflegeplan

Frühjahr

Waldsteinien ausputzen, Winterschutz von den Felberich-Stauden und den Purpurglöckchen nehmen, Blüten- und Fruchtstände des letzten Sommers abschneiden. Gehölze mit einem magnesiumhaltigen Gartendünger düngen.

Sommer

Wässern bei Trockenheit. Storchschnabel nach der Blüte zurückschneiden, das fördert den Austrieb frischen Laubs.

Herbst und Winter:

Winterschutz für den Grauen Felberich, die Herbstanemonen und die Purpurglöckchen anbringen, am besten Laub, mit Reisig beschwert. Halbreifen Kompost zwischen den Stauden verteilen. Storchschnabel zurückschneiden.

Lauschige Sitzplätze im Garten

Intime Stunden zu zweit, Ruhe und Muße ganz für sich allein - um dies im eigenen Garten genießen zu können, brauchen Sie einen schönen Sitzplatz. Eingerahmt von blühenden Pflanzen und umhüllt von ihrem süßen Duft ist die Erholung perfekt.

Wer wünscht sich das nicht: Direkt um den Sitzplatz soll es den ganzen Sommer blühen, es soll ein kuscheliges, gut zugewachsenes, intimes Plätzchen möglichst ohne Lücken entstehen, das jeden Tag aufs Neue einladend wirkt.
Kletterpflanzen leisten da gute Dienste. Sie brauchen nur wenig Platz, können sehr schmal in die Höhe wachsen und trotzdem einen wunderbaren grünen Vorhang entwickeln. Das ist vor allem für kleine, enge Grundstücke, etwa Reihenhausgärten, von großem Vorteil.
Ein einfaches Rankgerüst, aus Weiden- oder Haselnussruten geflochten, reicht aus, um Feuerbohnen, Kapuzinerkresse und Zierkürbissen Halt zu geben. Diese **einjährigen Kletterpflanzen** schließen ab Ende Juni den Vorhang und sorgen für eine intime Ecke.
Wer nicht jedes Jahr einjährige Blumen neu aussäen will, pflanzt **mehrjährige Arten**, zum Beispiel die Pfeifenwinde *(Aristolochia)* oder das Geißblatt *(Lonicera)*. Mit wunderschöner Herbstfärbung begeistert der Wilde Wein *(Parthenocissus)*. Vor allem an lauen Herbstabenden kann man sich an den rotbunt gescheckten Blättern erfreuen. Aber auch der mehrjährige Staudenhopfen *(Humulus lupulus)* färbt seine Blätter traumhaft schön. Zusammen mit dem einjährigen Hopfen, z. B. der gelblaubigen Sorte 'Aurea', zieht der goldene Herbst auf Ihre Terrasse oder Ihren Sitzplatz ein.
Alle mehrjährigen Kletterpflanzen können auch mit einjährigen Schlingern kombiniert werden. Das erhöht die Blütenpracht im Laufe des Sommers. Man pflanzt etwa Wicken dazwischen oder kletternde Kapuzinerkresse. Achten Sie auf ausreichenden Platzabstand, mindestens 40 cm sollten es sein.
Immergrüne Kletterpflanzen wie der Efeu *(Hedera helix)* und der Spindelbusch *(Euonymus fortunei)* sorgen dafür, dass die Kletterwand überhaupt nicht mehr kahl aussieht. Allerdings vertragen beide keine prallen Sonnenlagen. Vor allem im Winter können Südlagen für die Immergrünen tödlich werden. Denn wenn an klaren, wolkenlosen die Sonne auf die Blätter scheint, das Thermometer aber unter Null Grad ist und die Wurzeln im gefrorenen Boden stehen, können sie kein Wasser aufnehmen. Die Blätter aber werden von der Wintersonne förmlich geweckt und verdunsten Wasser. Die Folge: Bei langen sonnigen Frostperioden verdursten die Immergrünen. Übrigens gilt dies auch für alle anderen immergrünen Sträucher, wie Rhododendron und Kirschlorbeer.
Auf pflegeleichte Stauden wie die

Gestaltungsidee für einen sonnigen Sitzplatz

Der Sitzplatz ist eingerahmt von Hopfenwänden, blühenden Stauden und Sträuchern – eine gemütliche Atmosphäre in der Südwestecke des Grundstücks.

Pflanzliste

Anzahl und Name	Höhe	Farbe	Blütezeit	Bemerkungen
Am Rankgerüst:				
① 2 × Sonnenröschen (*Helianthemum*-Hybride 'Sterntaler')	10 cm	goldgelb	6–8	beste Sorte
② 3 × Lampenputzergras (*Pennisetum*)	30/60 cm	silbrig	8–9	im Winter schön
③ 2 × Berufkraut (*Erigeron*-Hybride 'Dunkelste Aller')	60 cm	tief violett	6–8	für Einsteiger
④ 2 × Ginster (*Cytisus*-Scoparius-Hybriden)	150 cm	rot mit gelb	5–6	
⑤ 10 × Grasnelke (*Armeria maritima* 'Alba')	15 cm	weiß	5–6	
⑥ 3 × Gänsekresse (*Arabis caucasica* 'Plena')	20 cm	weiß	3–5	gefüllt
⑦ 2 × Gänsekresse (*Arabis caucasica* 'Variegata')	15 cm	weiß	4–5	weiß-grüne Blätter
⑧ 1 × Schmetterlingsstrauch (*Buddleja davidii*)	300–400 cm	violettblau	7–9	prächtiger Strauch
⑨ 2 × Staudenhopfen (*Humulus lupulus*)	200–800 cm	grüngelb	5–8	rote Herbstfärbung
⑩ 2 × Goldhopfen (*Humulus scandens* 'Aurea')	200–400 cm	grüngelb	5–8	goldgelbe Blätter
⑪ 1 × Präriemalve (*Sidalcea × cultorum* 'Brillant')	70 cm	karminrot	7–9	
⑫ 2 × Ziersalbei (*Salvia nemorosa* 'Mainacht')	40 cm	nachtblau	5–9	
⑬ 3 × Hohe Fetthenne (*Sedum*-Hybride 'Matrona')	50 cm	rosa	8–9	
⑭ 8 × Scharfer Mauerpfeffer (*Sedum acre*) und	5 cm	gelb	6–7	
8 × Milder Mauerpfeffer (*Sedum sexangulare*)	5 cm	zitronengelb	7–8	
⑮ 2 × Fackellilie (*Kniphofia*-Hybriden)	60 cm	gelb	6–10	
⑯ 1 × Edeldistel (*Eryngium alpinum* 'Blue Star')	80 cm	stahlblau	7–8	toller Blickfang

Pflegeplan:

Frühjahr
Vertrocknete Ranken des Staudenhopfens entfernen, sofern Sie sie nicht im Spätherbst bereits abgenommen haben. Den Schmetterlingsstrauch nach den Eisheiligen bis auf 30 cm zurückschneiden. Lampenputzergras zurückschneiden. Winterschutz von Präriemalven und Fackellilien entfernen.

Sommer
Im Juni Kompost oder Volldünger verteilen. Nach Regenfällen den Boden auflockern. Bei Trockenheit am frühen Morgen wässern. Verblühte Rispen des Berufkrauts und des Salbeis sowie von der Grasnelke abschneiden.

Herbst
Im frühen Herbst die Präriemalve zurückschneiden, damit sich noch neue Knospen fürs nächste Jahr bilden können. Zwiebelblumen zwischen den Stauden, unter dem Schmetterlingsstrauch pflanzen. Braune Staudentriebe, vertrocknete und unschöne Blätter entfernen.

Winter
Mit halbfertigem Kompost und einer Laubdecke den offenen Boden abdecken, mulchen. Fackellilie und Präriemalve vor Winternässe schützen, in strengen Wintern mit Reisig abdecken.

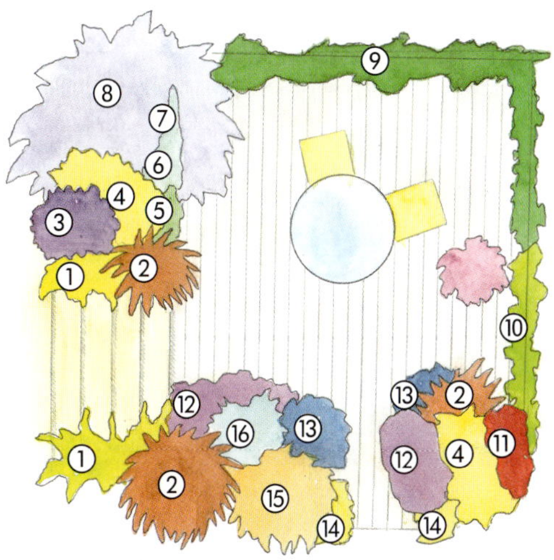

Blumenbeete am sonnigen Sitzplatz

Schafgarben, Gamander, Sonnenhut und Frauenmantel ist Verlass. Sie gedeihen auch wenn man sie nicht täglich gießt oder ständig an ihnen herumzupft. Für Einsteiger ideal!

Für ein kleines Beet sollte man vor allem niedrigere Stauden wählen, also keine mannshohen Sonnenblumen, Sonnenbräute oder den stattlichen Meerkohl. Sonnenhut, Kornblumen und kleinblütige Taglilien halten ihre Dimensionen besser im Zaum. Wer das Round-Table mit Kübelpflanzen ergänzt, erlebt einen doppelten Blütensommer. Ganz besonders sinnlich wird es mit duftenden Pflanzen im Topf, die man auch ohne aufzustehen mit der Hand berühren kann, so genannte Streichelpflanzen, wie Lavendel, Currypflanze *(Helichrysum italicum)* oder Salbei. Oder auch mit duftenden Blütenpflanzen wie Engelstrompete, Lilien und Ziertabak.

Das Bepflanzungsbeispiel auf Seite 49 ist ein Sitzplatz auf einem Holzpodest. Der verzahnte Übergang ins Beet schafft Nähe zu den Pflanzen. Die zum Teil niedrige, teppichähnliche Randbepflanzung lässt dem Auge Platz und Raum, in die Ferne zu schweifen. Es kommt kein Gefühl der Enge auf.

Im Frühling blüht der Ginster und im Sommer sorgen Schmetterlingsstrauch und Malven für eine rosa/lila Stimmung. Die Gräser, die Fetthenne und der Hopfen sorgen für einen zweiten Höhepunkt im Herbst. Die Gartenmöbel aus Eisen, romantisch geschwungen, können lange draußen stehen bleiben, um auch den letzten warmen Herbstabend zu genießen.

Im Topf auf der Terrasse könnten Sie noch weiter dekorieren, z. B. mit Bergminze *(Satureja montana* ssp. *illyrica)* oder Engelstrompete *(Brugmansia)*.

Sichtschutz mit Wildrosen

Sehr dekorativ wirken Wildrosen als Sichtschutz. Sie sind alle hitzeverträglich, kommen an den sonnigsten Hängen gut klar. Sie blühen mehr oder weniger spektakulär, schmücken später im Jahr aber alle mit schönen Früchten.

Tipp für Anfänger

Wenn Sie im Frühjahr Gartencenter und Gärtnereien auf der Suche nach Pflanzen durchstreifen, achten Sie auf Stauden, die ihre Töpfe vollig ausfüllen. Diese kann man meist sofort, noch vor der Pflanzung, in zwei oder drei Stücke teilen.

Trockenheit ist kein Problem, Wind schon gar nicht. Ideal also für exponierte Hanglagen.

Einige meiner Favoriten sind die Vielblütige Rose *(Rosa multiflora)* und die Glanzblättrige Rose *(Rosa nitida)*. Letztere wird nur 0,5 m–1 m hoch und dehnt sich durch Ausläufer stark aus. Sie bildet ein Dickicht, das für Vögel sehr wertvoll ist. Allerdings: Ihre Triebe sind dicht borstig und stachelig, nichts für pflegeintensive Stellen. Sie blüht rosa im Juni und Juli, ihre Blüten duften. Die kugeligen, orangeroten Hagebutten leuchten im Herbst.

Weit entfernt vom Haus, dicht am Gartenteich gelegen – hier findet sich der optimale Platz für einen ruhigen Sitzplatz zum Entspannen.

Die Blüten der Vielblütigen Rose, auch Rispen-Rose genannt, duften ebenfalls sehr stark, sind aber weiß. Ihre Früchte sind erbsengroß, orangerot und bleiben bis zum Winter haften. Sie wächst stark und wird weitaus größer und breiter als die Glanzblättrige Rose. Die Vielblütige Rose ist gut an den bogig überhängenden Trieben zu erkennen, die wie ein Blütenwasserfall den Hang hinunter verlaufen. Ihre Zweige sind stachellos.

Für saure Böden ohne Kalk bietet sich die Kartoffelrose *(Rosa rugosa)* an, die auch Apfelrose genannt wird. Ihre Blätter färben sich im Herbst gelb, ihre Früchte sind große, fleischige Hagebutten mit glänzender, orangeroter Haut. Je leichter der Boden ist, desto stärker bildet die Rose Ausläufer, teilweise dichte Dickichte. Wer einmal auf Sylt oder an der Ostseeküste Vorpommerns war, kann davon erzählen wie dicht. Da ist kein Durchkommen möglich, die stachelborstigen Zweige verwehren den Zutritt. Doch der Anblick der blühenden Sträucher ist wunderschön.

Sonnenschutz über dem Sitzplatz

Bei prallem Sonnenschein macht die Kaffeerunde, die Lesestunde oder auch ein Schäferstündchen nur Spaß, wenn ein Baum oder ein Sonnenschirm für lichten Schatten sorgt. Andernfalls tropft schnell der Schweiß in die Kaffeetasse.

Unter einer locker verzweigten Baumkrone oder einem hellen Sonnenschirm ist es nicht stockdunkel, sondern nur leicht schattig, und da die Luft darunter abkühlt, weht meist eine leise Brise um die Nase.

Natürlichen Sonnenschutz erhalten Sie unter einer Baumkrone oder von einem seitlich gepflanzten Strauch oder einem bewachsenen Klettergerüst. Die Sonne steht bei uns ja nicht den ganzen Tag mitten am Himmel und scheint deshalb auch viele Stunden am Tag seitlich, mit schrägem Einfallswinkel. Je nachdem, wo die Terrasse oder der Sitzplatz liegt, ist eine Randbepflanzung mit einem Baum oder verschiedenen Sträuchern mit bogig ausladenden Zweigen sehr effektvoll. Eine Kupfer-Felsenbirne *(Amelanchier lamarckii)* etwa, deren Krone trichterförmig bis breit wächst. Unten stören die Äste nicht, oben schützen die Blätter vor der Sonne. Zudem blüht der Strauch Ende April wunderbar in Weiß und seine bläulich-schwarzen Früchte schmecken den Vögeln, aber auch so manchem Feinschmecker unter den Menschen. Die kleinen »Birnen« sind saftig, süß und natürlich essbar.

Originell und auch leicht selbst zu bauen ist ein Sonnensegel. Man kann es aus Leinen oder Dralon fertigen. Mit Ösen an Stahlseilen befestigt, wirkt es leichter als die klassische Markise, die sich meist über die gesamte Hausbreite erstreckt. Außerdem kann ein Sonnensegel auch mitten im Garten stehen.

Flexibler und kostengünstiger ist ein Sonnenschirm. Steht kein Baum oder wechseln Sie häufig den Standort der Gartenmöbel, dann ist ein Sonnenschirm genau das richtige. Er ist leicht immer dort aufzustellen, wo gerade Schatten gewünscht wird, ebenso auch schnell vor einem Sturm abzubauen. Achten Sie auf eine sichere Verankerung in der Erde, entweder mit Bodenhülse oder mit breitem Fuß.

Für größere Runden bieten sich die Marktschirme an, die meist mit Beton-Füßen sturmsicher stehen. Allerdings sind diese Marktschirme auch schwer zu öffnen. Prüfen Sie den Seilzug auf Funktionalität vor dem Kauf. Manchmal ist das mehr Schmuck als Funktion.

Tipp für Anfänger

Abgeblühte Rispen vor allem an frisch gepflanzten Jungpflanzen ausschneiden, um den Samenansatz zu vermeiden. Dieser schwächt die Pflanzen im Wachstum und mindert die Anlage neuer Blütenknospen für das nächste Jahr.

Blühender Sichtschutz mit Duft

Die Mehrzahl der Stauden ist niedriger als Augenhöhe. Auch die hohen Stauden schützen nur im Hochsommer, wenn sie mannshoch sind, vor Blicken. Sträucher beblättern ihre Triebe bereits im Frühjahr und schließen so den Vorhang früher, was in besonders dicht besiedelten Neubaugebieten doch sehr angenehm ist. Der ständige Blickkontakt zum Nachbarn strengt mit der Zeit einfach an, bei aller Sympathie.

Süß duften im Mai die silbrig-gelben Blüten der Silber-Ölweide, auch Ufer-Ölweide *(Elaeagnus commutata)* genannt, deren silbrig-grauen Blätter bis zum November an den Ästen bleiben. Dieser sehr anspruchslose Strauch liebt durchlässige, kalkhaltige Böden und die Hitze und Trockenheit sowie die volle Sonne, im Schatten kümmert er. Er verbreitet sich durch Ausläufer.

Der Flieder *(Syringa vulgaris)* blüht Anfang Mai lila und duftet süß. Seine Ausläufer erobern ganze Hänge, und wenn er zu stark wächst, lässt er sich problemlos auf den Stock setzen oder mit dem Spaten die Ausläufer kappen. Ungeschnitten wird der Flieder bis zu fünf Meter hoch. Man kann ihn auch als Hecke in Form schneiden. Schon Anfang März spitzen die typischen spitz-herzförmigen Paarknospen an den Trieben und schließen die Hecke wenige Woche später. Die Edelflieder *(Syringa*-Vulgaris-Hybriden) blühen im Mai einfach oder gefüllt in verschiedenen Farben, wobei die einfach blühenden Sorten stärker duften.

Prachtstaudenrabatte mit Sommerblumen

Eine Rabatte ist das Schmuckstück eines Gartens. Entlang der Hecken, als Inselbeet mitten im Rasen oder rechts und links des Weges – überall dort, wo die Sonne scheint und der Boden voller Nährstoffe ist, fühlen sich Prachtstauden wohl.

Für die Staudenrabatte sind die englischen Gärten unser Vorbild. Dort finden wir Meisterstücke der Rabattenkunst, so harmonisch in den Farben, so perfekt in der Anordnung – völlig lückenlos das ganze Jahr. Dafür sind die englischen Gärtner allerdings auch das ganze Jahr bereit, sich viel Schweiß von der Stirn zu wischen. Denn eine Rabatte bedeutet Arbeit, zumindest jede Menge Zeit. Doch das gelungene Ergebnis lässt die Mühe schnell vergessen.

Das Gerüst einer Staudenrabatte

Gehölze und Gräser bilden das Gerüst einer mehrere Meter langen Rabatte. Sie strukturieren das Beet im Winter und gehören zu den dauerhaften Gerüstbildnern. Die Stauden allein würden verloren wirken. Berücksichtigen Sie deshalb bei der Neuanlage einer Staudenrabatte auch gleich die Gehölze und Sträucher, die zu den Stauden passen. Zum Beispiel die relativ klein bleibenden Deutzien oder einfache Alpen-Johannisbeeren. Sie wachsen halbkugelig, werden nicht zu breit und treiben vor allen Dingen keine Ausläufer. Diese würden in der Staudenrabatte nur stören.

Zu hoch dürfen die Gehölze in der Rabatte nicht werden, es sei denn, man kombiniert diese mit Schatten liebenden Stauden. Das ist aber etwas für erfahrene Staudengärtner und Nichts für Anfänger. Zu wissen, wo der Schatten im Laufe des Jahres hinwandert, wie licht oder schattig solche Stellen wirklich sind, das herauszufinden, braucht Erfahrung und Zeit.

Stauden und Gehölze ergänzen sich. Kornelkirsche *(Cornus mas)*, Forsythien *(Forsythia × intermedia)*, frühe Rhododendren und Azaleen und Spireen blühen ab Anfang März, wenn in den Staudenbeeten höchstens Krokusse ihre Blütenköpfe in die Höhe strecken und Farbe bringen. Die anderen Stauden sprießen dann zwar schon, die Fetthennen zeigen ihre ersten kleinen Rosetten, die Schafgarbe spitzt, die Rudbeckie formiert sich. Das macht aber alles noch nichts her. Diese Aktivität sieht nur der Begeisterte, der bereit ist, vor den Staudenbeeten in die Knie zu gehen. Von weitem aber strahlen die Vorfrühlings- und Frühlingsblüher unter den Gehölzen.

Sie können auch im Sommer blühende Sträucher und Strauchrosen auf ein Beet pflanzen, dessen Stauden und Zwiebelblumen im Frühjahr ihre Hauptblütezeit haben. Eine Ergänzung ist so und so möglich und sehr sinnvoll, denn die immerblühende Staudenrabatte pur gibt es kaum.

Gestaltungsidee für eine bunte Prachtstaudenrabatte mit Sommerblumen

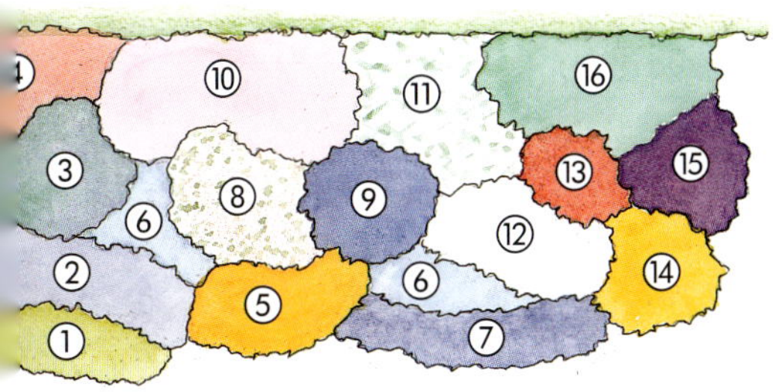

Damit die bunte Prachtstaudenrabatte richtig zur Geltung kommt, wurde sie direkt vor der Hecke geplant. Flammenblume und Rittersporn sowie der Meerkohl verlängern die prachtvolle Dimension in die Höhe.

Pflanzliste

Anzahl und Name	Höhe	Farbe	Blütezeit
① 3 × Frauenmantel *(Alchemilla mollis)*	30 cm	schwefelgelb	6-8
② 4 × Katzenminze *(Nepeta × faassenii* 'Walker's Low')	40 cm	blau	6-9
③ 3 × Kissenaster *(Aster*-Dumosus-Hybr. 'Prof. Anton Kippenberg')	40 cm	lavendelblau	9-10
④ 2 × Indianernessel *(Monarda*-Hybride 'Squaw')	100 cm	scharlachrot	6-8
⑤ 2 × Kokardenblume *(Gaillardia*-Hybride 'Kobold')	40 cm	orange	7-9
⑥ 8 × Jungfer im Grünen *(Nigella damascena)*	30-50 cm	blau	7-9
⑦ 3 × Ziersalbei *(Salvia nemorosa* 'Blauhügel')	40 cm	reinblau	6-9
⑧ 1 × Schleierkraut *(Gypsophila paniculata* 'Bristol Fairy')	80 cm	weiß	7-8
⑨ 1 × Rittersporn *(Delphinium*-Belladonna-Hybr. 'Völkerfrieden')	100 cm	enzianblau	7-8
⑩ 2 × Flammenblume *(Phlox*-Paniculata-Hybr. 'Landhochzeit')	120 cm	rosa	7-8
⑪ 3 × Ehrenpreis *(Veronicastrum longifolium* 'Schneeriesin')	80 cm	weiß	7-8
⑫ 2 × Flammenblume *(Phlox*-Paniculata-Hybr. 'Schneeferner')	100 cm	schneeweiß	7-8
⑬ 1 × Orientalischer Mohn *(Papaver orientale* 'Aladin')	80 cm	leuchtend rot	6-7
⑭ 1 × Goldgarbe *(Achillea filipendulina* 'Coronation Gold')	80 cm	goldgelb	6-9
⑮ 3 × Quirlständiger Salbei *(Salvia verticillata* 'Purple Rain')	40 cm	dunkelviolett	6-9
⑯ 1 × Meerkohl *(Crambe cordifolia)*	150 cm	weiß	6-8

Pflegeplan

Frühjahr

Die vom Vorjahr stehen gebliebenen Frucht- und Blütenstände direkt über dem Boden abschneiden. Nach den Frösten Laub- oder Mulchdecke über den Pflanzenherzen entfernen, den Boden um die Stauden herum lockern, mit Kompost oder organischem Dünger anreichern. Am besten noch Langzeitdünger mit unterarbeiten. Frisch ausgetriebene Blätter von Rittersporn und Dahlien vor Schnecken schützen (mit Sägespänen oder Schneckenkorn (Ferramol) einen Kranz streuen). Bei Flammenblumen Triebe Ende Mai um etwa 10 cm einkürzen, das führt zu verbesserter Standfestigkeit, verzögert die Blüte aber um 10 bis 20 Tage. Sorgen Sie schon jetzt für den nötigen Halt der hohen, nicht standfesten Arten wie dem Rittersporn. Dazu Staudenhalter oder Reisig in die Beete stecken.

Sommer

Wässern bei starker, lang anhaltender Trockenheit, dann aber nur am Morgen. Nie in der prallen Mittagssonne und auch nicht am Abend, das lockt Schnecken an. Die Blätter dabei nicht befeuchten, sondern mit dem Schlauch oder der Gießbrause flach über dem Boden, zwischen den Laubhorsten gießen. Rittersporn, Frauenmantel und Katzenminze nach der ersten Blüte 20 cm über dem Boden abschneiden, düngen und wässern. Monarden nach der Blüte total zurückschneiden, das schützt sie vor Mehltau-Infektion. Die Pflanzen treiben nochmals durch. Bei der Schafgarbe Blütenstängel nach dem Verblühen herausschneiden, Laubrosetten stehen lassen. Beim Mädchenauge die verblühten Körbchen herausschneiden,

→ Fortsetzung nächste Seite

Pflegeplan (Fortsetzung)

Samenbildung führt zu Blühpausen. Bei Flammenblumen die abgeblühten Rispen abschneiden, die beblätterten Stängel aber stehen lassen.

Herbst

Nach 5 Jahren Stauden aufnehmen und teilen, Kissenastern und Flammenblume erst nach 7 Jahren. Ein Teilstück zurück ins Beet setzen, die anderen im Garten verteilen oder verschenken. Unschöne Rispen abschneiden, aber nicht zu tief, besser die Stängel 20 cm hoch stehen lassen. Das schützt das Pflanzenherz vor Frost. Dekorative Stängel als Schmuck für den Winter stehen lassen. Ende November die Fläche mit Laub, halb verrottetem Kompost oder Reisig abdecken.

Winter

Winterschutz kontrollieren, in sehr warmen, sonnigen Phasen etwas lockern. Aber Vorsicht: Vor Frostnächten wieder schließen. Schafgarben nicht zu tief abschneiden, Stängel 20 cm hoch stehen lassen.

Auch im Winter sind Staudenbeete mit Sträuchern und Gräsern nicht kahl. In den Halmen zaubert Raureif und Schnee bizarre Bilder. Immergrüne Gehölze machen die Struktur deutlich, Kanten und zentrale Punkte kann man mit Buchsbaum-Hecken und Kugeln, durch niedrige Latschenkiefern oder auch immergrüne Ginsterbüsche betonen.

Aufbau und Ordnung

Eine Rabatte wirkt dann rhythmisch und reizvoll, wenn verschiedene Höhen, Blütezeiten und Farben sowie Blattstrukturen abwechseln.
Als Grundsatz gilt: Die Rabatte sollte mindestens so breit sein wie die größte Pflanze hoch ist. Mehrere Meter breite Beete unterbricht man mit Gehölzen, tiefe Beete mit Trittsteinen zur leichteren Pflege.
Dominierende Arten, hohe Gestalten mit prächtigen Blüten stehen in der Rolle der **»Leitstauden«**. Dafür eignen sich Flammenblume *(Phlox)*, Rittersporn *(Delphinium)*, Sonnenbräute *(Helenium)* und Myrtenastern *(Aster ericoides)*. Leitstauden bilden den Ausgangspunkt der Rabatte und sollten deshalb zuerst ausgewählt und rhythmisch auf der Rabatte verteilt werden. Gertrude Jeckyll, die englische Gartengestalterin, ordnete die Stauden in »drifts«, in schmalen Streifen, diagonal oder längs, je nach Rabatte.
Leitstauden müssen nicht einzeln stehen! Man muss nur beachten, wie hoch die einzelnen Pflanzen werden, und dass niedrigere, die dahinter stehen, natürlich verdeckt werden. Manchmal will man das ja, und zwar zeitlich versetzt. Zum Beispiel beim Türkenmohn *(Papaver orientale)*, der ja nach der Blüte langsam einzieht, also gelbe, unschöne Blätter bekommt und irgendwann im Hochsommer ganz verschwindet. Diese Lücke schließt bzw. kaschiert galant ein Schleierkraut in der Nachbarschaft.
Die Flächen zwischen den Leitstauden werden gefüllt mit **Stauden »niederen Ranges«**, wie Richard Hansen im Standardwerk der Staudengärtner schreibt. Gemeint sind mehrjährige Stauden, die niedriger bleiben, flächiger wachsen und keine Führungsposition im Beet anstreben.
In England sieht man sehr häufig die Kombination mit einjährigen Sommerblumen und Struktur gebenden Gehölzen. Dieser Typ wird auch **»Mixed Border«** genannt. Neuerdings ist darin auch schmückendes Gemüse, wie Rot- oder Weißkohl, Artischocken oder Ziermais, zu finden. Alles ist erlaubt. Hauptsache, die Rabatten sehen von Mai bis Oktober stets prächtig aus.

Tipp für Anfänger

Für lange Rabatten empfehle ich, mit Sägemehl oder Sand vor dem Pflanzen die gewünschten Muster auf die Erde zu »zeichnen«, und diese Felder dann mit den Stauden zu füllen.

Kombination mit Sommerblumen

Die Kombination mit Sommerblumen hat mehrere vorteilhafte Wirkungen. Zum einen wird beim Aussäen oder Auspflanzen der Sommerblumen die Erde zwischen den Beetstauden gelockert, mit frischem Humus versorgt, gewässert und gedüngt. Zum anderen beschatten die Sommerblumen ihrerseits den Boden, was für die Stauden nur vorteilhaft ist. Das Bodenleben bleibt aktiv, die Temperaturschwankungen sind nicht so stark, und der Boden trocknet nicht so schnell aus.
Ob nun Sommerblumen oder »Stauden niederen Ranges« – die Abwechslung und Gruppierung bestimmter Farben und Höhen bestimmt den Charme der Rabatte. Streng geordnet, vorne niedrig, in der Mitte mittelhoch, hinten ganz hoch, wirkt langweilig und einfach zu preußisch. Sorgen Sie für Abwechslung. Scheuen Sie sich nicht, Herbststauden in den Vordergrund zu pflanzen, begleitet von niedrigen Exemplaren. Auf diese Weise treten die im Herbst unschönen Sommerblüher in den Hintergrund. Stauden, deren Blätter früh einziehen, setzt man zwischen Herbststauden. Dann fällt dieser Makel nicht auf.
Wer sich vorher einen Plan macht, pflanzt nach diesem aus. Auf alle Fälle sollte man vor dem Pflanzen die Töpfe samt Pflanze zunächst »auslegen«, also vor dem Austopfen auf die gewünschte Stelle positionieren. Dann kann man noch problemlos stundenlang korrigieren und neu komponieren, was auch Spaß macht.

Farbharmonien in der Rabatte

Sehr dekorativ ist eine **weiß-rosa farbene Rabatte** vor dunklen Eiben. Vor diesen dunkelgrünen Koniferen leuchten die Blütentöne noch stärker. Etwa die weiß-rosa blühende Gelenkblume *Physalis* 'Summersnow' und 'Bouquet Rose', zusammen mit Monarden in hellem Rot und rosafarbenem *Phlox* 'Dorffreude'. Zur Auflockerung noch ein paar Rutenhirsen dazwischen – ein Traum von Romantik!

Ich mag das heitere Wesen des 'Miss Willmott'-Fingerkrauts, das mit himbeerrosa Blüten durch das Beet tanzt. Vielleicht hat es wegen der an Erdbeeren erinnernden Blüten bei mir so einen Extraplatz. Aber auch ohne die süßen Früchte hab ich meine Freude daran. Gut passt dazu alles, was Blau leuchtet, die Jakobsleiter, die Ballonblume, der Salbei und Astern.

Rote Rabatten schaffen Sie mit Rotem Sonnenhut, Indianernessel, Präriemalve, *Sanguisorba*, rosafarbenem Bartfaden und scharlachroten Lobelien – welch ein Farbklang. Eine andere Variante ist **Blau und Gelb in Kombination**. Die reinen Blautöne des Ziersalbeis, z. B. von 'Blauhügel' oder 'Mainacht', kontrastieren mit den gelben Mädchenaugen, dem Goldgelb mit roten Anteilen der Nachtkerzen und dem Gelb der Schafgarbe. Die mehr ins Violette gehenden Blütenähren der *Achillea* 'Tänzerin' korrespondieren mit den Nachtkerzen. Ganz besonders hübsch dazu ist auch der Quirlständige Salbei *(Salvia verticillata* 'Purple Rain'), dessen dunkelvioletten Blüten über den silbrig behaarten Blättern wunderschön leuchten.

Gelb blühende Klassiker für die sonnige Rabatte sind Sonnenauge *(Heliopsis helianthoides* var. *scabra)* und Sonnenbraut *(Helenium*-Hybriden).

Für die **violette Rabatte** eignen sich der Schwarzäugige Storchschnabel *(Geranium psilostemon)* zusammen mit Frauenmantel *(Alchemilla mollis)* und Wiesenraute *(Thalictrum flavum)* – sie bilden tolle Farbkontraste.

Malen Sie mit den Farben wie ein Künstler auf der Leinwand. Man kann ruhig vor dem Pflanzen ein Blatt Papier nehmen und mit Aquarell- oder irgendwelchen anderen Farben sein Kunstwerk entwerfen, malen, wie der Pinsel schwingt, wie die Farben fließen. Ist die Abbildung im Garten gelungen, erinnert das Bild an der Wand im Winter an den sommerlichen Garten. Doppelte Freude.

Schöne Rabatten mit Schwerpunkt im Herbst ergeben beispielsweise Indianernesseln zusammen mit Glockenblumen, Chinaschilf, Oktobermargerite, Flammenblume, Feinstrahl-Astern und Sonnenhut. Die scharlachrote Indianernessel *Monarda* 'Cambridge Scarlet' etwa leuchtet mit ihren zotteligen Blüten im August in einem Meter Höhe, über die Feinstrahlastern und die Sonnenhüte hinweg. Daneben flammt ein pinkfarbener Phlox, in etwa gleicher Höhe. Was will man mehr. Wenn das nicht Freude und Lust macht, dem Leben ja zu sagen und kurz vor dem Winter nochmal Pläne zu schmieden.

Im Oktober belohnt uns dann die Oktobermargerite mit einer Vielzahl weiß leuchtender Blüten. Stürmt es draußen so richtig scheußlich, schneiden wir die Blütenstiele und stecken sie in eine Vase. Da halten sie genauso lange.

Zwischen der Flammenblume *(Phlox paniculata)* sollte man immer andere, farblich passende Stauden setzen. Etwa die Jakobsleiter, den Ziersalbei oder die Katzenminze. Die blauen Töne bringen die Rotttöne des Phlox noch besser zum Leuchten.

Eine Prachtstaudenrabatte in Violett-Rosa, wie man sie aus England kennt. Hohe Leitstauden wie Rittersporn sind umpflanzt mit niedrigen, Polster bildenden Stauden.

Tipp für Anfänger

Für absonnige Rabatten mit feuchterem Boden ist der Kerzenknöterich (Polygonum amplexicaule) *zusammen mit Astilben und Anemonen eine Wohltat. Die rosa und roten Töne vermischen sich zu einem harmonischen Farbklang.*

Schattige Lagen unter hohen Bäumen

Tiefer Schatten – ob hinterm Haus, auf der Nordostseite des Grundstücks, wo der Ostwind eisig weht und kaum ein Sonnenstrahl den Boden berührt, oder direkt unter hohen Nadelbäumen – Pflanzen des Waldes kommen mit ganz wenig Licht aus.

Nur Pflanzen des Waldes kommen mit völligem Schatten, also ohne Sonnenstrahlen aus. Damit sich Waldstauden so richtig wohlfühlen, muss man das Klima des Waldes im Garten erzeugen. Das wichtigste ist eine relativ hohe Luftfeuchte, gespeist durch die Verdunstung der Blätter und des Bodens. Sorgen Sie deshalb für eine gute Humusschicht und streuen Sie Laub und Rindenkompost auf den Boden, am besten indem Sie vor dem Pflanzen Kompost unterarbeiten. Sorgen Sie dafür, dass sich unter den Bäumen Humus sammelt. Kein Laub harken! Die Stauden schieben ihre jungen Triebe im Frühjahr durch die Laubschicht nach oben. Ihre Wurzeln finden in der Mulchschicht Feuchtigkeit und Nahrung.

So unauffällige Stauden wie das Immergrün *(Vinca minor)* oder das Dickmännchen *(Pachysandra)* überziehen den Boden mit ihren immergrünen Blättern. So bleibt die Fläche stets optisch »sauber«. Denn diese Pflanzen schlucken auch das Laub, was im Herbst auf sie herunterfällt. Wunderbar praktisch. Auch die Bergenien sind solche Laubschlucker. Für sie ist es geradezu ideal, unter hohen Bäumen zu stehen. Denn ihr Rhizom wächst natürlicherweise aus dem Boden heraus. Füllt man nicht immer wieder Laub dazwischen, liegen die Pflanzenherzen kahl da. Das sieht hässlich aus, und der Bergenie bekommt es nicht. Fällt also Laub von oben auf sie herab, ist alles perfekt. Außerdem sorgt diese Schicht auch für einen mollig warmen Winterpelz.

Unter hohen, alt eingewachsenen Bäumen oder im Schatten auf der Nordseite des Grundstücks gedeiht so mancher Strauch, etwa der Liguster *(Ligustrum vulgare* 'Atrovirens'), auch unter einer so intoleranten Baumart wie dem Spitzahorn *(Acer platanoides).* Ebenfalls sehr viel Trockenheit ertragen folgende Gehölze: Kirschlorbeer *(Prunus laurocerasus)*, Eiben *(Taxus baccata)*, Mahonien *(Mahonia aquifolium)*, Stechpalme *(Ilex aquifolium)* und Efeu *(Hedera helix)* sowie Buchsbaum *(Buxus sempervirens).*

Tipp für Anfänger

Für vollschattige, feuchte Plätze eignet sich das Christophskraut (Actaea pachypoda). *Seine weißen Beeren leuchten vom Sommer bis zum Winter aus der dunklen Ecke. Saure, leicht feuchte Böden wie im Wald liebt die Waldschaumkerze* (Tiarella cordifolia). *Sie überrascht mit einer kupfrigen Herbst- und Winterfärbung.*

In der schattigen Ecke des Gartens könnte man Rhododendren ansiedeln. Ergänzt würde eine solche Pflanzung durch Elfenblumen, Astilben und Zwiebelblumen.

Gestaltungsidee für eine schattige Gartenecke unter hohen Bäumen

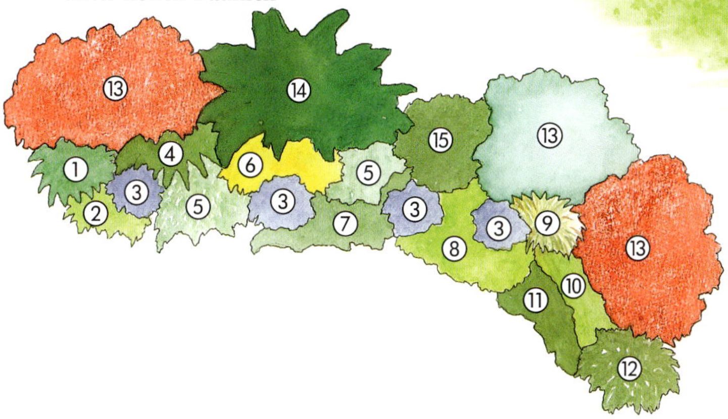

Pflanzliste

Anzahl und Name	Höhe	Farbe	Blütezeit
① 5 × Tüpfelfarn *(Polypodium vulgare)*	30–50 cm		
② 3 × Breitblatt-Segge *(Carex plantaginea)*	20–25 cm		5–6
③ 6 × Puschkinie *(Puschkinia scilloides)*	10–15 cm	hellblau	4–5
④ 1 × Wurmfarn *(Dryopteris filix-mas)*	60–120 cm		
⑤ 8 × Goldnessel *(Lamiastrum galeobdolon* 'Silberteppich') schwachwüchsige Form mit silbrig-grün geadertem Laub	20–25 cm	gelb	4–7
⑥ 3 × Elfenblume *(Epimedium perralchicum* 'Frohnleiten')	15–30 cm	gelb	4–5
⑦ 10 × Immergrün *(Vinca minor)*	10–20 cm	blau	4–5
⑧ 5 × Waldmeister *(Galium odoratum)*	10–20 cm	weiß	4–5
⑨ 3 × Silberrandmarbel *(Luzula sylvatica* 'Marginata'), Blätter mit gelblich-weißem Rand	20/40 cm	hellbraun	6–7
⑩ 5 × *Astilbe*-Arendsii-Hybride 'Bergkristall'	100 cm	weiß	8–9
⑪ 1 × *Astilbe chinensis* var. *pumila* 'Finale'	50 cm	rosa	9
⑫ 1 × Geißbart *(Aruncus dioicus)*	50–150 cm	weiß	6–10
Gehölze:			
⑬ 3 × Großblumige *Rhododendron*-Hybriden	100–400 cm	rot/weiß	4–5
⑭ 1 × Zaubernuss *(Hamamelis mollis)*	300–500 cm	goldgelb	3–5
⑮ 1 × Buchs *(Buxus sempervirens)*	60–100 cm		

Pflegeplan

Frühjahr

Verblühtes vom vergangenen Sommer abschneiden, braune Farnwedel entfernen, Gräser abschneiden. Elfenblumen nicht abschneiden! Verteilen Sie eine 5 cm hohe Humusschicht zwischen den Stauden und 50 g/m² Gartendünger (organisch-mineralische Mischung), und arbeiten Sie diese mit dem Sauzahn unter. An jungen Rhododendron-Sträuchern die verblühten Blüten ausknipsen, und zwar so, dass dabei nicht die Knospen unterhalb des Verblühten verletzt sind. Dies sind die Blatt- und Blütenknospen des nächsten Jahres! Düngen Sie jüngere Rhododendren mit speziellem Rhodo-Dünger und mulchen sie die Wurzeln mit Rhodo-Erde oder Rindenhumus.

Sommer

Gelbe Blätter der Puschkinie entfernen. In sehr trockenen Sommern gießen. Rhododendren bei extremer Trockenheit wässern.

Herbst

Stauden pflanzen; Puschkinien und weitere Blumenzwiebeln pflanzen (am besten mit dem Zwiebelblumenpflanzer).

Winter

Anfang des Winters trockenes Laub und halbreifen Kompost zwischen den Pflanzen auf den Beeten verteilen.

Pflanzungen am Gehölzrand

Direkt unter Sträuchern fühlen sich viele Stauden wohl. Je nachdem, ob die auch Saum genannten Flächen nach Süden oder Norden gerichtet liegen, sind die Beete sonnig oder schattig, ist der Boden trocken oder feucht. Nachfolgend finden Sie Pflanzideen für alle Fälle.

Es gibt sonnige Gehölzränder mit eher trockenem Boden, und es gibt Gehölzränder, die halbschattig sind, weil vielleicht die Äste der Sträucher lange Schleppen bilden und die Stellen darunter beschatten. Dort ist der Boden, sofern er nicht stark sandig sondern tonhaltig ist, nicht so trocken, sondern eher frisch. Schattige Gehölzränder zeichnen sich durch hohe Luftfeuchte und frischen bis feuchten Boden aus. Für alle Lagen gibt es gut geeignete Stauden und Zwiebelblumen.

Der sonnige Gehölzrand

Der sonnige Gehölzrand ist der Saum vor den Gehölzen, der sich nach Süden öffnet. Hier kann der Boden im Sommer sehr trocken sein. Die Gehölze, ob Sträucher oder Bäume, saugen mit ihren Wurzeln das Wasser aus dem Boden, bei Regen sorgen ihre Blätter und Zweige dafür, dass es am Baumstamm herunterläuft. Die Stauden bekommen daher nur wenig davon ab. Brennt dann noch die Sonne auf den Boden, wird es für viele Pflanzen kritisch. Im nachfolgenden Beispiel (Seite 59) finden Sie eine Auswahl von robusten Gewächsen, die jedem Einsteiger und Ungeübten Spaß machen.

Die Pioniere im Gebüsch

Sehr gut zurecht kommt am sonnigen Gehölzrand auch der Storchschnabel *Geranium renardii.* Mit seinen weißen, violett geäderten Blüten sieht er sehr schön aus, das Blatt ist dekorativer als das der anderen Storchschnäbel. Auch der Zierdost *(Origanum vulgare)* verträgt die Trockenheit gut. Er blüht dunkelrosa von Juli bis Oktober.
Der Gehölzsaum unter hohen Bäumen oder alten Sträuchern ist meist einen Meter hoch, kahl und unschön. Die Äste sind nackt, und die Gehölze bilden im eigenen Schatten keine Blätter mehr. Dort kaschieren hohe Stauden mit ihren Blüten die Lücke. Hohe Glockenblumen *(Centaurea*-Arten), der Diptam und die Flockenblume, z. B. *Campanula lactiflora*, schaffen das gut. Sie brauchen die Sonne und vertragen die Trockenheit.

Im Sommer scheint die Sonne an vielen Stunden auf die »Füße« der Sträucher, im Winter kommt sie wahrscheinlich gar nicht über das Haus. Das ist kein Problem, sondern eher von Vorteil, denn zu intensive Wintersonne lockt die wintergrünen Gräser nur zu früh zum Austrieb.

Gestaltungsidee für eine Pflanzung am sonnigen Gehölzrand

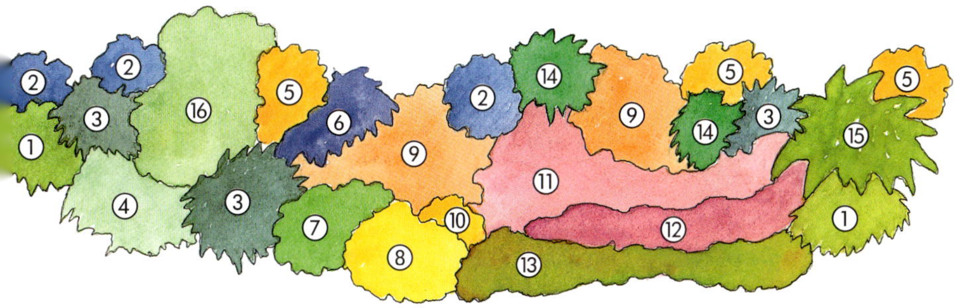

Pflanzliste

Anzahl und Name	Höhe	Farbe	Blütenzeit
① 3 × Vogelfußsegge *(Carex ornithopoda)*	15 cm	grün	7–8
② 3 × Pfirsichblättrige Glockenblume *(Campanula persicifolia)*	60–80 cm	hellblau	6–8
③ 4 × Stinkende Nieswurz *(Helleborus foetidus)*	60/70 cm	grün	1–4
④ 6 × Perlgras *(Melica ciliata)*	45/60 cm	bräunlich	5–6
⑤ 4 × Fingerhut *(Digitalis pupurea* 'Apricot')	120–150 cm	apricot	6–7
⑥ 1 × Herbsteisenhut *(Aconitum carmichaelii* 'Arendsii')	100 cm	violettblau	9–11
⑦ 3 × Bergenie *(Bergenia cordifolia)*	20 cm	rötlich	4
⑧ 3 × Wolfsmilch *(Euphorbia polychroma)*	35 cm	schwefelgelb	5–6
⑨ 10 × Elfenblume *(Epimedium × versicolor* 'Sulphureum')	10 cm		6
⑩ 6 × Weinbergstulpe *(Tulipa sylvestris)*	30 cm	gelb	5
⑪ 3 × Balkan-Storchschnabel *(Geranium macrorrhizum* 'Ingwersen')	25 cm	rosa	6–7
⑫ 5 × Blut-Storchschnabel *(Geranium sanguineum* 'Elsbeth')	30 cm	rosa	5–8
⑬ 8 × Waldsteinie *(Waldsteinia ternata)*	20 cm	gelb	5
⑭ 2 × Herbstanemone *(Anemone hupehensis* 'Ouvertüre')	70 cm	hellrosa	7–8
⑮ 1 × Straußfarn *(Matteucia struthiopteris)*	80 cm	–	–
⑯ 8 × Brautspiere *(Spiraea × arguta)*	150–200 cm	weiß	4–5

Pflegeplan

Frühjahr

Wenn keine Fröste mehr drohen, entfernen Sie den Winterschutz von den Herbstanemonen; schneiden Sie die Gräser handbreit über dem Boden zurück. Organisch-mineralischen Dünger in den Boden einarbeiten, sofern im Herbst kein Kompost ausgebracht wurde. Alte Farnwedel vom letzten Jahr abschneiden. Gelbe Blätter der Zwiebelblumen entfernen, jedoch möglichst lange bis zum Einziehen warten.

Sommer

Bei starker Trockenheit wässern.

Herbst

Zwiebelblumen pflanzen. Im Spätherbst die Herbstanemonen handbreit über dem Boden zurückschneiden und mit Laub und Fichtenreisig abdecken. Farne können stehen bleiben. Das Laub liegen lassen. Zwischen Bergenien, Elfenblume und Waldsteinie Laub verteilen, mit Kompost oder Reisig beschweren.

Winter

Winterschutz kontrollieren. Laubdecke nachfüllen, falls Herbststürme das Laub weggeblasen haben.

Im Frühjahr, wenn die Äste der Laubbäume noch kahl sind, kommt viel Sonnenlicht auf die Beete darunter – ideal für Frühlingsblüher.

Im Wechsel zwischen Licht und Schatten

Im halbschattigen Saum unter Gehölzen und vor den Hecken empfehlen sich ebenfalls der Zierdost, zum Beispiel die gelbblättrige Sorte *Origanum* 'Thumbles Variety', der Großblütige Ziest *(Stachys grandiflora* 'Superba') und der Atlas-Schwingel *(Festuca mairei)*. Für die Frühjahrsblüte sollten Sie entweder Waldanemonen *(Anemone sylvestris)* oder Buschwindröschen *(Anemone nemorosa)* einplanen.

Schneeglöckchen sind erstaunlich trockenheitsresistent. Allerdings habe ich mit dem Einpflanzen von blühenden Pflanzen bessere Erfahrung gemacht als damit, im Herbst die winzig kleinen Knollen in den Boden (auf Nimmer-Wiedersehen) zu versenken.

Zwischen Saum und Rasen

Mit der Zeit wird die Blütenhecke immer breiter, die Baumkronen reichen immer weiter über den Saum und der sonnige Abschnitt bis zum Rasen hin wird kleiner. So ausbreitungsfreudige Stauden wie der Storchschnabel und Steinsame wandern mit ihren Ausläufern dem Licht hinterher. Das kann auch lästig werden, dann muss man die Pflanzen ausdünnen oder abstechen.

Die Schaumblüte *(Tiarella)*, die Golderdbeere *(Waldsteinia ternata)* und die Falsche Alraunwurzel *(Tellima)* breiten sich mit Wurzelausläufern aus und überziehen mit ihren Blätterteppichen den Boden. Sehr praktisch sind die Golderdbeere und die Schaumblüte, deren Laub sogar im Winter grün ist. Die Schaumblüte liebt den lichten Schatten, die Alraunwurzel schafft auch im tiefsten Schatten noch schöne Teppiche.

Niedrige, flächendeckende Stauden wie der Günsel *(Ajuga)* oder die Gundelrebe *(Glechoma)* können problemlos mit dem Rasenmäher gekürzt werden. Das macht diese Teppichbildner zu idealen Übergangspflanzen zwischen Gehölzsaum und Rasenflächen.

In älteren Gärten sind die Hecken und Sträucher größer, und damit wird auch der Schatten länger, den sie werfen.

Schattige Plätze am Gehölzrand

Und schon wird der Rasen an diesen Stellen schütter. Hören Sie auf damit, jedes Jahr aufs Neue Rasen an schattige Stellen zu säen, denn es ist vergebens. Es ist nicht nur das Licht. Die Rasengräser brauchen einfach mehr Wasser, als an diesen Orten übrig ist. Die größeren Sträucher treten als Konkurrenten im Kampf ums Wasser auf, bei dem die Gräser unterliegen.

Stechen Sie den Rest Rasen dort ab und legen Sie besser Beete an. Pflanzen Sie stattdessen Frühlingsblüher wie Buschwindröschen, Waldmeister, Lungenkraut und Zwiebelblumen, die das Licht unter den noch unbelaubten Bäumen ausnutzen.

Bodendecker wie die Florentiner Goldnessel, die Rote Waldnessel, das Immergrün und die Schaumblüte leisten an diesen schattigen Plätzen gute Dienste.

Gehölze wie der Efeu *(Hedera helix)* bedecken ebenfalls den Boden im vollen Schatten. Zuweilen klettert er auch an Baumstämmen nach oben. Das schadet den Bäumen nicht. Der Efeu hat nur Haftscheiben, jedoch keine Saugorgane, mit denen er die Rinde schädigen könnte.

Auch so robuste Gehölze wie *Symphoricarpus* 'Hancock' wachsen am schattigen Gehölzrand, niedrig, wüchsig und schnell. Sie kaschieren die kahlen Astbereiche der Sträucher.

Tipp für Anfänger

Stehen die Bäume schon lange in Ihrem Garten, so haben ihre Wurzeln den Boden völlig erobert, durchziehen diesen mit dicken und feinen Faserwurzeln. Dieses starke Wurzelgeflecht stellt eine große Nährstoff- und Wasserkonkurrenz für frisch gepflanzte Stauden dar. So viel können Sie gar nicht gießen, wie die großen Bäume wegsaugen, vor allem nicht nach einer Frühjahrspflanzung. Dies gilt um so mehr bei flach wurzelnden Gehölzen. Am besten bringen Sie vor dem Pflanzen 15 cm Humus auf, verbinden diesen vorsichtig mit der oberen Bodenschicht. Entweder gute Gartenerde vom Gärtner, torffreie Staudensubstrate oder eigenen reifen Kompost. Verwenden sie dazu eine Grabegabel, damit können Sie die Wurzeln am wenigsten verletzen.

Elfenblumen *(Epimedium)* halten jeder Wurzelkonkurrenz Stand, sei es der von einem hohen Baum oder der von Rhododendren. Hier unterbrechen Trichterfarne den Elfenblumen-Blätterteppich.

Die Stechpalme *(Ilex aquifolium)*, der Kirschlorbeer *(Prunus laurocerasus)*, der Buchsbaum *(Buxus sempervirens)*, Efeu *(Hedera helix)* und die Mahonien *(Mahonia aquifolium)* sind jene immergrünen Gehölze, die auch noch im tiefsten Schatten gedeihen und in lichtarme Ecken dauerhaftes Grün bringen. Unverzichtbar für schattige Gärten. Zu ihren Füßen fühlen sich Astilben, Schaumblüte und Rodgersien wohl.

Ideale Bedingungen herrschen für all diese Pflanzen, wenn die Luftfeuchte leicht erhöht ist. Bei Morgennebel und dunstigen Tagen tanken sie regelrecht auf, während wir wieder mal über das Wetter stöhnen.

Empfehlenswerte Stauden für Schatten unter Laubsträuchern sind Schattenkinder wie die Waldmarbel *(Luzula sylvatica)* und die Elfenblume *(Epimedium grandiflorum* 'Lilafee') oder die Farne *Athyrium filix-femina* und *Dryopteris filix-mas*. Weitere bewährte Gemeinschaften für den vollen Schatten sind Salomonssiegel *(Polygonatum)* zusammen mit Farnen, Funkien und Silberkerzen.

Schatten-Gräser

Schattenverträgliche, wintergrüne Gräser zaubern mit dem Tau und Reif im Winter wunderschöne Bilder. Die Waldmarbel *(Luzula sylvatica)* zählt zu diesen Kostbarkeiten. Ihre Blätter sind auch im Winter grün und glänzend. Eine ideale Pflanze auch für größere Flächen.

Die Japan-Segge *(Carex morrowii)* wird 40 cm hoch; ihre hell geränderten Blätter sind vor allem im Winter ein Lichtblick. Meist nehmen die Blätter im Januar/Februar doch Schaden und sehen im Mai nicht mehr so schön aus. Am besten schneiden Sie sie dann ein wenig zurück, die Gräser treiben neu durch. Das macht man auch wenn der Frost seine Spuren hinterlassen hat. Besonders dekorativ ist die gelbbunte Sorte 'Variegata Aurea'.

Ebenfalls sehr hübsch ist die Riesen-Waldsegge *(Carex pendula)*. Ihre bis zu 1,50 Meter langen Rispen bilden im Juni schöne Blütenwolken. Die bis zu 2 m hohen Halme wachsen malerisch überhängend. Oft leidet die Riesen-Waldsegge im Winter, und der Frost schlägt dann zu. Schneiden Sie die Pflanzen zurück, dann treiben sie makellose neue Blätter. Für feuchte, lichte Plätze ist die Rasenschmiele *(Deschampsia cespitosa)* ein Juwel, beispielsweise die bräunliche Sorte 'Bronzeschleier' oder auch 'Tauträger', deren Ährenrispen auf straffen Halmen stehen.

Unter immergrünen Gehölzen

Anders sind die Verhältnisse unter immergrünen Bäumen wie Fichte, Scheinzypressen und Kiefern. Dort wächst nur sehr wenig. Zum einen kommt die Sonne nie durch das dichte grüne Kleid der Bäume, es herrscht also voller Schatten, auch im Frühjahr. Zum anderen fällt der pH-Wert des Bodens mit den Jahren auf Grund der Nadelstreu, er versauert also.

Auf kalkarmen, sauren Böden unter Nadelgehölzen gedeihen der Königsfarn *(Osmunda)*, die Waldschaumkerze, die Silberkerze *(Cimicifuga)*, die Waldhainsimse *(Luzula sylvatica)*, verschiedene Funkien *(Hosta)* und der Waldmeister.

Rund um den Gartenteich

Eingerahmt von Uferstauden und einem schirmförmigen Gehölz, besucht von Fröschen, Molchen und bewacht von Libellen, die wie Flugzeuge dicht über der Wasseroberfläche kreisen – gönnen Sie sich ein Stück »wilde Natur« im Garten. Das geht am einfachsten mit einem Teich, Weiher oder Tümpel.

Je nachdem, ob der Teich natürlich oder formal gestaltet, mit gemauertem Ufer oder natürlicher Sumpfzone, mit einer Kapillarsperre oder ohne angelegt wurde, entscheidet sich die Auswahl der Pflanzen, die im Uferbereich wachsen können. Die meisten Teiche in unseren Gärten sind mit Folie abgedichtet und mit einer Kapillarsperre gebaut. Das heißt, der Boden am Ufer ist nicht feuchter als in irgendeinem anderen Teil des Gartens. Die Kapillarsperre, als Steinpackung, Kiesschüttung oder Folienaufkantung, verhindert, dass die trockene Erde am Ufer Wasser aus dem Teich heraussaugt. Diese Dochtwirkung kann die Ursache dafür sein, dass das Wasser im Teich immer weniger wird, obwohl die Folie kein Loch hat.

Für die Bepflanzung des Ufers bedeutet dies, dass man Pflanzen wählen muss, die einen Eindruck von üppigem Wachstum am feuchten Ufer, auf normalen Boden erzeugen.

»Trockene« Uferzonen

Stauden, die mit ihren Blättern, Blüten und vom Wuchs her denen der Sumpfzone ähnlich sehen und die mit einem normalen, feuchten Gartenboden klar kommen, finden wir hauptsächlich unter Bäumen oder in schattigen Bereichen des Gartens.

Sie sind dunkelgrün, haben saftige, große Blätter wie die Bergenien *(Bergenia cordifolia)*, die Dost-Arten *(Eupatorium)*, die Weidenblättrige Sonnenblume *(Helianthus salicifolius)* und an halbschattigen Plätzen das Schildblatt *(Darmera peltata)* und die Rodgersie *(Rodgersia*-Arten). Es gibt aber auch Stauden mit schmal-lanzettlichen, schilfähnlichen Blättern wie die Taglilie *(Hemerocallis)*, Steppeniris *(Iris spuria)* und manche Funkien *(Hosta*-Arten) die wie »echte Uferstauden« am trockenen Teichufer wirken.

So mannshohe Erscheinungen wie der Waldgeißbart *(Aruncus dioicus)*, Gräser wie das Pampasgras *(Cortaderia selloana)*, die Chinaschilf-Arten *(Miscanthus)* tragen zum Teich-Charme bei. Wenn er zum Rest des Gartens passt, dann gehört zweifelsfrei auch der Bambus in all seinen Spielweisen hierher, etwa der bis zu 4 m hohe Kranichknie-Bambus *(Phyllostachys aurea)*.

Damit diese Pflanzen eine üppige Ufervegetation nachahmen können, brauchen sie einen nährstoffreichen, humosen und wasserhaltenden Boden.

Gestaltungsidee für einen Gartenteich

Am Teichrand sitzen, den Fröschen zuhören, die Libellen beobachten – all das tierische Leben ist umso intensiver, je naturnaher der Teichrand gestaltet wird.

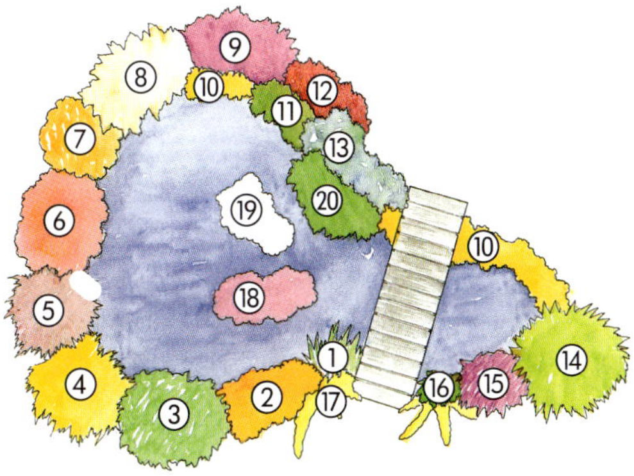

Pflanzliste zum Teich

Anzahl und Name	Höhe	Farbe	Blütezeit
① 2 × Kalmus *(Acorus calamus* 'Variegata')	60 cm	grün	6-7
② 5 × Etagenprimel *(Primula*-Bullesiana-Hybriden)	40 cm	pastell	6-7
③ 2 × Mädesüß *(Filipendula rubra* 'Venusta Magnifica')	150 cm	rosa	7-8
④ 1 × Kreuzkraut *(Ligularia przewalskii* 'The Rocket')	200 cm	gelb	7-8
⑤ 1 × Kreuzkraut *(Ligularia przewalskii* 'Rotlaub')	130 cm	goldgelb	7-8
⑥ 2 × Wasserdost *(Eupatorium maculatum* 'Purpureum')	200 cm	weinrot	7-9
⑦ 1 × Kreuzkraut *(Ligularia dentata* 'Othello')	120 cm	gelb	7-8
⑧ 2 × Schaublatt *(Rodgersia aesculifolia)*	100 cm	weiß	6-7
⑨ 2 × Blutweiderich *(Lythrum salicaria* 'Robert')	120 cm	lachskarmin	7-8
⑩ 5 × Gauklerblume *(Mimulus luteus)*	30 cm	gelb	6-9
⑪ 3 × Gelbe Scheincalla *(Lysichiton americanus)*	50 cm	gelb	5-6
⑫ 1 × Kerzen-Knöterich *(Polygonum amplexicaule* 'Atropurpureum')	100 cm	dunkelrot	7-10
⑬ 3 × Sumpf-Vergissmeinnicht *(Myosotis palustris)*	25 cm	blau	5-9
⑭ 1 × Chinaschilf *(Miscanthus sinensis* 'Gracillimus')	120 cm	grün	selten
⑮ 1 × Wiesen-Knöterich *(Polygonum bistorta* 'Superbum')	70 cm	rosa	5-6
⑯ 3 × Rosenprimel *(Primula rosea* 'Gigas')	25 cm	rosa	4-5
⑰ 5 × Pfennigkraut *(Lysimachia nummularia* 'Aurea')	5 cm	goldgelb	5-7
Im Wasser:			
⑱ 1 × Seerose *(Nymphaea-Hybride* 'Charles de Meurviille')	60–80 cm Wassertiefe	weinrot	6-9
⑲ 1 × Seerose *(Nymphaea*-Hybride 'Richardsonii')	40–60 cm Wassertiefe	reinweiß	6-9
⑳ 2 × Froschlöffel *(Alisma plantago-aquatica)*	60 cm	rosa	1-8

Pflegeplan

Frühjahr

Ab Mai können Uferrandstauden und Wasserpflanzen, die zu üppig gewachsen sind, aufgenommen und verteilt werden. Vorsicht: Bei Kalmus Handschuhe anziehen. Die mannshohen,vertrockneten Stängel des Wasserdost bodennah abschneiden.

Sommer

Bei starker Trockenheit den Uferrand wässern. Gauklerblume nach der Blüte zurückschneiden, sorgt für neuen Austrieb. Düngen nur auf sehr nährstoffarmen Böden notwendig.

Herbst

Sumpfvergissmeinnicht, Gauklerblume zurückschneiden. Laub von der Wasseroberfläche entfernen. Mit einem Käscher den Teich immer wieder reinigen. Zuviel organische Reste im Wasser sind schädlich für das Gleichgewicht

Winter

Gelbe Scheincalla vor Frösten schützen. Eisfreihalter ins Wasser hängen. Eventuelle Pumpe aus dem Wasser nehmen, reinigen und einwintern.

Natürliche Uferzonen

Hat der Teich ein flaches, natürliches Ufer oder läuft ein Bach durch das Grundstück, steigt der Wasserspiegel bei anhaltenden Regenfällen, das Wasser tritt über die Ufer und der Boden wird – zumindest zeitweise – überschwemmt. Nur bestimmte Pflanzen halten diesen Bedingungen stand.

Gehölze am Wasser

Unter den Gehölzen bevorzugen das Nassufer der Weiße und Rote Hartriegel *(Cornus alba* und *C. sanguinea)*. Beide werden 3–4 m hoch, wachsen mehrstämmig als Strauch und färben ihre Blätter im Herbst rot. Dies tut auch der Schneeball *(Viburnum opulus)*, dessen rote Früchte bis in den Januar das Nassufer zieren. Damit das Falllaub nicht in den Teich fällt und die Faulschlammbildung fördert, berücksichtigt man beim Pflanzen der Gehölze die Hauptwindrichtung. Außerdem sollte auch die Beschattung der Wasserfläche möglichst gering gehalten werden.

Stauden für wechselfeuchte Plätze

Stauden, die auf wechselfeuchten, also ab und zu nassen Plätzen gut gedeihen, sind die Dreimasterblume *(Tradescantia × andersoniana)*, zusammen mit Astilben *(Astilbe*-Arendsii-Hybriden), dem Mädesüß *(Filipendula)*, Taglilien *(Hemerocallis)*, Iris und Felberich *(Lysimachia punctata)*.

Der Blutweiderich *(Lythrum salicaria)* steht auf trockenen als auch sumpfigen Plätzen »wie eine Eins«. Standfest und voller Leuchtkraft – ein Muss für den Teichrand.

Sehr dekorativ zieren die Kolben des Zwerg-Rohrkolbens *(Typha minima)* den Teichrand. Sie tänzeln auf 60 cm hohen, dünnen Halmen und stehen in Wasserhöhen bis 20 cm.

Sehr starkwüchsig sind die Stauden, die natürlicher Weise im Röhricht und der Sumpfzone großer Weiher und Seen wachsen. Dazu zählen der Kalmus *(Acorus calamus)*, der Zungenblatt-Hahnenfuß *(Ranunculus lingua)*, der Teichampfer *(Rumex hydrolapathum)* und der Breitblättrige Rohrkolben *(Typha latifolia)*.

Diese Arten sind nur mit großer Vorsicht in kleine Teiche und Wasserbecken zu setzen, da sie sich stark ausbreiten und ihre Nachbarn verdrängen. Außerdem scheinen sie dem Teich das Wasser abzusaugen, jedenfalls verlandet er mit diesen starkwüchsigen Arten sehr viel schneller.

Stauden für sumpfige Plätze

Nasse und sumpfige Plätze überzieht die Sumpfdotterblume *(Caltha palustris)* mit ihren fleischigen Trieben und glänzenden Blättern. Von April bis Mai taucht sie ihre Plätze in einen Goldtopf, als hätte die Goldmarie ihr Haar hier ausgeschüttet. Die Sorte 'Multiplex' hat gefüllte, dadurch noch intensiver wirkende Blüten.

Zusammen mit der Sumpfprimel *(Primula rosea)* scheint im März das nasse Ufer die Stätte eines unsichtbaren Malers geworden zu sein. Das kräftige Pink leuchtet noch bevor die Blätter zu sehen sind. Auch die Knotenblume *(Leucojum vernum)* fühlt sich dazwischen wohl. Ihre weißen Glöckchen läuten dem Frühling im April.

Stauden für nasse Plätze

Nasse, auch staunasse Böden machen der Pfefferminze *(Mentha × piperita)* überhaupt nichts aus. Ihre aufrechten, rötlichen Stiele streckt sie überall in die Höhe. Die ährenförmigen Blütenständen sitzen an den Triebenden und duften weniger als die Blätter aromatisch sind. Für frischen Tee eine Wonne!

Der Froschlöffel *(Alisma plantago-aquatica)* fühlt sich an nassen Ufern wohl, er steht auch gerne im seichten Wasser bei 0 bis 20 cm Tiefe. Das trifft

Die Teichmummel *(Nuphar)* bedeckt mit ihren seerosenähnlichen Blättern die Wasseroberfläche. Diese starkwüchsige Pflanze eignet sich nur für große Teiche. Links blüht eine Sumpfschwertlilie.

Ein Teich, der sehr dicht bewachsen ist. Sobald Seerosen ihre Blätter nach oben schieben und nicht mehr flach aufs Wasser legen, ist der Zeitpunkt gekommen, an dem man sie teilen muss.

auch für die gelbe Sumpfschwertlilie *(Iris pseudoacorus)* zu. Beide blühen im Frühsommer und dominieren dann die Pflanzung. Sehr zierlich und doch sehr auffällig ist die Japanische Sumpfiris *(Iris laevigata)*, die ab Juli blaue Blüten trägt. Sie braucht das ganze Jahr über nasse Füße.
Die Gauklerblume *(Mimulus luteus)* blüht von Mai bis August und färbt den Teichrand wunderschön gelb. Allerdings ist die Pflanze kurzlebig, das heißt, sie wird nicht alt. Doch sie versamt sich gerne und sorgt so für ständigen Gauklerspaß am Teich.
Das Kreuzkraut *(Ligularia przewalksii)* breitet seine Blätter weit nach links und rechts und braucht ein wenig Platz. Besonders hoch wächst die Sorte 'The Rocket', bis zu 2 m. Rotblättrig ist die Sorte 'Rotlaub', ihre Blüten zeigen ein satteres Gelb. Darunter könnte das goldlaubige Pfennigkraut *(Lysimachia nummularia* 'Aurea') leuchten. Ein unverwüstlicher Bodendecker für den Teichrand, gut, um unschöne Folienränder zu kaschieren! Die kleine Trollblume *(Trollius pumilus)* ist vor allem für sehr kleine Teiche und Tümpel eine Zierde.

Pflanzen im Wasser

Viele Wasserpflanzen schwimmen mit ihren Blättern oberhalb des Wasserspiegels, ihre Wurzeln aber haben sie im Boden fest verankert. Typisch dafür ist die Seerose *(Nymphaea*-Hybriden). Es gibt sie in zig Sorten in allen Farben und für verschiedene Wassertiefen. Wer eine stark wachsende Sorte in ein zu flaches Becken pflanzt, erlebt wenig Freude. Wuchskraft und Wassertiefe müssen zusammenpassen.
Unterwasserpflanzen wie das Hornblatt *(Ceratophyllum demersum)* und das Tausendblatt *(Myriophyllum spicatum)* helfen mit, das Wasser algenfrei zu halten. Sie dienen mit ihren Blättern als Sauerstoffspender. Zu diesen Helfern zählen auch die zum Teil mit ihren Blätter auch auf dem Wasser schwimmenden Laichkraut-Arten *(Potamogeton)* und die wuchsfreudige Wasserpest *(Elodea canadensis)*. Eine dieser Pflanzen sollte man auf jedem Fall in seinem Teich ansiedeln.

Die Wassernuss *(Trapa natans)* schwimmt mit rautenförmigen Blättern in Rosetten auf der Wasseroberfläche. Ihre Blätter färben sich im Herbst rot. Sie ist nur einjährig und braucht sommerwarme Gewässer mit einer Tiefe von einem Meter.
Kochlöffelartige Blätter quillen aus einem Punkt, glänzen und schmücken sich von Juni bis September mit blauvioletten Blüten – so zeigt sich die tropische Wasserhyazinthe *(Eichhornia crassipes)*. Für kleine Wasserbecken, Schalen und Tröge ist sie beliebt bei all jenen, die gerne dekorieren. Die Wasserhyazinthe muss allerdings vor dem ersten Frost bei 12 bis 20 °C an einem hellen Ort im Haus aufgestellt werden. Leider klappt die Überwinterung nicht immer.

Das Gleichgewicht im Teich

Meist sind die Wasserflächen in unseren Gärten recht klein. Für die Teichpflanzen im Wasser bedeutet dies ständiges Konkurrieren um Platz. Die Uferpflanzen drängen ins Wasser, die Wasserpflanzen selbst dehnen sich aus und bedrängen sich gegenseitig. Deshalb ist es sehr wichtig, ständig das Gleichgewicht und ein ausgewogenes Verhältnis von Wasserfläche zu Pflanzenmasse zu regulieren. Etwa ein Drittel der Wasseroberfläche sollte von Pflanzen bedeckt sein. Sobald sich die Blätter der Seerosen nach oben schieben, wird es zu eng. Die Teichmummel *(Nymphar lutea)* kann ebenfalls sehr schnell die gesamte Wasserfläche abdecken. Die Zwerg-Mummel *(Nuphar pumila)* eignet sich für nährstoffarme, moorige Gewässer in halbschattiger Lage.
Wird es zu dicht und eng, muss man die Pflanzen einkürzen bzw. ausdünnen. Alle fünf bis sechs Jahre werden die Pflanzen zurückgenommen, nötigenfalls das Wasser abgelassen und der Teich neu befüllt.

Gartenpflanzen im Porträt

Auf den folgenden Seiten stellen wir Ihnen eine Auswahl der besten und beliebtesten Gartenpflanzen vor, quer durch alle Gruppen. Richtig kombiniert und am richtigen Platz, gelingt Ihnen damit jede Gartengestaltung.

Erläuterungen zu den Porträts finden Sie auf der vorderen und hinteren Innenseite des Buchdeckels.

Leberbalsam
Ageratum houstonianum

Ageratum houstonianum 'Blue Fields'

○ ⬆ 10–70 cm ✿ 6–10

Wuchs: Breitbuschig und niedrig oder langstielig und aufrecht. Bildet keine Ausläufer.

Blätter: Eiförmig, am Rand gekerbt, mit leichtem Flaum; frischgrün, etwa 2,5 cm lang auf kurzem Stiel.

Blüten: Duftige, dicht gedrängte Blütenköpfe mit vielen kleinen Einzelblüten, in Weiß über Blass- bis Tiefblau, auch rosafarbene und weinrote Sorten.

Standort: Sonniges Staudenbeet. Hohe Sorten in Kombination mit Stauden, niedrige Sorten als Beeteinfassung oder auf dem Friedhof als Grabschmuck.

Pflege: Verblühtes abschneiden. Vor dem Pflanzen den Boden mit Gartendünger anreichern, alle vier Wochen wiederholen. Bei Trockenheit reichlich gießen. Verträgt keine Staunässe.

Vermehrung: Aussaat im Gewächshaus oder auf der Fensterbank ab Ende Februar bei 20 °C. Nicht vor Mitte Mai ins Freie pflanzen. Die Direktaussaat ist nicht zu empfehlen.

Sorten:

- Niedrige Sorten: 'Blaue Donau' (='Blue Danube'), kompakt, mittelblau, 15–20 cm hoch; 'Blue Fields', 15–20 cm, dunkel-marineblau.
- Hohe Sorte: 'Schnittwunder', blassblau, 70 cm, großdoldig; 'Dondoschnittperle' 70 cm, tiefblau, kräftige Stiele; 'Old Grey', 50 cm graublau.

Gartenfuchsschwanz
Amaranthus caudatus

Amaranthus caudatus 'Roter Schweif'

○ ⬆ 40–120 cm ✿ 7–10

Wuchs: Aufrecht mit kräftigen, rötlichen Stängeln. Horstartig.

Blätter: Groß, breit-eiförmig, wechselständig und länglich-oval zugespitzt.

Blüten: Dunkelrote, bronzefarbene oder grüne, verzweigte Blütenähren, die von den oberen Stängelenden nach unten hängen.

Standort: Prachtstaudenrabatte, Staudenbeet, sonnig und warm. Durchlässiger, nährstoffreicher Boden.

Pflege: Ausreichend wässern und düngen, für guten Boden sorgen.

Vermehrung: Aussaat März bis April im Frühbeetkasten oder Kleingewächshaus; ab Mitte Mai ins Freie pflanzen.

Sorten:

- 'Feuer', bronzefarben, rot gezeichnete Blätter.
- 'Roter Schweif', leuchtend rot, rötliches Laub.

Bemerkungen: Der Gartenfuchsschwanz passt gut zu Blumenrohr *(Canna*-Hybriden), Chinaschilf *(Miscanthus sinensis)* und Leberbalsam *(Ageratum houstonianum)*. Kniehohe Sorten eignen sich für Kübel.

Weitere Arten:

- *A. tricolor* 'Aurora Yellow', 100 cm, gold-gelbe Hochblätter, unscheinbare Blüte.
- *A. tricolar* var. *salicifolius* 'Flaming Fountain', feuerrote, schmale Blätter, 50 cm hoch.

Löwenmäulchen
Antirrhinum majus
und *A.*-Majus-Hybriden

Antirrhinum-Majus-Hybride 'Coronette' und 'Cremona'

○ ⬆ 20–90 cm ✿ 6–10

Wuchs: Die niedrigen Sorten (20 bis 30 cm) wachsen kompakt, die hohen (bis 90 cm) aufrecht mit kräftigen Stielen.

Blätter: Frischgrünes, schmal eiförmiges Blatt, z. T. gelb marmoriert.

Blüten: Je nach Sorte in großer Farbvielfalt: von Weiß bis Gelb, Rot, Rosa und Orange. Dichte Blütenkerzen mit »mäulchenförmigen« Blüten

Standort: Sonnige Staudenbeete; in großflächigen Pflanzungen kommt die Farbwirkung am besten zur Geltung. Niedrige Sorten auch gut für Töpfe geeignet.

Pflege: Regelmäßig gießen und düngen. Verblühtes abschneiden.

Vermehrung: Aussaat im Gewächshaus oder auf der Fensterbank ab Februar. Ab Mitte April pflanzen. Bei ausreichendem Winterschutz ist auch Herbstaussaat im Freiland möglich.

Sorten:

- Hohe Sorten: 'Madame Butterfly', mit azaleenförmigen Blüten, 60–70 cm hoch, prächtig. 'Coronette', F_1-Hybride, 50 cm hoch, reich verzweigt, lange Blütezeit, von Gelb, Weiß, Bronze bis hin zu Rosa und Rot.
- Niedrige Sorten: 'Peaches & Cream', gelb und cremefarben; 'Lavender Bicolor', zartlila mit weißem Auge; 'Rembrandt', orange-gelbgold.

Rote Gartenmelde

Atriplex hortensis 'Rubra'

Atriplex hortensis 'Rubra'

○ ↑ 100–150 cm ✿ 7–9

Wuchs: Aufrecht mit reich beblätterten, kräftigen, rot gefärbten Stielen, stark verzweigt. Treibt Ausläufer.

Blätter: Purpurfarben. Die unteren, spinatartigen Blätter sind ungefähr dreieckig geformt und etwas gelappt.

Blüten: Unscheinbar, im Hochsommer gelb-grüne Blütenköpfe.

Standort: Attraktive Leitpflanze zwischen Stauden oder Sonnenblumen in sonnigen Rabatten mit durchlässigen Böden. Gegen Wind unempfindlich.

Pflege: Anspruchslos. Vor der Samenreife Verblühtes abschneiden, damit sich die Pflanze nicht im Garten verbreitet.

Vermehrung: Aussaat im März auf der Fensterbank. Mitte Mai nach den Eisheiligen ins Freiland pflanzen.

Sorten:

- 'Red Spire', rotes Laub.
- 'Green Spire', hellgrünes Laub.

Bemerkungen: Altes Feingemüse, für Salate oder wie Spinat zubereitet. Heilkraut. Als Windschutz für empfindliche, niedrige Stauden gut geeignet.

Begonie, Schiefblatt

Begonia-Semperflorens-Hybriden

Begonia-Semperflorens-Hybride

○–◑ ↑ 15–25 cm ✿ 5–10

Wuchs: Kompakte, zwergwüchsige Horstpflanze.

Blätter: Ledrig, je nach Sorte hell- bzw. dunkelgrün oder bronzefarben.

Blüten: Einfache oder gefüllte Schalenblüten in vielen Farben, Rosa, Weiß, Karmin- oder Scharlachrot, etwa 4 bis 5 cm groß.

Standort: Sonnig bis halbschattig; neuere Züchtungen vertragen pralle Sonne besser. Nährstoffreiche, leicht saure Gartenböden oder Blumenerde.

Pflege: Nach Regenfällen unschöne Blüten auszupfen. Regelmäßig düngen oder Erde mit Langzeitdünger bei der Pflanzung anreichern.

Vermehrung: Aussaat von Dezember bis Februar im Gewächshaus oder am Fenster bei 22 °C, danach pikieren. Pflanzzeit Mitte Mai, nach den Eisheiligen.

Sorten:

- 'Juwel', in allen Farben, sehr reich blühend und wetterfest.
- 'Olympia', ebenfalls in allen Farben, sehr früh blühend.
- 'Blütenteppich', niedrige Standardsorte, reichblühend.
- 'Eureka'-Serie, kleinblumig, aber wetterfest.

Boretsch

Borago officinalis

Borago officinalis

○ ↑ 60–75 cm ✿ 5–7

Wuchs: Große, stattliche, aufrechte Pflanze mit borstig behaarten Stängeln, die im Frühjahr schnell verzweigte, beblätterte Blütentriebe bilden.

Blätter: Horste aus lanzettlichen, grundständigen Blättern.

Blüten: Hübsche, purpurblaue oder weiße, sternförmige, nickende Blüten.

Standort: Im naturnahen Staudenbeet. Humoser, lockerer Gartenboden.

Pflege: Sät sich selbst überall im Garten aus. Wer das nicht will, Blüten abschneiden.

Vermehrung: Aussaat an Ort und Stelle, von April bis Juni möglich.

Bemerkungen: Die nektarreichen Blüten sind sehr beliebt bei Bienen. Blätter und Blüten (essbar!) können als aromatische Salatwürze verwendet werden.

Weitere Art:

- Zwerg-Boretsch *(B. pygmaea)*, mehrjährig, blaue Blüten, 20–30 cm hoch, 7–10, ideal für Kübel.

Ringelblume
Calendula officinalis

Calendula officinalis

○-◑ ⬆30-60 cm ✿4-11

Wuchs: Buschig, reich verzweigt, je nach Sorte kompakt oder locker.

Blätter: Lanzettlich, länglich-eirund, blassgrün.

Blüten: Einfache, halbgefüllte oder gefüllte Körbchenblüten mit 5–10 cm Durchmesser. In Gelb oder Orange, auch zweifarbige Blüten.

Standort: Beliebt für Rabatten, Beete im Bauerngarten, Zwergsorten auch für den Kübel. Sonnige bis halbschattige Lagen. Keine besonderen Ansprüche an den Boden.

Pflege: Verblühtes abschneiden, das fördert den zweiten Flor. Oder ausreifen lassen und die Samen für die Aussaat im nächsten Jahr ernten.

Vermehrung: Direktaussaat problemlos möglich; auch in verschiedenen Sätzen, das verlängert die Blütezeit. Keimlinge vor Schnecken schützen!

Sorten:

- Hohe Sorten: 'Geisha Girl', gefüllt, orangefarben; 'Pacific Beauty'-Serie, gefüllte, verschiedenfarbige, auch zweifarbige Blüten.
- Zwergsorten: 'Honey Babe', gelb, apricot und orange.

Bemerkungen: Sehr unempfindliche Beetpflanze und haltbare Schnittblume. Alte Arzneipflanze zur Salbenherstellung.

Sommeraster
Callistephus chinensis

Callistephus chinensis 'Matsumoto Pink'

○ ⬆15-150 cm ✿7-10

Wuchs: Aufrecht, Stängel sparrig verzweigt oder unverzweigt, behaart.

Blätter: Länglich-eirund, lang gestielt.

Blüten: Je nach Sorte einfach oder gefüllt, mit feinen, nadelartigen oder kurzen, runden Blütenblättern. Weiß, rosa, scharlach, blau, rot oder gelb, 4–12 cm Durchmesser.

Standort: Sonnige Staudenrabatten und Beete, kalkhaltige, durchlässige, nährstoffreiche Böden. Niedrige Sorten eignen sich auch für Kübel.

Pflege: Bei Trockenheit regelmäßig gießen. Jedes Jahr einen neuen Standort wählen, um der Welkekrankheit vorzubeugen.

Vermehrung: Aussaat ins Frühbeet von März bis April. Ins Freiland erst nach den Eisheiligen pflanzen.

Sorten:

- 'Matsumoto Pink', großblütig, halbgefüllt, gute Schnittblume, kräftig rosa.
- 'Milady'-Serie, reich verzweigt, buschig.
- 'Pinocchio', sternförmige Blüten.

Bemerkungen: Die Welkekrankheit, verursacht durch den Pilz *Fusarium callistephi*, führt zu vorzeitigem Welken und Absterben. Achten Sie auf resistente, neue Sorten.

Kornblume
Centaurea cyanus

Centaurea cyanus

○ ⬆40-90 cm ✿5-9

Wuchs: Locker verzweigt, dünne Stiele, die bei dichtem Stand auch »lagern«, also auf dem Boden liegen.

Blätter: Graugrün, nadelartig, fein. Stängel mit nur wenigen Blättern.

Blüten: Feine, nadelartige Blütenblätter, weiß, blau, rot, rosa, jeweils einfach oder gefüllt. Die Naturform hat einfache, lichtblaue Blüten.

Standort: Sonnig, bevorzugt in windgeschützten Lagen. Ideal als Farbtupfer zwischen Stauden oder Rosen.

Pflege: Hohe Sorten stützen. Verblühtes herausschneiden, das fördert die Fülle des zweiten Flors.

Vermehrung: Aussaat direkt ins Beet, in milden Regionen im September, sonst von April bis Juli möglich. Mehrere Aussaattermine hintereinander verlängern die Blütezeit.

Sorten:

- 'Rosa Ball', gefüllt, rosa, 80 cm hoch.
- 'Blauer Ball', gefüllt, blau, 45 cm.
- 'Florence'-Serie, dicht gefüllte Blüten, kompakter Wuchs.

Bemerkungen: Beliebt bei Bienen und Marienkäfern!

Spinnenblume

Cleome spinosa

Cleome spinosa

○ ↑80–140 cm ✿7–10

Wuchs: Aufrecht, wenig verzweigt und sparrig. Bestachelte Triebe.

Blätter: Feine, nadelartige Blätter, fünf- bis siebenfach fingerförmig gefiedert, dunkelgrün, am Blattgrund bedornt.

Blüten: An den Stängelenden jeweils eine große Traube filigraner Blüten in Weiß, Rosa, Kirschrot, Rot oder Violett. Auffällig sind die weit herausragenden Staubgefäße.

Standort: Sonnig, bevorzugt warme Plätze und trockene, durchlässige Gartenböden. Wunderschöne Solitärpflanze für Staudenbeete und Kübel.

Pflege: Jungpflanzen stutzen, das fördert die Verzweigung und damit die Blütenbildung.

Vermehrung: Aussaat unter Glas ab März. Pflanzung ab Ende Mai.

Sorten:

- 'Galathea-Mischung', in vier Farben, 80–100 cm hoch.
- 'Helen Campbell', weiß, 90 cm.

Bemerkungen: Passt gut zu Schmuckkörbchen *(Cosmos bipinnatus)*.

Buntnessel

Coleus-Blumei-Hybriden

Syn.: *Solenostemon scutellarioides*

Coleus-Blumei-Hybride 'Red Velvet'

○-● ↑20–50 cm ✿7–8

Wuchs: Buschig, mit stark verzweigten, vierkantigen Stängeln. Raschwüchsiger Halbstrauch, im Zimmer als mehrjährige Pflanze gezogen, im Freiland als einjährige Beetpflanze.

Blätter: Herzförmig oder länglich-oval, am Rand gesägt oder gewellt, buntblättrig von grün-gelb, weiß-grün oder rotgrün bis völlig gemischt mit unterschiedlichen Blattzeichnungen. Hoher Zierwert.

Blüten: Unscheinbar, klein. Endständige Traube blau-weißer Lippenblüten.

Standort: Sonnig, halb- bis vollschattig. Die beste Ausfärbung der Blätter erfolgt im Halbschatten.

Pflege: Blütenstände auskneifen.

Vermehrung: Aussaat im März/April unter Glas oder auf der Fensterbank. Pflanzung Mitte Mai oder Direktaussaat an Ort und Stelle Mitte Mai (Temperaturen über 16 °C). 20 cm lange Triebstücke (Stecklinge) bewurzeln schnell im Wasserglas.

Sorten:

- 'Palisandra', fast schwarz, großblättrig.
- 'Giant Exhibition', rot-gelb-grünblättrige »Regenbogen«-Mischung.
- 'Red Velvet', dunkelrote Blattmitte, nach außen heller werdend, hellgrüne Blattstiele.

Kosmee, Schmuckkörbchen

Cosmos bipinnatus

Cosmos bipinnatus

○ ↑50–110 cm ✿6–10

Wuchs: Aufrecht, reich verzweigt und breit buschig. Steife Stängel.

Blätter: Nadelartig, doppelt gefiedert, feinblättrig. Hellgrün.

Blüten: Einfache, offene Schalenblüten mit gelber Mitte; weiß, rosa, rot oder gemustert. 7–10 cm Durchmesser.

Standort: Sonnige Staudenbeete und Rabatten. Nährstoffreicher Boden.

Pflege: Regelmäßig gießen und düngen. Verblühtes entfernen.

Vermehrung: Direktaussaat ins Beet oder Pflanzung im Mai. Vorkultur auf der Fensterbank ab März möglich.

Sorten:

- Hohe Sorten: 'Picotee', Weiß mit rosa Rand; 'Daydream', blassrosa mit rosa Ring; 'Karminkönig', karminrot; 'Double Click', flötenartige Blüten, gefüllt, rosa-weiß und pinkfarbene Mischung.
- Niedrige Sorten: 'Sonata'-Serie.

Bemerkungen: Als Schnittblume sehr lange haltbar! Gute Ergänzung zu Flammenblume und Rittersporn.

Weitere Art:

Gelbe Kosmee *(C. sulphureus)* 30–70 cm hoch, 7–10, sonnige Staudenbeete.

Zierkürbis
Cucurbita pepo

Cucurbita pepo mit verschiedenen Fruchtformen

○ 100–300 cm ✿ 5 9–10

Wuchs: Wuchsstarke Rankpflanze, die ohne Klettergerüst am Boden lagert. Fleischige Stängel, sehr bruchempfindlich.

Blätter: Groß, sehr rau mit feinen Dornen. Windempfindlich.

Blüten: Gelbe Sternblüten mit langem Trichter in den Blattachseln.

Früchte: Attraktive gelbe, orangefarbene oder weiße Kürbisse in vielen Formen, von der Kugel bis zur Diskusscheibe, UFO-förmig oder wie ein Turban geformt.

Standort: Sonnig, im Stauden- oder Gemüsebeet. Wunderbar an Spalieren oder Obelisken, aufgrund der großen Blätter ideal als Sichtschutz. Auch im Kübel möglich.

Pflege: Reichlich gießen und düngen, vor allem, wenn die Pflanze im Kübel sitzt.

Vermehrung: Einzelkorn-Aussaat ab Mitte März auf der Fensterbank, am besten in Jiffy-Töpfe oder kleine Tontöpfe. Nicht pikieren, sondern mit Wurzelballen auspflanzen, denn die Wurzeln sind sehr empfindlich.

Sorten: Vielfältiges Angebot, z. B.

- 'Bischofsmütze', mit turbanähnlichen, bunten Früchten. Auch 'Turban' genannt.
- 'Jack Be Little', mandarinenähnliche, orangerote Früchte, 10 cm groß.

Goldmohn, Schlafmützchen
Eschscholzia californica

Eschscholzia californica

○ 20–25 cm ✿ 7–9

Wuchs: Niedrig, kompakt mit verzweigten Stängeln.

Blätter: Grau- bis blaugrün oder silbrig-blau, tief zerteilt, fein, fast fiedrig; sehr attraktiv.

Blüten: Mohnähnlich, becherförmig, bei trübem Wetter geschlossen, gelb bis orangefarben.

Standort: Sonnig, durchlässige Böden. Idealer Lückenfüller in Staudenbeeten oder Blumenrabatten. Auch gut für den Kübel geeignet; dort lässt sich die Blütenpracht vor starkem Regen leichter schützen.

Pflege: Ausreichend mit Nährstoffen versorgen.

Vermehrung: Aussaat von April bis Mai.

Sorten:

- 'Apricot Flambeau', 20–25 cm, cremefarben, flötenartige Blüten.
- 'Buttermilk', cremeweiße, flötenartige Blüten, 20–25 cm, sehr gut für Töpfe geeignet.
- 'Inferno', orange-scharlachfarben, buschig, große Fernwirkung.
- 'Summer Sorbet', 25 cm, gerüschte, rosa Blüten mit cremefarbener Mitte.

Bemerkungen: Die Wappenblume von Kalifornien. Eigentlich mehrjährig, wird der Goldmohn bei uns als einjährige Sommerblume gezogen. Er blüht mit Blühpausen.

Gazanie
Gazania-Hybriden

Gazania-Hybride

○ 15–30 cm ✿ 6–9

Wuchs: Niedrig, kompakt, rosettenartig wachsend. Blütentriebe wachsen aus der Mitte der Pflanze.

Blätter: Dicke Blattrosette; die Blätter sind länglich, glatt oder gezähnt, 15 bis 25 cm lang und unterseits filzig weiß.

Blüten: Margeritenartig, steif, auf kurzen Stielen. Leuchtend, farbenfroh in Gelb, Orange, Rostrot, Cremegelb, Weiß Rot, Rosa und Braun. Blütenmitte mit dunkleren, kontrastierenden Farbflecken oder -streifen. Die Blüten öffnen sich nur bei Sonnenschein.

Standort: Warme, sonnige Staudenbeete mit durchlässiger, kalkreicher Erde.

Pflege: Verblühtes abschneiden.

Vermehrung: Aussaat unter Glas im Februar bis April bei 18 °C und ab Mitte Mai ins Freiland pflanzen.

Sorten:

- 'Mini-Star', 20 cm, gemischt.
- 'Orange Peacock', 20 cm, orange.
- 'Sunshine Mischung', 30 cm, gemischte Farben.
- 'Talent Mischung', 20 cm, in allen Farbtönen und schöner, silbriggrauer Belaubung.

Bemerkung: Schön zusammen mit Lampenputzergras *(Pennisetum)*, Ringelblumen *(Calendula)* und Blaustrahlhafer *(Helictotrichon)*.

Sonnenblume

Helianthus annuus

Helianthus annuus
'Zwerg Sonnengold' (vorne)

○ ⬆40–300 cm ✿7–10

Wuchs: Kräftige Stängel, meist unverzweigt, locker beblättert mit je nach Sorte einer oder mehreren Blüten am Ende. Hohe Stängel stäben.

Blätter: Rau, groß und herzförmig, stumpfgrün.

Blüten: Strahlenblüten um eine große, schwarzbraune Mitte. Auch gefüllt.

Standort: Sonnig, warm. Boden mäßig frisch, nährstoffreich. Keine staunassen Böden.

Pflege: Gute Nährstoff- und Wasserversorgung. Bei Bedarf stützen.

Vermehrung: Direktaussaat ins Beet ab April.

Sorten:

- 'Prado'-Serie, mehrblütig mit bis zu 20 Blüten pro Pflanze, braunrot und gelb, 120–150 cm.
- 'Holiday', goldgelb mit dunkler Mitte, 120–150 cm, buschig.
- 'Sunspot', goldgelb, einfach, 40 cm.
- 'Hohes Sonnengold', goldgelb, gefüllte Blüten, 180 cm.
- 'Zwerg-Sonnengold', goldgelb, gefüllt, 40 cm.

Bemerkungen: Wundervolle Windbremse und Blütenhecke entlang des Gartenzauns.

Weitere Art:

- Stauden-Sonnenblume *(H. decapetalus)* siehe bei Stauden (Seite 120).

Garten-Strohblume

Helichrysum bracteatum

Helichrysum bracteatum
'Elite Schwefelgelb'

○ ⬆30–110 cm ✿7–10

Wuchs: Horstig, mit aufrechten Blütentrieben. Sortiment nach Höhen gestaffelt.

Blätter: Länglich-lanzettlich, mattgrün.

Blüten: Strohig, farbige Hüllblätter umfassen das Blütenköpfchen. Farben: Gelb, Rosa, Rot, Violett oder Weiß.

Standort: Vollsonnige und warme Beete und Rabatten.

Pflege: Zum Trocknen Blüten knospig schneiden.

Vermehrung: Aussaat im Frühbeetkasten im März, ab April ins Beet.

Sorten:

- Zwergsorten: 'Bikini'-Serie, buschig, 30–40 cm, bunter Farbteppich, dunkelrot bis goldgelb.
- Mittelhohe Sorten: 'Album', weiß, 60 cm; 'Luteum', gelb, 60 cm; 'Monstrosum-Serie' in Zitronengelb, Rot, Rosa, Weiß, Gold, 75–90 cm.
- Hohe Sorten: 'Elite Schwefelgelb', 50–80 cm, schwefelgelbe Blüte.

Bemerkungen: Gute Schnittblume, ideal für Trockensträuße.

Weitere Art:

- Sonnenflügel, Immortelle *(Helipterum roseum,* Syn.: *Acroclinium roseum),* 30–60 cm, weiß, rosa oder rahmfarben, Blüte 7–9, für die volle Sonne. Ideal für Steppengarten und Rabatte, wertvolle Sommerblume.

Vanilleblume, Sonnenwende

Heliotropium arborescens

Heliotropium arborescens

○ ⬆30–60 cm ✿6–9

Wuchs: Buschig, verzweigt, aufrecht. Wächst als Strauch und kann wie Fuchsien als Hochstamm gezogen werden.

Blätter: Eiförmig mit tiefen Adern, runzelig, dunkelgrün, violett schimmernd.

Blüten: Violettblau bis lavendelblau. Viele Einzelblüten formen sich zu Trugdolden mit großen Blütenbüscheln.

Standort: Sonnig, warm, durchlässige Böden. Auch gut für Kübel und Balkonkästen geeignet.

Pflege: Blüten vor Regen schützen. Gute Nährstoff- und Wasserversorgung.

Vermehrung: Von Januar bis März unter Glas aussäen, ab Mitte Mai ins Freiland pflanzen. Im Freiland nicht winterhart, kann aber im Wintergarten überwintert werden.

Sorten:

- 'Marine', violettblau, 50–60 cm, große Dolden, stark duftend.
- 'Mini Marine', violettblau, 30 cm.

Bemerkungen: Süßer Vanilleduft lockt Insekten (Schmetterlinge und Bienen) und verwöhnt uns Menschen. Aber: Die Pflanze ist komplett von der Blüte bis zur Wurzel giftig. Sehr schön zusammen mit Studentenblume *(Tagetes tenuifolia),* Spinnenblume *(Cleome spinosa)* und Schleierkraut *(Gypsophila).*

Bittere Schleifenblume
Iberis amara

Iberis amara

○ ⬆10-40 cm ✿5-8

Wuchs: Schnellwüchsig, aufrecht und buschig.

Blätter: Lanzettlich, fein gezähnt, stumpfgrün.

Blüten: Große Trauben aus kleinen, duftenden Blüten. Hyazinthenblütige Sorten haben große, wohlriechende Blüten in verschiedenen Rosatönen.

Standort: Sonnig, wird gerne für Töpfe und Kübel verwendet. Gut durchlässigen Boden, nicht zu schwer, mit etwas Kalk anreichern.

Pflege: Nach der Blüte zurückschneiden, dadurch Zweitblüte.

Vermehrung: Aussaat im Frühjahr, geringe Selbstaussaat.

Sorten:

- 'Empress', schneeweiß, 30 cm.
- 'Eisberg', weiß, 25 cm.

Bemerkungen: Die aus dem westlichen Mittelmeerraum stammende Pflanze ist seit dem 16. Jahrhundert bekannt.

Weitere Arten:

- *I. umbellata*, 20–50 cm, aufrecht wachsend, buschig, in vielen Sorten erhältlich. Blüten tiefpurpur, zartlila, weiß und leuchtend rosa, z. B. 'Märchenzauber', 25 cm, Blüten VI–VIII.
- *I. crenata*, bekannt aus Mittel- und Südspanien, Blüte schneeweiß mit graulila Mitte 30 cm, VII–VIII, hoch.

Fleißiges Lieschen
Impatiens walleriana

Impatiens walleriana 'Belizzy Zartrosa'

◑-● ⬆15-60 cm ✿5-11

I. walleriana 'Fiesta'-Serie

Wuchs: Stark verästelt, Stängel wasserhaltig.

Blätter: Elliptisch, lanzettlich, wechselständig, leicht gezähnt.

Blüten: Tellerförmig, in vielen Farben: Weiß, Rosa, Rot, Lachs.

Standort: An halbschattigen, auch schattigen Plätzen unter hohen Bäumen oder Sträuchern im Garten. Humusreiche, durchlässige Erde.

Pflege: Nicht schneckengefährdet, sehr pflegeleicht.

Vermehrung: Ab Mitte Mai ins Freiland pflanzen.

Sorten: Sehr viele verschiedene F_1-Hybriden.

- 'Florette Stern', kompakter Wuchs, reich blühend, zweifarbig, 20–25 cm.
- 'Belizzy' F_1-Hybriden, gefüllt, niedrig, kompakt, 15–20 cm, viele Farbsorten.
- 'Fiesta'-Serie, gefüllt, rosenähnlich, 20–30 cm

Weitere Art:

- *I.*-Neuguinea-Hybriden, 30–40 cm, lanzettliche Blätter, radförmige Blüten, gespornt. Für halbschattige Standorte. Zahlreiche Sorten.

Duftwicke, Wohlriechende Wicke
Lathyrus odoratus

Lathyrus odoratus

○ ⬆100-300 cm ✿6-9

Wuchs: Rankende und nicht rankende Arten, schnell wachsend.

Blätter: Graugrün, gefiedert, wobei das oberste Blattpaar Ranken bildet.

Blüten: 3,5 cm große, stark duftende Schmetterlingsblüten mit Ober- und Unterlippe. Rot, malvenfarben bis weiß, blau oder zartgelb.

Früchte: Flache Hülsen.

Standort: Sonnig, an Drähten, Wänden und Zäunen, Holzgerüsten oder Spalieren hochgezogen.

Pflege: Anfällig für Mehltau und Grauschimmel. Mitte des Sommers noch mal kräftig die Stängel anhäufeln und frisch düngen, das fördert die Zweitblüte.

Vermehrung: Aussaat ab März auf der Fensterbank oder im Gewächshaus, Auspflanzen nach den Eisheiligen.

Sorten: Eine Vielzahl an Sorten, hier intensiv duftende:

- 'Felicity Kendall', rosa, gefüllt.
- 'Hampton Court', fliederblau.
- 'Apricot Sprite', apricotfarben, nach und nach verblassend.

Weitere Art:

- Staudenwicke *(L. latifolius)*, siehe bei Stauden (Seite 129).

Bechermalve, Buschmalve, Pappelrose
Lavatera trimestris

Lavatera trimestris

○ ⬆50–120 cm ✿7–10

Wuchs: Stattliche Horste, verzweigt, behaarte Triebe.

Blätter: Herz-nierenförmig, ahornblattähnlich, flaumhaarig.

Blüten: Becherförmig, zartrosa oder weiß, mit dunkler Äderung, 6–10 cm Durchmesser, lang gestielt.

Standort: Sonnig, trockene Böden. Im Staudenbeet, im Vorgarten, schön vor Holzzäunen.

Pflege: Anspruchslos.

Vermehrung: Ab Februar Aussaat im Haus oder Ende April direkt ins Freiland säen. Später vereinzeln. Damit die Stängel später nicht von der Brennfleckenkrankheit befallen werden, Samen vor der Aussaat in Stoffsäckchen eine halbe Stunde in 45–50 °C heißes Wasser geben. Danach sofort aussäen.

Sorten:
- 'Mont Blanc', reinweiß, 50 cm.
- 'Silver Cup', rosa mit dunkelroter Äderung, Blütendurchmesser bis 9 cm, Höhe 60 cm.

Bemerkungen: Wunderschön als blühende Hecke, Sichtschutz und Abgrenzung von Gemüse- und Blumenbeeten, typische Pflanze des Bauerngartens.

Weitere Art:
- Trichtermalve *(Malope trifida)*, 70–120 cm, Blüten groß, schalenförmig, rosa oder weiß, 6–10; 'Glacier Fruits', 45-60 cm, rot, pink und weiß.

Lobelie
Lobelia × speciosa

Lobelia × speciosa 'Fan Tiefrot'

○-◑ ⬆50–75 cm ✿6–8

Wuchs: Wenig verzweigt, aufrecht.

Blätter: Lanzettlich, glänzend oder behaart.

Blüten: Lange, mit Blüten besetzte Rispen, von unten nach oben aufblühend. Scharlachrot, blauviolett, rosa.

Standort: Sonnig bis halbschattig, humose, feuchte Erde. Beete und Rabatte.

Pflege: Robust, anspruchslos.

Vermehrung: Aussaat im Januar und Februar. Lichtkeimer, daher nicht abdecken! Mitte Mai ins Beet pflanzen.

Sorten:
- 'Kompliment Scharlach', 75 cm, rot.
- 'Fan Tiefrot', 60 cm, buschig, leuchtend rot.

Weitere Arten:
- Kardinalslobelie *(L. fulgens)*, 120 cm, straff aufrecht, rot; 'Königin Viktoria', 120 cm 'Illumination', 100 cm.
- Männertreu *(L. erinus)*, 10–30 cm, niederliegend, dünntriebig, in der Heimat mehrjährig, bei uns als Einjährige gezogen. Blüte 6–10, blau, weiß, rot oder rosa. Für Balkonkästen, Einfassungen, Steingärten und Schalen sowie Blumenampeln.

Duftsteinrich
Lobularia maritima

Lobularia maritima

○ ⬆8–40 cm ✿4–9

Wuchs: Niedrige, kissenförmige Polster, dünne, kriechende, reich verzweigte Triebe.

Blätter: Etwas graufilzig, schmal, spatelförmig bis lanzettlich.

Blüten: Weiß, rosa, apricotfarben bis dunkelviolett. Süßlicher Honigduft. Reich blühend.

Standort: Warm, sonnig. Durchlässige, kalkhaltige Böden. Gut geeignet zur Unterpflanzung von Rosen, hohen Stauden und Dahlien, als Einfassungen von Beeten und auch für Balkonkästen.

Pflege: Rückschnitt der Blüten verlängert Blütezeit.

Vermehrung: Aussaat auf der Fensterbank ab März. Ab Mai ins Beet pflanzen oder ab April direkt ins Beet aussäen.

Sorten:
- 'Wunderland' (='Wonderland'), leuchtend rosarot, kompakt, 8 cm hoch.
- 'Snow Crystals', weiß, 10 cm.
- 'Snowdrift', reinweiß, früh- und reichblühend, 10 cm.
- 'Midnight', dunkelviolett, intensiver als 'Königsteppich', tiefviolett, 6 bis 10 cm hoch.
- 'Orientalische Nächte', dunkelste Sorte, 8 cm hoch.

Levkoje

Matthiola incana

Matthiola incana

○ 30–100 cm ✿ 5–8

Wuchs: Aufrecht, kräftiger Mitteltrieb, wenig verzweigt.

Blätter: Länglich, graugrün, unterseits filzig behaart.

Blüten: Weiß, gelb, rosa, rot, blau; gefüllte und einfachblühende Sorten. 4 cm breite Blüten, lockere Trauben. Honigartiger Duft. Reich blühend.

Standort: Sonnig, warm. Boden frisch bis mäßig trocken und durchlässig. Für Beete und Rabatten. Alte Bauerngartenblume.

Pflege: Rückschnitt der Blüten.

Vermehrung: Ab Mitte April ins Freiland pflanzen. Aussaat im Februar/März unter Glas möglich.

Sorten:

- 'Großblumige Erfurter Prachtmischung', 35 cm, buschig wachsend.
- 'Dresdner Sommermischung', 60 cm, ideale Schnittblumen.
- Für den Topf: 'Cinderella'-Serie, 20–25 cm, buschig, stämmige Sorten.

Weitere Art:

- Abendlevkoje *(M. longipetala* ssp. *bicornis),* 50 cm, lockere Blütentrauben in Rosarot, starker Vanilleduft.

Ziertabak

Nicotiana × sanderae

Nicotiana × sanderae

○ 30–100 cm ✿ 7–9

Wuchs: Aufrecht, mit straffen Stielen.

Blätter: Groß, elliptisch, ganzrandig, flaumhaarig. Sehr dekorativ.

Blüten: Rot, weiß, gelb, rosa mit Auge, Röhrenförmig mit kurzer, fünfzipfeliger Krone, 5 cm Durchmesser. Duftend.

Standort: Sonniger, warmer Platz in der Rabatte. Bei großer Wärme auch Halbschatten vertragend.

Pflege: Für ausreichend Nährstoffe sorgen.

Vermehrung: Aussaat im Februar/März unter Glas, Pflanztermin ab Mitte Mai nach den Eisheiligen.

Sorten:

- 'Crimson Bedder', 60 cm, rot.
- 'Lime Green', 100 cm, cremegrün.
- 'Gnom', 25 cm, gemischt.
- 'Fragrant Delight', 120 cm, gemischte Farben, Nachtdufter.

Weitere Art:

- *N. alata* (Syn.: *N. affinis):* stark duftende, nickende Blüten. Viele Sorten, z. B. 'Salmon Pink', 25 bis 30 cm, lachsrosa; 'Crimson Rock', karminrot, kräftig, buschig, 45 bis 60 cm; 'Nicki', weiß bis grüngelb, rosa, kompakt, für Sonne und Halbschatten, 40 cm.

Dufttabak

Nicotiana sylvestris

Nicotiana sylvestris

○–◑ 150–160 cm ✿ 7–10

Wuchs: Stattliche Erscheinung, wenig verzweigte Blütenstängel mit viel Blättern.

Blätter: Blattrosette mit großen, eiförmig-lanzettlichen, 30–35 cm langen Blättern.

Blüten: Röhrenförmig, nach unten hängend oder zur Seite stehend, reinweiß und duftend. die Blüten erinnern an Fanfaren mit einem Krönchen.

Standort: Sonnig bis halbschattig. Gern im lichten Gehölzrand.

Vermehrung: Aussaat im Februar/März bei 18–20 °C, pikieren und nach Mitte Mai mit Wurzelballen auspflanzen.

Bemerkungen: Stattliche Duftpflanze für den lichten Schatten. Schön zusammen mit Eisenhut *(Aconitum napellus)* und Silberkerze *(Cimicifuga racemosa).* Passt gut zu Blumenrohr *(Canna*-Indica-Hybriden), zu Neuguinea-*Impatiens* und Gräsern.

Jungfer im Grünen, Schwarzkümmel

Nigella damascena

Nigella hispanica 'Curiosity'

○ ⬆30-50 cm ✿ 6-9

Wuchs: Buschig, aufrecht, krautartig, stark verästelt.

Blätter: Fein zerteilt, nadelartig, dreifach gefiedert.

Blüten: Einzeln stehende, an Kornblumen erinnernde Blüten, reinweiß, rosa, purpur, himmelblau; etwa 4 cm Durchmesser.

Früchte: Sehr dekorativ, wie aufgeblasene Kapseln.

Standort: Sonnige, warme Staudenbeete und Rabatten. Guter Partner für Rosen- und Staudenbeete.

Pflege: Fruchtstände als Trockenstrauß beliebt; dazu erst bei Vollreife schneiden und kopfüber aufhängen.

Vermehrung: Aussaat von Ende März bis Mai direkt ins Beet. Durch Aussaaten alle vier Wochen kann die Blütezeit verlängert werden.

Sorten:

- 'Miss Jeckyll', himmelblau, 45 cm.
- 'Miss Jeckyll White', reinweiß, 45 cm.
- 'Blue Midget', blau, 20 cm.
- 'Mulberry Rose', 50 cm, weiß mit rosa Streifen.

Weitere Arten:

- Acker-Kümmel *(N. arvensis),* lilablau, 50 cm, ideal für Naturgärten.
- Spanischer Schwarzkümmel *(N. hispanica),* ähnlich, aber Blüten größer, duftend, 50–70 cm, 7–8; 'Curiosity', violettblau.

Klatschmohn

Papaver rhoeas

Papaver rhoeas 'Shirley Double Mixture' (»Seidenmohn«)

○ ⬆30-80 cm ✿ 5-7

Wuchs: Dünne, feine Stängel, borstig behaart, Milchsaft führend.

Blätter: Tief fiederspaltig, gezähnt. Ziehen bald nach der Blüte ein.

Blüten: Zart wie Seidenpapier. Naturform mit offenen Schalenblüten in kräftigem Rot. Auch gefüllt blühende Züchtungen in Weiß und Rosa (häufig als »Seidenmohn« bezeichnet).

Standort: Ackerränder, Getreidefelder. Im Garten auf mageren Standorten mit durchlässigem, kalkhaltigem Boden. Typische Blume des Bauerngartens. Setzt kräftige Farbflecke.

Pflege: Keine. Wenn Selbstaussaat nicht erwünscht, die Stängel nach der Blüte abschneiden.

Vermehrung: Direktaussaat im April. Auch Herbstaussaat im September möglich.

Sorten: Meist als Mischung angeboten.

- 'Early Bird' (auch als 'Marienkäfer' im Handel), scharlachrot mit schwarzen Punkten.
- 'Shirley Double Mixture', gefüllte Seidenmohn-Mischung, rosa bis weiß.

Weitere Art:

- Tulpenmohn *(P. glaucum),* 50 cm hoch, blaugrüne Blätter, rot mit schwarzen Flecken.
- Türkischer Mohn und Islandmohn siehe bei Stauden (Seite 139).

Wunderbaum

Ricinus communis

Ricinus communis

○ ⬆200-300 cm ✿ 8-10 ● 9-10

Wuchs: Aufrecht, strauchartig. Stattliche Büsche.

Blätter: Junge Blätter dunkelrot, mit rotem Stiel. Ein Blatt wird 30-90 cm breit! 5- bis 12-fach gelappt, handförmig. Sehr exotisch und dekorativ.

Blüten: Rötlich-braun, an den Triebspitzen, getrennte männliche (gelbliche Quasten) und weibliche (stachelig, rötlich, ähnlich Esskastanien) Blüten.

Früchte: Dekorativ, rot, sehr giftig!

Standort: Sonnige Lagen, braucht viel Wärme. Sommerblumenbeete auch im Staudenbeet.

Pflege: Für ausreichend Nährstoffe sorgen, mit Kompost überstreuen.

Vermehrung: Aussaat unter Glas von März bis April, am besten Einzelkornaussaat in großen Töpfen. Ende Mai auspflanzen.

Sorten:

- 'Impala', 140 cm, scharlachrote Samenkapseln, rotes Laub.

Bemerkungen: Dekorative Blattschmuckpflanze, verdeckt hässliche Mauern, setzt Blickpunkte im Beet.

Rauer Sonnenhut
Rudbeckia hirta

Rudbeckia hirta

○ ⬆40-90 cm ✿7-9

Wuchs: Aufrecht, horstartig, mit steifen, rauhaarigen Stängeln.

Blätter: Behaart, länglich-lanzettlich, mit auffälligen Blattnerven. Am Rand gesägt, mattgrün.

Blüten: Leuchtend gelbe Blütenköpfchen mit langen Zungenblüten und schwarzer Mitte, einzeln am Ende aufrechter Stiele.

Standort: Sonnig, warm. Boden mäßig trocken bis feucht. Niedrige Arten auch für Blumenkästen und Tröge geeignet.

Pflege: Für ausreichend Nährstoffe sorgen.

Vermehrung: Aussaat unter Glas von März bis April, Pflanzung ins Freiland Anfang Mai.

Sorten:
- 'Becky Mixed', goldgelb mit Braun, 40 cm.
- 'Irish Eyes', goldgelb mit auffälliger olivgrüner Mitte, 80 cm.
- 'Gloriosa Double Daisy', gelb bis bronzefarben, 90 cm.
- 'Marmalade', große Blütenköpfchen, orange-goldgelbe Strahlenblüten, 60 cm.

Bemerkungen: Vorzügliche, lang haltbare Schnittblume.

Weitere Art:
- Sonnenhut und Großer Sonnenhut siehe Stauden, Seite 146.

Scharlachsalbei, Salvie
Salvia coccinea

Salvia coccinea

○-◑ ⬆50-75 cm ✿5-11

Wuchs: Filigranes Aussehen, locker verzweigt, aufrecht, locker buschig

Blätter: Gegenständig, eiförmig, gekerbt, dunkelgrün

Blüten: Locker aufgebaute Blütenrispen, in Quirlen angeordnet, leuchtend rot oder lachsrosa, auch zweifarbig.

Standort: Sonnig bis halbschattig, humose, nährstoffreiche Gartenböden. Ideal für Rabatten, zwischen Stauden und Sommerblumen, aber auch für Töpfe und Schalen.

Pflege: Für ausreichend Nährstoffe sorgen.

Vermehrung: Aussaat Februar/März im Gewächshaus, Lichtkeimer. Nach den Frösten auspflanzen, Mitte Mai.

Sorten:
- 'Coral Nymph', rosa-weiß, 40 cm.
- 'Lady-in-Red', gedrungener Wuchs, 50–60 cm, 20–30 cm lange Blütenrispe, rot.
- 'Snow Nymph', 40 cm, weiß.
- 'Red Indian', scharlachrot, 75 cm.

Weitere Art:
- Mehlsalbei *(S. farinacea)*, 30–45 cm, blau oder weiß; z. B. 'Victoria Blue', blau, 45 cm; 'Victoria Silver', 45 cm, weiß mit grauen Ähren; 'Cirrus', porzellanweiß, 30 cm.

Feuersalbei
Salvia splendens

Salvia splendens 'Flamex'

○ ⬆15-50 cm ✿5-10

Wuchs: Aufrecht, verzweigte Stängel.

Blätter: Herzförmig-eiförmig, gegenständig, Ränder fein gezähnt.

Blüten: Lange Kerzen mit röhrenförmigen Lippenblüten. Feuerrot, weiß, blauviolett, rosa, lachsfarben.

Standort: In Rabatten sonnig und warm, für großflächige Pflanzungen, Einfassungen und Blumenkästen geeignet.

Pflege: Für ausreichend Nährstoffe sorgen. Jungpflanzen stutzen, führt zu buschigerem Aufbau.

Vermehrung: Aussaat im Februar/März unter Glas. Ins Freiland ab Mitte Mai.

Sorten:
- 'Fire Star', extrem früh blühend, 25 cm.
- 'Fuego', früh blühend, 20 cm.
- 'Fire on Ice', rot mit aprikosenfarbigem Deckblatt, 25 cm.
- 'Flamex', früh bis mittelfrüh blühend, leuchtend rot, verträgt Hitze oder Regen, 30 cm.
- 'Salsa bicolour', rot mit Weiß, 25 cm.
- 'Parade Mixture', Mischung, 35 cm.

Weitere Art:
- *S. viridis* (Syn.: *S. horminum)*, zwei- bis mehrjährig, doch häufig als Einjährige gezogen. 45–75 cm hoch, Blüten weiß, rosa, blau, in sechs blütigen Scheinquirlen an langen Scheinähren. Sehr hübsch.

Husarenknopf, Zwergsonnenblume

Sanvitalia procumbens

Sanvitalia speciosa

○ ⬆10–25 cm ✿6–10

Wuchs: Kriechend, Stängel niederliegend, reich verzweigt, behaart.

Blätter: Länglich, eirund.

Blüten: Wie sehr kleine Sonnenblumenblüten, goldgelb mit schwarzbrauner Mitte. Einfache und gefüllt blühende Sorten. Zierliche Blüten mit 2–3 cm Durchmesser.

Standort: Sonnige, warme, durchlässige Böden. Bodendecker für sonnige Standorte, Einfassungen, Steingärten, Kübel und Balkonkasten.

Pflege: Regelmäßig düngen und gießen.

Vermehrung: Aussaat im Februar/März unter Glas bei 18–20 °C. Ab Mitte Mai auspflanzen.

Sorten:

- 'Plena', nur 15 cm, dicht gefüllt.
- 'Goldteppich', goldgelb, wüchsig.
- 'Mandarin Orange', orange.

Bemerkungen: Beim Auspflanzen müssen die Wurzeln unverletzt bleiben. Deshalb einzeln in Töpfe aussäen und nicht pikieren.

Weitere Art:

- Aztekengold *(S. speciosa)*, buschig verzweigt, wüchsig, Blüten gelb mit grünlicher Mitte, 20–30 cm, 5–10.

Hohe Studentenblume, Hohe Tagetes

Tagetes-Erecta-Hybriden

Tagetes-Erecta-Hybride 'Gold Sovereign'

○-◑ ⬆30–120 cm ✿5–10

Wuchs: Starkwüchsig, aufrecht, verzweigt, buschig.

Blätter: Aromatisch duftende, glänzend dunkelgrüne Blätter, tief eingeschnittener Rand.

Blüten: Blütenköpfchen bis zu 10 cm Durchmesser, gelborange, einfach oder gefüllt. Häufig ballförmig

Standort: Sonnige Lagen, auch für Halbschatten geeignet. Gute humose Gartenerde. Für Beete, Schalen, Grab- und Balkonbepflanzung.

Pflege: Sehr robust, pflegeleicht. Allerdings sehr beliebt bei Schnecken.

Vermehrung: Aussaat von Februar bis April unter Glas oder im Frühbeetkasten. Ab Mai auspflanzen.

Sorten:

Hohe Sorten:

- 'Riesen Perfecta Mischung', nelkenblütig, gefüllt, 90 cm.
- 'Crackerjack-Mischung', großblumig, 100 cm.
- 'Odourless-Gold', goldgelb, 80 cm, ohne Duft.
- 'Sovereign', gehört zur 'Gold Coin'-Serie, 80–120 cm, großblumig, lang gestielt.

Niedrige Sorten:

- 'Eskimo', 35 cm, cremeweiß.
- 'Spun Yellow', 30 cm, gelb.

Bemerkungen: Zur Nematodenbekämpfung großflächig aussäen.

Studentenblume, Tagetes

Tagetes-Patula-Hybriden

Tagetes-Patula-Hybride 'Havanna Spry'

○-◑ ⬆20–60 cm ✿7–10

Wuchs: Abstehende, ausgebreitete, braunrote bis violett überlaufene Äste.

Blätter: Fiederschnittig, gesägt. Gegen- oder wechselständig.

Blüten: Gelb, orange, braun, rotbraun, auch mit Zeichnung, ungefüllt oder gefüllt. Blütenköpfchen 4–6 cm groß.

Standort: Sonnige bis halbschattige Staudenbeete. Balkon-, Schalen- und Beetpflanze. Diese Hybriden vertragen Wind und starken Regen ohne Schaden.

Pflege: Wenig Ansprüche.

Vermehrung: Aussaat im Februar/März unter Glas. Auspflanzen im Mai nach den Frösten.

Sorten:

Ungefüllte Blüten:

- 'España', 20 cm, gezeichnete Blüten, Mischung.
- 'Bonanza'-Serie in Gold, Orange, Gelb, Braun mit Gelb, Braun mit Orange, alle 25 cm hoch.
- 'Jolly Jester', auffällig getigert, gelbe und rote Streifen.

Gefüllte Blüten:

- 'Scarlet Sophie', 25–30 cm, braunrot mit gelber Mitte.
- 'Durango Red', 20–25 cm, orange, gelbe Ränder.
- 'Havanna Spry', 20–30 cm, gelbe Mitte, braunrote Blüte.

Bemerkungen: Auch geeignet für die biologische Nematodenbekämpfung.

Einjährige
Zweijährige
Stauden
Zwiebelblumen
Gräser/Farne
Ziergehölze
Hecken
Rosen
Kletterpflanzen

Feinblättrige Studentenblume

Tagetes tenuifolia

Tagetes tenuifolia

○-◑ 20–40 cm ✿ 7–10

Wuchs: Dichtbuschig, reich verzweigt, breiter Wuchs, zierliche Triebe, hat den Charme einer Wildform.

Blätter: Zart gefiedert, mattgrün.

Blüten: Gelb, orange, rotbraun, kleine Blütenkörbchen, bis 2,5 cm groß.

Standort: Sonnige bis halbschattige Beete. Besonders unempfindlich gegen schlechte Witterung und gut zu kombinieren mit anderen Blumen, da unauffälliger als die anderen *Tagetes*-Arten.

Pflege: Anspruchslos.

Vermehrung: Aussaat im März/April, einmal pikieren. Auspflanzen im Mai, nach den Frösten.

Sorten:

- 'Carina', orange, 20 cm.
- 'Gem'-Serie, gold-und zitronengelb, tieforange, 20 cm.
- 'Gnom', leuchtend tieforange, 30 cm.
- 'Paprika', kastanienbraun mit gelbem Rand und gelber Mitte, 30 cm.
- 'Lemon Star', blassgelb mit dunkler Mitte, 20 cm.

Bemerkungen: Günstige Partner sind Ringelblumen *(Calendula)*, Kornblumen *(Centaurea cyanus)* und Sonnenhüte *(Rudbeckia)*.

Mutterkraut, Goldkamille

Tanacetum parthenium
(Syn.: *Chrysanthemum parthenium)*

Tanacetum parthenium

○-◑ 10–80 cm ✿ 6–9

Wuchs: Niedrig, kompakt oder hoch, langstielig. Hohe Sorten nicht windfest.

Blätter: Gefiedert, direkt nach dem Austrieb gelblichgrün, später dunkelgrün.

Blüten: Margeritenähnlich, meist dicht gefüllt. Weiß, gelb oder cremefarben.

Standort: Sonnig bis halbschattig, nährstoffreiche, kalkhaltige Böden. Beet oder Rabatte, auch in Schalen und als Bodendecker.

Pflege: Regelmäßig wässern und düngen.

Vermehrung: Eigentlich eine Staude, doch wird sie als Einjährige gezogen. Aussaat im Februar/März unter Glas bei 18 °C. Pflanzzeit ins Freiland: April bis Mai.

Sorten:

Niedrige Sorten:

- 'Goldball', goldgelb, kompakt, 30 cm.
- 'Butterball', hellgelbe, kleine, gefüllte Blüten, 20 cm hoch.
- 'Schneeball', weiß, kleine Röhrenblüten, 30 cm.
- 'Tom Thumb', cremefarben, 20 cm.

Hohe Sorten:

- 'Balls Weiße', großblumig, widerstandsfähig, 70 cm.

Bemerkungen: In milden Wintern können die Pflanzen überleben und sind dann ausdauernd. **Hohe Sorten eignen sich als Schnittblumen.**

Tithonie, Mexikanische Sonnenblume

Tithonia rotundifolia

Tithonia rotundifolia

○ 40–180 cm ✿ 7–10

Wuchs: Große, stattliche Gestalten, reich verzweigt und aufrecht.

Blätter: Groß und herzförmig, mattgrün, rau.

Blüten: Große, orangefarbene Margeritenblüten mit ovalen Zungenblüten und gelborangefarbener Mitte am Ende fester Stiele.

Standort: Sonnige Rabatten, unempfindlich gegen Trockenheit und Hitze. Nährstoffreiche Erde. Schöne Solitärpflanze für das Staudenbeet.

Pflege: Bei Bedarf stützen.

Vermehrung: Aussaat im März unter Glas bei 18 °C. Auspflanzen mit Topfballen im Mai nach den Spätfrösten.

Sorten:

- 'Fackel', feurig orangerot, fein gefiedertes Laub, 100–150 cm hoch.
- 'Fiesta del Sol', hellorange, 40 cm.
- 'Torch', orangerot, 120 cm.
- 'Yellow', gelb, 120 cm.

Bemerkungen: Gute Schnittblume, hält bis zu zehn Tagen in der Vase. Schöne Heckenpflanze und Sichtschutz. Auch Mexikanische Sonnenblume genannt.

Kapuzinerkresse

Tropaeolum majus

Tropaeolum-Hybride

○-◐ ⬆20–200 cm ✿ 6–10

Wuchs: Horstig, je nach Sorte kriechend oder rankend.

Blätter: Groß, rund, oft gelappt, frischgrün bis grasgrün, unterseits heller, aromatisch und essbar.

Blüten: Gelb, orangefarben, ziegel- bis scharlachrot oder weiß, trichterförmig mit langem Sporn auf der Rückseite der Blüte. Essbar!

Früchte: Essbar! Kapernersatz.

Standort: Sonnige bis halbschattige Staudenbeete, Boden mäßig trocken bis feucht, durchlässig und humos.

Pflege: Reichlich düngen.

Vermehrung: Aussaat Anfang Mai direkt ins Beet oder in den Topf. Vorkultur im Haus ist möglich.

Sorten:

Niedrige Sorten:

- 'Jewel-Serie', 25–30 cm, halb gefüllt, orange, lachs, weiß, apricot.
- 'Peach Melba', creme mit Rot, 20–30 cm.
- 'Tip-Top'-Serie, 20 cm hoch, alle Farben.
- 'Empress of India', karminrot, dunkellaubig, 30 cm.

Rankende, hohe Sorten:

- 'Apricot', apricotfarben;
- 'Scarlet', scharlachrot.
- 'Moonlight', zartgelb.

Alle bis 200 cm hoch.

Schleier-Verbene

Verbena bonariensis

Verbena bonariensis

○ ⬆90–120 cm ✿ 7–10

Wuchs: Sparrig wachsend mit hohen, stark verzweigten Trieben und endständigen Blütendolden.

Verbena-Hybriden

Blätter: Länglich, auffällig gekerbt, mattgrün.

Blüten: Winzige, blassviolette Röhrenblüten mit bordeauxrotem Kelch, in kleinen, kugeligen Dolden.

Standort: Sonnig, warm, auf trockenen, durchlässigen, kalkhaltigen Böden. Keine staunassen Standorte oder schweren Böden.

Pflege: Regelmäßig düngen und gießen.

Vermehrung: Aussaat im Februar/März unter Glas bei 18–20 °C. Sämlinge stutzen. Ab Mitte Mai auspflanzen.

Bemerkungen: Eigentlich eine mehrjährige Staude, doch bei uns nicht winterhart. Versamt sich stark!

Weitere Art:

- *V.*-Hybriden: Niedrig, halbkugelförmig, buschig mit starker Verzweigung, 25–30 cm. Blaue, violette oder rote Trugdolden. 'Ideal Florist Mischung', 30 cm, gemischt; 'Peaches and Cream', cremeorange, 25 cm.

Zinnie

Zinnia elegans

Zinnia elegans 'Mondo Rosa'

○ ⬆30–100 cm ✿ 7–9

Wuchs: Straff aufrecht, einzelne Stiele, rau behaart.

Blätter: Herzförmig, eirund oder rundlich-oval, fünfrippig, etwa 6 cm lang, rauhaarig.

Blüten: Große Korbblüten mit röhrenförmigen oder löffelförmigen Zungenblüten, die zu Scheibenblüten zusammengesetzt sind. In Weiß, Creme, Gelb, Orange, Rot, Rosa, Lavendel, Violett, auch mehrfarbig, gefüllt oder einfach.

Standort: Sonnige Staudenbeete und Rabatten. Wärme liebend, verträgt keine nasskalten Standorte.

Pflege: Reichlich gießen und düngen.

Vermehrung: Aussaat im März und April im Gewächshaus. Dann ab Mitte Mai ins Freiland pflanzen, bei kaltem Wetter besser erst Anfang Juni.

Sorten:

- Viele F_1-Hybrid-Serien wie 'Countdown', 'Dasher' und 'Dreamland' sowie 'Peter Pan', und 'Mondo' (große Blüten), in allen Farben.
- Dahlienblütige Zinnien: 'Joga'-Serie.

Bemerkungen: Haltbare Schnittblumen. Am besten in Gruppen, zwischen Stauden und Sommerblumen pflanzen. Niedrige Sorten sind auch für den Topf geeignet. Schön zusammen mit Ringelblumen *(Calendula)*, Studentenblume *(Tagetes)* und Gräsern.

Stockrose, Stockmalve

Alcea rosea
(Syn.: *Althaea rosea)*

Alcea rosea

○ ⬆160-220 cm ✿7-9

Wuchs: Grundständige Blattrosette, aus der ein kräftiger Blütenstängel mit wenigen Blättern wächst.

Blätter: Herzförmig, groß und leicht behaart, mattgrün.

Blüten: Malvenähnlich, einfach, halb oder ganzgefüllt, etwa 10 cm groß, in Weiß, Apricot, Gelb, Rosa oder Rot.

Standort: In Staudenbeet oder Bauerngarten, vor Mauern und Zäunen. Sonnige, windgeschützte Lagen. Im Winter mit Fichtenreisig schützen.

Pflege: Bei ersten Anzeichen von Rostpilz-Befall (orange Punkte) im Frühjahr die befallenen Blätter abschneiden.

Vermehrung: Für die Blüte im kommenden Sommer Aussaat im Herbst, Sämlinge im Winter abdecken. Für die Blüte im gleichen Jahr Aussaat im Mai.

Sorten:

- Gefüllte Sorten: 'Appleblossom', blassrosa; 'Chamois', apricot; 'Scarlet O'Hara', scharlachrot; 'Sunshine', goldgelb.
- Einfach blühende Sorten: 'Jet Black', fast schwarz; 'Nigra', dunkel weinrot.

Tausendschön, Maßliebchen

Bellis perennis

Bellis perennis 'Robella'

○-◑ ⬆10-20 cm ✿4-6

Wuchs: Im ersten Jahr flache Blattrosetten, im zweiten Jahr einzeln stehende Blütenköpfchen an langen Stielen.

Blätter: Länglich-spatelig, ganzrandig.

Blüten: Dicht gefüllte, bis 7 cm große Blütenköpfchen an 15–20 cm langen Stielen. Weiß, rosa, rot.

Standort: Lehmig-humose Gartenböden in voller Sonne und Halbschatten. Ideal als Einfassung von Beeten, Rabatten und im Kübel.

Pflege: Vor Mehltau, Grauschimmel und Blattläusen schützen. Sämlinge im Winter mit Fichtenreisig abdecken.

Vermehrung: Aussaat von Juni bis Juli im Freiland, im September an den endgültigen Standort verpflanzen.

Sorten:

- 'Pomponette Mischung', dicht gefüllt, in Rot, Weiß, Rosa.
- 'Robella', lachsrosa, dicht gefüllt, 4–5 cm Durchmesser, Fleuroselect-Goldmedaille.
- 'Alba Plena', weiß, gefüllt, alte Sorte.

Bemerkungen: Die heimische, ungefüllte Wildart schmückt im Frühjahr unsere Rasenflächen, Wiesen und Weiden. Das Wort *Bellis* stammt vom lateinischen Wort *bellus* ab, das heißt schön, hübsch.

Marienglockenblume

Campanula medium

Campanula medium

○ ⬆50-90 cm ✿5-7

Wuchs: Aufrecht, bildet verzweigte Büsche.

Blätter: Breit elliptisch, raufilzig, am Grund in Rosetten, am Stängel sitzend.

Blüten: Glockenförmig, in pyramidenförmigen, lockeren Trauben, je nach Sorte blau, rosa, weiß, auch gefüllt.

Standort: Sonnig, auf nährstoffreichen, sandigen Böden. Beliebte Rabattenpflanze zwischen Stauden und Sommerblumen.

Pflege: Verblühtes abschneiden. Winterschutz für die Sämlinge, mit Reisig oder Vlies. Hohe Stängel stäben.

Vermehrung: Aussaat von Mai bis Juli im Freiland, im August an den endgültigen Standort setzen.

Sorten:

- 'Alba Superba', weiß, 90 cm.
- 'Flore Pleno'-Serie in Weiß, Rosa, Violettblau, Pastellblau, alle gefüllt.
- 'Calycanthema Rosea und Mixture', rosa und gemischt, mit doppelten Glocken.

Weitere Art:

- *C. barbata*, für Töpfe, 25 cm hoch, Blüten groß, hellblau oder weiß.

Goldlack

Cheiranthus cheiri
(Syn.: *Erysimum cheiri)*

Cheiranthus cheiri

○ ⬆25–70 cm ✿4–6

Wuchs: Buschig mit steifen, beblätterten Stängeln. Die Triebe verholzen am Grund, sind aber nicht winterhart.

Blätter: Schmal, bis zu 10 cm lang.

Blüten: Blütentrauben am Ende der Triebe. Einzelne Blüte 2–3 cm groß, gelb, rot, orange oder braun, einfach und vierzählig oder gefüllt.

Standort: Auf Rabatten und Staudenbeeten mit kalkhaltigen und nährstoffreichen Böden in voller Sonne.

Pflege: Falschen Mehltau (weißlicher Belag auf Blättern) und Grauschimmel bekämpfen. Winterschutz erforderlich.

Vermehrung: Aussaat von Mai bis Juli im Freiland, im August an den endgültigen Platz pflanzen.

Sorten:

- 'Goliath', dunkel braunrot, 25–60 cm.
- 'Vulkan', blutrot, 50 cm.
- 'Aurora', lachsrot mit Gelb, 45 cm.
- 'Fair Lady Mixture', viele Pastelltöne, 45 cm.
- 'Prince-Serie', kompakt, 25 cm, zartgelb, tiefrot, purpur, goldgelb.

Bemerkungen: Intensiver Duft! Guter Lückenfüller. Schön zwischen Prachtstauden und auch zu Füßen von Rosen, letztere sind zur Blüte des Goldlackes noch recht kahl.

Weitere Art:

- Schöterich *(Erysimum × allionii)*, 45 cm, goldgelb, duftend, 4–5.

Bartnelke

Dianthus barbatus

Dianthus barbatus

○ ⬆50–85 cm ✿6–9

Wuchs: Aufrecht, bis zu 60 cm hoch. Wird zweijährig gezogen, kann aber auch mehrere Jahre ausdauern.

Blätter: Lanzettlich, dunkelgrün.

Blüten: Endständige Trugdolden in Rosa, Rot, Weiß, ein- oder mehrfarbig, meist gefüllt.

Standort: Kalkhaltige, durchlässige Lehmböden in voller Sonne. Niedrige Sorten auch gut für Töpfe und Balkonkästen.

Pflege: Winterschutz erforderlich. Auf Nelkenrost und Blattälchen achten.

Vermehrung: Aussaat von April bis Juli im Freien. Im August verpflanzen.

Sorten:

- 'Heimatland', dunkelrot, weißes Auge, 50 cm.
- 'Harlequin', weiß, später rosa, 55 cm.
- 'Lilac Time', lila Töne, 50 cm.

Mischungen:

- 'Super Duplex Mixture', 55 cm, gefüllt;
- 'Giant Imperial Mixture', 85 cm, zweifarbig.

Bemerkungen: Typische Bauerngartenblume. Starker Duft. Bienen- und Schmetterlingspflanze.

Roter Fingerhut

Digitalis purpurea

Digitalis purpurea

◑ ⬆60–200 cm ✿6–7

Wuchs: Im ersten Jahr als Blattrosette, im zweiten Jahr straff aufrechte Blütentriebe.

Blätter: Spitzeiförmig bis lanzettlich, filzig, behaart, in Rosetten.

Blüten: Lange Kerzen mit vielen, dicht gedrängten Einzelblüten, glockenförmig nach vorne stehend oder nickend, innen gefleckt. In Rosa, Rot, Violett, Apricot, Gelb oder Weiß.

Standort: Halbschattige, kühle Standorte. Lichter Gehölzrand, nährstoffreiche, kalkarme Gartenböden.

Pflege: Rückschnitt nach der Blüte verlängert die Lebensdauer.

Vermehrung: Aussaat April bis Juli, Ende August verpflanzen.

Sorten:

- 'Apricot', 120–150 cm, apricotfarben.
- 'Gloxiniaeflora'-Hybriden, bis 200 cm, großblumig, rot, rosa, weiß.

Bemerkungen: Stark giftig!

Weitere Arten:

- Wolliger Fingerhut *(D. lanata)*, 100 cm, weiß-ockergelb.
- Gelber Fingerhut *(D. lutea)*, 60 cm, 2 cm lange, ungefleckte, gelbe Blüten.

Nachtviole
Hesperis matronalis

Hesperis matronalis 'Alba'

◑-● ⬆20-120 cm ✿5-6

Wuchs: Zweijährig bis ausdauernd. Aufrecht, mit beblätterten, verzweigten Stielen.

Blätter: Ungeteilt, fiedrig, rau, dunkelgrün.

Blüten: Violett, purpurlila, weiß, einfach oder gefüllt, in endständigen Trauben. Starker Veilchenduft.

Standort: Halbschattige bis schattige Plätze, nährstoffreicher, nicht zu trockener, im Winter nicht zu feuchter Boden.

Pflege: Als Schnittblume lange haltbar. Rechtzeitiger Schnitt fördert Blütenansatz. Im Winter mit Fichtenreisig schützen.

Vermehrung: Aussaat an Ort und Stelle von März bis Juni, Keimzeit 3–4 Wochen bei 18 °C.

Sorten:
- 'Alba', weiß.
- 'Alba Plena', weiß, gefüllt, 50 cm, standfest, veilchenähnlicher Duft rund um die Uhr, nicht nur abends.
- 'Purpurea Plena', violett, gefüllt.
- 'Nana Candidissima', weiß, 20 bis 40 cm, ideal für Balkonkästen.

Bemerkungen: Nachtdufter! Alte Bauerngartenpflanze. Beliebt bei Bienen und Schmetterlingen. Ideal für Naturgärten. Essbare Blüten und Blätter, gut im Salat, da hoher Vitamin-C-Gehalt. Schön zu blauen Akeleien.

Vergissmeinnicht
Myosotis-Hybriden

Myosotis-Hybride

○-◑ ⬆10-35 cm ✿4-7

Wuchs: Breitbuschig bis säulenförmig, je nach Sorte.

Blätter: Länglich, lanzettlich bis linealisch, rau behaart.

Blüten: Meist zwei- oder mehrfarbig, blassblau, rosa/blau, weiß. Viele kleine Einzelblüten.

Standort: Besonders schön an kühlen, halbschattigen Plätzen im Garten mit frischem, leicht feuchtem Boden. Verträgt aber auch sonnige Lagen.

Pflege: Leichter Winterschutz mit Reisig oder Fichtenzweigen. Wer Selbstaussaat im Garten nicht möchte, muss die Pflanzen vor der Samenreife zurückschneiden.

Vermehrung: Aussaat im Juli, im November an den endgültigen Standort verpflanzen.

Sorten:
- 'Amethyst', kräftig blau, 15 cm.
- 'Ball'-Serie, in Azurblau, Tiefblau, Rosa und Weiß, 15 cm hoch.
- 'Indigo Compacta', intensives kräftiges Blau, 30 cm.
- 'Pink Princess', rosa, 35 cm hoch.
- 'Schneekönigin', weiß, 40 cm.

Bemerkungen: Sehr schön zusammen mit Tulpen, Narzissen und Hyazinthen sowie Maßliebchen *(Bellis perennis)*.

Gewöhnliche Nachtkerze
Oenothera biennis

Oenothera biennis

○-◑ ⬆80-150 cm ✿6-7

Wuchs: Aufrechte, behaarte, einzeln stehende Stängel.

Blätter: Oval-lanzettlich behaart, dunkelgrün.

Blüten: Kurzlebige, große (6 cm) Blüten aus vier zarten, goldgelben Blütenblättern und einer langen Röhre am Grund. Sie öffnen sich am Abend und schließen sich bereits vor dem Mittag des nächsten Tages.

Standort: Sonnig bis halbschattig, an sonnigen Hängen oder im Staudenbeet.

Pflege: Frisch ausgesäte Pflanzen den Winter über schützen.

Vermehrung: Aussaat im Juli/August führt zu zweijährigem Rhythmus, Blüte dann im nächsten Jahr. Früherer Aussaattermin bedingt einjährige Lebensdauer. Aussaat unter Glas ab März, im Freiland ab Mitte Mai.

Bemerkungen: Duftet nur nachts! Diese zweijährige Art wird auch Schinkenkraut oder Rapontikawurzel genannt. Verwandte Nachtkerzen siehe bei Stauden (Seite 136).

Muskatellersalbei
Salvia sclarea

Salvia sclarea

○ ⬆80–150 cm ✿6–8

Wuchs: Stattliche, wunderschöne, aufrechte Gestalt. Im ersten Jahr entwickeln sich Blattrosetten, im zweiten Jahr wachsen kräftige, nach oben zu verzweigte Blütenstiele.

Blätter: Samtige, herzförmige, graugrüne Blätter.

Blüten: Endständige Ähren aus röhrenförmigen, grünlichweißen Blüten, oft purpurfarben überlaufen.

Standort: Bevorzugt sonnige Beete und nährstoffarme Böden.

Pflege: Samt sich selbst aus, Sämlinge beobachten.

Vermehrung: Aussaat im Juli/August. Winterschutz für die Sämlinge.

Bemerkungen: Eine zierende Solitärstaude für das magere Sonnenbeet, durchaus in der Nähe einer Kräuterspirale. Die aus Syrien und Südeuropa stammende Pflanze liebt sonnige, heiße Plätze.

Weitere Art:

- Türkischer Muskatellersalbei *(S. sclarea* var. *turkestanica)*, hellblaurosa, 90 cm, 6–8.

Königskerze
Verbascum-Arten

Verbascum densiflorum 'Cotswold Queen'

○ ⬆90–200 cm ✿6–9

Wuchs: Aufrecht, stattlich. Große, kräftige Blattrosetten im ersten Jahr. Grob geformt. Zum Teil immergrüne Arten, mehr- oder zweijährig. Je nach Art.

Blätter: Grobe, lanzettlich-längliche Blätter bilden eine komplexe grundständige Rosette. Blattoberfläche samtig oder glänzend.

Blüten: Goldgelb, auch purpurfarben, an kräftigen Blütenkerzen sitzend. Sie öffnen sich unregelmäßig verteilt an der Kerze, blühen jedoch sehr lange.

Standort: Sonnig, durchlässige, kalkhaltige Böden. Staudenbeet oder Steppengarten.

Pflege: Rückschnitt fördert die Lebensdauer. Für Wasserabfluss sorgen, vor allem im Winter.

Vermehrung: Aussaat im April oder im Juli/August. Selbstaussaat.

Sorten/Arten:

- *V. bombyciferum*, aus Kleinasien, dennoch frosthart; silbriggraue, pelzige Blätter, 150–200 cm, goldgelbe, becherförmige Blüten, 7–8.
- *V. chaixii* 'Album', weiß mit pflaumenrosa Auge, 100–150 cm, 7–8
- *V. densiflorum* 'Cotswold Queen', 80–100 cm, stark verzweigt, blassgelb mit rotem Auge, 7–8.

Bemerkungen: Sehr schön zusammen mit Frauenmantel *(Alchemilla mollis)* und Kapuzinerkresse *(Tropaeolum*-Hybriden).

Stiefmütterchen
Viola-Wittrockiana-Hybriden

Viola-Wittrockiana-Hybride 'Sorbet Reinweiß'

○-◑ ⬆10–30 cm ✿3–6/10

Viola-Cornuta-Hybride 'Molly Sanderson'

Wuchs: Buschige Triebe aus dichten Blattrosetten.

Blätter: Breitoval, bis 5 cm lang, glänzend, dunkelgrün.

Blüten: Wie ein Gesicht gelappt, mit fünf Blütenblättern, 5–10 cm groß, je nach Sorte.

Standort: Sonnige bis halbschattige Plätze mit humoser Gartenerde.

Pflege: Im Winter mit Reisig abdecken.

Vermehrung: Aussaat im Juni/Juli. Je nach Aussaat Blüte schon im Spätherbst, sonst ab März.

Sorten: Zahlreiche Sorten und F_1-Hybriden.

Weitere Art:

- Hornveilchen (*V.* -Cornuta-Hybriden), stiefmutterähnliche Blüten, aber kleiner, lockere, immergrüne Polster, 10–15 cm, 5–8. Gut als Beeteinfassung oder in Töpfen. Zwei- oder mehrjährig, je nach Sorte. Wichtig: genügend wässern und düngen. Viele Sorten, z. B. 'Altona', cremegelb; 'Hansa', dunkelblau; 'Angerland', violettblau mit gelbem Tigerauge; 'Molly Sanderson', schwarzviolett.

Stachelnüsschen
Acaena buchananii

Acaena microphylla

○ 5–10 cm ✿ 7–8

Wuchs: Polsterförmig, Triebe ober- und unterirdisch wurzelnd.

Blätter: Sehr klein, unpaarig gefiedert, fast rundlich, gezähnt, silbergrau, wintergrün.

Blüten: Kugelig, gelblich, unscheinbar, auf dünnen Stielen. Früchte in stacheligen Köpfchen, Stacheln gelblich mit Widerhaken.

Standort: Staudenbeet mit heißer Mittagssonne; sonnige, sommertrockene Plätze, an Böschungen, Trockenmauer, Terrassen, Dachgärten.

Pflege: Anspruchslos. Im Herbst zwischen den Polstern liegendes Falllaub entfernen. Winterschutz ratsam.

Vermehrung: Teilung.

Bemerkungen: Wüchsiger Flächendecker. Besonders schön im Herbst und Winter mit dekorativen Früchten. Passt gut zu Thymian *(Thymus serpyllum)*, zu Polsterphlox *(Phlox subulata* oder *P. douglasii)* und Hornveilchen *(Viola cornuta)*.

Weitere Art:

- *A. microphylla*, 10 cm hoch, Blätter ähnlich, aber kreisrund, graugrün bis braungrün, wintergrün. Blüte kugelig, weißlich. Früchte stachelige Köpfchen, braunrot, ohne Widerhaken.

Weichblättriger Akanthus, Bärenklau
Acanthus mollis

Acanthus mollis

○ 60–80 cm ✿ 6–8

Wuchs: Aufrecht, verzweigt.

Blätter: Wenig gelappt, glänzend.

Blüten: Markante, kandelaberähnliche Blütenrispen in Rosa-Weiß. Schmückende Fruchtstände im Winter

Standort: Staudenbeet mit heißer Mittagssonne und durchlässigem Boden. Guter Blattkontrast fürs Steppenbeet.

Pflege: Vor Frost und zu großer Winternässe schützen. Abgestorbene Blüten und Blätter entfernen.

Vermehrung: Im Juli Seitensprosse abnehmen und topfen oder im Herbst aussäen.

Bemerkungen: Schön mit dem Federmohn *(Macleaya cordata)* direkt vor Mauern oder Wänden.

Weitere Arten:

- Breitblättriger Bärenklau *(A. hungaricus*, Syn.: *A. balcanicus)*, Blätter lanzettlich, tief gelappt, nicht stachelig, reichblühend, Blüten rosa-weiß, 6–8.
- Stacheliger Bärenklau *(A. spinosus)*, 30–40 cm lange Blätter, tief eingeschnitten, steife, weiße Stacheln, 100 cm, Blüten violettrosa, 7–8.

Polstergarbe, Dalmatiner Schafgarbe
Achillea ageratifolia ssp. *serbica*

Achillea umbellata

○ 15 cm ✿ 5–7

Wuchs: Niedrig, Stängel ansteigend mit einzeln stehender Blüte.

Blätter: Tief eingebuchtete Blätter, silbergrau.

Blüten: Weiß, kleine Scheindolden.

Standort: Staudenbeet mit heißer Mittagssonne; gerne auf sonnigen, trockenen Schotterflächen, an Stein gebunden.

Pflege: Vor Winternässe schützen.

Vermehrung: Stecklinge im Frühjahr.

Bemerkungen: Passt gut zu Steinkraut *(Alyssum saxatile* und *A. montanum* 'Berggold') sowie zur Federnelke *(Dianthus plumarius)*.

Weitere Polstergarben:

- *A. ageratifolia* ssp. *aizoon*, 15 cm hoch, weiß, 4–7, mehrblütig.
- Goldgelbe Teppichgarbe *(A. tomentosa)*, 30 cm hoch, wollig-weiße Blätter, gelbe Blüten, 5–10, kurzlebig.
- Griechische Silbergarbe *(A. umbellata)*, 5–15 cm hoch, weißfilzig, polsterbildend. Verbreitete Sorte: 'Argentea', 20 cm hoch.

Edelgarbe, Goldgarbe
Achillea filipendulina

Achillea filipendulina 'Parker'

○ 60–120 cm ✿ 6–9

Wuchs: Standfeste, prächtige Horste mit steifen Stielen.

Blätter: Fedrig, farnähnlich, dunkelgrün bis graugrün.

Blüten: Herrlich goldgelb, auch schwefelgelb, je nach Sorte. Große, flache und feste, schirmförmige Blütendolden.

Standort: Sonniges Staudenbeet auf nahrhaftem, lehmigen Gartenboden.

Pflege: Für die Vase die Blütenstiele direkt über dem Pflanzenherz schneiden; dabei die Hälfte stehen lassen, auch im Herbst. Die eingetrockneten Fruchtstände halten bis spät in den Winter.

Vermehrung: Teilung im Spätwinter oder Steckling im Frühsommer.

Sorten:
- 'Coronation Gold', graublättrig, großdoldig, goldgelb, 70–80 cm.
- 'Credo', 80 cm, hell cremegelb.
- 'Parker', grünlaubig, gelbe Blüten, 100–120 cm.
- 'Schwefelblüte', Züchtung von Georg Arends mit hellgrauem Laub, schwefelgelben Blüten, 60 cm.

Bemerkungen: Schön zu Salbei, Rittersporn und Katzenminze sowie Gräsern.

Schafgarbe
Achillea millefolium

Achillea millefolium 'Burgundy Wine'

○ 50–70 cm ✿ 6–8

Wuchs: Aufrecht, dünne Stiele. Nicht ganz standfest. Breitet sich durch unterirdische Rhizome aus. Wuchert!

Blätter: Fedrig-farnartig, dunkelgrün, aromatisch duftend.

Blüten: Weiße bis rosafarbene Trugdolden. Blüten lassen sich gut trocknen, behalten die Farbe.

Standort: Sonniges Staudenbeet, steinige, durchlässige und lehmige Böden. Auch gut für Töpfe.

Pflege: Blüten für die Vase vor dem Aufblühen schneiden.

Vermehrung: Teilung im Spätwinter, Steckling im Frühsommer.

Sorten:
- 'Burgundy Wine', weinrot, 50 cm hoch.
- 'Cerise Queen', kirschrot, 70 cm hoch.
- 'Lilac Beauty', kompakt, lilarosa, 60 cm hoch, starkwüchsig.
- 'Walter Funcke', graue Blätter, orangerot, 50 cm hoch.

Bemerkungen: Haltbare Schnittblume! Die Pflanze ist nach Achilles benannt, der in der griechischen Mythologie mit dieser Pflanze seine Wunde heilte.

Sumpfgarbe, Bertramsgarbe
Achillea ptarmica

Achillea ptarmica

○ 30–80 cm ✿ 6–8

Wuchs: Aufrechte, beblätterte Stiele. Bildet lange Rhizome, wuchert.

Blätter: Dunkelgrüne, gesägte, schmale Blätter.

Blüten: Große Scheindolden mit weißen Einzelblüten.

Standort: Sonnig. Auf allen frischen, nicht zu trockenen Böden. Im Prachtstaudenbeet genauso wie am Teichrand.

Pflege: Um dem Ausbreitungsdrang Herr zu werden, in eine »Wuchersperre« (z. B. einen Eimer ohne Boden) pflanzen. Verblühtes im Frühjahr abschneiden. Alle 3–4 Jahre teilen.

Vermehrung: Teilung und Kopfstecklinge im Frühjahr.

Sorten:
- 'Schneeball', weiß, gefüllt, kugelförmig, 70 cm, 6–8.

Bemerkungen: Guter Partner für das Schleierkraut *(Gypsophila paniculata)*, für das Mädesüß *(Filipendula rubra* 'Venusta') und die Trollblume *(Trollius europaeus)*. Schön auch zusammen mit Einjährigen, etwa Verbenen *(Verbena bonariensis)*.

Herbsteisenhut
Aconitum carmichaelii

Aconitum × cammarum 'Bicolor'

◑ ⬆100–140 cm ✿9–11

Wuchs: Horstartig, aufrecht.

Blätter: Tief drei- bis fünfteilig, geschlitzt, glänzend grün

Blüten: Tief violett. Kapuzenförmig, die oberen Kronblätter wölben sich wie ein Helm nach oben.

Standort: Kühl-feuchte Humusböden. Am Gehölzrand, auch im halbschattigen Staudenbeet.

Pflege: Wenn die Blüte nachlässt, teilen und in nährstoffreiche Erde pflanzen.

Vermehrung: Im Herbst teilen (Handschuhe tragen!).

Sorten:
- 'Arendsii' (Syn.: *A. c.* var. *arendsii)*, 130 cm, dunkel violettblau, aufrechte, straffe Stiele. Blüte 9–11.

Bemerkungen: Alle Pflanzenteile, vor allem die Wurzeln, sind sehr giftig!

Weitere Arten:
- *A. × cammarum*, Hybridgruppe mit zweifarbigen, weiß-violetten Blüten, Blüte 7–8, verzweigte Triebe; 'Bicolor', Bayerischer Eisenhut, 120 cm hoch, Blüte 7–8.
- *A. henryi* 'Spark', reich verzweigt, violettblau, 150 cm, Blüte 7–8.

Bergeisenhut, Echter Sturmhut
Aconitum napellus

Aconitum napellus

◑ ⬆90–150 cm ✿6–8

Wuchs: Horstartig, aufrecht, schnellwüchsig.

Blätter: Groß, in schmale Segmente geteilt, sehr dunkel grün.

Blüten: Dunkel- bis purpurblau. Die oberen Kronblätter wölben sich wie ein Helm nach oben.

Standort: Kühle, feuchte, nährstoffreiche Humusböden am Gehölzrand, auch im halbschattigen Staudenbeet.

Pflege: Humus im Herbst verteilen.

Vermehrung: Durch Teilung im späten Herbst oder im Frühjahr. Handschuhe!

Sorten:
'Album', weiß, 120 cm, Blüte 6–8.

Bemerkungen: Alle Pflanzenteile, vor allem die Wurzeln, sind sehr giftig!

Weitere Arten:
- *A. lamarckii* (jetzt: *A. lycoctonum* ssp. *neapolitanum)*, hellgelb, locker verzweigt, 100–130 cm, 6–8.
- Wolfseisenhut *(A. lycoctonum*, Syn.: *A. vulparia)*, 100 cm, große, 15 bis 20 cm breite Blätter, behaart, blassgelbe Blüten.
- Weißer Eisenhut *(A.* 'Ivorine'), elfenbeinfarbene Blüten, 100 cm.

Kalmus
Acorus calamus

Acorus calamus

○-◑ ⬆80–100 cm ✿5–6

Wuchs: Blattschmuckstaude für das Teichufer. Rhizom zerteilt, kriechend, oft weit verzweigt.

Blätter: Schwertförmig, hart, bis 2,5 cm breit, ähnlich den Schwertlilien *(Iris)*. Sie sitzen dicht gedrängt am Rhizom, sind 2reihig gestellt und straff aufrecht.

Blüten: Kolbenartig, grünlich-gelb, 10 bis 20 cm lang, frei hervorstehend, auf blattähnlichem Stiel, von einem grünen Hochblatt (Spatha) umgeben.

Standort: Sumpfige Uferzonen, am Teichrand oder im flachen Wasser, bis 20 cm Tiefe, möglichst sonnig.

Pflege: Pflegeleicht, gelegentlich zurückschneiden.

Vermehrung: Teilung im Juni/Juli oder September.

Sorten:
'Variegatus', goldgelb-grün gestreifte Blätter, die im Frühjahr einen rosafarbenen Ton annehmen.

Bemerkungen: Rhizome und Blätter duften aromatisch; sie werden in der Medizin bei Magen-, Darm- und Leberstörungen verwendet.

Christophskraut

Actaea pachypoda

Actaea spicata 'Fructo Alba'

◐–● ⬆60 cm ✿5–6

Wuchs: Aufrecht, dickstielig. Alle Blätter entspringen einer Wurzelknolle.

Blätter: Dünn und groß, bis zu 50 cm breit, stark geädert und scharf gezähnt.

Blüten: Kurze fedrige Ähren mit kleinen, weißen Staubblättern. Blüten sitzen auf 1 m hohen Stielen, die sich über das Blattwerk erheben.

Früchte: Weiße, rote oder schwarze Beeren.

Standort: An feuchten, schattigen Plätzen. Humoser Boden. Kein Problem mit dem Wurzeldruck hoher Bäume.

Pflege: Anspruchslos.

Vermehrung: Teilung oder Aussaat.

Bemerkungen: Gute Partner für Schattengräser, Funkien, Silberkerzen und Waldsteinien. Alle Pflanzenteile sind hochgiftig! Von Kindern fern halten.

Weitere Arten:

- *A. rubra,* 60–80 cm, weiße Blüten, blutrote Beeren.
- *A. rubra* f. *neglecta* ist hochwüchsiger, weiße Beeren.
- *A. spicata,* 50–60 cm, 'Fructo Alba' mit weißen, 'Fructo Rubra' mit leuchtend roten Beeren.

Blaunessel, Duftnessel, Anis-Ysop

Agastache foeniculum

Agastache foeniculum 'Blue Fortune'

○–◐ ⬆70–80 cm ✿7–9

Wuchs: Nesselartig, aufrecht, steif.

Blätter: 8 cm lange, schmale, lanzettliche, gezähnte Blätter, nesselähnlich.

Blüten: Violett, malven- oder purpurfarben. Lange Blütenrispen. Einzelblüte ist röhrenförmig und zweilippig.

Standort: Sonnige bis halbschattige Beete, normale Gartenböden.

Pflege: Anspruchslos. Alle drei Jahre teilen, damit die Horste nicht zu groß werden.

Vermehrung: Teilung im Frühsommer.

Bemerkungen: Die Pflanze duftet stark nach Lakritz. Schön zu Herbstanemonen *(Anemone japonica)*, Storchschnabel *(Geranium)* und Purpurglöckchen *(Heuchera micrantha)*. Schmetterlingsmagnet.

Weitere Arten:

- *A. rugosa,* violett-braune Blätter, dunkelviolette, dichte Blütenrispen.
- *A.*-Hybride 'Blue Fortune', blaupurpur, 70 cm, 7–9; *A.* 'Firebird', gräuliches Laub, apricot-orange, 50 cm, 6–9, bei uns nicht ausreichend winterhart. Ideal als Topfstaude, die frostfrei überwintert wird.
- *A. mexicana,* 'Liquorice Blue', lilablau, wochenlange Blüte.

Kriechender Günsel

Ajuga reptans

Ajuga reptans 'Burgundy Glow'

○–◐ ⬆10–15 cm ✿5–6

Wuchs: Niederliegend, oberirdische, 10 bis 30 cm lange, beblätterte Ausläufer treibend. Wertvoller Bodendecker.

Blätter: Rötlichgrün. Unten lang gestielt, fast ganzrandig oder leicht gekerbt, in Rosetten.

Blüten: Weiß, blau, selten rosa. Aufrechte, dicht gedrängte Scheinähren.

Standort: Sonnige bis halbschattige Staudenbeete mit frischen, nicht zu trockenen, humosen Gartenböden. Lichter Schatten, Wiesen, Gehölzrand, auch in Laub- und Nadelwäldern.

Pflege: Pflegeleicht.

Vermehrung: Abtrennen der bewurzelten Ausläufer oder Teilung.

Sorten:

- 'Atropurpurea', dunkelpurpurfarbenes Blatt, blaue Blüten.
- 'Braunherz', mahagonibraunes Laub, blaue Blüten.
- 'Burgundy Glow', weißbuntes, rot überlagertes Blatt, blaue Blüten.

Bemerkungen: Schön als Uferstaude zwischen Trollblume *(Trollius)* und Vergissmeinnicht *(Myosotis)*.

Frauenmantel

Alchemilla mollis

Alchemilla mollis

○-◑ 30–40 cm ✿ 6–8

Wuchs: Horstartig, Rosetten bildend, kriechende Stängel.

Blätter: Groß, herzförmig, gefaltet mit gezähntem Rand. Hier sitzen oft schimmernde Tau- oder Regentropfen.

Blüten: Grüngelb, auf langen Stielen sitzende, lockere Trauben aus winzig kleinen Einzelblüten.

Standort: Sonnig bis vollschattig. Für alle Bereiche des Gartens geeignet. Sehr anpassungsfähig.

Pflege: Rückschnitt nach der Blüte 10 cm über Boden, bewirkt einen kompletten Neuaustrieb mit frischgrünen Blättern und zweiter Blüte. Außerdem stoppt dies das Aussamen.

Vermehrung: Kriechende Stängel bewurzeln sich oft von selbst. Teilung im Spätwinter oder Frühherbst.

Weitere Arten:

- Alpen-Frauenmantel *(A. alpina)*, 5 cm, unterseitig silbrige, gezähnte Blätter; schön als Einfassung von Beeten und im Steingarten.
- *A. epipsila*, zierlicher als *A. mollis*, standfestere Blüten, sonst ähnlich, 30 cm.
- *A. erythropoda*, kleine Form, 20 cm, langsam wachsend.

Froschlöffel

Alisma plantago-aquatica

Alisma plantago-aquatica

○-◑ 20–60 cm ✿ 6–9

Wuchs: Wasser- und Sumpfpflanze mit knolligem Rhizom, Wassertiefe 5 bis 25 cm. Grundständige Rosette unter Wasser.

Blätter: Breit, lanzettlich bis herzförmig, mit 50–60 cm langen Stielen. Die Blätter stehen über dem Wasserspiegel.

Blüten: Breiter, lockerer, 60–90 cm hoher, sich in mehrere quirlständige Etagen verzweigender Blütenstand. Einzelblüte sehr klein, weiß.

Standort: Sumpf, Teichufer oder in der Flachwasserzone. In voller Sonne und Halbschatten. Nährstoffreiche Böden.

Pflege: Junge Pflanzen blühen erst, wenn die Blätter aus dem Wasser herausragen. Sät sich selbst aus; das Abschneiden der verblühten Blüte ist ratsam. Eine Nachblüte ist meist die Folge.

Vermehrung: Aussaat im Frühjahr in Töpfen, die anfangs zur Hälfte ins Wasser gestellt werden. Später pikieren.

Bemerkungen: Blütenstand eignet sich für Trockensträuße. Passt gut zur Gelben Sumpfiris *(Iris pseudacorus)* und zum Straußblütigen Felberich *(Lysimachia thyrsiflora)*.

Echter Eibisch, Samtpappel

Althaea officinalis

Althaea officinalis

○ 200 cm ✿ 7–9

Wuchs: Hohe, vieltriebige Staude.

Blätter: Weichhaarige bis filzige Stängel und Blätter, drei- bis fünflappig.

Blüten: Drei bis fünf große, blassrosa Malven-Blüten, deutlich gestielt und in Trauben an der langen Blütenkerze sitzend. Unscheinbare Einzelblüten.

Standort: Sonnig, für naturnahe Gärten. Keine Ansprüche an den Boden.

Pflege: Anspruchslos.

Vermehrung: Aussaat im Frühjahr.

Bemerkungen: Eine alte Arzneipflanze. Blätter und Wurzeln liefern ein Hustenmittel. Schön zusammen mit der Scheinaster *(Boltonia asteroides)*, mit der Prärielilie *(Camassia*, eine Zwiebelblume) und mit Gelbem Enzian *(Gentiana lutea)*. Ideal für naturnahe Pflanzungen.

Weitere Art:

- Hanf-Stockmalve *(A. cannabina)*, 1–3 m hohe, vieltriebige, stämmige Staude, behaart; Blüten rosiglavendel mit dunklem Auge; für feuchte Standorte gut geeignet.

Steinkraut

Alyssum saxatile
(Syn.: *Aurinia saxatilis)*

Alyssum saxatile

○ 10–40 cm ✿ 4–6

Wuchs: Am Grund verholzender, ästiger Halbstrauch. Kompakte Polster.

Blätter: Grundblätter rosettig, gestielt, verkehrt-eiförmig bis lanzettlich, sternhaarig, graugrün.

Blüten: Rispige Trauben, goldgelb.

Standort: Sonnig, Steingarten, Trockenmauern oder als Einfassung von Staudenbeeten.

Pflege: Rückschnitt der verblühten Blüten, wenn Selbstaussaat nicht erwünscht ist. Dies fördert außerdem kompakten Wuchs der sonst auseinander fallenden Pflanzen.

Vermehrung: Aussaat oder 5–7 cm lange Stecklinge im Frühsommer. Teilung älterer Pflanzen schwierig.

Sorten:

- 'Citrinum', 30 cm, hellschwefelgelb.
- 'Compactum', gedrungen, nur 20 cm hoch, leuchtend gelb.
- 'Goldkugel', niedriger, 10–20 cm, goldgelb.
- 'Plenum', gefüllt, goldgelb, 20 cm, 5–6.

Bemerkungen: Wunderschöner Schmuck für alte Mauerkronen. Partner sind Blaukissen *(Aubrieta)*, Polsterphlox *(Phlox subulata)* und Schleifenblume *(Iberis sempervirens)*.

Weitere Art:

- *A. montanum* 'Berggold', gelb, 15 cm, 5–6, nadelförmige Blätter.

Silberimmortelle, Perlpfötchen

Anaphalis margaritacea

Anaphalis triplinervis

○ 50–90 cm ✿ 7–9

Wuchs: Aufrecht, mit stark kriechendem Rhizom. Stängel unverzweigt.

Blätter: Schmal-lanzettlich, 7–12 cm lang, 1,5 cm breit, oben fast kahl, dunkelgrün, unten dicht weißwollig, eingerollte Ränder.

Blüten: Weiß, kleine Strohblumen, lang gestielt, Hüllblätter perlmuttartig weiß, in der Vollblüte ausgebreitet.

Standort: Sonnig, Steingarten oder Staudenbeet, trockene, auch nährstoffarme, sandig-steinige Böden, auch an Böschungen.

Pflege: Starker Ausbreitungsdrang, Rhizom kappen und mit dem Spaten Einhalt gebieten.

Vermehrung: Teilung, Stecklinge im Frühjahr oder Aussaat.

Sorten:

- 'Neuschnee', weiß, 50 cm, starkwüchsig mit kriechenden Rhizomen.

Bemerkungen: Blüten ideal zum Trocknen, sehr lange haltbar. Günstige Partner sind Lavendel, Fetthenne *(Sedum spectabile)* und Königskerzen *(Verbascum)*.

Weitere Art:

- Silber-Perlkörbchen *(A. triplinervis)*, 20–50 cm, 7–9; 'Sommerschnee', niedrig, kompakt, nicht wuchernd, 25 cm, weiß, 7–10.

Ochsenzunge

Anchusa azurea

Anchusa azurea

○ 100–150 cm ✿ 5–7

Wuchs: Aufrecht, stattliche Horste, fleischig aus rübigem Wurzelstock. Häufig kurzlebig.

Blätter: Länglich bis breit-lanzettlich, rau behaart, bis zu 40 cm lang.

Blüten: Enzianblau, Krone trichterförmig mit gespreizten Zipfeln, in einseitigen Rispen.

Standort: Sonnig, Staudenbeet, sommertrockene Plätze.

Pflege: Nach dem Abblühen scharf zurückschneiden, um Neutrieb mit Nachblüte zu fördern und übermäßige Versamung zu vermeiden. Rückschnitt im Herbst sorgt für gute Überwinterung. Schutz vor Winternässe.

Vermehrung: Samen im Frühjahr oder Wurzelschnittlinge (vor allem die Sorten).

Sorten:

- 'Dropmore', 100 cm, leuchtend blau.
- 'Loddon Royalist', großblumig, leuchtend blau, 100 cm.

Bemerkungen: Schöner Partner zum Türkenmohn *(Papaver orientale)* und hoher Bartiris *(Iris)*.

Herbstanemonen

Anemone hupehensis, A. tomentosa

Anemone tomentosa

◐ ↑80–100 cm ✿8–10

Wuchs: Aufrecht, mit mehreren verzweigten Stängeln, die aus der Pflanzenmitte entspringen.

Blätter: Eirund-gelappt, grob gezähnt bei *A. hupehensis*; dreiteilig, spitzzipfelig bei *Anemone tomentosa.*

Blüten: Blüten in lockeren Rispen. *A. hupehensis:* 5–6 cm breit, kräftig rosa. *A. tomentosa:* 5–8 cm breit, hellrosa.

Standort: Nicht zu sonnig, besser halbschattige Plätze, gerne unter Gehölze, auch im Schlagschatten von Mauern.

Pflege: Gute Nährstoff- und Wasserversorgung wichtig. In rauen Lagen mit einer Laubdecke den Winter über abdecken.

Vermehrung: Wurzelschnittlinge im Winter.

Sorten:

Von *A. hupehensis:*

- 'Praecox', 80 cm, frühblühend, rosa.
- 'Septembercharme' (= 'September Charme'), große, hellrosa Blüten, 60–80 cm, Ausläufer bildend..
- 'Splendens', lebhaft purpurrosa, 80 cm.

Anemone hupehensis 'Praecox'

Von *A. tomentosa:*

- 'Robustissima', hellrosa, einfach, früh, 100 cm, 8–9.

Bemerkungen: *A. tomentosa* ist die winterhärteste und robusteste Herbstanemone. Sie gefällt auch wegen ihres wolligen Fruchtschmucks im Herbst. Ideale Nachbarpflanzen sind der Eisenhut *(Aconitum)*, die Silberkerze *(Cimicifuga)*, der Schneefelberich *(Lysimachia clethroides)* und der Schildfarn *(Polystichum setiferum)*.

Herbstanemone

Anemone-Japonica-Hybriden
(Syn.: *A. hupehensis* var. *japonica)*

Anemone-Japonica-Hybride 'Honorine Jobert'

◐ ↑60–100 cm ✿7–10

Wuchs: Aufrecht, stattliche Horste mit verzweigten Stängeln.

Blätter: Schwach behaart, dreiteilig, sumpfgrün.

Blüten: Größer als bei den anderen Herbstanemonen, 6–7 cm breit, mit 7 bis 11 Blütenhüllblättern

Standort: Sonnige bis halbschattige Rabatten. Verträgt auch Gebäudeschatten. Gute Lehmböden, humos.

Pflege: Im ersten Jahr nach der Pflanzung Winterschutz aus Reisig und Fichtenzweigen.

Vermehrung: Teilung im Mai, Wurzelschnittlinge im Winter.

Sorten:

- 'Albadura', weißrosa, 90 cm, 7–10, mindestens 50 cm Abstand zu Nachbarpflanzen, da starkwüchsig.
- 'Honorine Jobert', reinweiß, einfach, 80 cm, 9–10. Sehr alte Sorte.
- 'Königin Charlotte', seidenrosa, halb gefüllt, braucht Winterschutz, 80 cm, 9–10.
- 'Rosenschale', dunkelrosa, sehr großblütig, 60–80 cm.

Bemerkungen: Haltbare Schnittblume.

Großes Windröschen, Waldanemone
Anemone sylvestris

Anemone sylvestris

○-◑ 30 cm ✿ 3-6

Wuchs: Schwarzer, knolliger Wurzelstock. Ausläufer treibend.

Blätter: Dreiteilig, lang gestielt, tief eingebuchtet.

Blüten: Reinweiß, duftend, 4–7 cm groß. Wollige Samenstände.

Standort: Von Natur aus im lichten Schatten von Laubwäldern. Bevorzugt kalkhaltige Böden, liebt den Halbschatten, wächst auch in voller Sonne.

Pflege: Im Winter schützen.

Vermehrung: Aussaat, Teilung, Wurzelschnittlinge im Winter.

Sorten:

- 'Plena', gefüllt.

Bemerkungen: Schön zusammen mit Haselwurz *(Asarum)*, Primeln *(Primula)*, Lungenkraut *(Pulmonaria saccharata)* und Schaumblüte *(Tiarella cordifolia)*.

Weitere Arten:

Buschwindröschen *(A. nemorosa)* und Balkan-Anemone *(A. blanda)* siehe unter Zwiebel- und Knollenpflanzen (Seite 157 f.).

Engelwurz
Angelica archangelica

Angelica archangelica

○-● 100-200 cm ✿ 8-9

Wuchs: Stattlicher, großer Solitär mit schönen Blütendolden und dekorativem Blattschmuck. Oftmals nur zweijährig, aber starke Selbstaussaat.

Blätter: Schöne, tief eingeschnittene Blätter, hellgrün.

Blüten: Im Spätsommer große Dolden mit kleinen Blüten, hellgrün-weiß.

Standort: Im Staudenbeet. Im Schatten wie auch in der Sonne.

Pflege: Vor Wind schützen. Das Abschneiden der Blütenstände fördert das Blattwachstum. Anspruchslos.

Vermehrung: Aussaat

Bemerkungen: Berühmte, alte, seit Jahrhunderten geschätzte Heilpflanze, für Bitterschnäpse, Liköre und nervenstärkende Bäder.

Weitere Arten:

- Große Engelwurz *(A. gigas)*, in China, Japan und Korea beheimatet. Bildet dort dichte Bestände, rot gefärbte Dolden an dunkel purpurfarbenen Stängeln, 80 cm, 7–9.

Färberkamille
Anthemis tinctoria

Anthemis tinctoria 'Sauce Hollandaise'

○ 40-100 cm ✿ 5-9

Wuchs: Niederliegend bis aufrecht, verzweigte Stängel.

Blätter: Fiederteilig, mit 4 bis 6 größeren, kammförmig-fiederspaltigen Seitenabschnitten, oberseits grün, fast kahl, unterseits graufilzig.

Blüten: Einzelne, 2,5–3,5 cm breite Köpfchen, goldgelb bis cremegelb. Wolligfilzige Hüllblätter.

Standort: Sonnige Staudenbeete mit leichtem oder normalem Gartenboden.

Pflege: Im August stark zurückschneiden, damit sie mit frischen Bodentrieben in den Winter gehen. Erhöht die Lebensdauer.

Vermehrung: Aussaat, Steckling und Teilung.

Sorten:

- 'E. C. Buxton', zitronengelb, niedrig, 40–70 cm, Blüte 7–9.
- 'Grallagh Gold', gold-orange Margeritenblumen, gut für Schnitt, 60 cm, Blüte 5–6.
- 'Sauce Hollandaise', cremegelb, 60 cm, Blüte 6–9.
- 'Wargrave', hellgelb, stark wachsend, 100 cm, Blüte 5–9.

Bemerkungen: Schön zusammen mit Karpaten-Glockenblume *(Campanula carpatica)* und Fetthenne *(Sedum)*. Der gelbe Farbstoff der Blüten wurde früher zum Gelbfärben der Wolle benutzt.

Akelei
Aquilegia-Hybriden

Aquilegia-Hybride

○-◑ 20-70 cm ✿ 5-6

Wuchs: Aufrecht, verzweigte Stiele.

Blätter: Doppelt dreiteilig, flaumhaarig, blaugrün.

Blüten: Gespornt, Sporn bei *A. caerulea* lang und gerade, bei *A. vulgaris* kurz, gebogen. Blüte endständig, weiß bis dunkelpurpurn, gestreift, gerändert, gesprenkelt.

Standort: Halbschattiger Gehölzrand, auch auf Beeten und in Naturgärten. Auf normalem Gartenboden, bevorzugen Feuchte, doch keine Nässe. Je feuchter der Boden, desto sonniger kann der Standort sein. Kleine Arten für halbschattige Steingartenpartien.

Pflege: Für genug Humus sorgen. Sät sich stark aus; ist dies unerwünscht, vor der Samenreife zurückschneiden.

Vermehrung: Aussaat.

Sorten:
- 'Blue Star', hellblau, 60 cm.
- 'Kristall', weiß, 50 cm.
- 'Mc Kana Hybriden', großblumige, langspornige, bunte Mischung, 60 cm.
- 'Nivea', robust, 90 cm, reinweiß.
- 'Rot Gold', rot mit gelber Glocke, 70 cm.

Gänsekresse
Arabis caucasica

Arabis caucasica

○-◑ 15-20 cm ✿ 3-5

Wuchs: Kompakte, kriechende Polsterstaude. Bodendecker.

Blätter: Spatelförmig, graufilzig oder weißgrün, gezähnt.

Blüten: Weiß, in großen Trauben, üppige Blütenpolster.

Standort: Sonnige Staudenbeete, Mauerkronen und Felsmatten, Trockenmauern, Terrassenbeete. Magere, lässige, auch steinige Böden.

Pflege: Anspruchslos.

Vermehrung: Stecklinge, Teilung und Aussaat im Herbst und Frühwinter bzw. im zeitigen Frühjahr.

Sorten:
- 'Variegata', weißgrüne Blätter, einfache weiße Blüte, 15 cm, 4–5.
- 'Plena', gefüllt, weiß, 20 cm.
- 'Compacta Schneeball', 15 cm, weiß.
- 'Sulphurea', schwefelgelb.

Weitere Arten:
- *A. × arendsii* 'Hedi', kompakt, einfach, rosa, 5 cm, 4–5.
- *A. procurrens*, dichte Polster, glänzend grüne Blätter, weiße Blüte, 10 cm, 4–5. Zwei Sorten: 'Filigran' und 'Neuschnee'.

Grasnelke
Armeria maritima

Armeria arctica

○ 5-20 cm ✿ 4-6

Wuchs: Polsterstaude, grasartig.

Blätter: Lineal, grasartig, graugrün, meist einnervig.

Blüten: Lang gestielte Blütenköpfe, karminrosa.

Standort: Sonne, jeder Gartenboden möglich. Gut für Trockenmauern, als Einfassung von Beeten, Schotterbeete.

Pflege: Vor Winternässe schützen!

Vermehrung: Teilung, Risslinge und Aussaat.

Sorten:
- 'Alba', weiß, 15 cm, 5–6.
- 'Düsseldorfer Stolz', karminrosa, 20 cm, 5–6.
- 'Frühlingszauber', leuchtend rosa, 10 cm, 5–6.

Weitere Arten:
- Zwerg-Grasnelke *(A. juniperifolia,* Syn.: *A. caespitosa),* bildet dichte, kugelige Polster. Für durchlässige Schotterböden 5 cm, rosa, 4–5.
- *A. arctica,* Blätter schmal-liniert, Blüten kugelig, violett, 5–20 cm hoch, 5–6.

Eberraute, Beifuß

Artemisia abrotanum

Artemisia absinthium

○ 30–100 cm ✿ 7–10

Wuchs: Bis 1 m hoher, reich verzweigter, kahler Halbstrauch – das heißt, die Basis der Triebe ist verholzend, der größte Teil der Triebe erfriert aber im Winter und wird daher im Frühjahr abgeschnitten.

Blätter: Aromatisch duftend. Grau, tief gezähnt oder gefiedert, graufilzig.

Blüten: Unscheinbar, kleine Köpfchen in ährigen, traubigen Blütenständen, gelblich-weiß oder milchweiß.

Standort: Sonnig, trockene Staudenbeete, leichte Böden.

Pflege: Rückschnitt im Frühjahr der erfrorenen Triebe.

Vermehrung: Stecklinge im Frühjahr oder Teilung.

Bemerkungen: Alte Gewürz- und Heilpflanze.

Weitere Arten:

- Römischer Wermut *(A. pontica)* ist sehr stark wachsend und nur für größere Flächen zu empfehlen. Im Frühjahr Rückschnitt mit der Sense.
- Silberraute *(A. absinthium)*, 70 cm hoch, silbrig-gelbe Blüte, 7–10.
- Zwerg-Wermut *(A. schmidtiana* 'Nana'), kriechend, 15–30 cm lange Triebe, haarartig feines Laub.
- Elfenbeinraute *(A. lactiflora* 'Guizhou'), 80–130 cm, Blüte 7–10, cremeweiß, rötliche Blätter und Triebe.

Italienischer Aronstab

Arum italicum

Arum italicum

○–◑ 20–30 cm ✿ 4–5

Wuchs: Knollenpflanze.

Blätter: Pfeilförmig, glänzend, dunkelgrün, teilweise dunkel gefleckt. Erscheinen schon im Herbst bis Frühsommer.

Blüten: Calla-ähnlicher Kolben, von weißlich grünem, rötlich geflecktem Hochblatt umgeben.

Früchte: Leuchtend orangeroter Fruchtstand mit Beeren.

Standort: Eher halbschattig als vollschattig, nährstoffreicher, feuchter, humoser Gartenboden unter Gebüsch oder Bäumen. Sommertrockenheit wird vertragen.

Pflege: Komposterde im Herbst zwischen die Pflanzen streuen. Leichter Winterschutz.

Vermehrung: Aussaat.

Bemerkungen: Laubwaldstaude. Die Beeren sind giftig für den Menschen. Schön zusammen mit Haselwurz *(Asarum europaeum)*, Waldanemonen *(Anemone sylvestris)* und Lungenkraut *(Pulmonaria saccharata)*.

Weitere Art:

- Gefleckter Aronstab *(A. maculatum)*, heimisch, dunkelgrüne Blätter, grünlich-weiße Blüte, Beeren knallrot, 30 cm hoch, Blüte 5–6.

Geißbart

Aruncus dioicus
(Syn.: *A. sylvestris)*

Aruncus dioicus

○–● 50–150 cm ✿ 6–10

Wuchs: Aufrechte, stattliche Staude.

Blätter: Doppelt drei- bis fünffach gefiedert, kahl, dunkelgrün.

Blüten: Bis zu 50 cm lange Rispen. Weibliche Pflanzen: cremeweiße, kurze Rispen. Männliche Pflanzen: reinweiß, schlanke, zarte, dünne Rispen. Blühen etwas später.

Standort: Staudenbeet und am Gehölzrand. Am besten im Halbschatten, aber Sonne und Schatten vertragend.

Pflege: Anspruchslos, sehr pflegeleicht und dauerhaft. Kann sehr alt werden. Sät sich selbst im Garten aus.

Vermehrung: Aussaat, oder Teilung – schwierig, da verholzter Wurzelstock.

Sorten:

- 'Kneiffii', fein gefiederte Blätter, drahtig, cremefarben, 50 cm.

Bemerkungen: Gehört zu den wertvollsten Gartenstauden. Passt sehr gut zu Astilben *(Astilbe*-Hybriden), zu Fingerhut *(Digitalis purpurea)* und zu Schaublatt *(Rodgersia podophylla)*. Struktur gebende Leitstaude.

Weitere Arten:

- Zwerg-Geißbart *(A. aethusifolius)* niedrig bleibend, farnähnlicher Habitus, orangefarbenes Laub, weiß, 30 cm.
- *A. sinensis* 'Zweiweltenkind', braune Blätter, cremeweiße, 150 cm.

Einjährige
Zweijährige
Stauden
Zwiebelblumen
Gräser/Farne
Ziergehölze
Hecken
Rosen
Kletterpflanzen

Frühlingsastern
Aster alpinus, A. tongolensis

Aster alpinus 'Dunkle Schöne'

○ ⬆15–50 cm ✿5–6

Wuchs: Unverzweigte, aufrechte Stängel mit nur einem Blütenköpfchen. Grundständige Blätter in Rosetten.

Blätter: Dunkelgrün, lanzettlich-eiförmig, wechselständig.

Blüten: Korbblütler mit schlanken Zungenblüten und gelben Blütenscheiben. *A. tongolensis:* orangefarbene Blütenscheibe. Zungenblüten in Weiß, Violett, Blau, Rosa.

Standort: *A. alpinus*: sonnig, felsige Böden, Trockenmauern, Mauerkronen. *A. tongolensis*: Beet, frischer, nährstoffreicher Boden.

Pflege: Öfter umpflanzen und teilen, jeweils nach der Blüte.

Vermehrung: Teilung und Stecklinge.

Sorten:

Von *A. alpinus:*
- 'Dunkle Schöne', dunkelviolett mit gelber Mitte, 15 cm.

Von *A. tongolensis:*
- 'Berggarten', raue Blätter, Blüten lilablau, groß, Blütenscheibe orange, 40 cm.
- 'Leuchtenburg', violett, 50 cm.
- 'Wartburgstern', violettblau, 40 cm.

Sommerastern: Bergaster
Aster amellus

Aster amellus 'Veilchenkönigin'

○ ⬆40–60 cm ✿7–9

Wuchs: Kompakte Büsche, Stängel aufrecht, am Grund verholzend. Rauhaarig.

Blätter: Breit-lanzettlich, in den Stiel verschmälert, ganzrandig.

Blüten: Schöne Zungenblüten in Blaulila, Rosa und Violett, in der Mitte gelbe Blütenscheiben.

Standort: Sonnige, warme Staudenbeete mit trockenen, durchlässigen, kalkhaltigen Böden.

Pflege: Keine Herbstpflanzung, sondern im Frühjahr pflanzen.

Vermehrung: Stecklinge im April und Mai. Teilung nur bei älteren Pflanzen.

Sorten:
- 'Breslau', violettblau, 40 cm.
- 'Glücksfund', blauviolett, 50 cm.
- 'Rosa Erfüllung', reinrosa, 60 cm.
- 'Rudolf Goethe', lavendelblau, 50 cm.
- 'Veilchenkönigin', spät und lange blühend, leuchtend veilchenblau, 40 cm.

Weitere Sommerastern:
- Pyrenäenaster, *A. pyrenaeus* 'Lutetia', reichblühend, breit ausladender Wuchs, robust, violettrosa, 60 cm, 8–9.
- *A.* × *frikartii* 'Wunder von Stäfa', hellblau-violett, 70 cm, 7–10.
- *A. sedifolius* 'Nanus', kompakt, hellblau, 40 cm, 7–9.

Wildastern: Weiße Waldaster
Aster divaricatus

Aster divaricatus

○–◑ ⬆40–75 cm ✿8–10

Wuchs: Stängel stielrund, kahl. Stattliche Horste, verzweigte Triebe.

Blätter: Ei-lanzettlich, lang gestielt, gezähnt.

Blüten: Lockere Scheindolde, Zungenblüten weiß, Scheibenblüten braun. Nicht immer standfest, Blütenstiele legen sich längs auf den Boden.

Standort: Sonnige bis halbschattige Staudenbeete, auch unter Gehölzen. Humoser Gartenboden.

Pflege: Rückschnitt im Spätwinter. Umpflanzen alle 2–3 Jahre. Genug Abstand zu den Nachbarn einplanen, da Blütentriebe umfallen und am Boden weiterblühen.

Vermehrung: Teilung und Stecklinge.

Sorten:
- 'Tradescant', kompakt, weiß, 40–60 cm, 8–10.

Bemerkungen: Reichblühende Wildaster aus Nordamerika, sehr robust. Gedeiht als einzige Aster auch in schattigen Lagen. Gute Partner: Bergenien, starker Blattkontrast.

Weitere Wildaster:
- Wilde Glattblattaster *(A. laevis)*, verzweigter Wuchs, blüht bläulich, 100 cm, 9–10, Blätter bis zu den Wurzeln.

Kissenaster

Aster-Dumosus-Hybriden

Aster-Dumosus-Hybride 'Blaue Lagune'

○ 25–50 cm ✿ 9–10

Wuchs: Gedrungen, niedrig. Wuchert mit kriechendem Wurzelstock.

Blätter: Lanzettlich, ungestielt, ganzrandig. Grundblätter oft spatelförmig, schwach gezähnt.

Blüten: Lockerer bis dichter Blütenstand, doldig verzweigt. Einzelne Blütenköpfe klein. Zungenblüten blasslila, blau, rosa, rot, weiß, Scheibenblüten braun oder gelb.

Standort: Sonniges Beet, Prachtstaudenrabatte mit humosem, nährstoffreichem Gartenboden. Beeteinfassung, Terrassenbeete, jedoch nicht in zu warmer, trockener Lage.

Pflege: In Trockenzeiten zusätzlich düngen und wässern. Alle drei Jahre im Frühjahr vereinzeln, verkleinern und die Ausläufer kappen. Mit Kompost überstreuen.

Vermehrung: Teilung und Triebrisslinge im Frühjahr und Spätherbst.

Sorten:

- 'Audry', hell-lavendelblau, 40 cm.
- 'Blaue Lagune', kräftig blau, 50 cm.
- 'Kassel', leuchtend karminrot, 40 cm.
- 'Kristina', weiß, 30 cm.
- 'Prof. Anton Kippenberg', lavendelblau, 40 cm.

Myrtenaster, Septemberkraut

Aster ericoides

Aster cordifolius

○ 90–120 cm ✿ 9–11

Wuchs: Fein verzweigte Büsche.

Blätter: Fein gefiedert, hellgrün-grau.

Blüten: Stark verzweigte Blütenrispe. Einzelblüten klein, aber zahlreich.

Standort: Sonniges Beet, nährstoffreiche, humose Böden.

Pflege: Zusätzlich düngen und wässern in Trockenzeiten.

Vermehrung: Teilung.

Sorten:

- 'Blue Star', lavendelblau, 80 cm, 9–10.
- 'Erlkönig', hellviolett, 100 cm.
- 'Ringdove', violettrosa, 90 cm.
- 'Schneetanne', weiß, 120 cm.

Weitere Arten:

- *A. pringlei*, fein verzweigt, 100–120 cm, 9–10; 'Monte Casino', reinweiß. 'Pink Star', hellrosa.
- Schleieraster *(A. cordifolius)*, herzförmiges Blatt, lockerrispige Blüte, lavendelblau, mit gelber Mitte, 8–9; 'Ideal', 100 cm, 9–10.

Hohe Herbstastern: Rau-und Glattblattaster

Aster novae-angliae, A. novi-belgii

A. novae-angliae 'Herbstschnee'

○ 70–140 cm ✿ 9–10

Wuchs: Aufrechte, stattliche Horste. *A. novae-angliae* (= Raublattaster): ohne Ausläufer. *A. novi-belgii* (= Glattblattaster): Wurzelstock kriechend. Beide: Stängel behaart oder kahl.

Blätter: Lanzettlich stängelumfassend, am Grunde ganzrandig, je nach Art rauhaarig oder kahl.

Blüten: Doldenrispig, dicht verzweigt. Blütenköpfe 2,5–4 cm. Zungenblüten blau, rosa oder weiß. *A. novae-angliae* schließt bei trübem Wetter und abends die Zungenblüten.

Standort: Sonnige Prachtstaudenrabatte, Boden nicht zu trocken, frisch bis feucht, nährstoffreich.

Pflege: Bei Trockenheit Mehltau-Gefahr! Stützen. Rückschnitt im Spätherbst, dann mit Kompost abdecken.

Vermehrung: Teilung, Risslinge.

Sorten:

Von *A. novae-angliae:*

- 'Alma Pötschke', lachsrot, 100 cm.
- 'Herbstschnee', weiß, 140 cm.
- 'Septemberrubin', 120 cm, rubinrot.

Von *A. novi-belgii:*

- 'Bewunderung', altrosa, 100 cm.
- 'Blaue Nachhut', violettblau, 120 cm.
- 'Erica', rotviolett, 100 cm.
- 'Harrison's Blue', halbgefüllt, tiefblau, 70 cm.
- 'Royal Ruby', gefüllt, purpurrot.

Bemerkungen: Wichtiger Farbträger für den Herbstgarten.

Einjährige
Zweijährige
Stauden
Zwiebelblumen
Gräser/Farne
Ziergehölze
Hecken
Rosen
Kletterpflanzen

Garten-Astilbe, Prachtspiere

Astilbe-Arendsii-Hybriden
(Syn.: *A. × arendsii)*

Astilbe-Arendsii-Hybride

○-◑ ⬆50-100 cm ✿6-9

Wuchs: Niedrige bis halbhohe Stauden.

Blätter: Gefiederte, gezähnte Teilblätter, unterschiedlich gefärbter Blattaustrieb.

Blüten: Feine Rispen, z. T. dicht, schlank oder kompakt, unterschiedlich lang. Weiß, Rosa bis Rot und Violett.

Standort: Staudenbeet mit leichtem Schatten, nahrhafter, lehmiger, nicht austrocknender Boden.

Pflege: Keine Staunässe! Im Herbst mit Kompost abdecken, das erhält die Blühfreudigkeit. Keine Schneckenprobleme.

Vermehrung: Teilung im Winter (von November bis März). Teilstücke im Frühbeetkasten lagern, von April bis Juni auspflanzen.

Sorten:

- Weiße Blüten: 'Bergkristall', 100 cm, 8–9; 'Irrlicht', schlanke Blütenrispen, 50 cm, 6–7. 'Brautschleier', 7–8, 70 cm, Blütenrispen überhängend.
- Zartrosa Blüten: 'Bressingham's Beauty', lachs rosa, 80 cm, 7–8; 'Grete Püngel', braunroter Austrieb, hellrosa Blüte, 70 cm, 8–9;
- Kräftiges Rosa: 'Cattleya Dunkel', 80 cm, 8–9; 'Lilli Goos', lachskarmin, 80 cm, 7–8.
- Violette Töne: 'Amethyst', purpurlila, 100 cm, 7–8; 'Hyazinth', lilarosa, 100 cm, 7–8.
- Rote Blüten, rötlicher Blattaustrieb: 'Fanal', granatrot, 60 cm, 7–8; 'Gertrud Brix', 70 cm, 7–8.

Zwerg-Astilbe, Zwerg-Prachtspiere

Astilbe chinensis var. *pumila*

Astilbe chinensis var. *pumila*

○-◑ ⬆25-50 cm ✿8-11

Wuchs: Niedrig, die einzige Astilben-Art mit Ausläufern. Kriechender Wurzelstock. Bodendecker.

Blätter: Geschlitzt, gefiedert, behaart, matt. Rötlich-grün.

Blüten: Schmale, dichte Rispen auf straffen Stielen. Lilarosa.

Standort: Halbschattige Beete. Nur bei feuchten Böden auch sonnig.

Pflege: Im Herbst mit Kompost überstreuen.

Vermehrung: Teilung im Winter.

Sorten:

- 'Finale', reines Rosa, 50 cm, 9.
- 'Intermezzo', lachsrosa, 50 cm, 8–11.
- 'Serenade', erikarosa, 40 cm.

Weitere Arten:

- *A. chinensis* var. *taquetti*, im August blühende Art, 110 cm hoch, verträgt mehr Trockenheit; 'Superba', purpurrosa, 80 cm, 8–10; 'Purpurlanze', intensives Purpur, 80 cm, 8–10.
- *A.*-Crispa-Hybriden, 15 cm hoch, krause, dunkelgrüne Blätter und steife, aufrechte Blütenrispen, Blüte 7; 'Liliput', lachsrosa.

Astilbe, Prachtspiere

Astilbe-Japonica-Hybriden

Astilbe-Japonica-Hybride

◑ ⬆50-60 cm ✿6-8

Wuchs: Kompakt, horstbildend.

Blätter: Geschlitzt, dunkelgrün, glänzend.

Blüten: Pyramidenförmige Rispe, weiß.

Standort: Halbschattige Plätze mit humosem, feuchtem Boden. Gut für den Topfgarten geeignet.

Pflege: Im Herbst Kompost über die Pflanzen streuen.

Vermehrung: Teilung im Winter, Auspflanzen der Teilstücke im April.

Sorten:

- Weiße Blüten: 'Deutschland', 50 cm, 6–7.
- Rosa Töne: 'Bonn', 50 cm, 6–7; 'Europa', als Erste blühend, hellrosa, 50 cm, 6–7.
- Rote Töne: 'Bremen', lachskarmin, 50 cm, 7; 'Montgomery', leuchtendes Rot, 60 cm, 7–8.

Weitere Arten:

- *A.*-Simplicifolia-Hybriden, zierliche, graziöse Astilben mit leicht überhängenden Blütenrispen. 'Alba', weiß, 40 cm, 7; 'Sprite', bodendeckend, bronzegrünes Laub, hellrosa, 40 cm, 8–10; 'Dunkellachs', schlank, lachsrosa, 50 cm, 8,
- *A.*-Thunbergii-Hybriden: 80–120 cm, dichte, aufrechte Blütenstände in Rosalila, Blütezeit 7–8, z. B. 'Straußenfeder', tiefrosa.

Tafelblatt
Astilboides tabularis

Astilboides tabularis

◑ ⬆80–150 cm ✿ 6–7

Wuchs: Stattliche Staude mit knolligem Erdstamm.

Blätter: Sehr lang gestielt, schild- bis tellerförmig, am Rand unregelmäßig eingebuchtet, borstig behaart. Besonders auffallend: frisch-grüner Austrieb.

Blüten: Weiß, reichblütige, leicht überhängende Traubenrispe.

Standort: Halbschattig im kühl-feuchten Humusboden. Unter tief wurzelnden Bäumen.

Pflege: Kompost im Herbst verteilen. Vor Vernässung schützen.

Vermehrung: Teilung.

Bemerkungen: Sehr ähnlich der Rodgersie (siehe Seite 145), wurde früher auch dieser Gattung zugeordnet. Passt gut zu Eisenhut *(Aconitum)*, Waldgeißbart *(Aruncus dioicus)*, Silberkerzen *(Cimicifuga racemosa)*, Farnen wie *Polystichum setiferum* und Geiskraut *(Ligularia przewalskii)*.

Sterndolde
Astrantia major

Astrantia major

◑–● ⬆30–90 cm ✿ 6–10, 7+6

Wuchs: Horstartig, allmählich breitwüchsig und üppig.

Blätter: Handförmig fünfteilige Grundblätter, gelappt oder eingeschnitten.

Blüten: Weißlichgrün oder rosa, zu einer einfachen, knopfartigen Dolde vereinigt. Strahlige, weißrosa oder weißgrüne Hüllblätter um die Blüte.

Standort: Sonnig bis halbschattig, ideal für Gehölzrand und Schattenrabatten. Kalkliebend.

Pflege: Sät sich selbst im Garten aus. Wenn das unerwünscht ist, nach der Blüte zurückschneiden.

Vermehrung: Aussaat und Teilung.

Sorten:
- 'Rosea', kräftig rosa gefärbte Hüllblätter, 60 cm, 6–10.
- 'Rosensinfonie', rosa, 50 cm, 6–7.
- 'Moulin Rouge', dunkelrot, blüht reich und lange 6-9, 50 cm.

Bemerkungen: Schöne, dauerblühende Wildstaude für den Gehölzrand mit frisch-feuchtem Boden.

Weitere Art:
- Kaukasus-Sterndolde *(A. maxima)*, altrosa, großblütig, 40–60 cm, 6–7.

Blaukissen
Aubrieta-Hybriden

Aubrieta-Hybride

○ ⬆5–15 cm ✿ 4–5, 3

Wuchs: Niedrige Polsterstauden, im Alter durch feine Rhizome auch wandernd.

Blätter: Kleine, behaarte, spatelförmige, teils grob gezähnte Blätter in Rosetten an Stielen.

Blüten: Blauviolett, lila, rosa, weiß. Kleine, vierzählige Einzelblüten.

Standort: Volle Sonne, kalkhaltiger, nicht zu magerer, warmer Boden. In Steingärten, als Wegeinfassung und auf Trockenmauern.

Pflege: Rückschnitt der Polster nach der Blüte, das fördert Alter und Blütenbildung. Ältere Pflanzen stärker zurückschneiden und langsam wirkenden Volldünger aufstreuen.

Vermehrung: Verpflanzen von bewurzelten Risslingen im Frühjahr. Mindestens 3–5 Rosetten pro Rissling.

Sorten:
- Blau blühend: 'Blue Emperor', frühe Blüte; 'Dr. Mules', mit Zweitblüte; 'Schloss Eckberg', kräftige Polster.
- Rosa bis Rot blühend: 'Bressingham Pink', gefüllt; 'Rosengarten'.

Zunehmend werden durch Samen vermehrte, großblumige Sorten angeboten.

Bemerkungen: Die leuchtenden Polster sind ein Blickfang im Frühjahr!

Indigo-Lupine, Färberhülse
Baptisia australis

Baptisia australis

○-◑ 80–100 cm ✿ 6–8

Wuchs: Staude aus kräftigen, dicken Rhizomen. Triebe stark verzweigt, Seitenzweige höher als Mitteltriebe.

Blätter: Dreiteilig, blaugrün, bleiben bis zum Herbst erhalten.

Blüten: Bis zu 40 cm lange, auffällige Trauben aus großen, 20–35 mm langen, violettblauen Einzelblüten.

Früchte: Hülsen sehr groß, schwarz, papierartig oder holzig.

Standort: Nährstoffreiche, feuchte Böden in Sonne oder lichtem Schatten, toleriert auch Trockenzeiten.

Pflege: Rückschnitt im Herbst.

Vermehrung: Aussaat leicht möglich, Sämlinge blühen aber erst nach 2 bis 3 Jahren.

Bemerkungen: Wertvolle nordamerikanische Staude, die den Flor der Lupinen fortsetzt. Wirken ähnlich wie Lupinen.

Weitere Art:

- *B. tinctoria*, grüne Blätter, hellgelbe Blüte, 100 cm, 6–8.

Bergenien
Bergenia cordifolia

Bergenia cordifolia

○-● 30–40 cm ✿ 4–5

Wuchs: Flach kriechender, dicker Wurzelstock. Mit den Jahren nach oben wachsend.

Blätter: Immergrün, glänzend, kahl, manchmal blasig aufgetrieben. Rundlich bis herzförmig. Am Rand wellig gesägt. Teilweise wunderschöne, rötliche Herbstfärbung.

Blüten: Lilarosa-hell-dunkelrosa.

Standort: Alle Standorte möglich, selbst im Schatten. Mit jedem Boden zufrieden. Als Einfassungspflanze, unter Koniferen und im Steingarten, am Bachufer, am Wasserrand und im Beet.

Pflege: Im Herbst mit Laub, Mulch oder Kompost die Flächen überstreuen. Keine Schneckenprobleme! Nach vier Jahren radikaler Rückschnitt im Frühjahr.

Vermehrung: Teilung im Frühjahr, Rhizomschnittlinge, durch Samen.

Sorten:

- 'Abendglocken', dunkelrot, 40 cm, 4–5.
- 'Morgenröte', rosa, 40 cm, 4–5 und 7.
- 'Silberlicht', weiß, 40 cm, 4–5.

Bemerkungen: Genügsame, unverwüstliche Staude, die mit jedem Standort zufrieden ist.

Kaukasus-Vergissmeinnicht
Brunnera macrophylla

Brunnera macrophylla

○-● 40 cm ✿ 4–6

Wuchs: Rundliche Horste, bodendeckend

Blätter: Lang gestielt, herzförmig, groß, rau. Bilden einen dichten Blattteppich.

Blüten: Leuchtendes Blau, reich verzweigte Blütenstände. Erinnern an die Blüten des Vergissmeinnichts.

Standort: Sonnig bis schattig, auf frischen, humos-lehmigen Gartenböden. In der Sonne gedeiht die *Brunnera* aber nur, wenn der Boden feucht ist. Gut an Teichufern und Bachläufen.

Pflege: Rückschnitt der Blätter nach der Blüte direkt über dem Boden. Nach wenigen Wochen erfolgt ein Neuaustrieb. Kann durch Selbstaussaat lästig werden.

Vermehrung: Aussaat und Teilung.

Bemerkungen: Passt gut zu anderen üppigen Waldstauden, wie Elfenblume *(Epimedium)*, Nelkenwurz *(Geum coccineum)*, Gemswurz *(Doronicum)* und Primel-Arten *(Primula)*. Sehr früher Blattaustrieb, schon im März dicke Blattkissen mit ersten kleinen, ungestielten, blauen Blüten.

Steinsame
Buglossoides purpurocaerulea
(Syn.: *Lithospermum purpurcaeruleum)*

Buglossoides purpurocaerulea

○-◐ ⬆30 cm ✿5-6

Wuchs: Blütensprosse aufrecht, aus einem flachen Rhizom entspringend, beblättert. Wuchert mit Ausläufern.

Blätter: Blatttriebe bogig liegend, dicht beblättert, an den Spitzen wurzelnd, 30 cm hoch.

Blüten: In einer sich entrollenden Traube, im Aufblühen rot, später enzianblau, bis 15 mm breit.

Standort: In der Natur in sonnigen Gebüschen und lichten Eichenwäldern, auf trockenen, nährstoffreichen und meist kalkhaltigen Böden. Im Garten vor und unter Sträuchern, als Bodendecker an sonnigen bis halbschattigen Stellen. Verträgt Wurzeldruck.

Pflege: Abstechen der Ausläufer, wo sie andere Pflanzen bedrängen. Am besten im Frühjahr pflanzen und im Anschluss gut wässern. Bei Herbstpflanzung Gefahr durch Frostschäden.

Vermehrung: Halbweiche Stecklinge.

Bemerkungen: Ideal für Gehölzrand mit Storchschnabel *(Geranium)*, Waldanemone *(Anemone sylvestris)* und Wolfsmilch *(Euphorbia)*.

Bergminze, Steinquendel
Calamintha nepeta

Calamintha nepeta

○ ⬆30–40 cm ✿6–11

Wuchs: Kugelig wachsende Laubbüsche, manche Stängel am Grund verholzend.

Blätter: Kleine, rundliche Blättchen, aromatisch nach Minze duftend.

Blüten: Hellviolette, kleine Blüten, sehr beliebt bei Bienen.

Standort: Sonnige Beete, als Einfassung von Wegen, für Töpfe und Balkonkästen, bewährter Rosenbegleiter.

Pflege: Keine besonderen Ansprüche.

Vermehrung: Aussaat und Teilung.

Sorten:

- 'Blue Cloud', bläuliche Blüte, 30 cm, 6–8.

Bemerkungen: Sehr schön zusammen mit Fetthenne *(Sedum spectabile)*, Schleifenblume *(Iberis)*, Wollziest *(Stachys byzantina)* und auch zu Bergenien *(Bergenia cordifolia)*. Letztere sorgt für Blattkontraste.

Weitere Art:

- *C. grandiflora*, niedrig, 30 cm, zartlila, Blüte 6–8, ähnelt in den Blüten dem Rosmarin.

Sumpfdotterblume
Caltha palustris

Caltha palustris

○-◐ ⬆20–40 cm ✿4–6

Wuchs: Sumpfpflanze mt kräftigen, vielköpfigen Wurzelstöcken.

Blätter: Lang gestielte, fleischige, rundliche Blätter

Blüten: Auffällig goldgelbe oder weiße Schalenblüten. Blüht vor der Entfaltung der grünen Blattbüschel.

Standort: Sumpf, Bach- oder Teichrand, entlang von Wasserläufen. Unbedingt feuchter, lehmiger, nährstoffreicher Boden. Verträgt bei Überschwemmung bis zu 30 cm Wassertiefe.

Pflege: Horste im Frühjahr von braunen Trieben befreien, im Juni organisch-mineralisch düngen.

Vermehrung: Teilung, besonders bei den sterilen, gefüllt blühenden Sorten. Sonst Aussaat, Samen gleich nach der Ernte in die Erde stecken, Keimung im kommenden Frühjahr.

Sorten:

- 'Alba', schwächer wachsend als die Art, cremeweiß, 20 cm, 4–5.
- 'Multiplex', gefüllt, leuchtend goldgelb, 20 cm, 4–6.

Bemerkungen: Schön zusammen mit der Sumpfprimel *(Primula rosea)* und dem Kaukasus-Vergissmeinnicht.

Weitere Art:

- *C. polypetala*, stärker wachsend; Blätter bis 30 cm breit, Blüten sehr groß. Wird teilweise nur als abweichende Form von *C. palustris* angesehen.

Karpaten-Glockenblume
Campanula carpatica

Campanula carpatica

○-◑ 15-30 cm ✿ 6-8

Wuchs: Niedrige, buschig wachsende Polsterstaude.

Blätter: Herzförmig-rundlich, rau und gekerbt-gezähnt, kahl, hellgrün.

Blüten: Groß, breitglockig, kurzzipfelig, blau oder weiß.

Standort: Sonnige Beete, als Einfassung, auch in Trögen. Überall, wo der Boden nicht nass und verdichtet ist.

Pflege: Anpruchslos.

Vermehrung: Aussaat oder Risslinge.

Sorten:
- 'Blaue Clips', himmelblau, 20 cm, 6–8.
- 'Karl Foerster', dunkelviolett, 15 cm, 6–8.
- 'Weiße Clips', große, weiße Schalen, 20 cm, 6–8.

Weitere niedrige Arten:
- Stern-Polsterglockenblume *(C. garganica)*, bodendeckend, breitet sich flächig aus, wintergrün; 'Erinus Major', lilablau, 10 cm, Blüte 4–7.
- Teppichglockenblume *(C. portenschlagiana)*, aufrechte violettblaue Glöckchen, 5 cm, Blüte 6–8; 'Birch Hybrid', dunkellila, großblumig.

Knäuelglockenblume
Campanula glomerata

Campanula glomerata

○-◑ 40-60 cm ✿ 6-7

Wuchs: Straff aufrechte, etwas kantige Triebe, stark behaart.

Blätter: Herz-eiförmige Grundblätter, rau, Stängelblätter lanzettlich, sitzend.

Blüten: Dunkelviolett, endständig und als dichte, bis 20blütige Schöpfe in den oberen Blattachseln sitzend.

Standort: Sonnige bis halbschattige Staudenbeete, liebt kalkhaltige Böden.

Pflege: Rückschnitt regt neue Triebbildung an.

Vermehrung: Teilung und Risslinge.

Sorten:
- 'Alba', weiß, hochwüchsig, 60 cm.
- 'Dahurica', Blätter rau und breit-lanzettlich, Blüten dunkelblau, 60 cm, 6–7.
- 'Joan Elliot', große Einzelblüten, tiefviolett, sehr früh blühend, 40 cm hoch. Gut zum Schnitt.

Bemerkungen: Blüten eignen sich gut als Schnittblumen für die Vase.

Weitere Art:
- Nesselglockenblume *(C. trachelium)*, heimisch, für halbschattige Naturgärten, lila, sehr unkompliziert, 80 cm, 7–9.

Riesenglockenblume
Campanula lactiflora

Campanula lactiflora 'Loddon Anne'

○-◑ 80-100 cm ✿ 6-9

Wuchs: Hohe, stattliche Horste mit beblätterten, kantigen Stängeln. Wurzelstock dick, fleischig.

Blätter: Behaart, lanzettlich-eiförmig.

Blüten: Verzweigte, endständige, reichblühende Rispen, Einzelblüten breitglockig, milchig-hellblau bis lilablau.

Standort: Sonnige und halbschattige Staudenbeete und zwischen Strauchrosen.

Pflege: Verblühte Rispen herausschneiden, das verlängert die Blütezeit. Außerdem treiben dann aus den Blattachseln neue Triebe.

Vermehrung: Teilung und Stecklingsvermehrung. Aussaat im zeitigen Frühjahr.

Sorten:
- 'Loddon Anne', zartrosa, sehr gute Beetstaude, sonnige Plätze, 100 cm, 7–9.
- 'Prichard's Variety', amethystviolett, verzweigte Rispe, 80 cm, 6–8.
- 'Superba', dunkelblau, 80 cm, 7–8.

Weitere hohe Art:
- Breitblättrige Waldglockenblume *(C. latifolia)*, spitz-zipfelige, lange Glocken entlang des ganzen Stängels, 100 cm, 6–8; 'Macrantha', violett; 'Alba', weiß.

Pfirsichblättrige Glockenblume

Campanula persicifolia

Campanula persicifolia

○-◐ ⬆ 60–80 cm ✿ 6–8

Wuchs: Hohe, aufrechte, dünne, locker beblätterte, meist unverzweigte Stiele. Grundachse kriechend, reichfaserig.

Blätter: Dichte Nester schmalblättriger, glänzend grüner Blätter.

Blüten: Drei bis acht Blüten pro Stiel. Einzelblüte glockig, in lockerer Traube.

Standort: Sonnige bis halbschattige Gehölzränder und Rabatten. Liebt lehmige, nicht zu feuchte Böden.

Pflege: Keine Ansprüche.

Vermehrung: Teilung und Risslinge.

Sorten:

- 'Coronata', halbgefüllt, porzellanblau, 70 cm, 6–8.
- 'Coronata Alba', weiße Glocken, 80 cm, 6–8.
- 'Telham Beauty', chinablaue, große Glocken, 80 cm, 6–8.

Bemerkungen: Eine der schönsten heimischen Wildstauden. Sät sich selbst aus; lässt den Gehölzrand erblühen.

Weitere Art:

- *C. p.* ssp. *sessiliflora (= C. latiloba)*, straff, 1 m hoch, 5 cm große, flachschalige Blüten; 'Alba', weiß, toleriert Schatten, kurzlebig.

Polsterglockenblume

Campanula poscharskyana

Campanula poscharskyana
'Lischuggan Variety'

○-◐ ⬆ 10–20 cm ✿ 6–9

Wuchs: Flächig, immergrüne Polsterstaude mit bis 70 cm langen Ranken.

Blätter: Herzförmig-rund, am Rand gewellt, gekerbt gezähnt, behaart.

Blüten: Sternförmige, licht- bis lavendelblaue Sternchen, lang gestielt.

Standort: Sonnig bis halbschattig, am Gehölzrand genauso wie in der Steinanlage. Ideal für Töpfe.

Pflege: Wuchert, eventuell eindämmen.

Vermehrung: Aussaat und Risslinge.

Sorten:

- 'Blauranke', starkwüchsig, hell violettblau, 20 cm.
- 'Erich Arends', dunkelviolett, sehr schön, 15 cm.
- 'Lischuggan Variety', lavendelblau, rosa überhaucht, 20 cm.
- 'Stella', hellviolett, dunkle Blattstiele, 10 cm.
- 'Werner Arends', stark wachsend, hellblau, 15 cm.

Weitere niedrige Art:

- Zwergglockenblume *(C. cochleariifolia)*, für Fugen, Felsen, Tröge, hübsche, zarte, nickende Glöckchen, lichtblau, 10 cm, 6–8.

Flockenblume

Centaurea dealbata

Centaurea dealbata

○ ⬆ 40–80 cm ✿ 6–8

Wuchs: Aufrechte Horstpflanze.

Blätter: Tief eingeschnitten, vielblättrig, unterseits graugrün.

Blüten: Lilapurpur und lilarosa. Unter den Blütenköpfen eine typische krugförmige Hülle aus gefransten oder stacheligen Hüllblättern. Einzelblüten mit fünfzipfeliger, farbiger Krone. Schnittblume!

Standort: Trockene und sonnige Staudenbeete mit durchlässigen Böden.

Pflege: Anspruchslos.

Vermehrung: Teilung.

Sorten:

- 'John Coutts', leuchtend rosa, straffe Stiele, sehr lange Blütezeit und auch lange haltbar in der Vase.
- 'Steenbergii', tiefrosa.

Weitere Arten:

- Riesenflockenblume *(C. macrocephala)*, üppige, ungeteilte Blätter, große gelbe Blütenkugeln in braunschuppigen Knospen, 120 cm, 7–9.
- Bergflockenblume *(C. montana)*, 80 cm, langlebig, violett, Blüte 6–7; 'Alba', reichblühend, weiß, 50 cm, Blüte 6–8.

Spornblume
Centranthus ruber

Centranthus ruber

○ ⬆60–70 cm ✿6–9

Wuchs: Büschel aus beblätterten, reich verzweigten Blütenstängeln.

Blätter: Weich, ganzrandig oder selten eingeschnitten.

Blüten: Zahlreiche Blütenrispen, kurz, mit röhrenförmigen, kleinen Blüten, rosa oder weiß.

Standort: Sonnig, auf nährstoffarmen, kalkhaltigen Böden.

Pflege: Alle drei Jahre teilen. Regelmäßig Verblühtes ausputzen, das verhindert üppige Selbstaussaat. Im Herbst radikal zurückschneiden, um Wuchskraft und Blühfreude zu erhalten.

Vermehrung: Teilung oder Aussaat.

Sorten:
- 'Albiflorus', weiß, 60 cm.
- 'Coccineus', karminrot, 70 cm.

Bemerkungen: Mit ihrer unermüdlichen Blühfreude passen sie ins Staudenbeet neben Rittersporn *(Delphinium*-Hybriden), Katzenminze *(Nepeta × faassenii)* und Ziersalbei *(Salvia nemorosa)* genauso wie zu Rosen oder einfach auf Mauerkronen.

Hornkraut
Cerastium tomentosum

Cerastium tomentosum

○-◑ ⬆15 cm ✿5–6

Wuchs: Dichte, silbrige Teppiche aus feinen Rhizomnetzen unter der Erde.

Blätter: Silbrig, gegenständig, dicht weiß- oder silberhaarig.

Blüten: Weiß, mit fünf je an der Spitze gekerbten Blütenblättern in gestielten Büscheln über dem Laub.

Standort: Vollsonnige bis schattige Lagen, trockene Standorte, auf Mauern, in Steingärten und Beeten.

Pflege: Wuchert und sät sich aus. Sämlinge entfernen.

Vermehrung: Teilung.

Bemerkungen: Sehr genügsam. Passt gut zur Spornblume *(Centranthus ruber)*, zur Schleifenblume *(Iberis)* und Salbei *(Salvia*-Arten).

Weitere Arten:
- *C. columnae* 'Silberteppich', weiß, 15 cm, Blüte 5–6.
- *C. biebersteinii*, sehr wüchsig, verdrängt alle anderen Stauden, Trockenmauer und Steingarten, nur in großen Anlagen verwenden, 20 cm, Blüte weiß, 5–6.

Römische Kamille
Chamaemelum nobile
(Syn.: *Anthemis nobilis)*

Chamaemelum nobile

○ ⬆30 cm ✿5–9

Wuchs: Nicht sehr langlebige, aromatisch duftende Pflanze. Stängel fallen häufig um.

Blätter: Fein geteilte, aromatisch duftende Blätter.

Blüten: Weiße Blütenköpfe mit einem Durchmesser von mehr als 2,5 cm, mit weißen Zungenblüten und einer großen, gewölbten Scheibe aus Röhrenblüten.

Standort: Sonnige Beete, feuchte, gut durchlässige und nicht zu schwere Böden.

Pflege: Verblühtes abschneiden.

Vermehrung: Aussaat im Frühjahr oder Herbst.

Sorten:
- 'Plena', fein geschlitztes Laub, dichte, grüne Teppiche, sonniger Platz, weiß, 10 cm, 6–10.

Bemerkungen: Römische Kamille kann als Rasenpflanze verwendet werden, wobei dann die selten blühende Sorte 'Treneague' verwendet wird. Beim Betreten verströmt der Kamillerasen einen angenehmen Duft. Alte Heilpflanze, ein aus den Blättern und Blüten zubereiteter Tee hat beruhigende und schmerzstillende Wirkung.

Schlangenkopf, Schildblume
Chelone obliqua

Chelone obliqua

○-◑ ⬆50–70 cm ✿7–9

Wuchs: Aufrechte Horststaude mit straff aufrechten, beblätterten Stängeln.

Blätter: Glänzend, die Ränder gezähnt. Meist paarweise am Stängel angeordnet.

Blüten: Rachenförmig, in kurzen, endständigen Ähren, rosa oder weiß.

Standort: Sonnige bis halbschattige Plätze. Gerne an Teichufern, bevorzugt nährstoffreiche, feuchte Böden.

Pflege: Robust, wenig Ansprüche.

Vermehrung: Teilung im Frühjahr, Steckling im Sommer oder Aussaat im Frühjahr.

Sorten:

- 'Alba', weiß, 70 cm, 7–9.

Bemerkungen: Robuste Wildstaude aus dem Südosten der USA. *Chelone* leitet sich aus dem Griechischen *kelone* = Schildkröte ab, was sich auf die Form der Blüten bezieht bzw. auf die Ähnlichkeit des Helmes der Blume vor dem Aufblühen mit dem Schild der Schildkröte.

Goldtröpfchen
Chiastophyllum oppositifolium

Chiastophyllum oppositifolium

○-◑ ⬆15 cm ✿6–7

Wuchs: Immergrüne Pflanze mit fleischigen Blättern. Kriechende, beblätterte Triebe, flächendeckend.

Blätter: Sukkulent (dickfleischig), rundlich, grob gezähnt und in gegenständigen Paaren angeordnet.

Blüten: Blütenstängel enden in nickenden Trauben aus kleinen, goldgelben, glockenförmigen Blüten. Blüten erinnern an goldene Tröpfchen.

Standort: Sonnige bis halbschattige Staudenbeete, im Steingarten oder auf Mauern. Guter Bodendecker für den Halbschatten.

Pflege: Auf Schneckenbefall achten.

Vermehrung: Teilung im Sommer oder Aussaat im Herbst.

Bemerkungen: Schön zusammen mit Schattengräsern wie der Schneemarbel *(Luzula nivea)* sowie mit Schaumblüte *(Trella cordifolia)*, Porzellanblümchen *(Saxifraga umbrosa)* und Hornveilchen *(Viola cornuta)*.

Silberkerze
Cimicifuga racemosa

Cimicifuga ramosa 'Atropurpurea'

◑ ⬆140–200 cm ✿7–8

Wuchs: Horstartig, nicht immer ganz standfest.

Blätter: Gefiedert, die Blättchen länglich eiförmig und grob gesägt, dunkelgrün.

Blüten: Lange Blütenkerzen, schlank oder steif aufrecht, z. T. leicht duftend.

Standort: Kühlere, feuchtere Gartenbereiche, halbschattig. Unter Bäumen.

Pflege: Regelmäßig gießen, vor allem bei Trockenheit.

Vermehrung: Teilung.

Weitere Arten:

- Lanzen-Silberkerze *(C. racemosa* var. *cordifolia)*, mit straffen, verzweigten Blütenkerzen, leicht überhängend, weiß, 180 cm, 8–9.
- September-Silberkerze *(C. ramosa)*, lange Blütenkerzen, leicht geneigt, cremeweiß, 180 cm, 9–10; 'Atropurpurea', weiß, rotbraunes Laub.
- Oktober-Silberkerze, *(C. simplex)*, leicht überhängende Rispe, Blütenstiele stark verzweigt; 'Armleuchter' (= 'White Perl'), reinweiß, 140 cm, 9–10; 'Brunette', schwarze Blätter, duftend, 140 cm, 9–10.

Mädchenauge
Coreopsis verticillata

Coreopsis verticillata 'Moonbeam'

○ ⬆30–80 cm ✿7–9

Wuchs: Zahllose dünne Rhizome, aus denen unzählige aufrechte, 80 cm lange Stängel emportreiben.

Blätter: Quirlig angeordnete, feine, lanzettliche oder nadelartige Blätter, grün bis graugrün.

Blüten: Gold oder zitronengelb. Schmale oder breitere Zungenblüten.

Standort: Sonnige Staudenbeete und Rabatten.

Pflege: Anspruchslos.

Vermehrung: Teilung im Winter oder Frühjahr.

Sorten:

- 'Grandiflora', wüchsigste Sorte, goldgelb, 60 cm, 7–9.
- 'Moonbeam', sehr feinlaubig, hell zitronengelb, 30 cm, 6-9.
- 'Zagreb', goldgelb, kompakter Wuchs, 30 cm, 7–9.

Bemerkungen: Heitere Beetstaude, unverzichtbar im Garten!

Weitere Arten:

- *C. grandiflora*, anspruchslos, hell goldgelbe, große Schalenblüten, 60 bis 90 cm hoch; 'Schnittgold', 90 cm, 7-8, sehr gut für die Vase.
- *C. lanceolata* 'Goldfink', zwergig, goldgelb, 20 cm, blüht 6–8. Gut für den Topf.

Gelber Lerchensporn
Corydalis lutea
(Syn.: *Pseudofumaria lutea)*

Corydalis lutea

○-● ⬆25 cm ✿5-10

Corydalis flexuosa 'Purple Leaf'

Wuchs: Bildet ausgedehnte Horste aus fleischigem Rhizom oder Knolle.

Blätter: Frischgrünes Laub, tief gefiedert, farnartig, 30 cm hoch,

Blüten: Zitronengelbe, kleine, röhrenförmige Blüten mit einem kurzen, rückwärts weisenden Sporn.

Standort: Auf allen Standorten, auch in Steinfugen oder auf Mauern.

Pflege: Sät sich überall im Garten selbst aus, eventuell zähmen.

Vermehrung: Aussaat oder Teilung.

Weitere Art:

- Blauer Lerchensporn *(C. flexuosa)*, aus Farnschluchtwäldern in China. Das bedeutet für die Kultur im Garten: Hohe Luftfeuchte und lichter Schatten sind wichtig; 'China Blue', 30 cm, 4–5; 'Père David', wüchsig, elektrisierendes Blau, 30 cm, 4–6; 'Purple Leaf', dunkelviolette Blüten, wie die Blätter violett-rot gefleckt, 25 cm, 4–5.

Meerkohl, Riesenschleierkraut
Crambe cordifolia

Crambe cordifolia

○-◑ ⬆160-200 cm ✿7-8

Wuchs: Stattliche Solitärstaude, sehr üppig, entspringt einer großen Rosette. Ähnlich dem Schleierkraut, nur viel größer. Nach etwa drei Jahren entwickelt sie ihre volle Schönheit.

Blätter: Gebuchtete, bis 50 cm lange und fast ebenso breite Blätter.

Blüten: Kräftiger, vielästiger Blütentrieb mit einer Wolke kleiner, weißer, sternförmiger Blüten.

Standort: In Prachtstaudenrabatten, im Beethintergrund, vor Mauern, schön auch zusammen mit Rosen. Sonnig bis halbschattig, auf nährstoffreichen, durchlässigen Böden.

Pflege: Die Blüte herausschneiden, das fördert die Langlebigkeit der Staude.

Vermehrung: Ableger, die die Pflanze von alleine bildet.

Bemerkungen: Diese spektakuläre Staude ist mit den Kohl-Arten verwandt und stammt aus dem Kaukasus. Ihre Blüten riechen kohlähnlich und locken Bienen an. Passt gut zusammen mit hoch und schlank wachsenden Stauden wie Fackellilie *(Kniphofia)* oder Königskerze *(Verbascum)*.

Einjährige
Zweijährige
Stauden
Zwiebelblumen
Gräser/Farne
Ziergehölze
Hecken
Rosen
Kletterpflanzen

Schildblatt

Darmera peltata
(Syn.: *Peltiphyllum peltatum)*

Darmera peltata oben: Blütenstände, unten: Blätter mit Herbstfärbung

◑-● ⬆80 cm ✿4-5

Wuchs: Rhizom waagerecht, fleischig, mit rundlichen Schuppenblättern.

Blätter: Lang gestielt, schildförmig, 30–60 cm breit. Betont geadert, tief gelappt, fein gesägt, dunkelgrün. Blätter erscheinen nach der Blüte.

Blüten: Eine vielblumige Trugdolde auf 40–60 cm hohem, blattlosem, rauhaarigem Schaft, rosa bis weiß.

Standort: Halbschattig bis schattig, normale oder feuchte Staudenbeete und Uferzonen.

Pflege: Die Blüten vor Spätfrost schützen. Frostschäden gleicht die Pflanze mit mehr Blattaustrieb wieder aus.

Vermehrung: Teilung oder Aussaat.

Bemerkungen: Tolle Herbstfärbung!

Garten-Rittersporn

Delphinium
*(*Belladonna-, Elatum- und Pacific-Hybriden)

Delphinium-Elatum-Hybride 'Tempelgong'

Delphinium-Pacific-Hybride

○ ⬆80–180 cm ✿6-8

Wuchs: Horstartig, mit aufrechten, teils verzweigten Blütentrieben. *D.*-Belladonna-Hybriden sind kleiner und zierlicher.

Blätter: Lang gestielt, in drei bis sieben Segmente geteilt.

Blüten: Fünfteilige, gestielte und jeweils mit einem rückwärts gerichteten Sporn versehene Blüte. Straffe, hohe Blütenrispen.

Standort: Sonnige Prachtstaudenrabatten mit nährstoffreichem Boden.

Pflege: Auf mageren Böden alle 3–4 Wochen flüssig düngen. Hochwüchsige Sorten stützen. Nach der Blüte handbreit über dem Boden zurückschneiden und düngen. Das führt zu einer zweiten Rittersporn-Blüte im September.

Vermehrung: Stecklinge, Teilung, *D.*-Pacific-Hybriden auch durch Aussaat.

Sorten:

D.-Elatum-Hybriden sind hohe Sorten mit dichten Blütentrauben.

- 'Amorspeer', hellblau, dunkles Auge, 170 cm, 6–8.
- 'Berghimmel', himmelblau, weißes Auge, 170 cm, 6–8.
- 'Blauwal', dunkelblau, schwarzes Auge, früh blühend, 180 cm, 6.
- 'Finsteraarhorn', tiefes Enzianblau, dunkles Auge, 170 cm, 6–8.
- 'Lanzenträger', enzianblau, weißes Auge, 200 cm, 6–7.
- 'Sommernachtstraum', tiefblau, 140 cm, 6–7.
- 'Tempelgong', blauviolett, 170 cm, 5–9.

D.-Belladonna-Hybriden sind grazile, niedrige und standfeste Sorten:

- 'Atlantis', tiefviolett, 80 cm, 7–8.
- 'Ballaton', tief dunkelblau, 120 cm, 6–8.
- 'Moerheimii', locker verzweigt, weiß, 100 cm, 7–8.
- 'Völkerfrieden', leuchtendes Enzianblau, 100 cm, 7–8.

D.-Pacific-Hybriden bilden große, gefüllte Blüten an sehr dichten Rispen.

- 'Astolat', lilarosa, 180 cm, 7–8.
- 'King Arthur', dunkelviolett, schwarzes Auge, 180 cm, 6–8.
- 'Summer Skies', hellblau mit weißem Auge, 180 cm, 6–8.

Bemerkung: Rittersporne sind giftig!

Herbst-Chrysantheme, Winteraster

Dendranthema-Grandiflora-Hybriden (Syn.: *Chrysanthemum*-Indicum-Hybriden

Dendranthema-Grandiflora-Hybride

○ 50–80 cm ✿ 8–11

Wuchs: Robuster Halbstrauch, Triebe verholzend.

Blätter: Dicke, aromatisch duftende, gelappte Blätter, 10 cm lang und graufilzig.

Blüten: Strahlenblüten weiß, gelb, orange, bronze, rot, rostrot oder violett. Einfach oder gefüllt. Mitte gelb oder verdeckt durch Zungenblüten. Man unterscheidet nach der Form der Blüten verschiedene Gruppen, u. a. anemonenblütige, einfache, einwärtsgebogene, Löffel-, Pompon-, Röhren- und spinnenblütige Sorten.

Standort: Sonnige Prachtstaudenrabatten, durchlässiger Boden.

Pflege: In rauen Lagen Winterschutz mit Reisig.

Vermehrung: Teilung, Steckling, Aussaat.

Sorten:

- 'Bronze Schweizerland', hell bronzefarben, 70 cm, 9.
- 'Mandarin', orange, halbgefüllt, 70 cm, 9.
- 'Paul Boissier', orangebraun, 70 cm, 8–9.
- 'Schweizerland', gefüllt, leuchtendes Rot, 80 cm, 9.

Weitere Art:

- *C. arcticum*, frischgrün, schlichte, kleine Margeritenblüten, 40 cm.

Pfingstnelke

Dianthus gratianopolitanus (Syn.: *D. caesius)*

Dianthus gratianopolitanus

○ 8–15 cm ✿ 4–8

Wuchs: Dichte, meergrüne oder blaugraue, feste Polster.

Blätter: Lanzettlich, grasartig, graugrün oder blaugrün.

Blüten: Einzeln, tellerförmig, oft gefranst, mit scharf gesägten Rändern. Rosa, weiß, karmin- oder samtrot, teilweise gefüllt, duftend.

Standort: Vollsonnig, auch heiß. Boden mäßig trocken, gut durchlässig, mäßig nährstoffreich. Keine schweren, feuchten Böden. Beeteinfassung, Trockenmauer, Steingarten.

Pflege: Fäulnis in schweren Böden.

Vermehrung: Teilung oder Sommerstecklinge.

Sorten:

- 'Nordstjernen', blaugraue Polster, rosa, 10 cm, 4–8.
- 'Pink Jewel', kompakt, blaugraues Polster, rosa, gefüllt, besonders schön für Töpfe und Tröge, 8 cm, 5–6.
- 'Blaureif', rosa 15 cm, 5–6.
- 'La Bourbille', rosa, 5 cm, 5–6.
- 'Rotkäppchen', samtrot, 15 cm, 5–6.

Bemerkungen: Die beste Nelke für die Einfassung von Beeten und Gräbern.

Federnelke

Dianthus plumarius

Dianthus deltoides

○ 20–45 cm ✿ 5–7

Wuchs: Lockere, immergrüne Polster. Stängel 25–30 cm hoch, vierkantig, gabelig verzweigt.

Blätter: Blaugrün, 5 cm lang, zugespitzt.

Blüten: Fedrig geschlitzt, weiß oder rosa, stark duftend. Einfach oder gefüllt.

Standort: Sonniges Staudenbeet. Trockener Boden, Kalk liebend.

Pflege: Für trockenen Boden sorgen, keine Staunässe.

Vermehrung: Teilung und Stecklinge.

Sorten:

- 'Rose du Mai', rosa Blüten, graues Laub, starker Duft, 20 cm, 5–7.
- 'Ine', weiß mit Rot, gefüllt.

Bemerkungen: Ideale Nachbarpflanzen sind das Sonnenröschen *(Helianthemum*-Hybriden), Salbei *(Salvia nemorosa)* und blau-graue Gräser wie der Blauschwingel *(Festuca cinerea)*.

Weitere Arten:

- Karthäusernelke *(D. carthusianorum)*, purpurrot, 50 cm, 6–9.
- Heidenelke *(D. deltoides)*, flach liegende, grüne Polster; mehrere Sorten, z. B. 'Brillant', leuchtend dunkelrot, 15 cm, 4–7.
- Schwefelnelke *(D. knappii)*, einzige Nelken-Art mit hellgelben Blüten, 25 cm, 6–8.

Tränendes Herz, Herzblume
Dicentra spectabilis

Dicentra spectabilis 'Alba'

○-◑ ⬆30–70 cm ✿5–6

Wuchs: Locker horstartig, nicht immer standfest.

Blätter: Gefiedert, stumpf blaugrün. Ziehen bald nach der Blüte ein.

Blüten: Herzförmig, zweifarbig rosa und weiß oder rein weiß.

Standort: Am Gehölzrand und im Staudenbeet. Halbschattig, bei ausreichend feuchten Böden auch sonnig. Frische, nährstoffreiche, humose Böden.

Pflege: Zu sonnig gepflanzte Exemplare vor Spätfrösten schützen, mit Reisig oder Karton abdecken. Pflanzen nicht durch unnötiges Verpflanzen stören. Ungestört werden sie viele Jahre alt.

Vermehrung: Grundständige Stecklinge, Seitentriebe nach der Blüte.

Sorten:
- 'Alba', weiß, 70 cm, schwachwüchsig.

Weitere Arten:
- Zwerg-Herzblume *(D. eximia)*, farnartige, fein gefiederte Blätter, Blüten rosa, 15–25 cm, 5–8; 'Alba', weiß, 5–9; 'Luxuriant', blaugrünes Laub, dunkelrosa Blüten, 25–30 cm.
- *D. formosa*, kriechendes Rhizom, gefiederte Blätter, Blüten rosa, 7–8, 30 cm.

Diptam
Dictamnus albus

Dictamnus albus

○ ⬆70–100 cm ✿6–8

Wuchs: Aufrecht mit kräftigem, fast holzigem, weißem Wurzelstock. Stängel zu mehreren, straff aufrecht, meist unverzweigt, besonders im oberen Teil mit schwärzlichen Öldrüsen besetzt.

Blätter: Derb, gefiedert, dunkelgrün. Die Form erinnert an Eschenlaub.

Blüten: Sehr zart, in endständigen, aufrechten Trauben angeordnet. Groß, rosa mit dunkleren Adern. Sehr dekorative Samenstände.

Standort: Sonnig bis halbschattig, für kalkhaltige, trockene Böden. Warme Gebüschränder oder trockene Steppenbeete.

Pflege: Anspruchslos.

Vermehrung: Teilung nur bedingt möglich. Aussaat direkt nach der Reife.

Sorten:
- 'Albiflorus', weiße Blüten, 70 cm, 6–8.

Bemerkungen: Sämtliche Blütenteile sind mit Drüsen besetzt, die ein nach Zitrone duftendes Öl enthalten. Nähert man sich mit einer Kerze, entzündet sich das Öl. In der Bibel wird der Diptam als »Brennender Busch Mosis« bezeichnet. Schön zusammen mit Rutenhirse *(Panicum virgatum)* und Katzenminze *(Nepeta × faassenii)*.

Gemswurz
Doronicum orientale

Doronicum orientale

○-◑ ⬆40–70 cm ✿4–6

Wuchs: Horstartig, mit kriechendem, fleischigem Wurzelstock, der schuppig behaart ist.

Blätter: Ungeteilte, kahle, hellgrüne, lang gestielte Grundblätter. Wechselständige, Stängel umfassende Stängelblätter.

Blüten: Lang gestielte, große Blütenköpfe, gelb.

Standort: Sonniges bis halbschattiges Staudenbeet auf sandig-lehmigem Boden.

Pflege: Anspruchslos.

Vermehrung: Teilung nach der Blüte.

Sorten:
- 'Frühlingspracht', gefüllt.
- 'Gerhard', gefüllt, zitronengelb.

Bemerkungen: Eine der frühesten Stauden im Garten. Gute Schnittblume. Schön zusammen mit Jakobsleiter *(Polemonium)* und Lungenkraut *(Pulmonaria)*.

Weitere Art:
- *D. plantagineum*, großblumiger; 'Excelsum', goldgelb, 70 cm, 5–6; 'Strahlengold', goldgelb, 70 cm, 5–6.

Silberwurz
Dryas octopetala

Dryas octopetala

○ 5–10 cm ✿ 4–6

Wuchs: Dichtes Geflecht aus verholzenden Trieben, die flach über Steine kriechen und bis zu 50 cm Länge erreichen. Bildet dichte Matten.

Blätter: Klein, länglich bis eiförmig, an der Basis herzförmig oder gestutzt, runzlig, gekerbt. Oberseits sattgrün, unterseits weißfilzig, immergrün.

Blüten: Cremeweiß, schalenförmig, mit 7–9 Blütenblättern. Die einzelne Blüte ähnelt den von Anemonen. Nach der Blüte dekorative, fedrige Samenstände.

Standort: Sonnig, in jedem durchlässigen, lehmig-humosen Boden. Gut auf Mauern, in Fugen, als alpine Trogbepflanzung.

Vermehrung: Aussaat und Teilung, am besten jedoch durch Stecklinge, die flach gesteckt werden.

Sorten:
- 'Lanata', gedrungen, langsam wachsend, cremeweiß, 5 cm, 4–7.

Weitere Art:
- *D. × suendermannii*, wüchsiger Bodendecker, 10 cm, 5–6.

Roter Sonnenhut
Echinacea purpurea
(Syn.: *Rudbeckia purpurea)*

Echinacea purpurea 'Alba'

○ 40–120 cm ✿ 7–9

Wuchs: Aufrechte, standfeste Staude. Horstartig. Stängel steif, rötlich angelaufen, wenig oder nur oben verzweigt.

Blätter: Lang gestielt, eiförmig, lang zugespitzt, scharf gesägt, derb und rau.

Blüten: Lange, hängende Zungenblüten in Rot oder Weiß, hochgewölbte, goldbraungrüne Scheibe, später als Fruchtstand sehr attraktiv.

Standort: Sonniges Staudenbeet.

Pflege: Rückschnitt nach der Blüte verlängert die Lebensdauer, sonst kurzlebig.

Vermehrung: Teilung und Wurzelschnittlinge.

Sorten:
- 'Alba', cremeweiß, 100 cm, 7–8.
- 'The King', dunkelrot, sehr großblumig, beste Schnittsorte, 40–90 cm, 7–9.

Bemerkungen: Wertvolle Schnitt- und Beetstaude. Besonders gut passt sie zu Gräsern wie Chinaschilf *(Miscanthus sinensis)* und der weißen Gelenkblume *(Physostegia virginiana* 'Alba').

Kugeldistel
Echinops ritro

Echinops ritro 'Veitch's Blue'

○ 80–120 cm ✿ 8–9

Wuchs: Aufrecht, straffe Triebe.

Blätter: Doppelt fiederspaltig, kurz und dünn bedornt, oberseits kahl, graugrün, unterseits silbrig-graufilzig.

Blüten: In endständigen kugeligen, blauen Köpfen, von einer Hülle borstenförmiger, zurückgeschlagener Hüllblättchen umgeben. 2–4 cm breit, stahlblau. Schon vor dem Erblühen gut ausgefärbt.

Standort: Sonniges Stauden- und Steppenbeet, Naturgärten. Nährstoffarme, durchlässige Böden.

Pflege: Sehr anspruchslos und widerstandsfähig. Für Trockenblumen vor dem Öffnen der ersten Blüten schneiden.

Vermehrung: Teilung, Wurzelschnittlinge.

Sorten:
- 'Veitch's Blue', stahlblau, 50–80 cm.

Bemerkungen: Auch nach der Blüte bis in den Winter hinein attraktiv.

Weitere Art:
- *E. sphaerocephalus*, grauweiße, graufilzige Blütenköpfe, 150–200 cm, 7–8, robust, heimisch.

Großblumige Elfenblume

Epimedium grandiflorum

Epimedium grandiflorum

◑-● ⬆15-30 cm ✿ 4-5

Wuchs: Kriechende, dichte Horste bildende Wurzelstöcke.

Blätter: Zwei- bis dreizählige grundständige Blätter. Eiförmig zugespitzt, am Rand dornig gezähnt, 2 cm lang, glatt, glänzend. Blätter im Austrieb bronzefarben.

Blüten: Zierlich, gespornte Blüten, lila oder weiß.

Standort: Halbschattige bis schattige Plätze, humoser Boden. Gehölzrand und unter Gehölzen.

Vermehrung: Teilung.

Sorten:

- 'Elfenkönig', rahmweiß, wüchsig.
- 'Lilafee', purpurviolett, reich blühend und wüchsig.
- 'Violaceum', dunkelviolett.

Weitere Arten:

- *E. × perralchicum*, 30 cm hoch, Blätter im Winter leicht bräunlich gerandet, Blüten gelb; 'Frohnleiten', sehr dichter Wuchs, Laub stachelig gezähnt, im Herbst rot.
- Rote Elfenblume *(E. rubrum)*, 30 bis 40 cm, kräftig im Wuchs, Blätter im Austrieb rot, Blüten bis über 2 cm groß, leuchtend rot, mit hellgelben Honigblättern, Blüte 4–5.

Bemerkungen: Gute Partner sind die Schaumblüte *(Tiarella cordifolia)*, Tränendes Herz *(Dicentra spectabilis)* und Herbstzeitlose *(Colchicum autumnale)*.

Immergrüne Elfenblume

Epimedium pinnatum ssp. *colchicum*

Epimedium × versicolor 'Sulphureum'

◑-● ⬆20-30 cm ✿ 4-5

Wuchs: Kriechende, dichte Horste bildende Wurzelstöcke.

Blätter: 3- bis 5teilig, eiförmig zugespitzt, immergrün, ledrig, bronzegrün.

Blüten: Reingelb, mit braunem oder gelbem Sporn.

Standort: Halbschattige bis schattige Staudenbeete und Gehölzränder, humoser Boden.

Pflege: Humus, Kompost oder Laub zwischen die Pflanzen streuen.

Vermehrung: Teilung.

Sorten:

- 'Elegans', sehr guter wintergrüner Typ, Blüte reingelb, 25 cm, 4–5.

Bemerkungen: Wertvollste Art wegen der wintergrünen Blätter. Günstige Partner sind Herbstanemonen *(Anemone-*Japonica-Hybriden), Primeln *(Primula)* und Maiglöckchen *(Convallaria majalis)*.

Weitere Arten:

- *E. × warleyense*, 20–50 cm hoch, Rhizom lang. Blätter 9-, 5- oder 3teilig, herzförmig, spitz gezähnt, unterseits fein behaart, im Austrieb hellgrün mit rötlichem Rand; 10–30-blütige, bräunlich-kupferfarbene Rispen.
- *E. × versicolor*, 30–50 cm, teils wintergrün, beim Austrieb rot gefärbt; 'Sulphureum', wintergrün, rot oder braun gefleckt, Blüten hellgelb.

Feinstrahlaster

Erigeron-Hybriden

Erigeron-Hybride 'Quakeress'

○ ⬆60-80 cm ✿ 6-7/9

Wuchs: Horstartig, buschig, stark verzweigt.

Blätter: Lanzettlich, kahl, ganzrandig.

Blüten: Nadelartige Zungenblüten in mehreren Reihen und gelbe Mitte. Hell blauviolett, weiß, rosa oder rot.

Standort: Sonniges Staudenbeet, humose, nährstoffreiche, frische Böden.

Pflege: Rückschnitt sofort nach der Blüte fördert Nachblüte im Herbst.

Vermehrung: Teilung.

Sorten:

- 'Adria', 70 cm, hell blauviolett.
- 'Quakeress', 80 cm, weiß.
- 'Dunkelste Aller', 60 cm, blauviolett; sehr pflegeleicht, gut für Garteneinsteiger.
- 'Foersters Liebling', 60 cm, hell rotviolett.
- 'Rosa Triumph', 70 cm, rosaviolett.
- 'Sommerneuschnee', 60 cm, weiß.
- 'Strahlenmeer', sehr strahlige, feine, hellviolette Blüte.

Bemerkungen: Erst zu mehreren wirken die Feinstrahlastern richtig gut. Haltbare Blume für die Vase.

Alpen-Edeldistel, Alpen-Mannstreu

Eryngium alpinum

Eryngium giganteum

○ ⬆60–80 cm ✿7–8

Wuchs: Aufrecht, horstig. Wurzelstock rübenförmig.

Blätter: Herzförmig, doppelt gekerbt, lang gestielt, Stängelblätter gelappt.

Blüten: Köpfe auf straffen Stielen, walzenförmig, bis 4 cm lang, Distelartige Hüllblätter 10–15 cm lang, stahlblau.

Standort: Kalkhaltige, durchlässige Böden in voller Sonne. Böschungen, Terrassen, sonnige Staudenrabatten.

Pflege: Für trockene Füße sorgen.

Vermehrung: Teilung.

Sorten:

- 'Opal', große, silbrig-lilafarbene Blüten, 70 cm, 6–7.

Bemerkungen: Gute Partner sind Schafgarbe *(Achillea)*, Lavendel *(Lavandula)* und Perlkörbchen *(Anaphalis triplinervis)*.

Weitere Arten:

- *E. agavifolium*, stattliche, strukturbildende, wintergrüne Pflanze aus Argentinien. Für trockene Staudenbeete, Kiesbeete. Scharf gezähnte Blätter, ähnlich wie bei der Agave in Rosetten angeordnet; Blüten cremeweiß, 70 cm, 7–8.
- Elfenbein-Mannstreu *(E. giganteum)*, aufrecht, horstartig, mit auffallend silbergrünen Hochblättern um die blassblauen Blütenstände, 70–90 cm, 7–9. Gute Schnittblume.

Wasserdost

Eupatorium purpureum 'Atropurpureum'

Eupatorium rugosum 'Chocolate'

○–◑ ⬆180 cm ✿7–9

Wuchs: Stattliche, mannshohe Erscheinung mit kräftigen, dicken, rötlichen Stielen.

Blätter: Lanzettlich, gesägt, in 3er- oder 4er-Quirlen angeordnet.

Blüten: In flachen, endständigen Doldentrauben, locker, blassrosa bis leuchtend weinrot.

Standort: Nährstoffreiche, frische bis feuchte Böden, vorwiegend sonnige Lagen, auch halbschattig. Am Gehölzrand, bodenfeuchte Rabatten, in Wassernähe.

Pflege: Anspruchslos, im Herbst mit Kompost abdecken. Wenn nicht standfest, stäben und stützen. Bei Trockenheit wässern.

Vermehrung: Teilung.

Bemerkungen: Auffälliger Blickfang! Idealer Abschluss im Hintergrund einer Staudenrabatte oder auf trockenem ebenso wie feuchtem Ufer am Teich.

Weitere Art:

- *E. rugosum* (Syn.: *Ageratina altissima*), Höhe 30–150 cm, Blüte weiß, 7–9, sehr schöne Art; 'Chocolate', braunrote Blätter.

Mandelblättrige Wolfsmilch

Euphorbia amygdaloides

Euphorbia dulcis 'Chameleon'

○–◑ ⬆40–50 cm ✿3–8

Wuchs: Halbstrauchig, locker buschig, wintergrün. Stängel rötlich, locker beblättert.

Blätter: Blätter länglich, verkehrteiförmig, stumpf, dunkel olivgrün, unterseits rostrot, im Winter auch oberseits rötlich-purpur.

Blüten: Gelb, endständig, winzig, in walzenförmigen, grünlichgelben Trugdolden mit verwachsenen, rundlichen Hochblättern.

Standort: Für kalkhaltige Böden an sonnigen bis halbschattigen Plätzen.

Pflege: Handschuhe anziehen, da giftiger Milchsaft. Im Spätherbst abschneiden.

Vermehrung: Teilung und Aussaat.

Sorten:

- 'Purpurea', dunkelrotes Laub, 80 cm, wächst aber niederliegend, Blüte gelb, 3–8.

Bemerkungen: Wichtige Gattung für den Frühlingsgarten und sehr wirkungsvoll im Winter! Schön am Gehölzrand zusammen mit der Christrose *(Helleborus niger)*.

Weitere Art:

- Süße Wolfsmilch *(E. dulcis)*, 30–40 cm Ausläufer bildend, aufrechte Triebe, wintergrün; 'Chameleon', Blüten grünlich-gelb, 5–7, mattrote bis braunrote Hochblätter.

Palisaden-Wolfsmilch

Euphorbia characias ssp. *wulfenii*

Euphorbia characias ssp. *wulfenii*

○ ⬆60–100 cm ✿4–7

Wuchs: Aufrechte, walzenförmige Triebe, dicht beblättert.

Blätter: Blaugrün, schmal, lanzettlich, kreisförmig an straffen Stielen angeordnet.

Blüten: Limonengelbe, winzige Blüten in dichten, endständigen Trauben.

Standort: Sonnige Staudenbeete. Nährstoffarme, schotterige, durchlässige Böden in voller Sonne.

Pflege: Sehr frostempfindlicher Halbstrauch; außer in wintermilden Gegenden daher mit Winterschutz oder im Kübel. Vor Vernässung schützen, vor allem im Winter! Beim Schnitt oder Umpflanzen Handschuhe tragen (giftiger Milchsaft)!

Vermehrung: Stecklinge und Aussaat (auch Selbstaussaat).

Bemerkungen: Stattliche, dekorative Leitstaude für Steppenbeete. Diese aus dem Mittelmeerraum stammende Art ist in England sehr häufig zu sehen. Bei uns ist sie aufgrund der geringen Winterhärte seltener anzutreffen.

Walzen-Wolfsmilch

Euphorbia myrsinites

Euphorbia myrsinites

○ ⬆25 cm ✿6–7

Wuchs: Niederliegend, Stängel dicht beblättert. Bis 60 cm breit.

Blätter: Fleischig, eiförmig, spiralig um den Trieb angeordnet, blaugrün, wintergrün.

Blüten: Winzig, in dicht gedrungenen, kopfigen Scheindolden mit gelblichgrünen Hochblättern.

Standort: Sonnige Beete; kalkhaltige, durchlässige, auch karge Böden, bevorzugt Sommertrockenheit. Für Mauerkronen, Böschungen und in Fugen.

Pflege: Alle drei Jahre zurückschneiden (mit Handschuhen, da giftiger Milchsaft!), dies sorgt für gute Verzweigung.

Vermehrung: Aussaat (auch Selbstaussaat), Stecklinge im Frühjahr oder Sommer.

Weitere Art:

- Zypressen-Wolfsmilch *(E. cyparissias)*, 20–40 cm, blaugrüne, nadelförmige Blätter, oft rötlich getönte Blüten, 6–7; starker Ausbreitungsdrang, lässt sich aber leicht im Zaum halten. Außerdem schaden die zarten Triebe nicht, im Gegenteil, sie weben sich zwischen die Blütenstauden und schmeicheln kräftigen Farben.

Gold-Wolfsmilch

Euphorbia polychroma

Euphorbia polychroma

○-◑ ⬆35–50 cm ✿6–8

Euphorbia griffithii 'Fireglow'

Wuchs: Horstartig, buschig. Vieltriebiger Wurzelstock.

Blätter: Schmal lanzettlich, dunkelgrün, leicht behaart.

Blüten: Dichte, winzige Scheinblüten mit gelben Hochblättern.

Standort: Sonniger oder halbschattiger, warmer Gehölzrand. Kalkhaltige, nährstoffreiche, trockene Böden.

Pflege: Pflanzen verkahlen leicht. Deshalb alle drei Jahre Rückschnitt nach der Blüte, es folgt neuer Austrieb.

Vermehrung: Stecklinge.

Sorten:

- 'Sonnengold', goldgelb.

Weitere Art für sonnigen Gehölzrand:

- Feuer-Wolfsmilch *(E. griffithii)*, 50 bis 80 cm, 5–6, feurig orangerote Hochblätter, endständige Blütendolden. In der Sonne am schönsten, im Schatten viele Ausläufer; 'Fireglow', rot-orange Herbstfärbung, 100 cm, 5–6.

Prärie-Mädesüß

Filipendula rubra

Filipendula rubra 'Venusta'

○-◑ ⬆70-150 cm ✿7-8

Wuchs: Aufrecht, mit steifen, beblätterten Blütenstielen und niedriger Blattrosette. Ausläufer bildend.

Blätter: Unterbrochen gefiedert, unterseits auf den Nerven behaart, große Nebenblätter, mit Blattstielen verbunden.

Blüten: Rosa bis rot, in Doldenrispen. Stark duftend!

Standort: Sonnige bis halbschattige Plätze, in Rabatten, am Teichufer oder am Gehölzrand.

Pflege: Pflanzzeit im Mai. Bei Bedarf Ausläufer abstechen.

Vermehrung: Teilung und Stecklinge im Frühjahr.

Sorten:

- 'Venusta', dunkelrosa.
- 'Venusta Magnifica', große, karminrosa Blüten, 150 cm.

Bemerkungen: Schöne Partner sind Glockenblumen *(Campanula)* und Blutweiderich *(Lythrum)*.

Weitere Arten:

- Kleines Mädesüß: *(F. vulgaris)*, heimische Wildstaude mit grundständiger Blattrosette, weiße Blüten, verträgt trockeneren Standort, 40 bis 60 cm, 6–8; 'Plena', gefüllt, weiß, kompakt, 40 cm, 6–7.
- Echtes Mädesüß *(Filipendula ulmaria)*, heimisch, Blüten cremeweiß, 70–100 cm, 7–8, für feuchte Böden; 'Plena', gefüllt, weiß.

Zierfenchel

Foeniculum vulgare

Foeniculum vulgare

○ ⬆80–100 cm ✿6–7

Wuchs: Blattschmuckpflanze, buschig, aufrecht, mit dicken, hohlen Stängeln. Eigentlich eine Staude, oft aber nur zweijährig.

Blätter: Gefiedert, hell- bis bronzegrün, je nach Sorte. Stark nach Anis duftend.

Blüten: Gelb, in flachen Dolden.

Standort: Sonnige, durchlässige, nährstoffreiche, feuchte Gartenböden, lehmig oder sandig.

Pflege: Verblühtes abschneiden, um Selbstaussaat zu vermeiden. Für die Vase vor der Blüte schneiden.

Vermehrung: Direktaussaat ab April bis Juli, später vereinzeln.

Sorten:

- 'Rubrum', rotblättrig, 80–100 cm, 8–10.
- 'Smokey', bronzegrün, 120 cm hoch.

Bemerkungen: Dunkelblättrige Sorten bilden einen attraktiven Kontrast im Kräutergarten oder in der Blumenrabatte.

Weitere Art:

- Gewürzfenchel *(F. vulgare* var. *dulce)*, 80–100 cm, zart gefiedertes Blatt, schwefelgelbe Blütendolden, 7–8.

Kokardenblume

Gaillardia-Hybriden

Gaillardia-Hybride

○ ⬆30–50 cm ✿7–9

Wuchs: Aufrecht, halbkugelig, buschig.

Blätter: Grundblätter fiederteilig, Stängelblätter lanzettlich, behaart.

Blüten: Scheibenblüten purpurn, Strahlenblüten innen weinrot, nach außen hin gelb/orange.

Standort: Nährstoffreiche, humose Böden. Sonnige, warme Rabatten.

Pflege: Im September radikaler Rückschnitt, damit neue Triebe fürs nächste Jahr gebildet werden. Unbedingt vor Winternässe schützen.

Vermehrung: Teilung und Steckling.

Sorten:

- 'Burgunder', weinrot, 50 cm, 7–9.
- 'Kobold', kompakter Wuchs, gelb/rot gerandet, 30 cm, 7–9.

Bemerkungen: Fröhliche, unkomplizierte Beetstaude für sonnige Plätze. Gute Partner sind Kapuzinerkresse *(Tropaeolum majus)*, Ringelblumen *(Calendula officinalis)*, Königskerzen *(Verbascum chaixii)* und Frauenmantel *(Alchemilla mollis)*.

Waldmeister

Galium odoratum
(... *Asperula odorata)*

...

Weitere Art:

- Echtes Labkraut *(Galium verum)*, gelb, feinere Blüten, wuchert etwas, sonnig bis halbschattig, auch für karge Böden, 25–40 cm hoch, Blüte 6–7.

Prachtkerze

Gaura lindheimeri

Gaura lindheimeri

80–100 cm ✿ 6–10

...chs: Aufrecht, dünne, beblätterte, ...ker verzweigte Stängel, leicht be...art.

...tter: Lanzettlich, fein.

...üten: Trauben oder Rispen aus klei...en, vier- bis fünfblättrigen Schalen...lüten, weiß, Knospen rosa schim...ernd.

...tandort: Staudenbeete, Rabatten. Volle Sonne, leichte, durchlässige Erde.

Pflege: Nicht ganz winterhart. Am besten im Herbst ausgraben, zurückschneiden und hell und frostfrei überwintern. Rückschnitt nach der Blüte.

Vermehrung: Stecklinge im Sommer oder Aussaat im Herbst.

Sorten:

- 'Whirling Butterflies', standfeste Auslese mit weißen, rosa überhauchten Blüten.

Bemerkungen: Bereits 1873 in Vilmorins Gartenbuch als eine der hübschesten Pflanzen für die Gärten als »Lindheimer Prachtkerze« bezeichnet. Eignet sich gut als Hintergrund einer Rabatte. Die Blüten erinnern an weiße, herumwirbelnde Schmetterlinge.

Stängelloser Enzian

Gentiana acaulis
(Syn.: *G. kochiana)*

Gentiana sino-ornata

○ 10 cm ✿ 6–7

Wuchs: Stängellose, dichte Rosette, bildet dicht gedrängte Teppiche.

Blätter: Glänzend grün, grundständig, ungestielt, elliptisch, immergrün.

Blüten: Einzelne, tiefblaue Trichterblüten, die direkt in der Rosette entspringend, mit grün gesprenkeltem Schlund.

Standort: Absonnige Staudenbeete auf lehmhaltigen, aber durchlässigen Böden. Verträgt keinen Kalk!

Pflege: Nicht ganz leicht zu kultivieren, braucht volle Sonne und durchlässigen Boden, sonst fault er. Vor allem in schneearmen Wintern mit Reisig abdecken.

Vermehrung: Aussaat im Herbst oder Teilung im Frühjahr.

Bemerkungen: Häufig wird der kalkliebende Enzian *(Gentiana clusii)* als Stängelloser Enzian angeboten.

Weitere Arten:

- Schwalbenschwanz-Enzian *(G. asclepiadea)*, 60 cm hoch, 7–8, dunkelblau; schwierig in der Vermehrung.
- Sommerenzian *(G. septemfida* var. *lagodechiana)*, 20 cm, 7–9, wüchsig, für Steingärten.
- Herbstenzian *(G. sino-ornata)*, 5 cm, 9–10, tief azurblaue Blüten, nur auf saurem Torfboden, für Rhododendrongärten.

Einjährige
Zweijährige
Stauden
Zwiebelblumen
Gräser/Farne
Ziergehölze
Hecken
Rosen
Kletterpflanzen

Storchschnabel
Geranium

Die rotvioletten Blüten des *Geranium psilostemon* (links und rechts) werden umspielt von Buntschopfsalbei *(Salvia viridis,* hinten rechts) und der Edelgarbe *Achillea filipendulina,* vorne.

Die Gattung *Geranium* umfasst etwa 300 Arten und bietet für fast jeden Platz im Garten eine wunderschöne Lösung.

Am schattigen Gehölzrand fühlen sich besonders viele Arten wohl; z. B. der Rosa Storchschnabel *(G. endressii)* und der Balkan-Storchschnabel *(G. macrorrhizum),* der Pracht-Storchschnabel *(G. × magnificum)* und der Blut-Storchschnabel *(G. sanguineum).* Alle diese Arten zeichnen sich durch starke Ausbreitungskraft und Robustheit aus. Sie lieben frischen, zeitweilig auch trockenen, aber nährstoffreichen Boden. Und sie können es sogar mit dem hartnäckigen Giersch *(Aegopodium podagraria)* aufnehmen.

Andere Arten, wie der Dalmatinische Storchschnabel *(G. dalmaticum),* gedeihen nur an sonnigen Plätzen auf schotterigem, trockenem Boden, zwischen Steinen und Fugen.

Die Vielfalt der Blütenfarben und Blattformen ist ebenso groß wie die der Verwendungs- und Kombinationsmöglichkeiten.

Cambridge-Storchschnabel
Geranium × cantabrigiense

Geranium × cantabrigiense 'Biokovo'

○-◑ ⬆ 25–30 cm ✿ 5–7

Wuchs: Halbkugelig, buschig, wird durch Ausläufer bis zu 60 cm breit.

Blätter: Rund, handförmig, mehr oder weniger stark zerteilt, halbwintergrün.

Blüten: Schalenförmig, mit fünf Blütenblättern zartrosa oder weiß.

Standort: Sonnige bis halbschattige Plätze zwischen Steinen, vor Sträuchern und in Trögen.

Pflege: Rückschnitt nach der Blüte.

Vermehrung: Teilung im Mai/Juni.

Sorten:
- 'Biokovo', rosa überhauchte, weiße Blüten; guter Bodendecker!
- 'Cambridge', dunkelrosa, 25 cm, 5–6.

Bemerkungen: Idealer Bodendecker für kleine Flächen. Blatt- und Blütenschmuckstaude.

Felsen-Storchschnabel
Geranium cinereum

Geranium cinereum 'Ballerina'

○ ⬆ 10–15 cm ✿ 6–9

Wuchs: Grundständige Rosette.

Blätter: Weiche, tief eingeschnittene, stark zerteilte Blätter.

Blüten: Schalenförmig, aus fünf Blütenblättern bestehend, über den Blättern leuchtend. Weiß, rosa oder rot.

Standort: Sonnig, durchlässiger, magerer Boden; in Steingärten und Trögen.

Pflege: Keine.

Vermehrung: Teilung im Frühsommer.

Sorten:
- 'Ballerina', graugrünes Laub, lilarosa, dunkel geaderte Blüten, 15 cm, 6–9.
- 'Lawrence Flatman', rosa, rot geädert, 15 cm.

Bemerkungen: Sommerblüher für den Steingarten. Gute Partner sind Strauchnelke *(Armeria maritima),* Schleierkraut *(Gypsophila repens)* und Sonnenröschen *(Helianthemum).*

Weitere Arten:
- Für das Alpinum: *G. c.* ssp. *subcaulescens* 'Purpureum', purpurrot, 15 cm, 6–9; 'Splendens', karminrot, 10 cm, 6–8.
- Dalmatinischer Storchschnabel *(G. dalmaticum),* rundliches Blatt, verfärbt sich in voller Sonne, Blüte reinrosa, 10 cm, 6–7, ebenfalls für sonnige Steingärten und Tröge; 'Album', weiß, 15 cm, 6–7; 'Bressingham Pink', auffällig rosa.

Rosa Storchschnabel
Geranium endressii

Geranium sanguineum 'Max Frei'

○-◑ ⬆40–50 cm ✿ 6–9

Wuchs: Rhizomstaude, bedeckt den Boden, bis zu 60 cm breite Büsche.

Blätter: Gezähnt, tief gebuchtet, dunkelgrün, auffällige Textur der Blattoberfläche.

Blüten: Schalenförmig, aus fünf Blütenblättern bestehend, über den Blättern leuchtend, rosa.

Standort: Sonnig bis halbschattig, Gehölzrand und Staudenrabatte.

Pflege: Für eine zweite Blüte (= Remontieren) nach der Hauptblüte zurückschneiden. Bei großflächiger Verwendung kann auch abgemäht werden.

Vermehrung: Teilung im Mai.

Sorten:

- 'Rosenlicht', dunkelrosa, nachblühend, 50 cm, 6–8, remontierend.
- 'Wargrave Pink', lachsrosa, 40 cm, 7–8.

Weitere Arten:

- Kaukasus-Storchschnabel *(G. renardii)*, 30 cm, gerunzeltes Laub, teils wintergrün; schöne blauviolette Hybride: 'Philippe Vapelle'.
- Blut-Storchschnabel *(Geranium sanguineum)*, karminrot, 40–50 cm, 5–8; heimische Art für sonnige bis halbschattige, auch trockene Bereiche an Gebüschrändern oder vor Gehölzen. Bevorzugt kalkhaltige Böden.

Himalaya-Storchschnabel
Geranium himalayense

Geranium himalayense

◑ ⬆40–60 cm ✿ 6–8

Wuchs: Horstig bis flächig, bodenbedeckend, bis zu 60 cm breit.

Blätter: Handförmig, tief eingeschnitten, fein zerteilt, hellgrün. Verfärbt sich im Herbst gelblich. Dekorativ.

Blüten: Schalenförmig, aus fünf Blütenblättern bestehend, über den Blättern leuchtend, violett-blau.

Standort: Lichter Gehölzrand und sonniges Staudenbeet. Nicht zu trockene, heiße Standorte.

Pflege: Nach der Blüte handbreit über dem Boden zurückschneiden.

Vermehrung: Teilung im Mai.

Sorten:

- 'Birch Double' (= 'Plenum'), hellblau, gefüllt, 50 cm, 6–7.
- 'Gravetye', fliederfarben mit rötlicher Mitte, 40 cm, 6–7; im Herbst gelblich-rotbraune Blätter.

Bemerkungen: Wertvoller, Trockenheit vertragender Flächendecker. Gute Partner sind Strauchrosen, Narzissen und Astilben *(Astilbe*-Hybriden). Die Zwiebelblumen füllen die Lücken vor dem Austrieb des Storchschnabels, die Astilben führen die Blüte fort.

Weitere Art:

- *G.* 'Johnson's Blue' (= *G.* 'Johnson's Variety'), eine Hybride mit der Art, fünflappige, frischgrüne Blätter, leuchtend violettblaue, große Blüten mit purpurnen Augen, 40 cm, 6–8.

Balkan-Storchschnabel
Geranium macrorrhizum

Geranium macrorrhizum 'Czakor'

○-◑ ⬆20–30 cm ✿ 5–7

Wuchs: Kriechender Bodendecker mit dicken Rhizomen, kissenförmig.

Blätter: Handförmig, tief gebuchtete Blätter, klebrig, aromatisch duftend. Ziegelrote Herbstfärbung.

Blüten: Tellerförmig, aus fünf Blütenblättern bestehend, über den Blättern leuchtend. Weißlich-rosa bis rot.

Standort: Sonnige, warme Gehölzränder, auch halbschattige Bereiche.

Pflege: Rückschnitt im Frühjahr nicht nötig. Alte Blätter werden von neuen überwachsen.

Vermehrung: Teilung im Mai/Juni.

Sorten:

- 'Ingwersen', intensives Rosa, 25 cm, 6–7.
- 'Spessart', dichtbuschig mit kriechenden Trieben, flächendeckend, zartrosa, 25 cm, 6–7.
- 'Czakor', horstig, weniger Ausläufer, purpurrot, 20–25 cm, 6–7.

Bemerkungen: Wertvoller, Trockenheit vertragender Flächendecker. Schön zu Narzissen, deren gelbe Blätter zwischen den Laubhorsten verschwinden.

Weitere Arten:

- Pracht-Storchschnabel *(G. × magnificum)*, Blatt zottig behaart, ziegelrote Herbstfärbung, leuchtend blauviolett, 40–60 cm, 6–7; 'Rosemoor', blauviolett, 35 cm, kompakt, 5-8, Nachblüte im Herbst.
- *G.* 'Sirak' *(G. ibericum × gracile)*, lilarosa, 35 cm, 5-6.

Wiesen-Storchschnabel
Geranium pratense

Geranium phaeum

○-◑ 50–120 cm ✿ 6–7

Wuchs: Horstig, stark- und hochwüchsig, schlanke, dünne, behaarte Stiele, fallen oft um und liegen auf dem Boden.

Blätter: Bis zum Stielansatz tief eingeschnitten, hellgrün, behaart. Im Herbst bronzefarben.

Blüten: Schalenförmige, violettblaue Blüten an aufrechten, unverzweigten Stängeln.

Standort: Sonnig bis leichter Schatten, auf frischen bis feuchten Böden, gern lehmig oder tonig. Nicht auf trockenen, sandigen Böden.

Pflege: Rückschnitt nach der Blüte.

Vermehrung: Teilung im Frühsommer.

Bemerkungen: Europa, Sibirien und China sind die Heimat dieser robusten Art. Sie passt gut in naturnahe Gärten, zusammen mit Beinwell *(Symphytum grandiflorum)*, Blutweiderich *(Lythrum salicaria)* und Pfirsichblättriger Glockenblume *(Campanula persicifolia)* oder Wiesenraute *(Thalictrum aquilegifolium)*.

Weitere Arten:
- Clarke's Storchschnabel *(G. clarkei* 'Kashmir White'), weiß, 30–60 cm, 7–9.
- Brauner Storchschnabel *(G. phaeum)*, dunkelpurpur, 40 cm, 6–7.

Schwarzäugiger Storchschnabel
Geranium psilostemon

Geranium psilostemon

○-◑ 40–120 cm ✿ 6–7

Wuchs: Horstig, nicht immer standfest. Lange, wenig beblätterte Stängel. Die Staude wird bis zu 90 cm breit.

Blätter: Handförmige, mehr oder weniger stark zerteilte Grundblätter, 20 bis 25 cm groß. Stängelblätter kleiner, grün. Gelbe Herbstfärbung.

Blüten: Schalenförmig, groß, aus fünf Blütenblättern bestehend, über den Blättern leuchtend. Kräftig magentarot mit schwarzem Auge und dunkler Aderung.

Standort: Vollsonnige bis halbschattige Staudenbeete; kühle, luftfeuchte Plätze. Keine heißen Standorte. Nährstoffreiche Böden, leicht sauer.

Pflege: Rückschnitt nach der Blüte. Winterschutz für raue Regionen. Bei Bedarf Stängel stützen.

Vermehrung: Teilung im Frühsommer.

Sorten:
- 'Bressingham Flair', kirschrot, 40 bis 50 cm, 6–7.

Bemerkungen: Wichtiger Farbträger für die »Violette Rabatte«. Sehr schön zusammen mit Frauenmantel *(Alchemilla mollis)* und Wiesenraute *(Thalictrum flavum)* oder Akeleien *(Aquilegia caerulea)*. Diese Art wird auch Armenischer Storchschnabel genannt.

Wald-Storchschnabel
Geranium sylvaticum

Geranium sylvaticum 'Album'

◑ 30–60 cm ✿ 6–7

Wuchs: Horstig, hochwüchsig, Stängel biegsam und nicht ganz standfest. Fällt auseinander.

Blätter: Handförmig gelappt, tief eingeschnitten, gesägt.

Blüten: Bläulich- oder rot-violett.

Standort: Halbschattiger Gehölzrand, kühl-feuchte Lagen, nährstoffreiche, frische Böden. Nie zu trocken.

Pflege: Rückschnitt nach der Blüte.

Vermehrung: Teilung im Frühsommer.

Sorten:
- 'Album', Knospen rosa, Blüten reinweiß.
- 'Birch Lilac', rotlila, 50 cm, 6–7.
- 'Compactum', rotviolett, 30 cm.
- 'Mayflower', gelappte Blätter, mehrblütige Dolden, lichtblau.
- 'Silva', violett/weiße Mitte, 40 cm, 5–6.

Bemerkungen: Heimischer Storchschnabel, dankbar für die Blumenwiesen im lichten Schatten.

Nelkenwurz
Geum coccineum

Geum coccineum

○-◑ 30–50 cm ✿ 6–9

Wuchs: Polsterförmig, oberirdisch kriechend.

Blätter: Wintergrün. Weiche, behaarte, unregelmäßig gelappte, grundständige Blätter.

Blüten: Fünfblättrige, orange-rote Schalen gelbem Staubblattbüschel.

Standort: Sonnig bis halbschattig, am lichten Gehölzrand, in der Rabatte, am Wasserrand. Frischer, nahrhafter Boden.

Pflege: Verwelktes abschneiden, das verlängert die Blüte.

Vermehrung: Teilung.

Sorten:

- 'Werner Arends', halbgefüllt, leuchtend orangerot, remontierend, 30 cm, 6–9.

Bemerkungen: Sehr schön zusammen mit anderen Stauden, deren Blüten ebenfalls feurig orange-rote Töne haben. Ideale Partner sind die Montbretie *(Crocosmia masoniorum)*, die Kokardenblume *(Gaillardia)*, die Sonnenbraut *(Helenium* 'Septemberfuchs') und Dahlien, wie etwa die Sorte 'Bishop of Llandaff'.

Weitere Arten:

- *G.*-Hybriden, z. B. 'Feuerball', scharlachrot, halbgefüllt, großblumig, lang gestielt, 50 cm, 6–8.
- *G.* × *borisii*, guter Bodendecker für den Halbschatten, orangerot, 30 cm, 6–8.

Dreiblattspiere, Scheinanemone
Gillenia trifoliata

Gillenia trifoliata

◑ 90–120 cm ✿ 6–8

Wuchs: Aufrecht, locker verzweigte, rötliche Stiele.

Blätter: Elegantes Blattwerk, oval, gezähnt, 10 cm lang, rötlich-grün. Rötliche Herbstfärbung.

Blüten: Kleine, weiße Sternblüten mit rötlichem Kelch, in lockeren Rispen, ähnlich der Prachtkerze *(Gaura lindheimeri)*.

Standort: Lichter Gehölzrand und Staudenrabatte. Im Halbschatten auf frischen, lehmig-humosen Böden.

Pflege: Braucht 2–3 Jahre bis zur vollen Entwicklung.

Vermehrung: Aussaat im Frühjahr oder Teilung im Frühjahr.

Bemerkungen: Die zur Familie der Rosengewächse gehörende Staude aus Nordamerika ist noch relativ unbekannt, doch wunderschön und eignet sich auch als Schnittblume. Sie bringt helle Töne in dunkle Ecken, und ihre Blüten leuchten noch am Abend. Die Dreiblattspiere passt gut zu Stauden mit blassen, pastelligen Blütenfarben, wie der Pfirsichblättrigen Glockenblume *(Campanula persicifolia)*, aber auch zu Stauden mit bordeauxfarbenen Blättern wie *Lysimachia ciliata* 'Fire Cracker' und Purpurglöckchen *(Heuchera micrantha* 'Palace Purple').

Teppich-Schleierkraut
Gypsophila repens

Gypsophila repens

○ 10–30 cm ✿ 5–8

Wuchs: Niederliegend, 20 cm hohe Stiele, bildet 45 cm breite Matten.

Blätter: Schmal, bläulich-grün.

Blüten: Klein, sternförmig, weiß, fliederfarben oder blassrosa, in Rispen.

Standort: Sonnige Trockenmauern und Steingärten, auf sandigen Böden.

Pflege: Keine.

Vermehrung: Teilung und Stecklinge.

Sorten:

- 'Compacta Plena', graues Laub, weiße Blüten, gefüllt, 10 cm, 5–7.
- 'Monstrosa', weiß, einfach, 30 cm, 6–8.
- 'Rosa Schönheit', flach aufliegend, groß, halbgefüllt, rosa, nachblühend, 10 cm, 5–8.
- 'Rosenschleier', eine Hybridsorte, wüchsig, zartrosa, ideal zu Rosen und Stauden, 30 cm, 6–8.

Weitere Art:

- Hohes Schleierkraut *(G. paniculata)*, buschig, 80–100 cm, 7–8, weiß, für Staudenbeete; 'Bristol Fairy', reichblütig, 80 cm.

Einjährige
Zweijährige
Stauden
Zwiebelblumen
Gräser/Farne
Ziergehölze
Hecken
Rosen
Kletterpflanzen

Sonnenbraut
Helenium-Hybriden

Helenium-Hybride 'Zimbelstern'

○ 60–150 cm ✿ 6–9

Wuchs: Aufrechte, im Alter breite Horste.

Blätter: Lanzettlich, frischgrün.

Blüten: Körbchenblüten mit dunkler Mitte und spatelförmigen Zungenblüten, Rotbraun, kupferrot oder rot-gelb. In doldigen Blütenständen.

Standort: Sonnige, warme Rabatte.

Pflege: Bei Trockenheit wässern. Verblühtes herausschneiden, das verlängert die Blütezeit. Hohe Sorten stäben.

Vermehrung: Teilung.

Sorten:

- 'Baudirektor Linne', rotbraun, 120 cm, 8–9.
- 'Goldrausch', goldgelb, braune Zeichnung und braune Mitte, 150 cm, 8–9.
- 'Karneol', kupferrot, braune Mitte, 100 cm, 7–8.
- 'Moerheim Beauty', samtig braunrot, 80 cm, 7–8.
- 'Waltraud', kupferig rot-gelb getönt, 90 cm, 7–9.
- 'Zimbelstern', Blüten im Austrieb braun geflammt, später gelb, 140 cm, 8–9.

Bemerkungen: Ein Klassiker für das Staudenbeet. Haltbare Schnittblumen.

Weitere Arten:

- *H. autumnale* 'Pumilum Magnificum', goldgelb, 60–80 cm, 6–8.
- *H. bigelovii* 'The Bishop', niedrig, goldgelb, kugelige, schwarze Mittelscheibe, 60 cm, 7–8.

Sonnenröschen
Helianthemum-Hybriden

Helianthemum-Hybride

○ 10–20 cm ✿ 6–8

Wuchs: Niedrige, niederliegende, beblätterte Triebe, teilweise wintergrün.

Blätter: Silbrig bis mittelgrün, schmal, oval.

Blüten: Schalenblüten, öffnen sich nur bei Sonne (der Name *Helianthemum* bedeutet »Blume des Sonnenscheins«). Weiß, gelb, rot, blutrot oder orangerot, auch gefüllt.

Standort: Sonnige Standorte im Steingarten, auf und in Mauern.

Pflege: Im April um 1/3 zurückschneiden, damit sich neue Triebe bilden. Graulaubige Sorten im Winter vor Frost schützen.

Vermehrung: Stecklinge oder Samen.

Sorten:

- 'Eisbär', silbergrau, weiß, einfach, 20 cm.
- 'Feuerbrand', einfach, rot, 20 cm.
- 'Gelbe Perle', gelb, gefüllt, 15 cm.
- 'Rubin', blutrot, gefüllt, 20 cm.
- 'Ruth', silbergraues Laub, orangerot, sehr gute Sorte, 10 cm.
- 'Sterntaler', goldgelb, 10 cm.
- 'Wisley Pink', rosa, 15 cm.

Stauden-Sonnenblume
Helianthus decapetalus

Helianthus decapetalus 'Capenoch Star'

○ 100–180 cm ✿ 8–9

Wuchs: Horstartig, aufrecht. Nicht immer standfest. Stängel wenig verzweigt und wenig beblättert.

Blätter: Eiförmig-lanzettlich, gezähnt, rau. Mittelgrün.

Blüten: Korbblüten, ähnlich der einjährigen Sonnenblume, nur viel kleiner, mit gelber Mitte. Locker verzweigte Blütenstände.

Standort: Sonniges Staudenbeet, frischer, nahrhafter Boden.

Pflege: Im Frühjahr düngen, bei Trockenheit wässern.

Vermehrung: Teilung.

Sorten:

- 'Capenoch Star', mehrblütig, zitronengelb, 120–180 cm, 8–9.
- 'Soleil d'Or', goldgelb, gefüllt, mit ballförmigen Blüten, 130 cm, 8–9.

Bemerkungen: Toll fürs Herbstbeet.

Weitere Arten:

- Stauden-Sonnenblume (*H.* 'Lemon Queen'), 170 cm, Blüte 8–10, zitronengelb.
- *H.* × *laetiflorus* 'Miss Mellish', goldgelb, mehrblütig, 180 cm, 9–10.
- Weidenblättrige Sonnenblume *(H. salicifolius)*, schlanke Triebe mit lanzettlichen Blättern, gelb, 200 cm, 10.

Sonnenauge

Heliopsis helianthoides var. *scabra*

Heliopsis helianthoides var. *scabra* 'Benzinggold'

○ ⬆120–150 cm ✿ 7–9

Wuchs: Horstartig, aufrecht.

Blätter: Länglich eiförmig, rauborstig behaart.

Blüten: Blütenköpfe end- und achselständig, goldgelb.

Standort: Nährstoffreiche, humose Böden in voller Sonne. Staudenbeete und Rabatten.

Pflege: Verblühtes herausschneiden, nach dem Verblühen direkt über dem Boden abschneiden.

Vermehrung: Teilung und Stecklinge.

Sorten:

- 'Benzinggold', leuchtend gelb 130 cm.
- 'Goldgefieder', goldgelb, gefüllt, 150 cm.
- 'Goldgrünherz', groß, strahlig, goldgelb, halb gefüllt, 120 cm.
- 'Hohlspiegel', strahlig, goldgelb, halb gefüllt, 150 cm.
- 'Marx', großblumig, vielblütig, gelb, 150 cm.
- 'Spitzentänzerin', feinstrahlig, halb gefüllt, goldgelb, 130 cm.

Bemerkungen: Klassiker für das sonnige Staudenbeet, wo es aufgrund der langen Blütezeit nicht fehlen sollte. Hervorragende Schnittblume.

Nieswurz

Helleborus-Orientalis-Hybriden

Helleborus-Orientalis-Hybride (Sämling)

Helleborus-Orientalis-Hybride 'Purple'

Helleborus foetidus 'Western Flisk'

Helleborus niger

◑–● ⬆25–60 cm ✿ 1–4

Wuchs: Dichte Horste aus unterirdisch kriechenden Rhizomen.

Blätter: Lang gestielt, fünfteilig, handförmig, ledrig, dunkelgrün. Überwintern grün als dichte Blattschöpfe.

Blüten: Große, nickende Schalen, gelblich-grün, weiß, purpur mit metallischem Schimmer, oft gefleckt.

Standort: Halbschattige bis schattige Beete, kühle bis mäßig warme Plätze. Kalkhaltige Böden.

Pflege: Unschönes wegschneiden.

Vermehrung: Aussaat gleich nach der Samenreife, Teilung im Sommer.

Bemerkung: Alle *Helleborus*-Arten sind giftig!

Sorten:

- 'Atrorubens', purpurrot, 20 cm, 2.
- 'Burgunder Blut', dunkelpurpur, 30 cm, 3–4.
- 'Purple', purpurrot, 30 cm, 2–4.

Weitere Arten:

- Christrose, Lenzrose *(H. niger)*, heimische Wildstaude, blüht ab 12, weiß, langlebig. Warme, geschützte Standorte auf steinig-lehmigen, kalkhaltigen Böden.
- Palmwedel-Nieswurz, Stinkwurz *(H. foetidus)*, grün, kleinglockig, 50 cm, 2–4; 'Wester Flisk', hellgrün, rotstielig, 50 cm, 2–4.

Gelbe Taglilie
Hemerocallis lilioasphodelus
(Syn.: *H. flava)*

Hemerocallis lilioasphodelus

○-◑ 60 cm ✿ 5-6

Wuchs: Horstartig, buschig, fleischig verdickte Wurzeln.

Blätter: Lineal, wie große Gräser, gekielt, überhängend, hellgrün.

Blüten: Stern- bis glockenförmige Trichter, kurz gestielt, zu 6 bis 9 in einem Blütenstand vereinigt, glänzend hellgelb, duftend.

Standort: Staudenbeete und Rabatten mit nährstoffreichen, frischen Böden in voller Sonne bis Halbschatten.

Pflege: Im Frühjahr die austreibenden Pflanzen vor Schnecken schützen. Sonst keine Pflege notwendig.

Vermehrung: Teilung.

Bemerkungen: Wildart aus Asien, kleinblütiger als die Hybriden. Ideale Partner sind Frauenmantel *(Alchemilla mollis)* und das Zebra-Gras *(Miscanthus sinensis* 'Zebrinus'). Die linealen, überhängenden Blätter bringen Schwung ins Beet.

Weitere Arten:
- *H. citrina,* zitronengelb, 80 cm, 7.
- *H. fulva,* braunorange, 80 cm, 6–7.
- *H. minor,* zierliche Wildart, hellgelb, 40 cm, 5. Unverwüstliche Bereicherung für Naturgärten.

Taglilie
Hemerocallis-Hybriden

Hemerocallis-Hybride 'Invictus'

○-◑ 40–110 cm ✿ 5–9

Wuchs: Breit horstartig.

Blätter: Lineal, grasartig, überhängend. Früher Blattaustrieb im März. Schöne gelbe Herbstfärbung.

Blüten: Sternförmige Trichter, lilienähnlich. Die Einzelblüten öffnen sich jeweils nur für einen Tag.

Standort: Sonnig bis halbschattig, optimal auf frischen, nährstoffreichen Böden. Staudenbeet und Rabatte.

Pflege: Keine besonderen Ansprüche.

Vermehrung: Teilung.

Sorten:
- Hellgelbe Blüten: 'Atlas', große Blüte, 100 cm, 7–8; 'Citrina', zitronengelb, 70 cm, 7–8; 'Corky', grazil, dunkle Stängel, kleinblütig, 60 cm, 6–7
- Goldgelbe und orange Blüten: 'Aten', tief orange, 100 cm, 7–8; 'Burning Daylight', groß, orangegelb, zartbrauner Rand, 60 cm, 8–9; 'Invictus', 80 cm, tief goldorange und braun, 8–9; 'Jo-Jo', Miniatursorte, goldgelb, 60 cm, 6–8.
- Rosa und rote Blüten: 'Crimson Pirate', sternförmig, 70 cm, 7–8; 'Neyron Rose', 70 cm, 7–8.
- Weiße Blüten: 'Gentle Shepherd', cremeweiß, 70 cm.

Purpurglöckchen
Heuchera-Hybriden

Heuchera-Hybride 'Stormy Seas'

○-◑ 40–70 cm ✿ 5–8

Wuchs: Polsterförmig, buschig, oberirdische Triebe verholzend.

Blätter: Herzförmig, 5- bis 9lappig, lederartig, wintergrün.

Blüten: Zierliche Rispen auf blattlosen Stielen mit glockenförmigen Einzelblüten, klein.

Standort: Sonnig bis halbschattig, nährstoffreiche, humose, durchlässige, trockene bis mäßig feuchte Böden vor Gehölzen, auf Rabatten.

Pflege: In Trockenperioden wässern, in Frostlagen schützen.

Vermehrung: Teilung und Stecklinge.

Sorten:
- 'Alba', 40 cm, weiß, 6–7.
- 'Amethyst Mist', dunkelrotes Laub mit silbernem Schleier, rot, 40 cm, 7–8, winterhart.
- 'Pewter's Moon', marmoriertes Laub, rosa Blüten, 70 cm, 6–7.

Weitere Arten:
- *H. micrantha* 'Palace Purple', Blätter tief bronze bis rot, Blüten cremeweiß, 40 cm, 7–8.
- *H. sanguinea* 'Bressingham Bronze', bräunliche Blätter und weiße Blüten, 50 cm, 6–7.
- *H.*-Hybride 'Stormy Seas', weinrote Blätter, weiße Blüten, 40 cm, 6–7.

Mausöhrchen, Habichtskraut

Hieracium pilosella

Hieracium pilosella

○ ⬆10–20 cm ✿5–9

Wuchs: Niedrige, rasenartig wachsende Triebe mit vielen Ausläufern.

Blätter: Stängel 10–20 cm hoch, nicht beblättert, stets einköpfig. Blätter breitlanzettlich, oberseits mehr oder weniger kahl bis grauwollig, unterseits weißfilzig.

Blüten: Köpfchen mit hellgelben Zungenblüten, äußere oft rot gestreift.

Standort: Für extrem trockene und vollsonnige Stellen an Hängen, im Heide- oder Steingarten, auf kalkarmen, lehmig-humosen Böden.

Pflege: Keine.

Vermehrung: Aussaat oder Teilung.

Sorten:

- 'Niveum', silbrig glänzendes Laub.

Bemerkungen: Diese heimische Art eignet sich ausgezeichnet für trockene Extremstandorte. Passt gut zu Heidekraut *(Calluna)*, Ginster, Sonnenröschen *(Helianthemum)*, Fetthenne *(Sedum)* und Thymian *(Thymus)*.

Weitere Arten:

- *H. aurantiacum*, orangegelb, 30 cm, 6–8.
- *H.* × *rubrum*, orangerot, 20 cm, 5–8.

Funkien

Hosta

Die Vielfalt der Funkien-Arten und -Sorten ist riesig: weiß gerandet, graugrün, gelbgrün, blaugrau, groß- und kleinblättrig . . .

Hosta plantaginea

Mit ihren großen, klar geformten Blättern bringen Funkien sehr viel Ruhe und Ordnung ins Beet. Sie zählen zu den wichtigsten Blattschmuckstauden. Wenn da nur nicht die Schnecken wären. Auf deren Speiseplan scheinen Funkien an erster Stelle zu stehen. Leider fühlen sich Funkien gerade dort wohl, wo auch die Schnecken sich tummeln: im kühlen, frischen Schatten bei hoher Luftfeuchte.

Die Gattung *Hosta* umfasst etwa 40 Arten mit einer Vielzahl an Sorten sowie einige Hybriden. Alle Arten stammen aus Ostasien – Japan, Korea und China. Es hat sich bewährt, die Funkien nach ihren Blattfarben und -mustern zu bezeichnen und zu ordnen. Hier die wichtigsten.

Riesen-Weißrandfunkie

Hosta crispula

○-◑ ⬆50–70 cm ✿6–7

Wuchs: Langsam wachsend, bildet mit der Zeit große, dichte Horste.

Blätter: Herz-eiförmig mit kurzen Stielen, lang zugespitzt, mit 7–9 Nervenpaaren, beiderseits grün, oben matt, unten glänzend, mit unregelmäßigem, weißem, welligem Rand.

Blüten: Trichterförmig, außen glänzend, lila, in dichten Trauben.

Standort: Halbschattige Beete und Gehölzränder, verträgt aber auch sonnige Plätze. Schwach saure bis neutrale Böden. Gern im Schatten von Mauern oder Bäumen.

Pflege: Vor Schnecken schützen, Blattaustrieb vor Spätfrösten schützen.

Vermehrung: Teilung.

Bemerkungen: Schöne weiß-bunte Blattschmuckstaude.

Weitere Arten:

- Lilienfunkie *(H. plantaginea)*, Blätter breit herzförmig, hellgrün, glänzend, Blüten weiß oder violett, duftend, 50–70 cm, 7–9.
- Weißrandfunkie *(H. sieboldii)*, elegante Art mit lanzettlichen, lang zugespitzten Blättern, schmaler weißer Rand, 20–30 cm, weiß, violett, 6–8.

Einjährige
Zweijährige
Stauden
Zwiebelblumen
Gräser/Farne
Ziergehölze
Hecken
Rosen
Kletterpflanzen

Graublattfunkie

Hosta fortunei

Hosta fortunei

◑-● ⬆30-70 cm ✿ 7-8

Wuchs: Üppige, große Horste.

Blätter: Groß und fest, nicht gewellt, herzförmig, unterseits bereift, mattgrün, mit 8-10 Nervenpaaren. Blattstiele tief rinnig, ausgeprägt geflügelt.

Blüten: Blütenschaft kräftig, bereift, meist mit einem oder mehreren gut entwickelten Blättern. Blütentraube kurz, dicht und reich blühend, ausgeprägt schaufelförmig. Blüten hellviolett, trichterförmig.

Standort: Im Schatten von Mauern oder Bäumen, schwach saure bis neutrale Böden.

Pflege: Vor Schnecken schützen. Den Blattaustrieb vor Spätfrösten schützen.

Vermehrung: Teilung.

Sorten:

- 'Aurea', Frühlings-Goldfunkie, Blätter goldgelb im Austrieb, 30 cm.
- 'Aureo-Maculata', Gelbblattfunkie, Blätter gelblich gefleckt, 40-70 cm.
- 'Aureomarginata', große, glänzende Blätter mit gelbem Rand, 50-70 cm.
- 'Albopicta', Gelbe Grünrandfunkie, Blätter gelb gefleckt, 60 cm.

Bemerkungen: Schöne Blattschmuckstauden für Töpfe und Kübel.

Blaublattfunkie

Hosta sieboldiana

Hosta sieboldiana
'Elegans' (oben) und 'Aureomarginala' (unten)

◑-● ⬆40-100 cm ✿ 6-8

Wuchs: Dichte Horste.

Blätter: Groß, fest, steif, länglich herzförmig, graugrün, oberseits schwach bereift.

Blüten: Trichterförmig, etwa 6 cm lang, helllila, in kurzer, dichter Traube mit breiten Hochblättern.

Standort: Zwischen Gehölzen und am Wasser, auch im Schatten von Mauern oder Bäumen. Schwach saure bis neutrale humose Lehmböden.

Pflege: Vor Schnecken schützen. Den Blattaustrieb vor Spätfrösten schützen.

Vermehrung: Teilung.

Sorten:

- 'Aureomarginata', (= 'Frances Williams'), breite Blätter, gelb gerandet, 50-80 cm.
- 'Bressingham Blue', lila, 70 cm.
- 'Elegans', große Blaublattfunkie, hellviolett, 80-90 cm, 7-8.
- 'Semperaurea', Dauer-Goldfunkie lila, 40-50 cm, 7-8.

Gelbweiße Funkie

Hosta ventricosa 'Aureomaculata'

Hosta ventricosa

◑-● ⬆40-60 cm ✿ 7-8

Wuchs: Horstartig.

Blätter: Wellig, herzförmig, grün mit unregelmäßigem Rand, teilweise gelb, cremegelb, weißlich gestreift. Ab Hochsommer allmählich vergrünend.

Blüten: Trichterförmig, lila.

Standort: Zwischen Gehölzen, am Wasser, auch im Schatten von Mauern oder Bäumen. Schwach saure bis neutrale Böden, humoser Lehmboden wird bevorzugt.

Pflege: Vor Schnecken schützen. Den Blattaustrieb vor Spätfrösten schützen.

Vermehrung: Teilung.

Sorten:

- 'Minor' (= *H. minor),* tief dunkelgrüne Blätter, breit herzförmig, 40 cm, Blüten dunkelviolett, 8.

Weitere Art:

- *H. undulata,* gewelltes Blatt, grün, 50 cm, 6-7; 'Univittata', Schneefederfunkie, gewellte Blätter, weißgrün, hellviolett, 30 bis 50 cm, 8.

Herzlilie, Funkie

Hosta-Hybriden

Hosta-Hybriden: 'Patriot' (oben) und 'Golden Scepter' (unten)

◐-● ⬆30–80 cm ✿6–8

Wuchs: Üppige Horste.

Blätter: Grün, grau oder gelb, mit oder ohne weißen Rand, rundlich-herzförmig.

Blüten: Trichterförmig, lila, violett, blau, weiß, in kurzen Trauben.

Standort: Zwischen Gehölzen, am Wasser, auch im Schatten von Mauern oder Bäumen. Schwach saure bis neutrale Böden, humoser Lehmboden wird bevorzugt.

Pflege: Vor Schnecken schützen.

Vermehrung: Teilung.

Sorten:

- 'Allan P. McConnell', mittelgroß, großes Blatt, weißer Rand, Blüten lila, 30 cm, 6–7.
- 'Blue Angel', blaues Blatt, weiße Blüte, 80 cm, 7.
- 'Golden Scepter', Blätter groß, blass gelbgrün, 40–60 cm.
- 'Patriot', Blätter breit elliptisch, oliv, mit unregelmäßigem, breitem weißem Rand, 40–60 cm, lilablau, 6–8.

Immergrüne Schleifenblume

Iberis sempervirens

Iberis sempervirens

○-◐ ⬆10–25 cm ✿4–6

Wuchs: Niederliegend, stark verzweigter, buschiger Zwergstrauch.

Blätter: Lineal-länglich, stumpf, dunkelgrün, ganzrandig, immergrün.

Blüten: Weiß, in endständigen, flachen Trugdolden.

Standort: Volle Sonne bis leicht beschattet. Durchlässige, frische sandighumose Böden. Auf Mauerkronen, in Fugen oder als Wegeinfassung.

Pflege: Alte, auseinander fallende Polster bis auf 10 cm zurückschneiden, mineralisch düngen. Regelmäßig nach der Blüte um 1/3 zurückschneiden. Im Winter mit Reisig abdecken.

Vermehrung: Stecklinge im Juni/Juli.

Sorten:

- 'Elfenreigen', weiß, rosa überhaucht, 25 cm, 5.
- 'Findel', starkwüchsig, weiß, 20 cm, 6.
- 'Schneeflocke', groß, weiß, 25 cm, 5–6.
- 'Weißer Zwerg', kugeliger Wuchs, weiß, 10 cm, 4–5.
- 'Zwergschneeflocke', zierlich, weiß, 15 cm, 4–5.

Bemerkungen: Unentbehrliche, immergrüne Staude für den Steingarten und die Trockenmauer. Schön auch als Einfassungspflanze.

Riesen-Alant

Inula magnifica

Inula magnifica

○ ⬆200 cm ✿7–8

Wuchs: Stattliche, imposante Solitärstaude mit kräftigen Stielen.

Blätter: Groß, breit eiförmig, hellgrün, leicht behaarte Unterseiten.

Blüten: Große, flache, margeritenartige Korbblüten mit dunkelgelber Mitte und feinen, nadelartigen Strahlenblüten. Gelb.

Standort: Sonniges Staudenbeet oder sonniger Gehölzrand. Nährstoffreicher Boden.

Pflege: Gelegentlich organisch düngen oder im Herbst und Frühjahr Kompost geben. Blätter verbräunen nach der Blüte, daher besser zurückschneiden.

Vermehrung: Teilung und Aussaat.

Bemerkungen: Diese aus dem Kaukasus stammende Art passt gut in Beete mit Kosmeen *(Cosmos)* und Tithonien sowie Federmohn *(Macleaya)*.

Weitere Arten:

- Zwerg-Alant *(I. ensifolia)*, für Steingärten, 20 cm, 7–9.
- Orientalischer Alant *(I. orientalis)*, Blüten orangegelb, 50 cm, 6–8.

Bartiris, Schwertlilie

Iris-Barbata-Hybriden

Hohe Batiris in leuchtenden Farben: rosa, gelb und violett.

○ ⬆10–120 cm ✿5–6

Wuchs: Horstartig, mit flach wachsendem, verdicktem Rhizom, schuppig.

Blätter: Straff aufrecht, wie Schwerter im Wind, steif und fest, graugrün.

Blüten: Mit aufrechten Dom- und herabgeschlagenen Hängeblättern mit »Bart«. In sämtlichen Farbtönen und Mustern, von Scharlachrot bis Lila-Schwarz, oft mehrfarbig.

Standort: Vollsonnige Staudenbeete. Warm, auch heiß. Trockene Böden, mineralisch, kalkhaltig, humusarm.

Pflege: Die Rhizome flach unter die Erdoberfläche pflanzen. Zu tief gesetzte Iris kümmern. Braune Blätter im Frühjahr entfernen. Im Frühherbst mineralisch düngen.

Vermehrung: Teilung der Rhizome nach der Blüte mit dem Messer.

Sorten:

- Hohe Bartiris *(I.*-Barbata-Elatior-Hybriden):
  Weiße Blüten: 'Cliffs of Dover', weiß, 80 cm, 5–6; 'Arpege', weiß, bläulich getönt/violett, 70 cm, 5; 'Winter Olympics', reinweiß, Spitzensorte, 80 cm, 5–6.

Iris-Barbata-Elatior-Hybride 'Brown Lasso'

  Rotbraune Blüten: 'Captain Gallant', kastanienbraun, wüchsig, 70 cm, 6; 'Kupferhammer', gelb/kupferbraun, kleinblütig, 50 cm, 5–6.
  Blaue bis violette Blüten: 'Amethyst Flame', rosig lila, 70 cm, 5–6; 'Tuxedo', tiefes Blauschwarz, gut verzweigt, 80 cm, 5–6
- Zwergiris *(I.*-Barbata-Nana-Hybriden), meist 20–25 cm, 5–6; 'Aurea', gelb; 'Die Braut', weiß; 'Jerry Rubin', rubinrot/gelb.
  Gelbe Blüten: 'Granada Gold', intensiv dunkelgelb, 80 cm, 5; 'Brown Lasso', hellgelb mit violett, 60 cm, 5.
- Rosa Blüten: 'Heritage', rosa, 70 cm, 6; 'Pink Bountiful', lila rosa, 90 cm, 5–6.

Bemerkungen: Unüberschaubare Sortenvielfalt. Am besten fahren Sie in einen Iris-Mustergarten und suchen aus, was Ihnen gefällt.

Japanische Wasseriris

Iris ensata
(Syn.: *I. kaempferi)*

Iris ensata

○ ⬆70–90 cm ✿6–7

Wuchs: Sumpfpflanze mit kriechendem Wurzelstock.

Blätter: Schwertfömig, schmal, mit deutlicher Mittelrippe, hellgrün.

Blüten: Jeweils 2 oder 3 in scheidigen Hüllblättern. Hängeblätter waagerecht ausgebreitet, deutlich größer als die Domblätter.

Standort: Uferzonen, feuchte Standorte in voller Sonne. In flachen Wasserkübeln optimal. Gedeiht auch auf kalkfreien Böden.

Pflege: Nach der Blüte und im Winter trockener Stand.

Vermehrung: Teilung.

Sorten:

- 'Amethyst', 90 cm, violett.
- 'Ayogata', 80 cm, purpurrot.
- 'Mont Blanc', 80 cm, weiß.
- 'Topas', 90 cm, hellrosa.
- 'Variegata', 80 cm, violett, weiß-grüne Blätter.

Bemerkungen: Bekannt als Schnittblume. Passt zu Astilben *(Astilbe* 'Purpurlanze'), Herzblatt-Funkien *(Hosta plantaginea* 'Honeybells') und Japanischer Sumpfiris *(I. laevigata).*

Sumpfiris, Sumpfschwertlilie

Iris pseudacorus

Iris pseudacorus

○-◑ ⬆80–120 cm ✿5–6

Wuchs: Horstartig, breitet sich durch Rhizome stark aus.

Blätter: Schwertförmig, straff aufrecht, grün mit leichter Wachsschicht.

Blüten: Gelb, die Hängeblätter dunkel geadert, in einer lockeren Traube an straff aufrechten Stängeln.

Standort: In Wassernähe, sonnig bis halbschattig. Boden feucht, besser nass, auch überschwemmt, nährstoffreich; bevorzugt Lehmböden.

Pflege: Braune Blätter abschneiden.

Vermehrung: Teilung nach der Blüte.

Sorten:

- 'Variegatus', Blätter gelblich-weißbunt, gelbe Blüte.

Weitere Art:

- Japanische Sumpfiris *(I. laevigata)*, aufrecht, Wurzelstock kriechend, schwertförmige Blätter, 70 cm hoch. Blüte mit breiten Hängeblättern, blau mit gelber Mittelrippe, Domblätter schmal, 7–8. Für saure, dauernasse Standorte in voller Sonne, an Teichufern, in Wasserbecken, Pflanztiefe 0–10 cm. 'Monstrosa', 70 cm, weiß/blau; 'Rose Queen', 70 cm, rosa.

Wieseniris

Iris sibirica

Iris sibirica 'Elfe'

○ ⬆80–100 cm ✿5–6

Wuchs: Buschig aufrecht, mit kriechendem Rhizom.

Blätter: Schmal linaelisch, nicht steif.

Blüten: Zu 2–5 in trockenen Hüllblättern, Hänge- und Domblätter blauviolett, blau, auch weiß fein geädert.

Standort: In voller Sonne auf Staudenrabatten, in der Nähe von Bächen oder Teichen. Nährstoffreiche, frische bis feuchte Böden.

Pflege: Anspruchslos.

Vermehrung: Teilung nach der Blüte.

Sorten:

- 'Alba', 90 cm, weiß.
- 'Cambridge', 80 cm, türkisblau.
- 'Dreaming Spires', 70 cm, violettblau.
- 'Caesar's Brother', 90 cm, nachtblau.
- 'Elfe', 70–100 cm, leuchtend violettblau, lockerer Blütenstand.
- 'Elmeney', 100 cm, mittelblau.
- 'My Love', hellblau, fein gezeichnet, 90 cm.

Bemerkungen: Am besten in kleinen Trupps aus 3–10 Pflanzen gruppieren.

Weitere Art:

- Pflaumeniris *(I. graminea)*, violett, 40 cm hoch, 6, duftende Art.

Steppeniris

Iris spuria

Iris spuria 'Belise'

○ ⬆70–100 cm ✿6–7

Wuchs: Horstartig, buschig, kräftig.

Blätter: Schmal, schwertförmig, dekorativ.

Blüten: In blauen, gelben und braunen Tönen, geadert, gefleckt, getuscht.

Standort: In voller Sonne auf bodenfrischen Rabatten, an Wasserbecken und Teichen. Am liebsten kalkhaltige, nährstoffreiche, lehmige Böden.

Pflege: Unempfindlich und anspruchslos. Pflanzzeit im September, Rhizome 5–10 cm tief in die Erde setzen.

Vermehrung: Teilung im Abstand von mehreren Jahren.

Sorten:

- 'Belise', blauviolett, 70 cm.
- 'Dorothy Foster', mittelblau mit gelb, 100 cm.
- 'Grand Illusion', pflaumenblau, getuscht, 80 cm.
- 'Imperial Bronze', goldgelb, gelber Schlund, 80 cm.

Knautie, Witwenblume
Knautia macedonica

Knautia macedonica

○ ⬆60–80 cm ✿6–11

Wuchs: Breit buschig.

Blätter: Blätter am ganzen Stängel verteilt. Grundblätter eirund mit kerbiggesägten Endlappen.

Blüten: 1,5–3 cm groß, dunkelrot, in Köpfchen, reichlich und fortwährend erscheinend.

Standort: Trockene, sonnige, warme Beete, gerne auch vor Gehölzen und an Hängen. Durchlässige Böden.

Pflege: Anspruchslos.

Vermehrung: Aussaat.

Bemerkungen: Die Art stammt aus dem mittleren Balkan und Rumänien. Gute Partner sind Katzenminze *(Nepeta × faassenii)*, Skabiosen *(Scabiosa caucasica)*, Disteln wie *Eryngium* oder *Echinops ritro*. Aber auch einjährige Sommerblumen und Gräser passen gut zu ihr. Zwischen den Schalenblüten von Kosmeen *(Cosmos)* und Tithonie tanzen die dunkelroten Knautien wunderbar leicht.

Fackellilie
Kniphofia-Hybriden

Kniphofia-Hybride 'John Benary'

◑ ⬆80–120 cm ✿7–9

Wuchs: Grasartige Horste.

Blätter: Wintergrün, schilfähnlich, dunkelgrün bis zum Herbst eine Zierde.

Blüten: Zylinderputzer-ähnliche Blütenkolben, 15–30 cm lange, dichte, ährenartige Trauben, leuchtend gelb, gelbrot und scharlachrot.

Standort: Sonnige Rabatten, in sandigen, mittelschweren Gartenböden. Erträgt Trockenheit gut.

Pflege: Winterschutz in Form von trockenem Torf oder trockener Laubdecke. Blattbüschel im Herbst nur um ein Drittel einkürzen, nicht völlig kappen. Vor allem gegen Winternässe schützen.

Vermehrung: Teilung im zeitigen Frühjahr.

Sorten:

- 'Express', orangerot, 80 cm, 7–9.
- 'John Benary', scharlachrot, 120 cm, 7–9.
- 'Limelight', schwefelgelb, 80 cm, 7–9.

Bemerkungen: Schön als Schnittblume. Gute Partner sind Pflanzen mit feurigroten Blüten, wie die Montbretie *(Crocosmia)*, rote Dahlien, Lobelien und Salvien. Auch vom Blumenrohr *(Canna)* lässt sich die Fackellilie gern begleiten. Zarte Gräser schmeicheln ihr.

Goldnessel
Lamiastrum galeobdolon
(Syn.: *Lamium galeobdolon)*

Lamiastrum galeobdolon 'Variegatum'

◑–● ⬆20–25 cm ✿4–7

Wuchs: Flächig ausgebreitet, an den Trieben wurzelnd, wuchernd, spärlich blühend.

Blätter: Stark weißbunt gefleckt, wintergrün, aromatisch duftend.

Blüten: Gelbe Lippenblüten, außen fein behaart, an kurzen, aufrechten Trieben.

Standort: Halbschattige bis schattige Bereiche unter Laubsträuchern, am besten für größere Flächen.

Pflege: Die Ausläufer gelegentlich mit dem Spaten abstechen, sonst zu aggressiv.

Vermehrung: Teilung und bewurzelte Triebe abnehmen und topfen.

Sorten:

- 'Florentinum', stark silbrig-weiß geflecktes Laub, im Winter rötlich, Blüten gelb.
- 'Silberteppich', schwachwüchsige Form, silbrig-grün geadertes Laub, für Liebhaber.
- 'Variegatum', schwach wachsend, Blätter rundlich, weiß gefleckt. Auch für kleine Gärten.

Bemerkungen: Unterdrückt Unkraut! Idealer Bodendecker, aber aggressiv gegen Nachbarstauden aller Art.

Gefleckte Taubnessel
Lamium maculatum

Lamium maculatum 'Golden Nuggets'

◑ ↑30 cm ✿ 5-7

Wuchs: Niedrige, flächendeckende Staude mit kurzen, verzweigten Trieben, Ausläufer treibend.

Blätter: Gegenständig, kerbig gezähnt, nesselartig, dunkelgrün, zuweilen silbrig gefleckt.

Blüten: Rötlich-purpurne oder weiße Lippenblüten mit deutlich helmförmiger Oberlippe. Quirlständig an 20 cm langen Trieben.

Standort: Halbschattige Flächen für leichte, nicht zu schwere Böden. Auf feuchten Böden nicht im Schatten!

Pflege: Pflegeleichter Bodendecker. Im Herbst mit Humus überstreuen.

Vermehrung: Teilung und Stecklinge.

Sorten:
- 'Album', silbriges Laub, weiß, 20 cm.
- 'Chequers', schwächer wachsend, Blatt silbrig mit schmalem, grünem Rand, Blüte rosalila, 20 cm.
- 'Golden Nuggets', Blätter gelbgrün, Blüten rosalila, 20 cm.

Weitere Art:
- Großblütige Taubnessel *(L. orvala)*, Laub rötlichgrün, Blüten kupferrosa, 40 cm, 5–6.

Staudenwicke, Breitblättrige Platterbse
Lathyrus latifolius

Lathyrus vernus

◑ ↑150-200 cm ✿ 6-9

Wuchs: Buschig, locker bis dicht; kletternd aufrecht.

Blätter: Gefiedert, Teilblättchen eiförmig, blaugrün, mit verzweigten Blattranken an den Enden.

Blüten: Je 5–8 längliche Schmetterlingsblüten in lang gestielten Trauben. Weiß, purpurrosa oder rot, ohne Duft.

Standort: Im Staudenbeet und zum Beranken von Zäunen, Mauern, Pergolen, im Halbschatten.

Pflege: Im Hochsommer anhäufeln, verlängert die Blütezeit.

Vermehrung: Aussaat, Teilung.

Sorten:
- 'Rosa Perle', 200 cm, Blüte rosa.
- 'Rote Perle', 150–200 cm, Blüte rot.
- 'Weiße Perle', 200 cm, Blüte weiß.

Bemerkungen: Passt zu Feuerbohnen *(Phaseolus)* und Kapuzinerkresse *(Tropaeolum majus)*.

Weitere Art:
- Frühlingsplatterbse *(L. vernus)*, 30 cm, horstartig buschig wachsend, Blüten purpurrosa bis violett; für schattige und halbschattige Lagen unter Gehölzen. 'Albo-Roseus', 30 cm, Blüten weiß mit Rosa.

Lavendel
Lavandula angustifolia

Lavandula angustifolia

○ ↑25-80 cm ✿ 6-8

Wuchs: Buschiger Kleinstrauch, am Grund verholzend.

Blätter: Schmal-lanzettlich, am Rand etwas eingerollt, graugrün bis silbergrau, aromatisch duftend, immergrün.

Blüten: Kleine Lippenblüten in lang gestielten Scheinähren, hell blauviolett.

Standort: Sonnige, sommertrockene Beete, auch auf Kiesflächen und Mauerkronen. Mäßig nährstoffreiche Böden.

Pflege: Im Frühjahr (Mitte April) regelmäßig um 1/3 zurückschneiden. Nicht vor dem Winter schneiden! Wenig düngen.

Vermehrung: Stecklinge im Juni/Juli.

Sorten:
- 'Alba', weiß, 50 cm.
- 'Grappenhall', langstielig, mittelblau, kräftiger Wuchs, 50 cm.
- 'Hidcote Blue', beste Sorte mit kompaktem Wuchs, dunkelblau, 30 cm.
- 'Hidcote Blue Strain', blau bis violett, samenvermehrte, 25 cm.
- 'Munstead', helles Blau, 40 cm.

Bemerkungen: Schön zu Rosen und graulaubigen Stauden.

Buschmalve
Lavatera olbia

Lavatera thuringiaca 'Barnsley'

○-◑ 180–200 cm ✿ 6–10

Wuchs: Buschig, aufrecht, verzweigte, raue Triebe, am Grund verholzend.

Blätter: Fünflappig, die oberen dreilappig, weich und graufilzig.

Blüten: Malvenähnlich, 7–8 cm breit, purpurrosa

Standort: Sonnig bis halbschattig, für Beete und den warmen Gehölzrand. Lockere, durchlässige Böden.

Pflege: Bei uns nicht ganz winterhart. Stängel im Herbst stehen lassen, mit Strohmatte einpacken und erst im Frühjahr, nach den Frösten öffnen.

Vermehrung: Stecklinge von grundständigen Trieben im Spätsommer.

Sorten:
- 'Breddon Spring', dunkelrosa, 180 cm.
- 'Rosea', rosa, 200 cm.

Weitere Art:
- Winterhärter, in Mitteldeutschland sogar heimisch ist die Thüringer Strauchpappel *(L. thuringiaca)*. Sie ist dicht belaubt, hat große Blütenschalen in Rosa oder Weiß, 120–200 cm hoch, 7–9; 'Barnsley', weiß, innen rosa, 200 cm.

Oktober-Chrysantheme
Leucanthemella serotina
(Syn.: *Chrysanthemum serotinum)*

Leucanthemella serotina

○-◑ 130–150 cm ✿ 10

Wuchs: Horstartig, aufrecht, standfest, verzweigte Stängel.

Blätter: Lanzettlich mit tief gezähnten Rändern, saftig grün.

Blüten: Weiß mit grünlich-gelber Mitte, große Margeritenblüten, in verzweigten Trugdolden.

Standort: Sonniges Beet, vor Mauern, vor Zäunen, vor Gehölzen auf nährstoffreichen, frischen bis feuchten Böden.

Pflege: Im Frühjahr und Frühsommer düngen, bei längerer Trockenheit wässern. Verblühtes im Frühjahr des nächsten Jahres abschneiden. Gilt auch für Regionen mit langer Schneeperiode.

Vermehrung: Teilung.

Sorten:
- 'Herbststern', reinweiß mit gelber Mitte, reichblühend.

Bemerkungen: Traditionelle Bauerngartenstaude. Bestens für Herbststräuße geeignet. Ideale Partnerpflanzen sind Herbstastern *(Aster novae-angliae)* und Gräser, wie etwa das Goldbandleistengras *(Spartina michauxiana* 'Aureomarginata').

Sommermargerite
Leucanthemum × superbum
(Syn.: *L.*-Maximum-Hybriden, *Chrysanthemum maximum)*

Leucanthemum × superbum

○ 40–80 cm ✿ 6–9

Wuchs: Horstartig, buschig, Stängel oft verzweigt, beblättert.

Blätter: Lanzettlich, wenig gezähnt, etwas fleischig.

Blüten: Große Blütenköpfe mit gelber Mitte und mehrreihigen, weißen Zungenblüten. Bis 16 cm Durchmesser, weiß.

Standort: Sonnige Rabatten. Nährstoffreiche, frische Böden.

Pflege: Stängel, die zur Seite fallen, mit Staudenhaltern stützen. Häufig teilen und verpflanzen, da sonst kurzlebig. In kalten, schneearmen Wintern mit Fichtenreisig vor Frost schützen.

Vermehrung: Teilung und Risslinge.

Sorten:
- 'Gruppenstolz', weiß, 50 cm.
- 'Christine Hagemann', weiß, 70 cm.
- 'Silberprinzesschen', weiß, 30 cm.
- 'Wirral Supreme', weiß, dicht gefüllt, 70 cm, altbewährte Sorte.

Bemerkungen: Verkörpert ein Stück wilde Natur für den Staudengarten. Passt gut zusammen mit Bergflockenblume *(Centaurea montana)*, Gelenkblume *(Physostegia)*, Pfingstrose *(Paeonia)* und Perlkörbchen *(Anaphalis triplinervis)*.

Prachtscharte

Liatris spicata

Liatris spicata

○ ⬆40–90 cm ✿7–10

Wuchs: Grasartige Horste aus knolligem Wurzelstock.

Blätter: Linealisch, Stängelblätter nach oben kleiner und schmaler werdend.

Blüten: Rötlichviolett, viele kleine Einzelblüten in einer 15–20 cm langen, walzenförmigen, steif aufrechten Scheinähre. Blühen von oben nach unten auf.

Standort: Warme, vollsonnige Plätze mit durchlässigen, trockenen Böden. Auf besonnten Böschungen, Terrassen.

Pflege: Gute Nährstoffversorgung. Knollen vor Wühlmäusen und den jungen Austrieb unbedingt vor Schnecken schützen. Verträgt keine Winternässe.

Vermehrung: Teilung im zeitigen Frühjahr.

Sorten:

- 'Floristan Weiß', weiß, lang gestielt, 90 cm, 7–8.
- 'Kobold', niedrig, lila, 40 cm, 7–9.

Bemerkungen: Gut als Kontrast zu buschig wachsenden Stauden, etwa Mädchenaugen *(Coreopsis)*.

Ligularie, Goldkolben

Ligularia dentata

Ligularia dentata 'Desdemona'

○-◑ ⬆80–120 cm ✿7–9

Wuchs: Horstartig, aufrecht, stattlich.

Blätter: Groß, rundlich bis herzförmig, am Rande gekerbt.

Blüten: Doldig, orangegelb. Einzelblüte ähnelt Margeritenblüte, aber mit weniger und außen hängenden Zungenblüten.

Standort: Sonniger bis halbschattiger Gehölzrand, auch am Teichufer oder in der Rabatte. Frischer bis feuchter Boden.

Pflege: Bei längerer Trockenperiode wässern, welkt an sonnigen Plätzen schnell. Vor Schnecken schützen.

Vermehrung: Teilung.

Sorten:

- 'Othello', dunkelorange, dunkelrotes Laub, 120 cm, 7–8.
- 'Desdemona', orangegelb, 110 cm, 8–9.
- 'Moorblut', Blatt tief rötlichbraun, Blüte hellorange, 80 cm.

Weitere Arten:

- *L.* × *hessei,* rundliches Blatt, kolbenartige, goldgelbe Blüte, 150 cm, 8–9.
- *L.* × *palmatiloba,* Blätter zerteilt, Blüte doldig, tiefgelb, 150 cm, 7–8.

Kerzen-Ligularie, Kerzen-Goldkolben

Ligularia przewalskii

Ligularia-Stenocephala-Hybride 'Zepter'

○-◑ ⬆100–200 cm ✿7–8

Wuchs: Horstartig, aufrecht, stattlich.

Blätter: Fingerförmig, tief eingeschnitten.

Blüten: Schmale, aufrechte Kerzen aus kleinen Korbblüten, gelb.

Standort: Sonniger bis halbschattiger Gehölzrand, auch am Teichufer oder in der Rabatte. Frischer bis feuchter Boden.

Pflege: Bei längerer Trockenperiode wässern, welkt schnell. Vor Schnecken schützen.

Vermehrung: Teilung.

Sorten:

- 'The Rocket', starkwüchsig, gelb, 190 cm.

Weitere Arten:

- *L. stenocephala,* rötliche Stängel, nierenförmiges Blatt, traubige Blüte, gelb, 120 cm, 6–7.
- *L.*-Stenocephala-Hybriden: 'Weihenstephan', breite und lange Zungenblüten, Blüte goldgelb, 180 cm, 7–8; 'Zepter', Blatt herz-nierenförmig, unregelmäßig grob gezähnt, bis 1 m lange Blütentrauben, 200 cm, 7-8.

Ausdauernder Lein, Staudenlein

Linum perenne

Linum narbonense

○ ⬆25–40 cm ✿6–8

Wuchs: Locker, zierlich, duftig. Dünne, leicht überhängende Stiele, buschig.

Blätter: Nadelartig.

Blüten: Klarblaue, leicht nickende Schalenblüten. Einzelne Blüte lebt nur einen Tag, sie öffnen sich nur an sonnigen Tagen bis zum Mittag.

Standort: Volle Sonne, sandiger Boden.

Pflege: Schutz vor Wintersonne durch Reisigabdeckung.

Vermehrung: Aussaat und Stecklinge von nicht blühenden Trieben (Mai bis August).

Sorten:

- 'Saphir', klein bleibend, saphirblau, 25 cm, 6–8.

Weitere Arten:

- Goldflachs *(L. flavum)* 'Compactum', dicht gedrungen, goldgelb, 20 cm, 6–8, Für sonnige, kalkhaltige und durchlässige Plätze, etwa Kiesflächen oder Steingarten.
- Französischer Staudenlein *(L. narbonense)*, Blüte blauviolett, 30–50 cm, 5–7, für sonnige Beete, Stein- und Steppengarten mit sandigen, durchlässigen Böden. 'Heavenly Blue', nadelige, blaugrüne Blätter, Blüte dunkelblau, kurzlebig, 40 cm, 6–8.

Lupine, Staudenlupine

Lupinus-Polyphyllus-Hybriden

Lupinus-Polyphyllus-Hybride

○ ⬆80–100 cm ✿5–6

Wuchs: Aufrecht, horstartig, nicht immer ganz standfest.

Blätter: Handförmig geteilt, mit lanzettlichen Teilblättern, stumpf blaugrün.

Blüten: Große Schmetterlingsblüten in dichten, walzenförmigen Trauben an den Enden aufrechter Stängel. Reinweiße, rosa, rote, gelbe, orange, bräunliche und blaue Töne, farbenprächtig.

Standort: Sonnige Beete, auf allen kalkarmen, keinesfalls frisch gedüngten Böden. Auf schweren, vernässenden Böden nur kurzlebig.

Pflege: Abgeblühtes herausschneiden, die Blätter dabei schonen – das fördert Neuaustrieb. Im Allgemeinen gut winterhart, nur die Gelbblühenden sind heikel. Winterschutz mit Reisig.

Vermehrung: Aussaat oder Stecklinge.

Sorten (samenvermehrbar):

- 'Edelknabe', karminrot.
- 'Fräulein', cremeweiß.
- 'Gallery Blue', blau-violett.
- 'Kastellan', violett-blau.
- 'Kronleuchter', pastellgelb.

Bemerkungen: Ein Muss für den Staudengarten! Wunderschöne Farbträger.

Brennende Liebe

Lychnis chalcedonica

Lychnis chalcedonica

○ ⬆80–100 cm ✿6–7

Wuchs: Horstartig, buschig, steif aufrecht mit beblätterten Stängeln.

Lychnis coronaria

Blätter: Lanzettlich-eiförmig, stängelumfassend, behaart.

Blüten: In endständigen Trugdolden, feurig rot.

Standort: Sonnige, zeitweilig austrocknende Staudenbeete, nährstoffreich und humos.

Pflege: Nach der Blüte vollständig zurückschneiden, dann folgt zweite, aber schwächere Blüte.

Vermehrung: Teilung und Aussaat.

Weitere Arten:

- Vexiernelke *(L. coronaria)*, weißgraue Blattrosetten, karminrote Blüte, verzweigte Stängel, graufilzig, 50 cm, 6–7, versamt sich gerne, gut trockenen Staudenbeet; 'Alba', weiß.
- Kuckuckslichtnelke *(L. flos-cuculi)*, heimische Wiesenpflanze, 30–50 cm, rosa, 5–6.
- Pechnelke *(L. viscaria)*, 40 cm, karminrote Blüten, klebrige Stängel, für nährstoffreiche Böden, sonnig, als Einfassung.

Gelbe Scheincalla

Lysichiton americanus

Lysichiton americanus

○ ⬆60–120 cm ✿4–5

Wuchs: Langsam wachsende Rhizomstaude mit unterirdischem, dickem Wurzelstock.

Blätter: Herzförmig, bis 120 cm lang, auf kräftigen, kurzen Stielen.

Blüten: Große, bis 40 cm lange, buttergelbe Blütenscheiden, ähnlich wie bei Calla, in der Mitte grünlicher Blütenkolben. Erscheinen vor den Blättern.

Standort: An sonnigen bis halbschattigen, kühlen Plätzen mit sumpfigen, nährstoffreichen Böden, am Teichufer, Wasserstand bis 5 cm.

Pflege: In strengen Wintern mit Laub abdecken.

Vermehrung: Aussaat oder Teilung.

Bemerkungen: Prächtige Sumpfpflanze aus Nordamerika. Passt gut zu Trollblume *(Trollius europaeus)*, Japan-Sumpfiris *(Iris laevigata)*, Prachtspiere *(Astilbe)* und Schildblatt *(Darmera peltata)*.

Schneefelberich

Lysimachia clethroides

Lysimachia clethroides

○-◑ ⬆60–80 cm ✿7–9

Wuchs: Aufrecht, horstartig, beblätterte Stängel. Starkwüchsig.

Blätter: Eiförmig, etwas behaart. Hell orangerote Herbstfärbung.

Blüten: Weiße, endständige, im Sommer schwanenhalsartig geschwungene, schlanke Blütenkerzen.

Standort: Sonnige Beete vor Gehölzen oder in offenen Rabatten. Nährstoffreiche, frische bis feuchte Böden.

Pflege: In rauen Lagen Winterschutz erforderlich.

Vermehrung: Teilung im Frühjahr und Aussaat.

Bemerkungen: Passt gut zu Wolfseisenhut *(Aconitum lycoctonum* ssp. *vulparia)*, Rotem Fingerhut *(Digitalis purpurea)* und Glockenblumen *(Campanula persicifolia)*.

Weitere Arten:

- Schokoladen-Felberich *(L. ciliata* 'Fire Cracker', schokoladenbraunes Laub, gelbe Blüten, 60 cm, 7. Sehr dekorativ und völlig winterhart, sehr wüchsig, breitet sich aus.
- Grauer Felberich *(L. ephemerum)*, graues Blatt, weiße Blüten, 80 cm, 7–8, mäßig frosthart.

Goldfelberich

Lysimachia punctata

Lysimachia punctata

○-◑ ⬆70–90 cm ✿6–8

Wuchs: Stark wachsend, horstartig. Ausläufer treibend, dichte Dickichte.

Blätter: Ei-lanzettlich, behaart, quirlständig, stumpfgrün.

Lysimachia nummularia

Blüten: Sternförmig, in den Blattachseln sitzend, gelb. Zart duftend.

Standort: Absonniger bis schattiger Gehölzrand und absonniges Beet.

Pflege: Horste immer wieder mit dem Spaten abstechen, sonst zu starke Ausbreitung.

Vermehrung: Teilung im Frühjahr und Herbst.

Bemerkungen: Heimische, unverwüstliche Staude.

Weitere Art:

- Pfennigkraut *(L. nummularia)*, flach wachsende, Ausläufer treibende Uferstaude, für sonnige bis halbschattige Flächen, feuchte Böden, unverwüstlich, Blätter rund, glänzendgrün, 5 cm, Blüte gelb, 5–7.

Blutweiderich
Lythrum salicaria

Lythrum salicaria 'Stichflamme'

○-◑ ⬆60–120 cm ✿6–9

Wuchs: Horstartig, aufrecht, buschig, mit holzigem Wurzelstock.

Blätter: Schmal, lanzettlich.

Blüten: Kleine Einzelblüten, in 20 cm langen Scheinähren, purpurrot.

Standort: Sonnig bis halbschattig, in frischen bis feuchten, aber auch normalen Böden, am Wasserrand oder im Beet.

Pflege: Gut wässern und düngen. Sät sich selbst aus; wenn unerwünscht, sofort nach der Blüte die Ähren abschneiden.

Vermehrung: Teilung und Steckling im Frühjahr.

Sorten:
- 'Feuerkerze', rosarot, 120 cm, 8–9.
- 'Robert', kompakter Wuchs, lachskarmin, 60 cm, 7–8.
- 'Stichflamme', dunkel- bis weinrot, 100–120 cm, 7–8.

Weitere Art:
- *L. virgatum* 'Rose Queen', zierlicher, lachsrosa, für feuchte Böden, 60 cm, 7–9.

Federmohn, Korallenfeder
Macleaya cordata

Macleaya cordata

○-◑ ⬆200–300 cm ✿7–8

Wuchs: Mannshohe, steife, blaugraue Stängel, wenig verzweigt. Breitet sich durch Ausläufer im Garten aus.

Blätter: Eichenblattähnlich, aber breiter, groß, gelappt, blaugrün, unterseits weiß und dicht kurzflaumig behaart.

Blüten: Apricotfarben bis braun, klein, in großen Rispen.

Standort: Sonnige bis halbschattige Beete, vor Mauern oder Zäunen, vor Nadelgehölzen, auf leichten, warmen Böden.

Pflege: Den Austrieb als Schutz vor Spätfrösten abdecken und unbedingt vor Schnecken schützen! Eventuell unterirdische Ausläufer mit dem Spaten kappen.

Vermehrung: Teilung und Wurzelschnittlinge.

Bemerkungen: Blattschmuckstaude aus Ostasien, die sich ideal als Sichtschutz eignet. Blätter sind dekorative Tauträger!

Tibet-Scheinmohn
Meconopsis betonicifolia

Meconopsis betonicifolia

◑ ⬆90–120 cm ✿6–8

Wuchs: Kurzer Wurzelstock, aufrechte, beblätterte Triebe.

Blätter: Lang gestielt, oval, gekerbt, bräunlich behaart.

Blüten: Leicht nickend, mit meist vier Blütenblättern, lang gestielt, den obersten Blattachseln entspringend, himmelblau, Staubbeutel goldgelb.

Standort: Für geschützte, luftfeuchte Lagen mit humosen, kalkarmen, nährstoffreichen Böden.

Pflege: Im Sommer besprühen, erhöht die Luftfeuchte. Für sauren Boden sorgen, Rhododendronerde ins Pflanzloch geben. Vor starken Winden schützen. Im Winter trockene Plätze.

Vermehrung: Aussaat.

Bemerkungen: Der Tibet-Scheinmohn stammt aus Burma und West-China und kommt dort in 3 000 bis 4 000 m Höhe vor! Er liebt das kühle Klima hoher Bergregionen. Passt gut ins Rhododendronbeet, zwischen Azaleen und Farnen.

Weitere Arten:
- Gelber Scheinmohn *(M. cambrica)*, europäische Art, wächst leicht, am sonnigen Gehölzrand, verbreitet sich durch Selbstaussaat, 30 cm, gelb, 6–9.
- Nepal-Scheinmohn *(M. napaulensis)*, 50 cm, rosa, 5–7.

Pfefferminze
Mentha × piperita

Mentha suaveolens 'Variegata'

○ ⬆30–90 cm ✿6–8

Wuchs: Horstartig, aufrecht, mit starken Wurzelausläufern.

Blätter: Lanzettlich-eiförmig, lang, gezähnt, mittelgrün bis rötlichgrün.

Blüten: Violette, kleine Lippenblüten.

Standort: Sonnig mit gleichmäßig feuchtem, naturhaftem Boden. Staunasse Böden sind kein Problem.

Pflege: Pflanze in Töpfe mit ausgeschnittenem Boden setzen und dann in die Erde. So wird man Herr der Invasion an Ausläufern.

Vermehrung: Wurzelteilung, Aussaat.

Sorten:

- *Mentha × piperita* var. *citrata*-Gruppe, Fruchtminzen, z.B. 'Bergamotte', Bergamotte-Minze, lila, 40–90 cm, 7–8; 'Eau-de-Cologne', lila, 40–80 cm, 7–8; 'Orange', Orangenminze, lila, 30–80 cm.

Weitere Arten:

- *M. speciosus*-Gruppe, Allerlei-Minzen, z.B; 'White Peppermint', Weiße Pfefferminze, lila, 40–80 cm; 'Basilmint', Basilikum-Minze, purpur, 7–8, 30–70 cm.
- *M. suaveolens*, Apfelminze, weiß-rosa, 7–8, 25–60 cm; 'Variegata', Ananasminze, lila, 7–8, 25–60 cm, weißbuntes Blatt.

Gauklerblume
Mimulus luteus

Mimulus-Hybride 'Major Bees'

○–◑ ⬆20–30 cm ✿5–8

Wuchs: Buschig ausgebreitete, niederliegende Stängel, an den Knoten wurzelnd.

Blätter: Eiförmig länglich, scharf gezähnt, hellgrün.

Blüten: Röhrenförmig, gefleckt oder gesprenkelt, mit ausgestellten Mündern. Gelb, Schlund mit rotem Punkt.

Standort: Dauerfeuchte Plätze in sonniger oder absonniger Lage, am Teich oder Bachlauf. Je sonniger, desto feuchter.

Pflege: Nur an dauerfeuchten Stellen ausdauernd, erhalten sich dort durch Selbstaussaat. In rauen Lagen Winterschutz erforderlich.

Vermehrung: Teilung im Frühjahr oder Aussaat.

Weitere Arten:

- *M. cupreus,* rasig wachsend, kurzlebig, kupferrote Blüte, 10 cm, 7–9.
- *M.*-Hybriden, kurzlebig, lange Blütezeit, Blüten gelb, lebhaft getigert und gefleckt, 25 cm, 6–9; 'Major Bees', 30 cm, gelb, 6–8.

Indianernessel, Monarde
Monarda-Hybriden

Monarda-Hybride 'Gardenview Scarlet'

○–◑ ⬆100–120 cm ✿7–9

Wuchs: Aufrecht, buschig, kantige Stängel, beblättert.

Blätter: Lanzettlich, teils weichhaarig, grün oder violett getönt.

Blüten: Quirlig angeordnet, zweilippig, röhrenförmig, endständig. Lila, purpurn, rot, rosa, weiß. Duftend.

Standort: Sonniges Staudenbeet mit frischem, durchlässigem Boden.

Pflege: Bei Trockenheit wässern. Mit Stallmist oder Kompost düngen.

Vermehrung: Teilung oder Steckling im Frühsommer.

Sorten:

- 'Beauty of Cobham', leuchtendrosa, dunkle Hochblätter, 80–100 cm.
- 'Donnerwolke', purpurrot, 100 cm.
- 'Gardenview Scarlet', tief scharlachrot, 120 cm.
- 'Präriebrand', leuchtend lachsrot, 120 cm.
- 'Schneewittchen', weiß, 100 cm.

Bemerkungen: Blätter duften zitronenartig, jung für Tees und Salate verwendbar. Schön mit Chinaschilf *(Miscanthus),* Oktobermargerite *(Leucanthemella),* Flammenblume *(Phlox)* und Sonnenhut *(Rudbeckia).*

Süßdolde, Spanischer Kerbel
Myrrhis odorata

Myrrhis odorata

◑-● ⬆150–180 cm ✿5–6

Wuchs: Hoch, aufrecht, horstartig.

Blätter: Feine farnartig.

Blüten: Cremeweiß, in Dolden, anisartig duftend.

Standort: Halbschattig mit durchlässigem, fruchtbarem Boden. Verträgt auch Schatten.

Pflege: Totaler Rückschnitt gleich nach der Blüte sorgt für frischen Blattaustrieb, ohne Rückschnitt bildet die Staude Samen und vergilben die Blätter. Selbstaussaat, daher auf Sämlinge achten.

Vermehrung: Teilung im Frühjahr oder Aussaat im Herbst.

Bemerkungen: Schön im Hintergrund von Staudenrabatten, zusammen mit Sonnenbraut *(Helenium* 'Moerheim Beauty'), Kokardenblume *(Gaillardia)* und vorallem als Vorpflanzung zu Rosen. Im Frühjahr zusammen mit Tulpen wunderschön.

Katzenminze
Nepeta × faassenii

Nepeta × faassenii

○ ⬆20–60 cm ✿5–10

Wuchs: Buschige Polster mit locker beblätterten Stielen.

Blätter: Breit herz-eiförmig, grau, aromatisch duftend.

Blüten: Lippenblüten in lockeren Quirlen, lavendelblau oder weiß.

Standort: Sonnige Staudenbeete mit durchlässigen, leichten Böden. Auch als Einfassung von Staudenbeeten und im Steingarten.

Pflege: Anfang Juli die verblühten Triebe herausschneiden, dann zweite Blüte im August. Einmal im Jahr die Triebe für buschigen Wuchs stutzen.

Vermehrung: Teilung, Stecklinge.

Sorten:
- 'Six Hills Giant', üppig, lavendelblau, 50–60 cm, 6–9.
- 'Snowflakes', weiß, 20 cm, 6–8.
- 'Superba', früh blühende Katzenminze, Blüten leuchtend violett bis blau, 40 cm, 4–6.
- 'Walkers Low', große, blaue Blüten an langen Rispen, 60 cm, 6–10.

Weitere Arten:
- Sibirische Katzenminze *(N. sibirica)*, frischblau, 80 cm, 7–9.
- *N. nervosa*, für den Halbschatten, längliche, grüne Blättchen, blau mit Weiß, 40 cm, 7–8.

Nachtkerze
Oenothera fruticosa ssp. *glauca* (Syn.: *O. tetragona)*

Oenothera fruticosa ssp. *glauca* 'Sonnenwende'

○ ⬆40–60 cm ✿6–9

Wuchs: Aufstrebend, grundständige Rosetten. Rötliche, verzweigte Stängel.

Blätter: Oval-lanzettlich, blaugrün mit rötlicher Herbstfärbung.

Blüten: Knospen rot, Blüten goldgelb, 2,5–5 cm groß, schalenförmig, öffnen sich bei Tag. Duftend.

Standort: Sonnige, warme Staudenrabatte auf nährstoffreichen Böden.

Pflege: Im Frühjahr und Frühsommer organisch düngen. Welke Blüten entfernen.

Vermehrung: Teilung und Kopfstecklinge im Mai.

Sorten:
- 'Hohes Licht', leuchtend hellgelb, 60 cm.
- 'Sonnenwende', dunkles Blatt, goldgelbe Blüte, 60 cm.
- 'Fyrverkeri', rote Blütenknospen und goldgelbe Blüten, 40 cm.

Bemerkungen: Gute Partner sind Prachtscharte *(Liatris spicata)*, Bartfaden *(Penstemon barbatus)*, Lobelien und Feinstrahlastern *(Erigeron speciosus)*.

Weitere Art:
- Teppich-Nachtkerze *(O. macrocarpa*, Syn.: *O. missouriensis)*, für den Steingarten, gelb, 15–20 cm, 6–9.

Gedenkemein
Omphalodes verna

Omphalodes verna

◑ ↑15-20 cm ✿ 4-5

Wuchs: Zierlicher Bodendecker, bildet durch Ausläufer große Teppiche.

Blätter: Herz-eiförmig, zugespitzt, frischgrün.

Blüten: Kleine Vergissmeinnicht-Blüten, hellblau mit weißer Mitte, in lockeren Trauben.

Standort: Gehölzrand und unter lichten Bäumen, in humosem, frischem Boden im Halbschatten.

Pflege: Im Spätwinter flach mit Humus oder Kompost bedecken. Starke Laubschicht nach Laubfall im Herbst vorsichtig entfernen.

Vermehrung: Teilung im Mai/Juni.

Sorten:

- 'Alba', weiß, 15 cm, 4–5.

Bemerkungen: Guter Bodendecker für halbschattige Plätze. Passt gut zu Immergrün *(Vinca minor)*, Lungenkraut *(Pulmonaria saccharata)* und niedrigen Astilben *(Astilbe chinensis* var. *pumila)*.

Weitere Art:

- *O. cappadocica* 'Starry Eyed', Blüten hellblau mit weißem Rand, 25 cm, 4–5, für lichten Gehölzrand. Nur mäßig frosthart, daher in rauen Lagen Winterschutz geben.

Zierdost
Origanum vulgare 'Compactum'

Origanum vulgare 'Compactum'

○ ↑20-25 cm ✿ 7-9

Wuchs: Niedrig, kompakt, buschig. Die Wildform *O. vulgare* wuchert stark, wird 60 cm hoch.

Blätter: Dunkelgrün, oval, dachziegelförmig. Aromatisch duftend.

Blüten: Kleine, rosa Lippenblüten.

Standort: Im sonnigen Staudenbeet, auf der Mauerkrone, auf Felsen oder Böschungen, auch im Topf. Durchlässiger, nicht zu schwerer Boden.

Pflege: Rückschnitt jederzeit möglich.

Vermehrung: Aussaat im Frühjahr, Teilung im Herbst oder Frühjahr.

Sorten:

- 'Aureum', grünlich-goldfarbene Blätter, wuchert weniger als die Art.
- 'Compactum', dichtbuschig, violettrosa, 15 cm, 7–9.
- 'Thumbles Variety', üppig, gelblichgrünes Laub, nicht wuchernd, guter Kontrast. Auch schön in Schattenbeeten.

Bemerkungen: Bekannt als Gewürz in der Küche ist der Majoran *(O. majorana)*.

Weitere Arten:

- *O.*-Laevigatum-Hybriden: 'Herrenhausen', rötlich-grüne Blätter, Blüten dunkelviolett, 30 cm, 7–9; 'Hopley's', schmale, graugrüne Blätter, zartviolette Blüten, 50 cm, 7–8.
- *O.*-Hybride: 'Rosenkuppel', rosarote Blüten, 40 cm, 7–9.

Ysander, Dickmännchen
Pachysandra terminalis

Pachysandra terminalis

◑-● ↑20-25 cm ✿ 4-5

Wuchs: Halbstrauch, Triebe am Grund verholzend. Ausläufer treibend, 20 cm hohe, aufrechte, beblätterte Triebe.

Blätter: Endständig gehäuft, lederartig hart, grob gezähnte, schmal rhombische Blätter. Wintergrün.

Blüten: Unscheinbar, grün, auch purpurn getönt, in endständigen Trauben.

Standort: Halbschattige bis schattige, nicht zu trockene Lagen unter Bäumen und am Gehölzrand. Nicht zu kalkhaltige Böden, sonst Chlorose (gelbe Blätter).

Pflege: Anspruchslos. Bei der Pflanzung Rhizome flach in den Boden stecken, nicht senkrecht! Topfpflanzen nicht zu tief pflanzen. Im Herbst Falllaub liegen lassen! Bei gelben Blättern (Chlorose) Humus oder Rindenkompost streuen.

Vermehrung: Teilung, Schnittlinge von den unterirdischen Rhizomen und Kopfstecklinge im Juli/August.

Sorten:

- 'Variegata', weiß-bunte Blätter, schwachwüchsig.
- 'Green Carpet', schwachwüchsig, grünblättrig.

Bemerkungen: Wintergrüner »Laubschlucker« und Bodendecker. Gute Partner sind schattenverträgliche Stauden und Gräser, wie Goldnessel *(Lamiastrum galeobdolon)*, Waldmarbel *(Luzula nivea)* und Schaumblüte *(Tiarella cordifolia)*.

Edel-Pfingstrose, Staudenpäonie

Paeonia-Lactiflora-Hybriden

Paeonia

○ ⬆50-100 cm ✿5-6

Wuchs: Große, schöne Laubbüsche, manchmal nicht standfest.

Blätter: Groß, doppelt bis dreifach gefiedert mit elliptischen Teilblättchen, sattgrün, oft mit leichter Herbstfärbung.

Blüten: Groß, schalenförmig, einfach oder gefüllt. Weiß, rosa, samt-, blut- oder weinrot. Einige Sorten sind duftend.

Standort: Nährstoffreiche, leicht lehmige Böden in voller Sonne. Keine verdichteten Böden.

Pflege: Beste Pflanzzeit ist der Herbst. Nicht zu tief pflanzen, die Augen dürfen nur 3 cm mit Erde bedeckt sein. Bei Bedarf mit Ringen stützen. Im Herbst eine Gabe Kompost oder Mist. Möglichst nicht verpflanzen. Äußerst langlebige Staude.

Vermehrung: Teilung im September.

Sorten:

Ungefüllte Sorten:

- 'Bowl of Beauty', fuchsienrosa, 80 cm.
- 'Rembrandt', karminrot, 70 cm.

Paeonia-Lactiflora-Hybride 'Noemie Demay'

Gefüllte Sorten:

- 'Avalanche', weiß, 90 cm.
- 'Sarah Bernhardt', rosa, 90 cm.
- 'Duchesse de Nemours', rahmweiß, 70 cm.
- 'Noemie Demay', zartrosa, guter Duft, 60 cm, alte französische Sorte.

Duftende Sorten:

- 'Edulis Superba', rosa, 100 cm.
- 'Marie Lemoine', weiß, besonders starker Duft, 80 cm.

Bemerkungen: Eine der ältesten Kulturpflanzen. In China, dem Heimatland, wurden schon vor über 2 000 Jahren Sorten gezüchtet. Heute stammen viele aus Frankreich und den USA.

Bauern-Pfingstrose

Paeonia officinalis

Paeonia officinalis

○-◐ ⬆70-80 cm ✿5-6

Wuchs: Stattliche Laubbüsche.

Blätter: Doppelt bis dreifach gefiedert, ledrig, dunkelgrün, unterseits weichhaarig.

Blüten: Große Schalenblüten, bei der Wildart einfach, bei Gartenformen dicht gefüllt. Rot, rosa oder weiß mit gelben Staubblättern.

Standort: Halbschattige bis sonnige Staudenbeete. Warme Plätze mit kalkhaltigem, nährstoffreichem Boden.

Pflege: Im Frühherbst pflanzen, Pflanztiefe siehe *P. lactiflora*. Regelmäßig düngen, nicht verpflanzen. Bei jungen Pflanzen vorsichtshalber Verblühtes abschneiden, der Samenansatz die Pflanze schwächt.

Vermehrung: Teilung im September.

Sorten:

- 'Alba Plena', weiß, gefüllt.
- 'Rosea Plena', rosa, gefüllt.
- 'Rubra Plena', gefüllt, dunkelrot.

Bemerkungen: Langlebige, seit alters kultivierte Heilpflanze. Klassisch im Bauerngarten, wohin sie in der Rabatte neben altmodische Pflanzen wie Maßliebchen *(Bellis perennis* 'Pomponette') als Beeteinfassung gehört. Für den Bauerngarten passen dazu Akelei *(Aquilegia vulgaris)* und Flammenblume *(Phlox paniculata)* sowie Vexiernelke *(Lychnis coronaria)*.

Islandmohn

Papaver nudicaule

Papaver nudicaule

○ ⬆30–60 cm ✿ 5–8

Wuchs: Niedrig, büschelig wachsend. Blütenstängel behaart und blattlos.

Blätter: Blassgrün, länglich, stark eingebuchtet.

Blüten: Große, duftende, weiße, gelbe, orange- oder rosafarbene Schalenblüten. Sehr zart, seidenpapierartig geknittert.

Standort: Sonnige Beete und Steingärten, magerer, durchlässiger Boden.

Pflege: Nicht sehr langlebig, erhält sich aber durch Selbstaussaat. Leider bei Schnecken sehr beliebt.

Vermehrung: Aussaat im April.

Sorten:

- 'Gartenzwerg', in vielen Farbnuancen, niedrig, 30 cm.
- 'Golden Monardi', gelb, großblütig, 40 cm.
- 'Illumination', pastellfarben, bunt, 40 cm.
- 'Wonderland', bunt, wintergrün, 20–25 cm.

Bemerkungen: Ideale Partner sind Alpenaster *(Aster alpinus)*, Spanisches Gänseblümchen *(Erigeron karvinskianus)* und Hornveilchen *(Viola cornuta)*.

Türkischer Mohn, Türkenmohn

Papaver orientale

Papaver orientale
'Garden Glory'

Papaver orientale

○ ⬆50–100 cm ✿ 6–7

Wuchs: Horstig, mit tief reichender, rübenartiger Wurzel. Einblütige Stängel mit Milchsaft (giftig!).

Blätter: Länglich, tief eingeschnitten, bläulich-grün, borstig behaart. Das Laub zieht im Laufe des Sommers ein.

Blüten: Offene Schalenblüten, bis zu 10 cm groß, rosa oder rot, in vielen Nuancen, meist mit einem dunklen Fleck am Grund jeden Blütenblatts.

Standort: Sonniges Staudenbeet und Prachtrabatte auf nährstoffreichem, durchlässigem Boden.

Pflege: Durch Rückschnitt nach der Blüte für kräftigen Neutrieb sorgen. Möglichst nicht verpflanzen.

Vermehrung: Wurzelschnittlinge, senkrecht in Töpfe stecken. Im Hochsommer und Frühherbst Teilung und Pflanzung.

Sorten:

- 'Aladin', leuchtend rot, großblütig, 80 cm.
- 'Beauty of Livermere', tiefrot, Blatt fiederteilig, silbrig behaart, 100 cm.
- 'Garden Glory', lachsrot, feste Stiele, die Blüten wirken wie aus Krepppapier, 90 cm.
- 'Kleine Tänzerin', rosa, zierlich, 70 cm.
- 'Karine', rein hellrosa mit roten Flecken, 60 cm.
- 'Sindbad', signalrot, 100 cm.
- 'Türkenlouis', rot, stark gefranste Blütenränder, 70 cm.

Bemerkungen: Kräftiger, aber nur relativ kurz anhaltender Farbklecks im Garten! Das Laub zieht im Frühsommer ein, deshalb zusammen mit Sommerstauden pflanzen, die die Lücken kaschieren, etwa Schleierkraut *(Gypsophila)* und Gräsern mit ausladenden Rispen.

Bartfaden

Penstemon-Hybriden

Penstemon-Hybride

○-◑ 30-90 cm ✿ 6-9

Wuchs: Aufrecht, buschig, flache Blattrosette und dicht beblätterte Stängel. Durch strenge Winter bei uns oft nur ein- oder zweijährig.

Blätter: Länglich-eiförmig, dunkelgrün.

Blüten: Glockenförmig, etwa 5 cm Durchmesser, rosa, rot, lila, auch zweifarbig oder weiß, mit langem weißem Schlund. Jede Blüte hat fünf Staubblätter, eines davon hat keine Staubbeutel, sondern lange Haare – daher der Name.

Standort: Sonnige Beete und Rabatten, auch lichter Schatten wird vertragen. Gut durchlässige Gartenböden.

Pflege: Pflegeleicht. Windfest!

Vermehrung: Aussaat unter Glas im Februar/März bei 18 °C. Auspflanzen im April-Mai, nach den Spätfrösten.

Sorten:

- 'Navigator', kompakt, Blüten pink, rosa, blau, violettgrau, auch für Töpfe, 40–60 cm.
- 'Southgate Gem', leuchtend rot, 60–80 cm, 6–9.

Brandkraut

Phlomis russeliana

Phlomis russeliana

○-◑ 100-150 cm ✿ 7-8

Wuchs: Straff aufrecht, mit beblätterten Blütenstielen. Breitet sich durch Ausläufer aus.

Blätter: Gegenständig, drüsig sternhaarig, eiförmig bis lanzettlich. Die Grundblätter sind wintergrün.

Blüten: Blassgelbe Lippenblüten dicht gedrängt in mehreren Quirlen übereinander. Nach dem Verblühen schmücken die Fruchtstände bis in den Winter.

Standort: Sonnige, heiße Staudenbeete, Steppenbeete und Böschungen auf schotterigem, durchlässigem Untergrund.

Pflege: Anspruchslos. Stängel mit Fruchtständen im Frühjahr abschneiden. Zu groß gewordene Teppiche mit dem Spaten einkürzen. Sonst pflegeleicht.

Vermehrung: Aussaat oder Teilung im Frühjahr.

Bemerkungen: In Gärtnereien manchmal fälschlich als *P. samia* geführt. Ausgezeichneter, robuster Unkraut-Verdränger, bedeckt den Boden völlig. Ein Traum für trockene Gartenpartien in pflegeleichten Gärten. Die getrockneten Blütenstängel sind auch im Winter sehr schön.

Polsterphlox, Moosphlox

Phlox-Douglasii- und *P.* Subulata-Hybriden

Phlox-Douglasii-Hybride 'Lilac Cloud'

○ 5-15 cm ✿ 4-5

Wuchs: Polsterförmig bis teppichartig.

Blätter: Linealisch, mattgrün, steif bei *P.*-Douglasii –, weicher bei *P.*-Subulata-Hybriden. Wintergrün.

Blüten: Sternförmig, lilablau, violett, karminrot, rosa oder weiß, bei *P.*-Douglasii-Hybriden breitere, rundere Blütenblätter als bei *P.*-Subulata-Hybriden.

Standort: Sonniger Steingarten und Trockenmauer. Durchlässiger, magerer Boden.

Pflege: Nach der Blüte auf zwei Drittel der ursprünglichen Höhe zurückschneiden. Alle vier Jahre aufnehmen und teilen, sonst verkahlt die Mitte.

Vermehrung: Teilung oder Risslinge.

Sorten:

P.-Douglasii-Hybriden:

- 'Crackerjack', leuchtend karminrot, eine der besten Sorten.
- 'Georg Arends', porzellanrosa mit dunklem Auge.
- 'Lilac Cloud', violettblau.

P.-Subulata-Hybriden:

- 'Blütenfülle', leuchtend rosa.
- 'Maischnee', weiß.
- 'Scarlet Flame', leuchtend karminrot.
- 'White Delight', weiß, starkwüchsig.
- 'Thomasini', violettblau.
- 'Admiral', karminrot.

Bemerkungen: Wird zwar oft als Beeteinfassung verwendet, doch werden die Polster mit der Zeit sehr breit und wandern dann auf die Wege.

Flammenblume, Staudenphlox

Phlox-Paniculata und
P.-Maculata-Hybriden

Die Flammenblume – eine der wichtigsten Farb- und Duftstauden für die Prachtrabatte.

○-◑ ⬆50-150 cm ✿6-9

Wuchs: Horstartig, aufrecht.

Blätter: Lanzettlich bis schmal eiförmig, grasgrün.

Blüten: Tellerartig mit langer, dünner Röhre, bei *P. paniculata* in dichten, kuppelförmigen, bei *P. maculata* in schlanken, pyramidenförmigen Doldentrauben. Rosa, lilarosa, rot, weiß, oft mit »Auge«, stark duftend.

Standort: Sonnige bis halbschattige Staudenrabatte mit frischem und nährstoffreichenm Boden. Leichter Schatten bevorzugt.

Pflege: Liebt kühle, feuchte Füße. Anfällig für Mehltau und Stängelälchen. Erkrankte Horste entfernen. Stets den Boden feucht halten. Um die Blütezeit in den September zu verschieben, Stängel Mitte Juni um ein Drittel zurückschneiden. Verblühtes abschneiden, sonst Selbstaussaat.

Vermehrung: Teilung und Stecklinge im Frühjahr.

Sorten:

- *P.*-Paniculata-Hybriden:

Weiße Blüten: 'Fujiyama', weiß, 100 cm, 7–8; 'Sommerkleid', weiß-rotes Auge, 100 cm, 7–8.

Hellrosa Blüten: 'Border's Gem', 50 cm, 7–8; 'Bright Eyes', zartrosa mit dunklem Auge, 80 cm, 7–8; 'Frauenlob', leuchtend, 100 cm, 7.

Phlox-Paniculata-Hybride 'Bright Eyes'

Rosa Blüten: 'Dorffreude', 100 cm, 8; 'Land- hochzeit', 120 cm, 7–8.

Rote Blüten: 'Aida', rotviolett, 80 cm, 7–8; 'Orange', orangerot, sehr gesund, 80 cm, 8–9; 'Spätrot', scharlachrot, 100 cm, 8–9.

Violette Blüten: 'Amethyst', hellviolett, 80 cm, 7–8; 'Violetta Gloriosa', lila/weiß, sehr gesunde Sorte, 120 cm, 8–9.

- *P.*-Maculata-Hybriden:

'Alpha', lang gestreckte Rispe mit leuchtend lilarosa Blüten, 80 cm, 6–8; 'Delta', kleinblütig, weiß mit rosa Auge, 80 cm, 7–8; 'Natascha', rosaviolett/weiß gestreift, 70 cm, 7–8; 'Rosalinde', karminrosa mit dunklerem Auge, 80 cm, 6–8.

Bemerkungen: Klassische Prachtstaude für Staudenbeete.

Lampionblume

Physalis alkekengi var. *franchetii*

Physalis alkekengi var. *franchetii*

○-◑ ⬆50-100 ✿7-9 9–11

Wuchs: Büsche aus aufrechten, beblätterten Stängeln, üppig wachsend und stark Ausläufer treibend. Braucht einige Jahre zur vollen Entwicklung.

Blätter: Dreieckig-eiförmig. Mattgrün.

Blüten: Klein, weiß mit gelber Mitte.

Früchte: Aufgeblasene, leuchtend orangefarbene Kelche um die reifenden, kugeligen Früchte, wie ein Lampion (daher der Name).

Standort: Sonnige bis halbschattige Beete auf feuchten, durchlässigen Böden, gern vor Gehölzen.

Pflege: Anspruchslos. Als Trockenschmuck Stängel mit Lampions schneiden und kopfüber aufhängen.

Vermehrung: Aussaat oder Teilung.

Sorten:

- 'Gigantea', weiß, 100 cm.

Bemerkungen: Typische Bauerngartenstaude. Braucht viel Platz, verdrängt Stauden in der Nachbarschaft. Starkwüchsige Stauden wie der Goldfelberich *(Lysimachia punctata)* können es mit ihr aufnehmen.

Vorsicht: Die ganze Pflanze ist giftig.

Gelenkblume
Physostegia virginiana

Physostegia virginiana 'Alba'

○-◑ 60–80 cm ✿ 8–9

Wuchs: Aufrechte, beblätterte, wenig verzweigte Stängel. Kriechendes Rhizom.

Blätter: Quirlständig, eirund-lanzettlich, gezähnt.

Blüten: Röhrenförmige Lippenblüten in Weiß oder Rosa. Die Einzelblüten sind beweglich, drehbar, als ob sie ein Gelenk hätten – daher der Name.

Standort: Sonnig, aber nicht zu warm, auch in lichten Schatten. In jedem normalen, besser feuchten Gartenboden.

Pflege: Bei Trockenheit wässern.

Vermehrung: Teilung und Stecklinge.

Sorten:
- 'Alba', weiß.
- 'Bouquet Rose', lilarosa.
- 'Summersnow', weiß, straffstielig.
- 'Vivid', purpurrosa, kompakt.

Bemerkungen: Sehr haltbare Schnittblumen. Im Garten ein Traum zur Blütezeit im August! Schön zusammen mit Goldfelberich *(Lysimachia punctata)*, Blutweiderich *(Lythrum salicaria)* und Gräsern wie dem Chinaschilf *(Miscanthus sinensis* 'Gracillimus').

Ballonblume
Platycodon grandiflorum

Platycodon grandiflorum 'Mariesii'

○ 40–50 cm ✿ 7–8

Wuchs: Aufrecht, nicht immer standfest, mit rübenartigen Wurzeln.

Blätter: Ei-lanzettlich, am Rand gezähnt, ledrig, bläulich-grün. Spät austreibend.

Blüten: Breite, sternförmige Schalenblüten in Blau, Rosa oder Weiß, ähnlich wie Glockenblumen *(Campanula)*.

Standort: Sonniger Gehölzrand oder Staudenbeete auf sandigem, durchlässigem Boden.

Pflege: Anspruchslos. Im Frühjahr zurückschneiden.

Vermehrung: Aussaat im zeitigen Frühjahr.

Sorten:
- 'Album', weiß, 40 cm.
- 'Mariesii', blau, 40 cm.
- 'Perlmutterschale', perlmuttrosa, 50 cm.

Bemerkungen: Dekorativ mit großen, ballonartigen Knospen. Ideal zusammen mit Katzenminze *(Nepeta × faassenii)*, Brandkraut *(Phlomis russeliana)*, Fingerkraut *(Potentilla atrosanguineus)* und Fetthenne *(Sedum telephium)*.

Himmelsleiter, Jakobsleiter
Polemonium caeruleum

Polemonium caeruleum

○-◑ 40–80 cm ✿ 5–6

Wuchs: Dichte Rosette mit aus der Mitte aufsteigenden, straffen Blütenstielen.

Blätter: Gefiedert, mit regelmäßig angeordneten Teilblättchen; erinnern an eine Leiter. Frischgrün.

Blüten: Kleine, glockenförmige, hängende Blüten in lockeren Trugdolden, blau. Süßlich duftend.

Standort: Halbschattige Beete oder am sonnigen Gehölzrand, wenn der Boden feucht genug ist.

Pflege: Nach der Blüte ganz zurückschneiden, dadurch kräftiger Neutrieb und zweite Blüte. Vor Schneckenfraß schützen! In Trockenperioden wässern.

Vermehrung: Teilung außerhalb der Blütezeit oder grundständige Stecklinge.

Bemerkungen: Schön zusammen mit Pfirsichblättriger Glockenblume *(Campanula persicifolia)*, Pechnelke *(Lychnis flos-cuculi)* und Tulpen.

Weitere Art:
- *P. reptans* 'Blue Pearl', kräftig blau, 25 cm, 5–8.

Salomonssiegel, Weißwurz

Polygonatum-Hybride 'Weihenstephan'

Polygonatum hirtum

◑-● ⬆80-100 cm ✿5-6 9

Wuchs: Aufrecht, Stiele bogig überhängend. Flach kriechende Rhizome, die sich unterirdisch ausbreiten.

Blätter: Parallelnervig, lanzettlich, wechselständig.

Blüten: Lang gestielt, weiße, schlanke Glöckchen mit grüner Spitze, zu mehreren am Grund der Blätter hängend.

Früchte: Schwarzrote Beeren.

Standort: Halbschattige bis schattige Gehölzränder auf humosem, feuchtem Boden.

Pflege: Nicht harken, um die Rhizome nicht zu verletzen.

Vermehrung: Teilung, Rhizomschnittlinge.

Bemerkungen: Alle Salomonssiegel sind giftig!

Weitere Arten:

- *P. hirtum*, (Syn.: *P. latifolium*) heimische Art des Laubwaldes aufrecht, wüchsig, 60 cm, weiß, 5-6.
- Quirlständiger Salomonssiegel *(P. verticillatum)*, Blätter in Quirlen, Blüte weiß, rote Früchte im Spätsommer, 70 cm, 5-6. Blüte duftet.

Kerzen-Knöterich

Polygonum amplexicaule
(Syn.: *Bistorta amplexicaulis)*

Polygonum amplexicaule

○-◑ ⬆80-120 cm ✿7-10

Wuchs: Buschig, horstig-aufrecht.

Blätter: Herz-eiförmig, stängelumfassend, mittelgrün.

Blüten: Klein, rubinrot, in 5-15 cm langen, schlanken, aufrechten Ähren.

Standort: Am sonnigen bis halbschattigen Gehölzrand auf frischem Boden.

Pflege: Anspruchslos. Stängel im Herbst abschneiden.

Vermehrung: Teilung im Mai/Juni.

Sorten:

- 'Atropurpureum', (= 'Atrosanguineum') rubinrot.

Weitere Arten:

Hohe Knöterich-Arten:

- Alpen-Knöterich *(P. alpinum* bzw. *polymorphum*, Syn.: *Aconogonon alpinum)* üppig, 180 cm, weiß, 6-10, sehr schön für den Gehölzrand.
- Wiesen- oder Schlangen-Knöterich *(P. bistorta*, Syn.: *Bistorta officinalis)*, rosa, walzenförmige, lang gestielte Blütenstände, 50-90 cm, 5-6.

Niedrige Knöterich-Arten:

- *P. compactum* (Syn.: *Fallopia japonica* var. *compacta)* 'Roseum', Bodendecker, rosa, 40 cm, 8-10.
- Teppich-Knöterich *(P. affine*, Syn.: *Bistorta affinis)*, 15-25 cm, Blüten ährig, rosa, 6-9, für Steingärten und im Vordergrund von Rabatten, guter Bodendecker; 'Superbum', kräftig rosarot, 25 cm.

Nepal-Fingerkraut

Potentilla nepalensis

Potentilla nepalensis

○ ⬆30-60 cm ✿7-10

Wuchs: Flache Rosette, locker beblätterte Blütenstiele.

Blätter: Mehrteilig, gefingert.

Blüten: Zierlich, schalenförmig, in Trugdolden, erinnern an Erdbeeren. Karminrosa.

Standort: Sonniges Staudenbeet mit durchlässigem Boden.

Pflege: Anspruchslos.

Vermehrung: Teilung.

Sorten:

- 'Miss Willmott', himbeerrosa, 60 cm, 7-10.
- 'Roxana', kupfrigrosa, rotes Auge, 30-40 cm, 7-8.
- 'Flammenspiel', rot, gelbes Auge, 40-60 cm, 7-9.

Bemerkungen: Schön zusammen mit der Witwenblume *(Knautia macedonica)*, der Kaukasus-Skabiose *(Scabiosa caucasica)* oder der Fetthenne *(Sedum* 'Matrona').

Weitere Art:

- *P. atrosanguinea* 'Gibson Scarlet', silbrig behaarte Blätter, Blüten leuchtend scharlachrot, 40 cm, 6-7.

Etagenprimel

Primula × bullesiana und *P. japonica*

Primula japonica 'Millers Crimson'

◑-● ⬆40–60 cm ✿6–8

Wuchs: Grundständige Blattrosetten.

Blätter: Groß, lang gestreckt, verkehrt eiförmig, frischgrün.

Blüten: Quirlig übereinander stehende Blüten mit mehligen Stielen, bei *P. × bullesiana* in Rosa, Rot, Orange, Gelb, Violett und Weiß, bei *P. japonica* in Rot oder Weiß.

Standort: Halbschattige bis schattige Bereiche mit humosem, frischem bis feuchtem Boden. Staudenbeete, Gehölzränder, schön am Teichufer.

Pflege: Im Herbst mit Kompost überstreuen.

Vermehrung: Teilung und Aussaat im Herbst (Kaltkeimer!).

Sorten:

Von P. japonica:

- 'Alba', weiß, 50 cm.
- 'Miller's Crimson', tiefrot, 60 cm.

P. × bullesiana bzw. *P.*-Bullesiana-Hybriden gibt es in den oben genannten Farben.

Weitere Arten:

- *P. beesiana*, Blüten lilapurpur mit orangefarbenen Auge, 40 cm, 6–8.
- *P. bulleyana*, Blüten gelb- bis rötlichorange, 40 cm, 6–8.

Kugelprimel

Primula denticulata

Primula denticulata

○-◑ ⬆20 cm ✿3–5

Primula elatior

Wuchs: Grundständige Rosetten.

Blätter: Länglich, ei-lanzettlich, erst nach der Blüte voll ausgewachsen.

Blüten: Kugelige Ballblüten in Hell- bis Dunkellila sowie Rot oder Weiß.

Standort: Halbschattige bis schattige Beete, Teich- und Bachränder mit humosem, frischem bis feuchtem Boden. Sonnige Standorte, nur wenn feucht.

Pflege: Im Herbst mit Kompost überstreuen. Bei Trockenheit wässern.

Vermehrung: Aussaat im Winter. Sorten durch Wurzelschnittlinge.

Sorten:

- 'Alba', reinweiß.
- 'Rubin', rubinrote Töne.

Weitere Art:

- Hohe Schlüsselblume *(P. elatior)*, heimische Waldpflanze, Blüten hellgelb, 20 cm, 3–4. *P.*-Elatior-Hybriden, in bunten Farben, etwa 'Crescendo'-Serie oder 'Vierländer Gold', goldgelb.

Kissenprimel, Teppichprimel

Primula-Juliae-Hybriden und *P. vulgaris*

Primula-Juliae-Hybride

◑ ⬆5–10 cm ✿3–4

Wuchs: Grundständige Rosette, stängellos.

Blätter: Ungestielt, grundständig, runzelig, hellgrün.

Blüten: Trichterförmig, weiß, gelb, rot oder violett, kurz gestielt. Bei den *P.*-Juliae-Hybriden in kurz gestielten Trauben, bei *P. vulgaris* grundständig, direkt aus der Mitte der Blattrosette entspringend.

Standort: Halbschattig auf nicht zu trockenem, humosem Gartenboden.

Pflege: Im Herbst mit Kompost überstreuen.

Vermehrung: Aussaat im Winter (Kaltkeimer!).

Sorten:

P.-Juliae-Hybriden:

- 'Frühlingsbote', dunkelrot.
- 'Gartenmeister Bartens', amarantrot.
- 'Schneewittchen', reinweiß.

Von *P. vulgaris*:

- 'Alba', weiß, großblumig.
- 'Caerulea', blauviolett.
- 'Lutea', gelb.
- 'Rubra', rot.

Weitere Art:

- Teppichprimel *(P. juliae)*, rasenbildende Wildform aus dem Kaukasus, Blüte violettrot, 4 cm.

Spanisches Lungenkraut
Pulmonaria saccharata

Pulmonaria saccharata

◐-● ⬆20–30 cm ✿3-5

Wuchs: Kriechende Waldstaude, die dichte Teppiche bildet.

Blätter: Eiförmig, zugespitzt, am Grund herzförmig, rauhaarig, dunkelgrün mit weißen, ineinander laufenden Flecken.

Blüten: Trichterförmig, in endständigen Trauben, verfärben sich beim Aufblühen von rot nach blauviolett, auch reinweiß.

Standort: Halbschattiger bis schattiger Gehölzrand oder unter Gehölzen, humoser, nahrhafter Boden.

Pflege: Humus und Kompost im Herbst verteilen.

Vermehrung: Teilung und grundständige Stecklinge.

Sorten:

- 'Mrs. Moon', silbrig gefleckte Blätter, rot, im Verblühen bläulich.
- 'Sissinghurst White', Blätter silbrig gefleckt, reinweiß.
- 'Frühlingshimmel', hellblau.

Bemerkungen: Gute Partner sind Immergrün *(Vinca minor)*, Waldmarbel *(Luzula sylvatica)* und Schattensegge *(Carex sylvatica)*.

Weitere Arten:

- Schmalblättriges Lungenkraut *(P. angustifolia)*; 'Munstead Blue', rot bis blau, 30 cm, 3–5.
- Echtes Lungenkraut *(P. officinalis)*, heimische Art, herzförmige Blätter, Blüten rot bis blau, 20 cm, 3–4.

Küchenschelle, Kuhschelle
Pulsatilla vulgaris

Pulsatilla vulgaris

○ ⬆25 m ✿4-5 5-6

Wuchs: Horstartig.

Blätter: Handförmig fein gefiedert, dicht seidig behaart, ziehen bald nach der Blüte wieder ein.

Blüten: Knospen seidig behaart, Blüten violett, groß, glockenförmig, Sorten auch rot oder weiß.

Früchte: Attraktive, seidige-fedrige Haarschöpfe.

Standort: Sonnige Beete, im Stein- und Steppengarten, auf kalkhaltigem, durchlässigem Boden.

Pflege: Für Wasserabzug sorgen. Vor starkwüchsigen Nachbarn schützen.

Vermehrung: Aussaat direkt nach der Samenreife.

Sorten:

- 'Alba', weiß.
- 'Rödde Klokke', glühend rot.
- 'Rubra', weinrot.
- 'Weißer Schwan', weiß.

Bemerkungen: Ideale Partner stammen wie die Küchenschelle von sonnigen Gebirgsmatten, etwa der Zwerg-Lein *(Linum altaicum)*, Thymian *(Thymus serpyllum)* und die Teppich-Veronika *(Veronica prostrata)*.

Schaublatt, Rodgersie
Rodgersia podophylla

Rodgersia aesculifolia

◐-● ⬆100–120 cm ✿6-7

Wuchs: Horstartig.

Blätter: Glänzend grün, handförmig, scharf gezähnte Ränder.

Blüten: Große, pyramidenförmige grünlichweiße, überhängende Rispen.

Standort: Halbschattige bis schattige Plätze unter hohen Bäumen oder am schattigen Gehölzrand, auf feuchten, humosen, nährstoffreichen Böden.

Pflege: Entwickelt sich langsam. Im Herbst Kompost geben.

Vermehrung: Teilung im April/Mai.

Sorten:

- 'Pagode', dunkelgrünes Laub, Blüten pagodenförmig, weiß, später vergrünend, 100 cm.
- 'Rotlaub', Blätter erst rotbraun, dann vergrünend, Blüten cremeweiß, 100 cm.

Weitere Arten:

- *R. aesculifolia*, rosskastanienartige Blätter, Blüten weiß, 100 cm, 6–7.
- *R. pinnata*, Blätter handförmig, Blüten gelblichweiß, 100 cm, 6–7.
- *R. sambucifolia*, Blätter gefiedert, Blüten cremeweiß; 'Rothaut', rote Stängel, 120 cm.

Sonnenhut
Rudbeckia fulgida var. *sullivantii*

Rudbeckia fulgida var. *sullivantii* 'Goldsturm'

○ 60–80 cm ✿ 7–10

Wuchs: Horstartig, standfest.

Blätter: Lanzettlich-eiförmig, dunkelgrün.

Blüten: Blütenköpfe mit schwarzer, halbkugeliger Mitte und gelben, schlanken Zungenblüten. Endständig.

Standort: Sonnige Staudenbeete mit humosem, nährstoffreichem Boden.

Pflege: Verblühtes herausschneiden.

Vermehrung: Teilung oder Aussaat.

Sorten:

- 'Goldsturm', wichtigste, reich- und lang blühende Sorte, intensiv goldgelb, 60 cm, 7–10.

Bemerkungen: Ungeschnitten sieht die Staude auch im Winterbeet fantastisch aus. Raureif zaubert die pechschwarzen Samenstände in Kugelform zu weißen Eiskugeln auf hohen Stielen. Gute Partner sind alle Prachtstauden, wie Rittersporn *(Delphinium*-Hybriden), Flammenblume *(Phlox paniculata)* und Indianernessel *(Monarda*-Hybriden).

Weitere Formen:

- *R. f.* var. *deamii*, strahlige, goldgelbe Hüte, 80 cm, 8–9, gute Schnittblume.
- *R. f.* var. *speciosa*, Wildart, goldgelb, 60 cm, 7–10.

Großer Sonnenhut, Langer Heinrich
Rudbeckia nitida

Rudbeckia nitida

○ 180–200 cm ✿ 7–9

Wuchs: Horstartig, hohe, schlanke Stiele, nicht sehr standfest.

Blätter: Lanzettlich-eiförmig, behaart, rau, gezähnt.

Blüten: Gelbe, hängende Zungenblüten und halbkugelige, grüne Mitte.

Standort: Sonniges Staudenbeet, auch am Wasserrand, frische bis trockene Böden.

Pflege: Bei Bedarf stäben.

Vermehrung: Teilung.

Sorten:

- 'Herbstsonne' (Fallschirm-Rudbeckie – wegen der Blütenform), standfest, straffe Stiele, 200 cm, 8–9.
- 'Juligold', ungefüllt, goldgelb, 180 cm, 7–8.

Weitere Arten:

- Bauerngarten-Sonnenhut *(R.*-Laciniata-Hybriden), 'Goldquelle', kahle Blätter, gefüllte Blüten, zitronengelb, 80 cm, 9–10.
- Schleier-Sonnenhut *(R. triloba)*, prächtige, reich blühende Staude, aber kurzlebig, oft als Einjährige gezogen, Blüten goldgelb mit schwarzer Mitte, 100–140 cm, 7–9.

Ziersalbei, Steppensalbei
Salvia nemorosa

Salvia nemorosa 'Ostfriesland'

○ 40–80 cm ✿ 6–10

Salvia officinalis 'Tricolor'

Wuchs: Aufrecht, horstartig, am Grund verholzend.

Blätter: Länglich-eiförmig, runzelig, graugrün, aromatisch duftend.

Blüten: Lippenblüten in Quirlen an endständigen Ähren. Violett bis reinblau.

Standort: Sonnig-warme Plätze, kalkhaltiger, durchlässiger Boden.

Pflege: Rückschnitt von Verblühtem sorgt für reiche Nachblüte.

Vermehrung: Stecklinge im Mai.

Sorten:

- 'Blauhügel', reinblau, 6–9.
- 'Mainacht', verzweigte Blütenähren, nachtblau, 5–9.
- 'Negrito', tief violettblau, 6–9.
- 'Ostfriesland', leuchtend dunkelviolett, rote Hüllblätter, 6–10.

Weitere Arten:

- Echter Salbei, Gewürzsalbei *(S. officinalis)*, pflegeleichte Blattschmuckstaude mit kleinen, violetten Blüten, 40–60 cm, 6–7; 'Berggarten', Blätter rundlich-eiförmig, graugrün; 'Icterina', Blätter gelbgrün; 'Tricolor', Blätter dreifarbig grün-gelbweiß-dunkelrot.

Japanischer Wiesenknopf
Sanguisorba obtusa

Sanguisorba obtusa

○-◐ ⬆30-60 cm ✿8-9

Wuchs: Kriechendes Rhizom, Triebe nicht standfest, lagernd.

Blätter: Unpaarig gefiedert, bis 40 cm lang, mit 13–17 eiförmigen, gezähnten Fiederblättchen.

Blüten: Blütenähren 4–7 cm lang, nickend, hellrosa. Sehr auffällig.

Standort: Sonnige bis leicht beschattete Beete mit frischen bis feuchten, etwas lehmigen Gartenböden.

Pflege: Anspruchslos.

Vermehrung: Teilung und Aussaat.

Sorten:
- 'Weihenstephan', rosa, 100 cm, nicht lagernd.

Bemerkungen: Attraktive Wiesenpflanze für lockere Rabatten. Schön zusammen mit Indianernessel *(Monarda*-Hybriden), mit Knöterich *(Polygonum amplexicaule)* und Gräsern wie der Rutenhirse *(Panicum virgatum* 'Rehbraun') und Mädchenhaargras *(Stipa pulcherrima)*.

Weitere Arten:
- *S. canadensis,* 160 cm, Blüten weiß, 8–9.
- Kleiner Wiesenknopf *(S. minor)*, Küchenkraut, für die Kräuterecke.
- Großer Wiesenknopf *(S. officinalis)*, 100 cm, dunkelrote Blütenköpfe, 7–8.

Heiligenkraut
Santolina chamaecyparissus

Santolina chamaecyparissus

○ ⬆20-40 cm ✿7-8

Wuchs: Zierlicher, reich verzweigter, aromatisch duftender Halbstrauch mit bogenförmigen oder aufrechten Trieben.

Blätter: Fein gefiedert, silbergrau-grün. Wintergrün.

Blüten: Kleine, runde, gelbe Blütenköpfe an den Triebenden.

Standort: Sonnige, warme und geschützte Lagen, durchlässige Böden. Im Stauden- und Steppenbeet, auch als Einfassung.

Pflege: Rückschnitt nach der Blüte erhält den kompakten Wuchs. Empfindlich gegen Dauernässe, in rauen Lagen vor Frost schützen.

Vermehrung: Teilung.

Sorten:
- 'Dwarf Form', wie die Art, aber nur 20 cm hoch.

Bemerkungen: Ideal für warme Trockenmauern, zwischen Felsen. Gute Nachbarpflanzen sind Lavendel *(Lavandula)*, Katzenminze *(Nepeta × faassenii)*, Ziersalbei *(Salvia nemorosa)*, Wollziest *(Stachys byzantinus)* und Großer Ehrenpreis *(Veronica)*.

Echtes Seifenkraut
Saponaria officinalis

Saponaria ocymoides

○-◐ ⬆60-80 cm ✿7-9

Wuchs: Dicht beblätterte, aufsteigende Stiele. Wuchert mit unterirdischen Ausläufern.

Blätter: Eliptisch, mattgrün, gegenständig.

Blüten: Tellerförmig, in Büscheln in den Blattachseln und am Ende der Triebe. Weißlich-rosa, rosa oder rot.

Standort: Warme, sonnige bis halbschattige Plätze am Gehölzrand.

Pflege: Anspruchslos. Nach der Blüte um zwei Drittel zurückschneiden, das regt die Verzweigung an.

Vermehrung: Teilung, Stecklinge.

Sorten:
- 'Rubra Plena', dunkelrosa.
- 'Plena', blassrosa.
- 'Rosa Königin', rosa, reichblühend.
- 'Rubra Compacta', dunkelrot, reichblühend.

Weitere Art:
- Polster-Seifenkraut *(S. ocymoides)*, zierlich belaubte Polsterstaude für den Steingarten mit eiförmig-spateligen Blättern, 20 cm, Blüten rosa, 7, in dicht gedrängten Trugdolden.

Bergbohnenkraut, Winter-Bohnenkraut
Satureja montana

Satureja montana ssp. *illyrica*

○ 20–40 cm ✿ 7–8

Wuchs: Polsterförmiger Halbstrauch, ästige, kahle Triebe, am Grund verholzend.

Blätter: Lineal bis verkehrt-lanzettlich, 5–20 mm lang, 1–2 mm breit, am Rand gewimpert.

Blüten: Kleine Lippenblüten in Scheinquirlen, 2- bis 3blütig, rosalila.

Standort: Sonnige Beete, im Steingarten, auf Steppenbeeten, in Mauerfugen oder in Trögen.

Pflege: Ende März die Triebe bis fast zum Boden zurückschneiden.

Vermehrung: Aussaat, Stecklinge, Ausläufer abnehmen und topfen.

Bemerkungen: Später Blüher für den sonst zu dieser Jahreszeit blütenlosen Steingarten. Ausdauernder Verwandter des einjährigen Gewürz-Bohnenkrauts *(S. hortensis)*. Gute Bienen- und Hummelweide. Schön zusammen mit Polsterphlox *(Phlox douglasii)* und Thymian *(Thymus serpyllum)*. Ideal für den Topfgarten auf der Terrasse.

Weitere Arten:
- *S. montana* ssp. *illyrica*, lilablau, 15 cm, 8–9.
- *S. spicigera* (Syn.: *S. repanda)*, weiß, 15 cm, 8–10.

Moossteinbrech
Saxifraga-Arendsii-Hybriden (Syn.: *S.* × *arendsii)*

Saxifraga-Arendsii-Hybride 'Peter Pan'

◑ 10–20 cm ✿ 4–5

Wuchs: Niedrige, frischgrüne Polster mit vielen kleinen Blattrosetten. Seitliche Ausläufer.

Blätter: Schuppenförmig, in kleinen Rosetten. Immergrün.

Blüten: Klein, schalenförmig, auf dünnen, unbeblätterten Stielen. Rosa, karmin- oder samtrot, weiß, hellgelb.

Standort: Absonnige, halbschattige Staudenbeete mit humosem, frischem Boden.

Pflege: Alle 4–5 Jahre teilen und verpflanzen.

Vermehrung: Teilung, Rosettenstecklinge.

Sorten:
- 'Blütenteppich', karminrosa.
- 'Peter Pan', dunkelrot.
- 'Pixie', reinrosa, feste Polster.
- 'Schneeteppich', großblumig, weiß.
- 'Schwefelblüte', schwefelgelb.
- 'Triumph', dunkles Rubinrot.
- 'White Pixie', kompakt, weiß.

Bemerkungen: Wunderschöne Einfassungspflanze für das Staudenbeet.

Schattensteinbrech, Porzellanblümchen
Saxifraga × *urbium*

Saxifraga × *urbium*

◑ 15–30 cm ✿ 5–6

Wuchs: Rosetten, dichte Teppiche.

Blätter: Glänzend-ledrig, breit spatelförmig, dunkelgrün. Immergrün.

Blüten: Sternförmig, in schleierartigen Rispen an den Enden dünner Stiele, weiß mit Rosa.

Standort: Halbschattige, kühle Plätze mit hoher Luftfeuchte und frischen Böden. Bodendecker.

Pflege: Im Herbst Kompost oder Humus darüber streuen.

Vermehrung: Teilung.

Sorten:
- 'Elliott', grünes Blatt, kompakt, rötliche Stängel, reichblühend rosa, 20 cm.
- 'Aueropunctata', gelb geflecktes Blatt, glänzend, rosa Blüte, 30 cm.

Bemerkungen: Wird im Handel oft fälschlich als *S. umbrosa* bezeichnet.

Weitere Art:
- Herbst-Steinbrech *(S. fortunei*, Syn.: *S. cortusifolia* var. *fortunei)*, wertvolle asiatische Wildstaude für den Gehölzrand und unter Bäumen; Blüten weiß, 30 cm, 9–10; 'Maigrün', Blätter hell frischgrün.

Kaukasus-Skabiose

Scabiosa caucasica

Scabiosa columbaria 'Butterfly Blue'

○ ⬆ 60–80 cm ✿ 6–9

Wuchs: Horstig, mit aufrechten, locker beblätterten Stielen, am Grund verholzend.

Blätter: Grundblätter ungeteilt, lanzettlich. Die Stängelblätter tief fiederspaltig eingeschnitten.

Blüten: Flache Blütenköpfe mit großen Randblüten. Violett oder weiß.

Standort: Sonnige Staudenbeete auf durchlässigem, kalkhaltigem Gartenboden.

Pflege: Verblühtes abschneiden. Im Frühjahr mineralisch düngen.

Vermehrung: Teilung.

Sorten:

- 'Miss Willmott', rahmweiß, 80 cm.
- 'Kompliment', dunkel lavendelfarben, großblumig, 60 cm.
- 'Nachtfalter', kräftig violettblau, 80 cm.

Bemerkungen: Lang anhaltende Blüte!

Weitere Art

- Taubenskabiose *(Scabiosa columbaria)*, 20–80 cm, buschig, violett, 7–9; 'Butterfly Blue', 30–40 cm, blauviolett, 7–9.

Weiße Fetthenne, Weißer Mauerpfeffer

Sedum album

Sedum album

○ ⬆ 5–15 cm ✿ 6–8

Sedum spurium

Wuchs: Rasig, dicht beblätterte, kurze Triebe.

Blätter: Fleischig, Walzenförmig, graugrün.

Blüten: Sternförmig, in dicht verzweigten Doldentrauben, zartrosa.

Standort: Sonniges Staudenbeet, oder Steingarten, durchlässiger Boden.

Pflege: Anspruchslos.

Vermehrung: Stecklinge.

Sorten:

- 'Coral Carpet', 5 cm, weiß, Blatt grün, im Herbst rostrot.

Weitere Arten:

- Scharfer Mauerpfeffer *(S. acre)*, 5–15 cm, 6–7, gelb, reichblütend.
- Milder Mauerpfeffer *(S. sexangulare)*, 5–10 cm, rasenartig, immergrün, Blüten klein, gelb, 6–8.
- Kaukasus-Fetthenne *(S. spurium)*, 'Album Superbum', weiß, 10–15 cm, 7.

Gold-Fetthenne

Sedum floriferum 'Weihenstephaner Gold'

Sedum floriferum 'Weihenstephaner Gold'

○ ⬆ 10–20 cm ✿ 6–9

Sedum-Hybride 'Ruby Glow'

Wuchs: Flache Polster oder Teppiche.

Blätter: Dunkelgrün, spatelig-lanzettlich, auch nach der Blüte sehr sauber. Purpurne Herbstfärbung.

Blüten: Sternförmig, leuchtend gelb, rötliche Knospen, reich und lange blühend.

Standort: Sonnig, frischer, durchlässiger Boden.

Pflege: Anfangs Unkraut jäten. Als Rasenersatz 8–10 Stück/m^2 pflanzen.

Vermehrung: Stecklinge.

Weitere Arten:

- Mongolen-Fetthenne *(S. hybridum)* 'Immergrünchen', wintergrün, gelb, 7–8, gedeiht auch im Halbschatten.
- Kamtschatka-Fetthenne *(S. kamtschaticum)*, orangegelb, 10 cm, 7–8; 'Variegatum', buntblättrig.
- *S.*-Hybride 'Ruby Glow', horstbildend, rubinrot, 30–45 cm, 8–10.

Purpur-Fetthenne, Hohe Fetthenne

Sedum telephium

Sedum telephium 'Herbstfreude'

○ ⬆40–50 cm ✿4–5

Wuchs: Aufrecht, buschig, vieltriebig aus dickem Wurzelstock.

Blätter: Fleischig, schmal eiförmig, gezähnt, bläulich-grau. Gesamter Stängel ist beblättert. Früh austreibend.

Blüten: Breite, flache und dichte Dolden, rostrot.

Standort: Sonnige Plätze auf durchlässigen Böden.

Pflege: Verblühtes erst im nächsten Frühjahr abschneiden.

Vermehrung: Stecklinge oder Teilung.

Sorten:

- 'Herbstfreude', blaugraue Blätter, Blüten rostrot, 50 cm, 8–10.

Bemerkungen:

Die hohen Fetthennen sollten in keinem Garten fehlen. Zusammen mit Astern und Gräsern bereiten sie einen wunderschönen Herbst im Beet.

Weitere Arten:

- Pracht-Fetthenne *(S. spectabile)*, Blätter bläulich-grau, große Blütendolden; 'Carmen', dunkel karminrosa, 40 cm, 8–9; 'Stardust', weiß, 50 cm, 8–10; 'Brillant', graugrünes Blatt, dunkelrosa Blüte 50 cm, 8–9.
- *S.*-Hybride 'Matrona', Staude des Jahres 2000, rosa Blüten auf dunklen Stielen, Blätter lila überhaucht, 50 cm, 8–9.

Hauswurz, Dachwurz, Steinrose

Sempervivum-Hybriden

Sempervivum-Hybriden

○ ⬆10–20 cm ✿6–7

Wuchs: Dickblättrige, Rosetten bildende Steingartenstaude.

Blätter: Fleischig, lanzettlich bis spatelförmig, zugespitzt, immergrün, am Rand kahl oder bewimpert. Im Frühjahr schön gefärbt, je nach Sorte grün, grau oder braun. Die Rosetten sind manchmal mit weißen Fäden übersponnen.

Blüten: Sternförmig, in Trugdolden auf beblätterten, bis zu 20 cm langen Stielen. Weiß, rosa, karminrot oder rot.

Standort: Sonnige Steinanlagen, Mauerkronen, Steinfugen, unbedingt auf durchlässigen Böden.

Pflege: Sehr genügsam und anspruchslos.

Vermehrung: Abtrennen der Tochterrosetten.

Sorten:

- 'Alpha', Rosetten hellbraun, übersponnen, Blüte rosa.
- 'Beta', braunrot, silbern behaart, dunkelrosa.
- 'Grünspecht', große Rosetten, hellgrün, Spitzen mahagonirot, Blüte rosa.
- 'Othello', tief dunkelbraunrote Rosetten, lachsrosa Blüte.

Bemerkungen: Wildarten wie die Spinnweb-Hauswurz *(S. arachnoideum)* wachsen seit Jahrhunderten auf Mauern, Dächern und Zaunsäulen.

Schmalblättrige Binsenlilie

Sisyrinchium angustifolium

Sisyrinchium striatum

○-◑ ⬆20–50 cm ✿5–7

Wuchs: Zierliche Rhizomstaude mit verzweigten Stängeln und grundständigen Blättern.

Blätter: Schmal, grasähnlich, z. T. immergrün.

Blüten: Endständige Büschel aus kleinen, hell- bis dunkelvioletten, sternförmigen Blüten, am Grund gelb.

Standort: Sonnige Steingärten, Stauden- und Steppenbeete, durchlässige, magere bis mäßig nährstoffreiche Böden.

Pflege: Anspruchslos.

Vermehrung: Teilung im Spätsommer. Verbreitung durch Selbstaussaat in Ritzen und Fugen.

Bemerkungen: Gute Partnerpflanzen sind das Hungerblümchen *(Draba)*, der Staudenlein *(Linum)*, die Fetthenne *(Sedum telephium* 'Herbstfreude') und die Bartblume *(Caryopteris clandonensis)*.

Weitere Art:

- Südamerikanische Binsenlilie *(S. striatum)*, längere und breitere Blätter, irisartig, immergrün; Stängel aufrecht, Blüten zahlreich, hellgelb, 50 cm, 6–7.

Goldrute
Solidago-Hybriden

Solidago-Hybride

○ ⬆50-80 cm ✿ 7-10

Wuchs: Horstartig, aufrecht mit beblätterten Stängeln.

Blätter: Lanzettlich.

Blüten: Fein gewimpert, sehr klein, in dichten, endständigen, überhängenden Rispen. Gelb, mit starkem Geruch.

Standort: Sonnige, lockere Rabatten und Böschungen auf nährstoffreichen, frischen Böden.

Pflege: Nach der Blüte zurückschneiden, wenn Selbstaussaat unerwünscht ist.

Vermehrung: Aussaat und Teilung.

Sorten:
- 'Goldenmosa', gelb, 60 cm.
- 'Ledsham', hellgelb, 70 cm.
- 'Strahlenkrone', goldgelb, 60 cm.

Weitere Arten:
- *S. sempervirens,* lanzettliches Blatt, glatt, Blüte goldgelb, 120 cm, 7–9.
- Gewöhnliche Goldrute *(S. virgaurea),* breit lanzettliche Blätter, Blüten größer, in lockeren Trauben, gelb, 40–70 cm, 7–9; *S. v.* ssp. *minuta* 'Goldzwerg', gelb, 20 cm.
- Eine Kreuzung mit *Aster ptarmicoides* ergab 1909 die Goldrutenaster (× *Solidaster luteus),* Schnittstaude, lange Blütezeit, Blüten hellgelb, 60 cm, 7–9.

Wollziest, Hasenohren
Stachys byzantina

Stachys byzantina 'Cotton Boll'

○-◐ ⬆15-30 cm ✿ 6-8

Wuchs: Flächig, Triebe kriechend, teils wurzelnd; zäher Bodendecker.

Blätter: Elliptisch, weiß oder silbrig, wollig-filzig behaart, fleischig, wintergrün.

Blüten: Kleine, purpurrosa Lippenblüten, in Quirlen etagenförmig übereinander, in dicht behaarten Blütenkerzen.

Standort: Für sonnige, heiße Plätze, im Staudenbeet und in der Rabatte.

Pflege: Anspruchslos. Nur auf zu feuchten Böden faulen die Blätter. Im Frühjahr pflanzen.

Vermehrung: Teilung.

Sorten:
- 'Cotton Boll', Blüten rosa, 10–15 cm.
- 'Silver Carpet', blüht fast nicht, silbriges Laub, 25 cm.
- 'Primrose Heron', Blattaustrieb ist limonengrün, verblasst im Laufe des Sommers in Schwefelgelb, 20 cm.

Bemerkungen: Sehr pflegeleichter Bodendecker für sonnige Flächen. Gute Nachbarpflanzen sind Edelraute *(Artemisia),* Bergenie *(Bergenia)* und Gräser.

Weitere Art:
- Großblütiger Ziest *(S. macrantha,* Syn.: *S. grandiflora)* 'Superba', buschig, 50 cm, große, purpurrosa Lippenblüten, regelmäßig gekerbte Blätter, 5–6. Vor Gehölzen, im Halbschatten von Mauern und auf Beeten.

Kleiner Kaukasus-Beinwell, Wallwurz
Symphytum grandiflorum
(Syn.: *S. ibericum)*

Symphytum grandiflorum 'Wisley Blue'

○-◐-● ⬆30-60 m ✿ 4-8

Wuchs: Bewährter Flächendecker, Ausläufer treibend.

Blätter: Spitz-eiförmig, rau behaart, stumpfgrün.

Blüten: Röhrig, nickend, cremeweiß oder blau, in endständigen Büscheln.

Standort: Sonnig, halbschattig oder im vollen Schatten unter Bäumen. Gern in Wassernähe. Humose Böden.

Pflege: Anspruchslos. Hält auch Wurzeldruck aus.

Vermehrung: Teilung und Abtrennen der Ausläufer.

Sorten:
- 'Hidcote Blue', zartblau, 40 cm, 5–6.
- 'Blaue Glocken', blau, 30 cm, 4–5.
- 'Wisley Blue', zartblau, später gelblich, 30 cm, 4–5.

Weitere Arten:
- Gewöhnlicher Beinwell *(S. officinalis),* rötlich bis violett, 50 cm, 5–7.
- Kaukasus-Beinwell *(S. caucasicum),* azurblau, 60 cm, 6–8, mit starkem Ausbreitungsdrang.

Bunte Margerite, Frühlingsmargerite

Tanacetum coccineum
(Syn: *Chrysanthemum coccineum)*

Tanacetum coccineum

○ ⬆30-70 cm ✿5-6

Wuchs: Horstartig, aufrecht, sehr locker.

Blätter: Doppelt gefiedert, obere Blätter oft wenig geteilt, aromatisch duftend.

Blüten: Korbblüten mit gelber Mitte und langen, schmalen Zungenblüten in Rot, Rosa, Weiß, ungefüllt oder gefüllt. Blüten sitzen auf langen, unverzweigten Stielen.

Standort: Sonniges Staudenbeet, nährstoffreiche, humose, durchlässige, frische Böden.

Pflege: Im Frühjahr düngen, nach der Blüte zurückschneiden. Stützen.

Vermehrung: Teilung und Risslinge.

Sorten:

- 'Eileen May Robinson', großblumig, reinrosa, 70 cm.
- 'Laurin', lachsfarben, 25 cm.
- 'Regent', großblumig, leuchtendes Rot, 70 cm.
- 'Robinsons Rosa', rosa, 60 cm.
- 'Robinsons Rote', rot, 60 cm.

Bemerkungen: Klassische Bauerngartenstaude. Das Laub wird früh fahl und zieht ein.

Bastard-Gamander

Teucrium × lucidrys

Teucrium × lucidrys 'Nanum'

○ ⬆30 cm ✿5-10

Wuchs: Horstiger Zwergstrauch.

Blätter: Klein, eiförmig, regelmäßig gekerbt, glänzend dunkelgrün, immergrün.

Blüten: Purpurrosa Lippenblüten, zu mehreren in den Blattachseln.

Standort: Sonnige Steingärten oder Staudenbeete, auch als Einfassung von Rabatten.

Pflege: Verblühtes erst im nächsten Frühjahr abschneiden. Sonst anspruchslos.

Vermehrung: Teilung, Samen, Stecklinge.

Sorten:

- 'Nanum', zierlich, 15 cm, graugrüne Blätter, rosa Blütenähren, 8–9.

Bemerkungen: Teilweise als *T. chamaedrys* (Edelgamander) im Handel. Gute Bienenweide. Gute Partnerpflanzen sind Sonnenröschen *(Helianthemum-*Hybriden), Lavendel *(Lavandula angustifolia)*, Großblütiger Ziest *(Stachys grandiflora* 'Superba').

Weitere Art:

- *T. hircanicum,* purpurrot, 40–60 cm, 6–8.

Akeleiblättrige Wiesenraute

Thalictrum aquilegifolium

Thalictrum aquilegifolium

○-◑ ⬆80-120 cm ✿5-7

Wuchs: Horstig, buschig, stattlich.

Blätter: Akeleiähnlich, gefiedert mit rundlichen, tief eingeschnittenen Teilblättchen, mattgrün.

Blüten: Vielstrahlige Blütenkugeln mit langen, fädigen Staubblättern, helllila bis rosa, in lockeren, verzweigten Rispen.

Standort: Halbschattige bis sonnige Bereiche vor Gehölzen, im Schatten von Mauern. Boden frisch, nährstoffreich, auch sauer.

Pflege: Bei Trockenheit wässern. Gut düngen.

Vermehrung: Teilung im Frühjahr und Aussaat.

Bemerkungen: Gute Nachbarpflanzen sind Geißbart *(Aruncus dioicus)*, Mädelsüß *(Filipendula venusta* 'Rubra') und Blutweiderich *(Lythrum)*.

Weitere Arten:

- Gelbe Wiesenraute *(T. flavum* ssp. *glaucum)*, Blatt dreiteilig, schwefelgelbe Blüte, 150 cm, 7–8.
- Zweiflügelige Wiesenraute *(T. dipterocarpum)*, fein zerteiltes Laub, Blüten purpurlila, 120 cm, 6–7.

Feldthymian, Sandthymian

Thymus serpyllum

Thymus serpyllum 'Coccineus'

○ ⬆5–10 cm ✿ 6–7

Wuchs: Kriechende, lange Triebe, Teppichbildend.

Blätter: Klein, elliptisch, ledrig, aromatisch duftend.

Blüten: Kleine Lippenblüten in dichten Quirlen, purpurrosa oder weiß.

Standort: Sonnige Flächen auf sandigem, durchlässigem Boden. Ideal für Duftbänke, Duftwege, Mauerfugen, in Steingärten und Trögen.

Pflege: Im Winter mit Reisig abdecken und so vor Wintersonne schützen.

Vermehrung: Risslinge.

Sorten:

- 'Albus', hellgrünes Polster, blüht weiß.
- 'Coccineus', dunkelgrünes Polster, Blüten karminrosa.
- 'Splendens', leuchtend rosa blühend.

Weitere Arten:

- Zitronenthymian *(T. × citriodorus)*, Blätter silbrig grau gefleckt, mit Zitronenduft; 'Silver Queen', Blüte rosa, 15 cm, 6–8.
- *T. doerfleri* 'Bressingham Seedling', flache Polster, lockerrasig, graugrün, Blüte rosa, 6–8 cm, 5–7.
- Echter Thymian *(T. vulgaris)*, Gewürzpflanze, Blüten helllila, 15–35 cm, 6–7; 'Compactum', helllila, 20 cm; 'Pinewood', rosa, 20 cm.

Schaumblüte

Tiarella cordifolia

Tiarella cordifolia

◑-● ⬆20 cm ✿ 4–5

Wuchs: Flächig ausgebreitet, dünne Ausläufer bildend.

Blätter: Breit-eiförmig, 3- bis 5fach gelappt, im Herbst rötlich.

Blüten: Cremeweiße, endständige Blütenkerzen an aufrechten Stielen.

Standort: Für lichten Schatten auf humosem Boden. Flächendecker zwischen und vor Gehölzen sowie vor Mauern.

Pflege: Humus oder Kompost im Herbst überstreuen. Herbstlaub von Bäumen unbedingt liegen lassen.

Vermehrung: Teilung oder Abtrennen der Ausläufer.

Bemerkungen: Ausgezeichnete, reich blühende Kleinstauden aus Nordamerika. Gute Nachbarpflanzen sind die Waldsteinie *(Waldsteinia ternata)* und das Lungenkraut *(Pulmonaria saccharata)*.

Weitere Art:

- *T. wherryi*, horstartiger Wuchs, smaragdgrüne Blätter, braun gefleckt, Blüten rosa/weiß, duftend, 20–25 cm, 4–5.

Dreimasterblume

Tradescantia × andersoniana

Tradescantia × andersoniana

○-◑ ⬆40–50 cm ✿ 6–8

Wuchs: Aufrecht, buschig, lockere, bogig überhängende Triebe.

Blätter: Lineal-lanzettlich, schilfartig, 15–40 cm lang, kräftig grasgrün.

Blüten: Schalenförmig mit drei Blütenblättern, die dicht an dicht sitzen, und zarten orangefarbenen Staubbeuteln. Blau, violett, karminrot oder weiß.

Standort: Sonnige und halbschattige Staudenbeete auf frischen bis feuchten, nährstoffreichen Böden. Schön in Wassernähe.

Pflege: Nach der Hauptblüte zurückschneiden, dann Blüte bis Oktober.

Vermehrung: Teilung im Frühjahr.

Sorten:

- 'Bärbel', leuchtend rot.
- 'I. C. Weguelin', reines Himmelblau.
- 'Karminglut', karminrot.
- 'Osprey', weiß, blaue Staubfäden.
- 'Zwaanenburg Blue', reines Mittelblau.
- 'Pureell Giant', karminpurpur.

Bemerkungen: Robuste, lang blühende Staude mit begehrter blauer Blütenfarbe. Wirkt manchmal etwas zerzaust. Wirkt sehr schön zusammen mit Taglilien (*Hemerocallis*-Hybriden), Iris, Frauenmantel *(Alchemilla mollis)* und Rosen.

Trollblume
Trollius-Hybriden

Trollius-Hybride

○-◑ ⬆40–80 cm ✿4–6

Wuchs: Dichte Horste mit schwach beblätterten, verzweigten Blütenstielen.

Blätter: Handförmig geteilt, frischgrün. Laub zieht früh ein.

Blüten: Rundliche, fast kugelige Blüten, mehr oder weniger stark gefüllt, goldgelb.

Standort: Sonnig bis halbschattig, am Teich- oder Bachufer. Auf feuchten Böden.

Pflege: Bei Trockenheit wässern.

Vermehrung: Teilung im Frühherbst oder im zeitigen Frühjahr. Aussaat (Kaltkeimer!).

Sorten:
- 'Earliest of All', kugelig, hellgelb, 60 cm, 5–6.
- 'Goldquelle', kugelig, tiefgelb, 70 cm, 5–6.
- 'Maigold', kugelig, goldgelb, 50 cm, 5–6.
- 'Orange Globe', kugelig, hellorange, 80 cm, 5–6.

Weitere Arten:
- Europäische Trollblume *(T. europaeus)*, Blüten hellgelb, 60 cm, 5–6.
- Chinesische Trollblume *(T. chinensis)* 'Golden Queen', Blüten schalenförmig, orangegelb mit aufrechten Honigblättern, 60–80 cm, 6–7.
- *T. yunnanensis*, schalenförmige Blüten, goldgelb, 30–50 cm, 6–7.

Kandelaber-Ehrenpreis
Veronicastrum virginicum
(Syn.: *Veronica virginica)*

Veronicastrum virginicum

○-◑ ⬆100–180 cm ✿7–9

Wuchs: Schattlich, horstartig aufrecht.

Blätter: Länglich lanzettlich, gesägt, quirlförmig angeordnet. Frischgrün.

Blüten: Verzweigter Blütenstand mit langen, schlanken, endständigen Ähren aus vielen kleinen Einzelblüten, blau, rosa oder weiß.

Standort: Sonnige bis absonnige Staudenbeete und Gehölzränder, frische, nahrhafte Böden, auch gern in Wassernähe.

Pflege: Im Frühjahr mineralisch düngen.

Vermehrung: Teilung, Stecklinge oder Risslinge.

Sorten:
- 'Album', Blüten weiß, 100–120 cm.
- 'Roseum', zartrosa Blüten, 100–120 cm.

Weitere Arten:
- Großer Ehrenpreis *(V. teucrium*, Syn.: *V. austriaca* ssp. *teucrium)*, horstartig, Blätter gekerbt, derb, Blüten in achselständigen Trauben, enzianblau, Rückschnitt nach der Blüte sorgt für zweite Blüte; 'Knallblau', leuchtend blau, 25–30 cm, 6–7; 'Shirley Blue', enzianblau, 30 cm. 5–7.
- Langblättriger Ehrenpreis *(Pseudolysimachion longifolium*, Syn.: *Veronica longifolia)*, blau oder weiß, 60–100 cm, 7–9; 'Schneeriesin', weiß, 80 cm.
- *Veronica spicata* ssp. *incana*, silbrige Blätter, blau, 20 cm hoch, 6–7.

Kleines Immergrün
Vinca minor

Vinca minor

◑-● ⬆10–20 cm ✿4–5

Wuchs: Flache Teppiche aus langen, an den Blattknoten wurzelnden Trieben.

Blätter: Eiförmig bis lanzettlich, gegenständig, glänzend dunkelgrün, ledrig.

Blüten: Sternartige Blüten auf kurzen Trieben, aufrecht, blau, violett oder weiß.

Standort: Im Schatten oder Halbschatten auf humusreichen, durchlässigen Böden.

Pflege: Herbstlaub der Bäume auf den Pflanzen liegen lassen, mit Kompost überstreuen.

Vermehrung: Ausläufer abtrennen und topfen. Bewurzelte Teilstecklinge.

Sorten:
- 'Bowles', 15 cm, tief violettblau.
- 'Rubra', 15 cm, dunkelviolett.
- 'Gertrude Jeckyll', Blätter schmal, zierlich, 10 cm, weiß.

Bemerkungen: Pflegeleichter Bodendecker, auch für tiefsten Schatten. Sehr gut zu kombinieren mit Prachtspieren *(Astilbe chinensis)*, Elfenblume *(Epimedium × versicolor)*, Rodgersie *(Rodgersia)*, Lungenkraut *(Pulmonaria saccharata)* und Farnen. Schattengräser als Tuff dazwischenpflanzen.

Weitere Art:
- Großes Immergrün *(V. major)*, 30 cm, größere Blätter und Blüten; 'Variegata', Blätter weiß gefleckt.

Duftveilchen

Viola odorata

Viola odorata

◑ ⬆10–15 cm ✿3–4

Wuchs: Flächig ausgebreitet, Ausläufer bildend.

Blätter: Rundlich-herzförmig, frischgrün.

Blüten: Kleine Veilchenblüten, mit zurückgebogenen Blütenblättern, einzeln, auf kurzen Stielen. Violettblau, duftend.

Standort: Halbschattige Gehölzränder, humose, durchlässige, trockene bis frische Böden.

Pflege: Anspruchslos.

Vermehrung: Teilung. Breitet sich durch Selbstaussaat aus (Ameisen verbreiten die Samen). Aussaat direkt nach der Reife, spätestens bis Oktober/November; im Sommer nächsten Jahres dann auspflanzen.

Sorten:

- 'Königin Charlotte', blass violettblau, 10 cm, duftend.

Weitere Art:

- Pfingstveilchen *(V. sororia)*, Blüten über dem breiten Blättern erhoben, dunkel violett mit weißer Mitte oder weiß, blau geädert, 10–15 cm. 4–5; 'Freckles', Blüten weiß, violett gepunktet.

Teppich-Waldsteinie, Ungarwurz

Waldsteinia ternata

Waldsteinia ternata

◑–● ⬆15–20 cm ✿4–5

Wuchs: Rosettenförmig, bildet durch Absenker Teppiche.

Blätter: Rundlich, dreizählig, tief eingeschnitten, glänzend grün, wintergrün.

Blüten: Schalenförmig, ähnlich wie die von Erdbeeren, nur in Gelb. Jeweils zu 3–6 in den Blattachseln.

Standort: Halbschattige bis schattige Plätze zwischen und vor Gehölzen. Mäßig trockene bis frische Böden.

Pflege: Anspruchslos. Falllaub liegen lassen. Mit Kompost überstreuen.

Vermehrung: Teilung.

Bemerkungen: Zuverlässiger wintergrüner Bodendecker. Empfehlenswerte Partnerpflanzen sind Gedenkemein *(Omphalodes verna)*, Goldnessel *(Lamiastrum galeobdolon)*, Farne und Gräser wie *Carex pendula* oder *Luzula sylvatica*.

Weitere Art:

- *W. geoides*, horstig, nur sehr kurze Rhizome bildend, robust, Blätter wintergrün, drei- oder mehrteilig, gelbe Blüten, 25 cm, 4–5. Wird wegen der erdbeerähnlichen Blätter auch Gold-Erdbeere genannt.

Palmlilie, Yucca

Yucca filamentosa

Yucca filamentosa

○ ⬆120–200 cm ✿7–9

Wuchs: Schopfige Horste, vielblättrig.

Blätter: Irisartig, länglich-lanzettlich, steif aufrecht, an der Spitze manchmal abknickend, blaugrün. Am Rand mit krausen Fäden, immergrün.

Blüten: Glockenförmig, hängend, weiß, in einer lockeren Blütenrispe, an einem hohen, verzweigten Schaft. Blüht erst einige Jahre nach der Pflanzung.

Standort: Sonnige Staudenpflanzungen und Steppenbeete auf durchlässigen, sommertrockenen, kalkhaltigen, warmen Böden.

Pflege: Schutz vor Winternässe. In rauen Lagen mit Reisig abdecken. Im Frühjahr mineralisch düngen.

Vermehrung: Tochterrosetten.

Sorten:

- 'Schellenbaum', rotbraune Stiele, breiter Blütenstand, cremeweiß, 150 cm.
- 'Schneefichte', schmal-aufrechter Blütenstand, milchweiß, 150 cm.
- 'Schneetanne', weiß mit gelbgrünem Hauch, 150 cm.

Bemerkungen: Prächtige Solitärstaude aus dem Südosten der USA.

Einjährige
Zweijährige
Stauden
Zwiebelblumen
Gräser/Farne
Ziergehölze
Hecken
Rosen
Kletterpflanzen

Iran-Lauch
Allium aflatunense

Allium aflatunense

○ 80–100 cm ✿ 5–7

Wuchs: Eintriebig mit straffen Blütenstielen. Große, ovale Zwiebeln.

Blätter: Riemenförmig, blaugrün. Vergilben bereits zur Blütezeit.

Blüten: Kugelförmige Dolde mit 10 cm Durchmesser auf drahtigem Stiel, hellviolette, purpur gestreifte Blütensterne.

Standort: Sonnige Staudenbeete. Durchlässiger, nahrhafter Boden.

Pflege: Anspruchslos.

Vermehrung: Tochterzwiebeln abnehmen, Selbstaussaat.

Sorten:

- 'Purple Sensation', Purpur-Lauch, 90 cm, 6–7, großblütig.

Bemerkungen: Gute Schnittblume. Schön zusammen mit Sommerblumen wie Kosmeen *(Cosmos)* und zwischen Blaunessel *(Agastache foeniculum)* und Knautie *(Knautia macedonica)*.

Weitere Arten:

- *A. rosenbachianum*, große, lila-purpurne Blütendolden, 150 cm, 5–6.
- *A. sphaerocephalum*, Kugellauch, purpurviolette, kegelförmige, spitz auslaufende Blütendolden, sehr apart im Staudenbeet und in der Vase, 60–90 cm, 6–7.

Sternkugellauch
Allium christophii

Allium christophii

○ 30–50 cm ✿ 6

Wuchs: Eintriebig mit straffen Blütenstielen.

Blätter: Riemenförmig, lanzettlich, mehr oder weniger spitz, oberseits kahl, blaugrün, unterseits weiß behaart, bis 45 cm lang und 4 cm breit. Die Blätter ziehen früh ein.

Blüten: Sternförmig, in sehr großen, kugelrunden, dichten, bis 80-blütigen Dolden, 8–15 cm breit, lila mit metallischem Glanz.

Standort: Sonnige Staudenbeete auf durchlässigen, eher trockenen Böden.

Pflege: Anspruchslos.

Vermehrung: Tochterzwiebeln abnehmen, Selbstaussaat.

Bemerkungen: Getrocknete Blütenstände sind ideal als Trockenblumen. Passt sehr gut in Staudenbeete mit Kissenastern *(A. dumosus)*, Chinaschilf *(Miscanthus sinensis)* und hohen Fetthennen (z. B. *Sedum* 'Matrona').

Weitere Arten:

- Riesenlauch *(A. giganteum)*, sehr große Zwiebeln, Pflanze eintriebig, 90–150 cm hohe Stängel, Blätter breit-lanzettlich, groß, Blüten violett, rosa bis violettrosa, in kugelrunden Blütendolden mit 10–20 cm Durchmesser, 7–8. Für sonnige Plätze mit durchlässigem, kalkhaltigem Boden. Etwas Winterschutz ist ratsam.
- *A.*-Hybride 'Globemaster': Blüte Ende 6, handflächengroße Bälle, lilarosa; auch nach der Blüte sehr schön.

Blauzungenlauch
Allium karataviense

Allium karataviense

○ 15–30 cm ✿ 5–6

Wuchs: Eintriebige, niedrige Zwiebelpflanze.

Blätter: Dekorative, breite, zungenförmige, blaugrüne Blätter, die sich meist bis zum Herbst halten. Pro Pflanze zwei, dicht über dem Boden nach rechts und links wachsend.

Blüten: Silbrigrosa glänzende Kugeldolden mit 10 cm Durchmsser.

Standort: Sonniges Staudenbeet und Steingarten, magere, eher trockene, durchlässige Böden.

Pflege: Für guten Wasserabzug sorgen, verträgt keine Staunässe.

Vermehrung: Tochterzwiebeln abnehmen, Selbstaussaat.

Bemerkungen: Gute Partnerpflanzen sind die Sonnenröschen *(Helianthemum*-Hybriden), die Schleifenblume *(Iberis)* und die Strandnelke *(Armeria maritima)*. Gute Schnittblume für Trockensträuße.

Goldlauch

Allium moly

Allium moly

○-◑ ⬆20-40 cm ✿5-6

Wuchs: Vieltriebig, bildet zahlreiche Tochterzwiebeln und dadurch große Kolonien.

Blätter: Breit, blaugrün.

Blüten: Sternförmig, goldgelb, in dichten, kleinen Dolden auf langen Stielen.

Standort: Sonnige Staudenbeete mit durchlässigem, sommertrockenem Boden, auch halbschattige Plätze.

Pflege: Blüten direkt nach dem Abblühen abschneiden oder später die Sämlinge entfernen, kann sonst durch Selbstaussaat lästig werden.

Vermehrung: Tochterzwiebeln abnehmen, Aussaat.

Sorten:

- 'Jeanine', 40 cm hoch, gelb, 6.

Bemerkungen: Duftend! Sehr gut zum Schnitt geeignet. Sehr schön zusammen mit späten Tulpen und anderen Zwiebelblumen. Ideal als Unterpflanzung für Sträucher.

Weitere Art:

- Bärlauch *(A. ursinum)*, heimische Waldpflanze für den Halbschatten, weiße, sternförmige Blüten in lockerer Dolde über saftig grünem, nach Knoblauch riechendem Laub, 20–30 cm, 5. Breitet sich stark aus und kann lästig werden, nur für größere Flächen geeignet.

Schnittlauch

Allium schoenoprasum

Allium schoenoprasum

○-◑ ⬆25-35 cm ✿4-5

Wuchs: Horstig, vieltriebig.

Blätter: Dünn, zylindrisch, innen hohl, saftig, frischgrün, essbar.

Blüten: Zahlreich, essbar, malvenfarben, in lang gestielten Dolden.

Standort: Sonnige oder halbschattige Plätze auf nährstoffreichem Boden, im Kräuterbeet oder als Einfassungspflanze im Staudenbeet.

Pflege: An sonnigen Plätzen gut gießen. Häufig zurückschneiden, dadurch fördert man dichteren Wuchs. Alle zwei bis drei Jahre aufnehmen und teilen.

Vermehrung: Teilung oder Aussaat.

Sorten:

- 'Forescate', hell- bis dunkelrosa Blüten, kräftiger Wuchs.

Bemerkungen: Nicht nur im Kräutergarten eine attraktive Pflanze. Auch im Staudenbeet, zwischen Vergissmeinnicht *(Myosotis)* und Maßliebchen *(Bellis)*, zwischen Tulpen und Narzissen als Struktur gebende Pflanze. Weitere essbare Verwandte sind der Bärlauch (siehe Porträt Goldlauch) und der Gemüselauch oder Porree *(A. porrum)*.

Strahlenanemone, Balkan-Anemone

Anemone blanda

Anemone blanda
'White Splendour'

○-◑-● ⬆15-30 cm ✿3-4

Wuchs: Knolliger Wurzelstock, dichte Teppiche bildend.

Blätter: Dreiteilig mit tief eingeschnittenen, eiförmigen Teilblättchen, meist auf dem Boden liegend. Ziehen nach der Blüte ein.

Blüten: Strahlenförmig, mit langen, schmalen Zungenblüten in Rosa, Lila, Rot/Weiß oder Weiß mit gelber Mitte.

Standort: Sonnige bis schattige Beete mit humosem, frischem, durchlässigem Boden. Ideal unter Laubgehölzen.

Pflege: Laubdecke im Herbst liegenlassen, da nicht überall winterhart.

Vermehrung: Brutknollen.

Sorten:

- 'Violet Star', intensiv violettblau.
- 'Blue Shades', mittelblau.
- 'Charmer', dunkelrosa.
- 'Radar', Zungenblüten außen rot, nach innen zu weiß verfärbend, schwache Ausbreitung.
- 'White Splendour', große, schneeweiße Blüten.
- 'Blue Star', leuchtend blau.

Bemerkungen: Schöner bodendeckender Frühlingsblüher für den Gehölzrand, zusammen mit Primeln und Krokus.

Buschwindröschen, Waldanemone

Anemone nemorosa

Anemone nemorosa

◑-● ⬆10-20 cm ✿4-5

Wuchs: Braune, dünne Knollen, teppichbildend.

Blätter: Dreiteilig, tief eingeschnitten, grasgrün, nach der Blüte einziehend.

Blüten: 6- bis 8zählige, offene Schalenblüten mit weißen, rosa überhauchten oder blauen Zungenblüten und gelber Mitte.

Standort: Halbschattiger Gehölzrand, im Frühjahr sonnig, später auch schattig. Optimal sind frische, humose Böden, im Sommer auch trockener.

Pflege: Anspruchslos, vermehrt sich in jedem Boden sehr gut.

Vermehrung: Tochterknollen.

Sorten:

- 'Blue Beauty', großblütig, zartblau.
- 'Vindobonensis', hell cremefarben.
- 'Lytchett Variety', sehr große, weiße Blüten.
- 'Robinsoniana', lavendelblau, 20 cm.

Bemerkungen: Ideal für Naturgärten.

Weitere Art:

- Gelbes Windröschen *(A. ranunculoides)*, goldgelb, 10 cm, 4–5.

Indisches Blumenrohr

Canna-Indica-Hybriden

Canna-Indica-Hybriden

○ ⬆50-250 cm ✿7-9

Wuchs: Hochwüchsig mit kräftigen Scheinstämmen aus zusammengerollten Blattbasen (wie bei der Bananenstaude), die sich aus dicken Rhizomknollen entwickeln. Nicht frosthart!

Blätter: Breit, glänzend, dunkelgrün, auch weiß oder gefleckt.

Blüten: Auffällig, asymmetrisch, mit breiten, gedrehten Blütenblättern, an der Spitze schlanker Blütenstängel. Gelb, rot, orange, apricot- oder purpurfarben.

Standort: Sonnige Staudenbeete mit frischem bis feuchtem Boden. Solitärblume für das Beet. Auch in Trögen.

Pflege: Pflanztermin im Mai. Ab Oktober wieder aus der Erde herausnehmen, trocken und kühl überwintern.

Vermehrung: Abnehmen von Tochterrhizomen.

Sorten: Im Handel ist eine Vielzahl an Farb- und Blütenvarianten erhältlich.

Bemerkungen: Das Blumenrohr stammt aus dem tropischen und subtropischen Amerika. Es gibt auch Zwergsorten für Töpfe in großem Farbenspiel.

Schneestolz, Schneeglanz

Chionodoxa luciliae

Chionodoxa luciliae 'Gigantea'

○-◑ ⬆10-15 cm ✿3-4

Wuchs: Niedriges, gruppenbildendes Zwiebelgewächs, verwildert gerne.

Blätter: Breit linealisch, grasgrün, nach der Blüte einziehend.

Blüten: Lebhaft lilablaue oder rosafarbene, glockenförmige Sterne mit weißer Mitte.

Standort: Sonnige Staudenbeete mit sommertrockenem Boden.

Pflege: Zur Blütezeit schwach düngen.

Vermehrung: Tochterzwiebeln und Aussaat.

Sorten:

- 'Alba', reinweiß, 10 cm, 4.
- 'Gigantea' (Syn.: *Ch. gigantea)*, in allen Teilen größer als die Art.
- 'Pink Giant', rosafarbene, porzellanartige Blüten mit kräftigen Blütenstielen. Reichblühend, 12 cm, 3-4.

Bemerkungen: Schöne Partnerpflanzen sind z. B. Vergissmeinnicht *(Myosotis)*, die Schleifenblume *(Iberis)*, Maßliebchen *(Bellis)*, Hornveilchen *(Viola cornuta)* und Narzissen.

Weitere Art:

- *Ch. sardensis*, zierlich, enzianblaue Blüten, 10 cm, 3.

Herbstzeitlose
Colchicum autumnale

Colchicum speciosum

○-◐ ⬆10-20 cm ✿9-10

Wuchs: Im Frühjahr treiben aus den Knollen die Blattrosetten mit den Fruchtkapseln der vergangenen Herbstblüte. Danach ziehen die Blätter ein, im Herbst treiben (blattlos) die neuen Blüten.

Blätter: Riemenförmig, bis 30 cm lang, hellgrün.

Blüten: Krokusähnlich, lang röhrenförmig, rosa, weiß, einfach oder gefüllt.

Standort: Feuchte, sonnige bis halbschattige Gartenböden, gern zwischen Sträuchern.

Pflege: Anspruchslos, im Sommer 5–20 cm tief pflanzen.

Vermehrung: Teilung.

Sorten:
- 'Album', reinweiß, langröhrig.
- 'Plenum', gefüllt, rosafarben.
- 'Albiplenum', gefüllt, weiß.

Bemerkungen: In allen Teilen stark giftig!

Weitere Arten:
- *C. speciosum* (oft als *C. bornmuelleri* gehandelt), purpurrosa mit weißem Schlund, 15–20 cm, 9–10.
- *C.*-Hybriden, großblumige Gartensorten, auch für trockenere Böden, 10–25 cm, 9–10; 'Lilac Wonder', fliederfarben, reich- und spätblühend; 'Violet Queen', dunkelviolett mit weißem Grund; 'The Giant', satt malvenlila mit weißem Grund.

Maiglöckchen
Convallaria majalis

Convallaria majalis

◐-● ⬆15-25 cm ✿5-6 6-7

Wuchs: Flächendeckend, breitet sich durch ausläuferbildende Rhizome stark aus.

Blätter: Breit lanzettlich, glänzend dunkelgrün, ledrig.

Blüten: Weiße, stark duftende Glöckchenblüten in gestielten Trauben.

Früchte: Leuchtend rote Beeren, giftig!

Standort: Halbschattige bis schattige Plätze vor und unter Gehölzen und an Beeträndern.

Pflege: Gelegentlich mit Kompost düngen, bei zu starkem Wuchs Teile abstechen.

Vermehrung: Ausläufer, abtrennen jederzeit möglich.

Sorten:
- 'Grandiflora', größere Blüten.

Bemerkungen: Alle Pflanzenteile sind giftig! Gute Partnerpflanzen sind Lungenkraut *(Pulmonaria)*, die Schaumblüte *(Tiarella cordifolia)* und Waldgräser wie die Schneemarbel *(Luzula nivea)* und die Waldsegge *(Carex sylvatica)*.

Hakenlilie, Freiland-Amaryllis
Crinum × powellii

Crinum × powellii

○ ⬆80-100 cm ✿7-9

Wuchs: Große, horstförmige Zwiebelpflanze.

Blätter: Riemenförmig, bis 100 cm lang, immergrün, bei Frost absterbend.

Blüten: Bis 15 cm groß, trichterförmig, lilienartig, duftend, an den Enden der kahlen, hohen Stängel. Tiefrosa bis weiß.

Standort: Geschützte und warme Plätze vor Südmauern, auf nährstoffreichem, durchlässigem Boden.

Pflege: Als Winterschutz mit dicker Laubdecke und Fichtenreisig abdecken.

Vermehrung: Brutzwiebeln, blühen erst nach 3–4 Jahren.

Sorten:
- 'Alba', weiß.

Bemerkungen: Bei Kultur in Töpfen sind diese im Herbst frostfrei und hell zu stellen. Dabei unbedingt beachten: Hakenlilien brauchen relativ weite und tiefe, standfeste Pflanzgefäße, damit ihre hoch aufragenden Blütenstiele kein Übergewicht bekommen.

Einjährige
Zweijährige
Stauden
Zwiebelblumen
Gräser/Farne
Ziergehölze
Hecken
Rosen
Kletterpflanzen

Montbretie

Crocosmia × crocosmiiflora

Crocosmia × crocosmiiflora

○ ⬆60–120 cm ✿7–9

Wuchs: Schwertlilienartig, mit kleinen, dunkelbraunen Knollen.

Blätter: Schmal, lanzettlich, schwertförmig, gerippt, frischgrün.

Blüten: Trichterförmig, leuchtend orangerot bis rot, 3–5 cm groß. In ährigen, leicht gebogenen Blütenständen mit bis zu 20 Einzelblüten.

Standort: Sonnige, geschützte, warme Lagen, Staudenbeete mit frischem, sommertrockenem Boden.

Pflege: Bei uns nicht sicher winterhart. Im Herbst gut mit Laub und Reisig schützen oder ausgraben, frostfrei überwintern und im April wieder pflanzen (7 cm tief).

Vermehrung: Brutknöllchen.

Sorten:

- 'Aurora', orange, großblumig.
- 'Red King', scharlachrot mit orangefarbener Mitte, kleinblumig.
- 'Fire King', leuchtend rot, kleinblumig, spätblühend.

Bemerkungen: Dieses Schwertliliengewächs stammt aus Südafrika.

Weitere Art:

- Großblumige Montbretie *(C. masoniorum)*, 80–100 cm, in allen Teilen größer.

Bunter Krokus, Balkan-Krokus

Crocus chrysanthus

Crocus chrysanthus

○ ⬆5–10 cm ✿2–4

Wuchs: Sich langsam ausbreitende Knollenpflanze.

Blätter: Fein, büschelig, grasartig, grün mit weißem Mittelstreifen.

Blüten: Trichterförmig, kurz gestielt, gelb oder weiß mit leuchtend orangefarbenen Staubblättern und Narben, seltener auch blauviolett.

Standort: Sonnige bis leicht schattige Staudenbeete mit frischem, durchlässigem Boden.

Pflege: Vor Kahlfrösten schützen.

Vermehrung: Brutknollen oder Aussaat.

Sorten:

- 'Blue Bird', weiß, außen graublau.
- 'Cream Beauty', cremegelb.
- 'E. A. Bowles', leuchtend gelb, außen purpurfarben gestreift.
- 'Ladykiller', weiß, außen purpurviolett.
- 'Snow Bunting', rahmweiß, außen purpurn.

Bemerkungen: Wunderschön leuchtender Krokus, bereits im frühen Frühjahr nach der Schneeschmelze.

Weitere Arten:

- Goldkrokus *(C. flavus)*, 5–10 cm, intensiv orangegelb, 2–3, für sommertrockene Böden im Stein- oder Steppengarten.
- *C. sieberi*, 5–10 cm, lilablau, Schlund orange bis gelb, Narbe scharlachorange, 2–3; 'Firefly', bekannte Sorte, rosalila.

Gartenkrokus

Crocus-Hybriden

Crocus-Hybride 'Pickwick'

○–◑ ⬆8–15 cm ✿3–4

Wuchs: Sich allmählich stark ausbreitende Knollenpflanze.

Blätter: Fein, grasartig, büschelig, dunkelgrün, meist auffällig weiß gestreift.

Blüten: Großblütig, trichter- bis kelchförmig, kurz gestielt, mit leuchtenden Griffeln und Narben. Weiß, blau, violett, auch zweifarbig.

Standort: Sonnige Staudenbeete und sonniger Gehölzrand mit frischem, nahrhaftem, durchlässigem Boden.

Pflege: Pflanzung 6–8 cm tief. Vor Mäusefraß schützen.

Vermehrung: Brutknollen.

Sorten:

- 'Enchantress', porzellanblau, silbrig überhaucht.
- 'Jeanne d'Arc', reinweiß.
- 'Kathleen Parlow', schneeweiß.
- 'Queen of the Blues', hellblau.
- 'Pickwick', weiß, tiefviolett gestreift.

Daneben sind viele weitere Sorten im Angebot, oft auch bunt blühende Mischungen.

Bemerkungen: Krokusse eignen sich hervorragend zum verwildern unter Gehölzen, aber auch mitten im Rasen. Dann darf jedoch der Rasen erst gemäht werden, wenn die Krokusblätter gelb sind.

Herbstkrokus, Prachtkrokus
Crocus speciosa

Crocus speciosus

○-◑ ⬆10–15 cm ✿9–11

Wuchs: Sich durch Brutknollen langsam ausbreitende Knollenpflanze.

Blätter: Schmal lineal, grasgrün mit weißem Mittelstreifen. Die Blätter erscheinen erst nach der Blüte und sind in milden Gebieten wintergrün.

Blüten: Trichterförmig, mit spitzen Blütenblättern, violettblau mit dunklen Streifen oder weiß, orange Narbe.

Standort: Sonnige Staudenbeete bis halbschattige Plätze am Gehölzrand, frische, durchlässige Böden, keine sommerheißen Standorte.

Pflege: Anspruchslos.

Vermehrung: Brutzwiebeln und Aussaat.

Sorten:
- 'Aitchisonii', bläulich, großblumig, spätblühend.
- 'Albus', reinweiß.

Weitere herbstblühende Arten:
- *C. pulchellus,* 10–15 cm, lavendelblau, orangefarbener Schlund, 9–10; 'Zephyr', weiß, perlgrau schattiert, Schlund goldgelb.
- *C. medius*, 7–10 cm, violettrosa, 9–11, die Blätter erscheinen erst im Frühjahr.
- Safrankrokus *(C. sativus),* 8–10 cm, lilablau, mit sehr langen, leuchtend orangefarbenen Narben, 9–10.

Elfenkrokus, Dalmatinischer Krokus
Crocus tommasinianus

Crocus tommasinianus

◑ ⬆8–12 cm ✿2–3

Wuchs: Knollenpflanze, breitet sich rasenartig aus.

Blätter: Sehr fein, grasartig, büschelig.

Blüten: Trichter- bis kelchförmig, zart, mit leuchtenden Narben. Blass lilafarben, außen silbrig.

Standort: Im lichten Schatten von Gehölzen und zwischen niedrigen Stauden, in Staudenbeeten, im Steingarten und im Rasen.

Pflege: Wiesen erst nach dem Vergilben der Blätter mähen.

Vermehrung: Brutknollen, Selbstaussaat.

Sorten:
- 'Ruby Giant', violett-purpur, selbst steril.
- 'Whitewell Purple', sehr wüchsig, kräftig rötlich-violett.
- 'Barr's Purple', lilaviolett, großblumig.

Bemerkungen: Gut zum Verwildern geeignet.

Vorfrühlings-Alpenveilchen
Cyclamen coum

Cyclamen coum

◑ ⬆5–10 cm ✿2–4

Wuchs: Niedrige Knollenpflanze, bildet dichte Teppiche.

Blätter: Rundlich nieren- oder herzförmig, grün mit weißlicher Zeichnung.

Blüten: Kleine, kurze, rundliche Alpenveilchenblüten, kräftig rosa bis karminrot oder weiß, duftend.

Standort: Sonnige Gehölzränder auf humosen, kalkhaltigen, durchlässigen Böden.

Pflege: Winterschutz mit Reisig. Pflanzung Mai bis September, 2–4 cm tief.

Vermehrung: Aussaat direkt nach der Samenreife.

Sorten:
- 'Album', weiß.

Bemerkungen: Ungestört wachsen lassen, nicht verpflanzen.

Weitere Arten:
- Efeublättriges bzw. Herbst-Alpenveilchen *(C. hederifolium),* Blätter spitz-herzförmig, grob gezähnt, dunkelgrün mit Zeichnung, wintergrün, erscheinen nach der Blüte; Blüten größer, zugespitzt, karminrot, rosa oder weiß, duftend, 10 cm, 9–10. Knolle mit Wurzelansatz nach oben pflanzen, in rauen Lagen Winterschutz.
- Sommer-Alpenveilchen *(C. purpurascens,* Syn.: *C. europaeum)* 8 bis 15 cm, karminrosa bis rot, duftend, winterhart.

Dahlie

Dahlia-Hybriden

Dahlia-Hybriden, oben verschiedene Schmuckdahlien, rechts oben 'Bishop of Llandoff', rechts unten Balldahlien

○ 20–140 cm ✿ 7–10

Wuchs: Aufrecht, buschig, nicht ganz standfest. Knollen nicht frosthart.

Blätter: Groß, herz-eiförmig.

Blüten: Große, flache bis rundliche Körbchenblüten in allen Farben außer Blau, in vielen Formen, ungefüllt bis gefüllt. Man unterscheidet nach der Blütenform verschiedene Gruppen und Untergruppen:

- **Einfach blühende Dahlien** (Mignon-Dahlien), mit ungefüllten Blüten aus breiten Zungenblüten und gelber Mitte.
- **Halbgefüllte Dahlien,** mit zwei oder mehr Reihen von Zungenblüten (Duplex- oder Päonienblütige Dahlien), teilweise in der Mitte mit einem kürzeren Kranz aus kontrastierenden, gedrehten (Halskrausendahlien) oder röhrenförmig eingerollten (Anemonenblütige Dahlien) Zungenblüten.
- **Gefüllte Dahlien** mit dicht gefüllten, rundlichen Köpfen aus zahlreichen Zungenblüten; diese können tütenförmig und klein sein (Pompondahlien), groß und löffelförmig (Balldahlien), groß, flach und stark verbreitet (Seerosen- oder Schmuckdahlien) oder aber zu langen, spitzen Kegeln eingerollt (Kaktusdahlien).

Standort: Sonnige Staudenbeete und Rabatten mit frischen, nährstoffreichen, durchlässigen Böden. Auf nassen Böden standschwach, Fäulnisgefahr. Zwergsorten und ideal für Töpfe und Balkonkästen.

Pflege: Knollen Mitte Mai pflanzen, Ende Oktober wieder aus der Erde nehmen, säubern, trocken, kühl und frostfrei überwintern. Bei Trockenheit gießen, bei Bedarf stützen, verwelkte Blüten entfernen. Vor Schneckenfraß schützen.

Vermehrung: Teilung im Frühjahr.

Sorten:

<u>Zwerg-Mignon-Dahlien (Top-Mix-Dahlien,</u> 20–40 cm:
- 'Flamme', orange.
- 'Pupy', rot, sehr schön.

<u>Hohe-Mignon-Dahlien,</u> 40–70 cm:
- 'Yellow Hammer', sattgelb.
- 'Frau L. Meyer', gelb.

<u>Päonienblütige Dahlien,</u> 60–100 cm:
- 'Bishop of Llandaff', leuchtend dunkelrot, Laub dunkel purpurfarben.
- 'Fascination', kräftig rosa.

<u>Halskrausendahlien,</u> 60–100 cm:
- 'Accuracy', dunkelorange mit Gelb.
- 'Alstergruß', rot mit Gelb.

<u>Anemonenblütige Dahlien,</u> 60–100 cm:
- 'Diamant gelb', leuchtend gelb.
- 'S. Doorenbosch', rosaweiß.

<u>Pompondahlien,</u> 100–120 cm:
- 'Small World', weiß.
- 'Lipoma', lilarosa.

<u>Balldahlien,</u> 100–140 cm:
- 'Vicky Baum', gelb.

<u>Seerosen- bzw. Schmuckdahlien,</u> 100 bis 120 cm:
- 'Twiggy', lachs mit gelber Mitte.
- 'Arabian Night', schwarzrot.

<u>Kaktusdahlien,</u> 100–120 cm:
- 'Angélique', rosa.
- 'Bacchus', blutrot.
- 'Golden Heart', orangerot mit gelber Mitte.

Winterling
Eranthis hyemalis

Eranthis hyemalis

◐–● ↑ 5–10 cm ✿ 2–3

Wuchs: Niedrige, kolonienbildende Knollenpflanze.

Blätter: Tief handförmig gefiedert, grün, erscheint erst während der Blütezeit.

Blüten: Gelb, offene Schalenblüten, 2–3 cm groß, stark duftend.

Standort: Halbschattige, warme Gehölzränder oder schattige, im Frühjahr helle Plätze unter Gehölzen. Frischer, humoser Boden.

Pflege: Anspruchslos. Die Knollen sind empfindlich gegen Austrocknung, daher nicht trocken lagern, sondern gleich pflanzen.

Vermehrung: Aussaat.

Bemerkungen: Breitet sich durch Tochterknollen sowie durch von Ameisen verbreitete Samen allmählich aus. Gute Partnerpflanzen sind das Gedenkemein *(Omphalodes verna)*, die Schneeheide *(Calluna)* und das Schneeglöckchen *(Galanthus nivalis)*.

Weitere Art:

- *E.* × *tubergenii*, eine sterile Kreuzung aus *E. cilicica* und *E. hyemalis*, in allen Teilen etwas größer, 5–10 cm, 2–3; 'Glory', großblütig; 'Guinea Gold', großblütig, Laub bronzefarben.

Steppenkerze
Eremurus × *isabellinus*

Eremurus × *isabellinus* 'Cleopatra'

○ ↑ 80–100 cm ✿ 5–6

Wuchs: Straff aufrechte, horstartige Knollenpflanze mit seesternartigen Wurzelknollen.

Blätter: Lineal-lanzettlich, gekielt, bis 5 cm breit, blaugrün.

Blüten: Klein, glockenförmig, in dichten, langen, aufrechten Trauben. Rosa, weißlich, gelb, orange bis kupferfarben.

Standort: Sonnige, warme Stauden- und Steppenbeete, auf nahrhaftem, durchlässigem Boden.

Pflege: Nur im Sommer pflanzen, dabei die Wurzeln flach ausbreiten (vorsichtig, brüchig!) und auf eine 3–5 cm dicke Sandschicht als Drainage legen. Schutz vor Nässe.

Vermehrung: Aussaat gleich nach der Reife, Teilung im August ist nur bei älteren Pflanzen möglich.

Sorten:

- 'Cleopatra', kräftig orange.
- 'Feuerfackel', orangerot.
- 'Isobel, Isabel', rosa mit Orange.
- 'Moonlight', zartgelb.

Weitere Arten:

- *E.*-Shelford-Hybriden, weiß, rosa oder orange, 120–180 cm, 6–7.
- *E. himalaicus*, Blüten weiß, 150 bis 200 cm, weiß, 5.
- *E. robustus*, Blüten weiß, 180 bis 200 cm, 6–7.
- *E. stenophyllus* (Syn.: *E. bungei)*, Blüten gelb, 100–140 cm, 6.

Kaiserkrone
Fritillaria imperialis

Fritillaria imperialis 'Lutea Maxima'

○ ↑ 60–100 cm ✿ 4

Wuchs: Eintriebige Zwiebelblume mit auffälligem Blütenschopf auf straff aufrechtem Stiel.

Blätter: Breit lanzettlich, kräftig grün.

Blüten: Orangerote, gelbe oder rote Glocken, etwa 6 cm lang, 6–8 pro Stängel, gekrönt von einem dichten Blattschopf.

Standort: Sonnige Beete und Rabatten mit nährstoffreichem, durchlässigem Boden.

Pflege: Möglichst ungestört lassen. Stängel nach dem Verblühen bis zum Laub abschneiden, den Rest samt Blättern erst, wenn diese gelb und welk sind. Nur dann erhält die Zwiebel ausreichend Kraft. Pflanzung früh im August, 20–25 cm tief.

Vermehrung: Brutzwiebeln.

Sorten:

- 'Aurora', orangerot, großblumig.
- 'Kroon of Kroon', leuchtend rot, zwei Blütenkränze übereinander.
- 'Lutea Maxima', goldgelb, groß.

Bemerkungen: Typische Bauerngartenpflanze. Steht die Kaiserkrone nicht sonnig genug, blüht sie nicht mehr. Sie braucht sehr viel Wärme im Sommer.

Schachbrettblume, Kiebitzei
Fritillaria meleagris

Fritillaria meleagris

◑ ⬆20–30 cm ✿4–5

Wuchs: Eintriebige Zwiebelblume mit kleinen, 3 cm großen Zwiebeln und einblütigen Blütentrieben.

Blätter: Linealisch, grasartig, graugrün.

Blüten: Überhängende Glockenblüten mit schachbrettartigem Muster, 4 cm groß. Purpur- bis rosafarben oder weiß.

Standort: Sonnige bis halbschattige Beete mit feuchtem, humosem Boden ohne stauende Nässe.

Pflege: Ungestört lassen. Im Herbst mit Kompost überstreuen.

Vermehrung: Brutzwiebeln und Aussaat.

Sorten:
- 'Aphrodite', reinweiß.
- 'Emperor', grau-violett, gescheckt.

Weitere Arten:
- Glockenlilie *(F. michailovskyi)*, hängende Glockenblüten, braunrot mit zitronengelbem Rand, auffällig, 15 bis 20 cm, 4.
- *F. pallidiflora*, zitronengelbe, nickende Blüten, 35 cm, 5–6.
- *F. persica*, dunkel pflaumenfarben, 100 cm, 5.

Schneeglöckchen
Galanthus nivalis

Galanthus nivalis 'Flore Pleno'

◑–● ⬆10–15 cm ✿2–4

Wuchs: Niedrige, eintriebige, gruppenbildende Zwiebelblume.

Blätter: Schmal linealisch, dunkelgrün.

Blüten: Weiße, hängende Glöckchen, äußere Blütenblätter abgespreizt, innere mit jeweils einem grünen Fleck.

Standort: Halbschattiger Gehölzrand oder im Frühling helle, später schattige Plätze unter Gehölzen, auf frischem, lehmig-humosem, nährstoffreichem Boden.

Pflege: Im September in Gruppen pflanzen. Verpflanzung gleich nach der Blüte am besten.

Vermehrung: Aussaat oder Tochterzwiebeln.

Sorten:
- 'Flore Pleno' (= 'Plenus'), gefüllt blühend, seit über 100 Jahren in Kultur.
- 'S. Arnot', 15 cm, Spitzensorte.
- 'Viridiapicis' 10–15 cm, großblütig.

Weitere Art:
- Großblütiges Schneeglöckchen *(G. elwesii)*, für wärmere, sonnigere Standorte, größere Blüten mit zwei grünen Flecken auf der Innenseite der Blütenblätter, breitere Blätter, 15–25 cm, 2–3.

Sommerhyazinthe, Kaphyazinthe
Galtonia candicans

Galtonia candicans

○–◑ ⬆100–150 cm ✿7–8

Wuchs: Eintriebige, prächtige Zwiebelblume mit straff aufrechten Blütentrieben. Nur in milden Regionen winterhart.

Blätter: Riemenförmig, bis 6 cm breit und 60 cm lang, grundständig, blaugrün.

Blüten: Glockenförmig, bis zu 5 cm lang, hängend, in lockeren, endständigen, reichblütigen Trauben. Weiß, leicht duftend.

Standort: Sonnige bis halbschattige, warme, geschützte Plätze mit nährstoffreichem, durchlässigem Boden.

Pflege: Während der Vegetationszeit mit Volldünger düngen. In milden Regionen mit 15–20 cm dicker Torf- oder Reisigschicht abdecken. Sonst im Oktober ausgraben und frostfrei lagern. Pflanzung Mitte Mai, 15–20 cm tief.

Vermehrung: Tochterzwiebeln und Aussaat.

Bemerkungen: Imposanter Blickfang im sommerlichen Staudenbeet.

Edelgladiole, Großblütige Gladiole

Gladiolus-Hybriden

Gladiolus-Hybriden

○ ⬆100–150 cm ✿ 6–9

Wuchs: Kräftige Zwiebelblumen mit einzelnen, nicht immer standfesten, üppigen Blütentrieben.

Blätter: Schwertförmig, grün.

Blüten: Trichterförmig, bis über 10 cm breit, in langen, dichten, endständigen Rispen, teilweise duftend. Alle Farben außer Blau, Schwarz und Braun.

Standort: Vollsonnige, windgeschützte und warme Rabatten, auf nährstoffreichen, durchlässigen, ausreichend feuchten Böden.

Pflege: Hohe Sorten stützen. Knollen Anfang Oktober aus dem Boden nehmen, reinigen und trocken, kühl und dunkel frostfrei überwintern. Pflanzung ab Mitte April, 8–10 cm tief, ins Freiland.

Vermehrung: Tochterzwiebeln.

Sorten:

- 'White Goddess', reinweiß,
- 'Jester', gelb mit rotem Fleck, spätblühend.
- 'Cordula', signalrot, spätblühend.
- 'Fidelio', purpurrosa, mittelfrühblühend.

Bemerkungen: Sehr gute Schnittblume.

Niedrige Gladiolen, Baby-Gladiolen

Gladiolus-Hybriden

Gladiolus-Nanus-Hybride

○ ⬆40–60 cm ✿ 6–8

Wuchs: Wie die Großblütigen Gladiolen, aber deutlich niedriger und graziler.

Blätter: Schwertförmig, grün.

Blüten: Kleiner und zierlicher als bei den Großblütigen Gladiolen, oft mit kontrastierender Zeichnung.

Standort: Wie Großblütige Gladiolen.

Pflege: Wie Großblütige Gladiolen.

Vermehrung: Tochterzwiebeln und Aussaat.

Sorten:

Nanus- bzw. Baby-Gladiolen:

- 'Nymph', weiß mit roter Zeichnung.
- 'Tropical Sunset', blutrot mit dunkler Mitte.
- Butterfly-Gladiolen, mehrfarbige Blüten, kleiner, mit gewellten Rändern, 80–100 cm, 7–8; 'Richmond', weiß mit rotorangefarbener Mitte; 'Blackpool', gelb mit rotem Fleck.
- Primulinus-Gladiolen, kapuzenförmige, kleinere Einzelblüten, 50 bis 80 cm, 7–8; 'White City', weiß; 'Little Darling', rosa; 'Carioca', orangefarben.

Spanisches Hasenglöckchen

Hyacinthoides hispanica
(Syn.: *Scilla hispanica)*

Hyacinthoides hispanica

○-◑ ⬆20–40 cm ✿ 4–5

Wuchs: Horstbildende Zwiebelblume, breitet sich durch Brutzwiebeln allmählich aus.

Blätter: Riemenförmig, dunkelgrün.

Blüten: Hängende Glocken mit zurückgebogenen Zipfeln, in dichten, aufrechten Trauben. Violettblau, auch weiß oder rosa.

Standort: Sonnige bis halbschattige Plätze in Gehölznähe auf frischen bis feuchten, nährstoffreichen, durchlässigen Böden.

Pflege: Im September/Oktober 8–10 cm tief pflanzen. Sonst anspruchslos.

Vermehrung: Tochterzwiebeln und Aussaat.

Sorten:

- 'Blue Bird', sattblau.
- 'Excelsior', violett.
- 'Dainty Maid', dunkel-rosafarben, großblumig.

Weitere Art:

- Hasenglöckchen *(H. non-scripta)*, heimische Waldpflanze, geschützt, ähnlich, aber Blüten kürzer gestielt, Trauben oft einseitswendig. In England als »Bluebells« weit verbreitet!

Garten-Hyazinthen
Hyacinthus orientalis

Hyacinthus orientalis 'Blue Eyes'

○ ⬆20–30 cm ✿4–5

Wuchs: Niedrige, eintriebige Zwiebelpflanze mit schwertförmigen Blättern und dickem Blütenkolben.

Blätter: Breit lanzettlich, straff aufrecht, frischgrün.

Blüten: Sternförmig mit zurückgebogenen Zipfeln, in dichten, walzenförmigen, endständigen Trauben. Blau, violett, weiß, rosa, rot, auch apricot und gelb. Stark und süß duftend.

Standort: Sonnige Rabatten und Gehölzränder in frischer, durchlässiger, nährstoffreicher Gartenerde.

Pflege: Pflanzung von September bis November, 10 cm tief. Verblühtes abschneiden. Bei trockenen Böden im Frühjahr reichlich wässern.

Vermehrung: Tochterzwiebeln und Aussaat.

Sorten:
- 'Amethyst', violett.
- 'Amsterdam', rot.
- 'Blue Eyes', blau.
- 'Yellow Hammer', goldgelb.
- 'Gipsy Queen', aprikosenfarben.
- 'City of Harlem', hellgelb.

Bemerkungen: Speziell präparierte Hyazinthenzwiebeln werden ab Ende September in den Blumenläden zur Treiberei angeboten. Man setzt sie auf Hyazinthengläser, so dass der Zwiebelboden das Wasser nicht berührt, und stellt sie 8 Wochen dunkel auf. Dann beginnen die Zwiebeln zu treiben.

Gelbe Zwiebeliris
Iris danfordiae

Iris reticulata

○ ⬆10–15 cm ✿3–4

Wuchs: Niedrige, kurzlebige Zwiebelpflanze, bildet rasch Tochterzwiebeln.

Blätter: Schmal, linealisch, vierkantig, grasgrün.

Blüten: Kleine, zarte Irisblüten mit relativ breiter Lippe jeweils zu dritt an kurzen Stielen. Kräftig gelb, Lippe grün gepunktet.

Standort: Sonnige, warme Plätze auf durchlässigen, sandigen oder steinigen Böden.

Pflege: Im Oktober/November 5–8 cm tief pflanzen. Sehr wichtig ist im Sommer eine trockene, vor Regen geschützte Ruheperiode.

Vermehrung: Brutzwiebeln und Aussaat.

Bemerkungen: Schöner Vorfrühlingsblüher für den Steingarten.

Weitere Art:
- Netziris *(I. reticulata)*, 10–20 cm, 2–3, blau mit orangefarbener Zeichnung auf der Lippe, Blätter vierkantig, grasgrün, Ansprüche wie *I. danfordiae;* 'Cantab', hellblau mit orangem Fleck; 'Pauline', purpurviolett mit großem, weißem Punkt; 'Spring Time', dunkelblau, weiß gezeichnet. *I. reticulata* wird in Töpfen vorgetrieben bereits ab Dezember angeboten.

Märzenbecher, Frühlings-Knotenblume
Leucojum vernum

Leucojum aestivum 'Graveteye Giant'

◐–● ⬆15–40 cm ✿2–4

Wuchs: Kolonienbildende Zwiebelpflanze.

Blätter: Schmal riemenförmig, glänzend frischgrün.

Blüten: Einzelne, große, rundliche, hängende Glocken, weiß mit grünen oder gelben Flecken an den Spitzen.

Standort: Halbschattige bis schattige Plätze am Gehölzrand, unter Gehölzen oder in Wassernähe, auf frischen bis feuchten, nicht austrocknenden, lehmigen Böden.

Pflege: Bei Trockenheit wässern. Im Herbst mit Laubhumus überdecken.

Vermehrung: Brutzwiebeln und Aussaat.

Sorten:
- 'Carpaticum', weiß, klargelbe Flecken, meist zweiblütige Triebe.

Weitere Art:
- Sommer-Knotenblume *(L. aestivum)*, sehr ähnlich, aber 3- bis 6-blütige Triebe, 30–60 cm, 5–6; 'Graveteye Giant' (= 'Graveteye'), reich- und großblütig.

Lilien

Lilium

Lilien lassen sich gut z. B. mit Rosen kombinieren.

Asiatische Hybride 'Snow Crystal'

◑ ⬆40–180 cm ✿5–8

Wuchs: Elegante, exotisch wirkende Zwiebelpflanzen mit straff aufrechten Trieben. Zwiebeln aus dachziegelartigen Schuppen zusammengesetzt.

Blätter: Schmal bis breit, lanzettlich, glänzend grün.

Blüten: Je nach Art bzw. Sortengruppe weit geöffnete bis trichterförmige Blütensterne, teils langröhrig, teils mit zurückgeschlagenen Zipfeln; aufrecht, waagerecht abstehend oder schräg hängend in großen Trauben. Vielfältige Farbtöne, von Weiß über Gelb, Orange, Rosa und Rot bis Purpur.

Standort: Halbschattige bis leicht besonnte Beete und Gehölzränder. Alle Lilien brauchen einen gut durchlässigen Boden. Optimal sind nährstoffreiche, lehmige, leicht saure Sandböden, Kalk wird oft nicht vertragen. Hohe Luftfeuchte ist von Vorteil. Der Fuß sollte schattiert sein.

Pflege: Pflanzzeit von Ende August bis Ende Oktober; auch Frühjahrspflanzung ist möglich. Die Zwiebeln auf eine Hand voll Sand ins Pflanzloch setzen. Während des Wachstums nachdüngen, bei Bedarf stäben. Schutz vor Schneckenfraß, Lilienhähnchen (leuchtend rote Käfer, absammeln!) und Frost.

Vermehrung: Brutzwiebeln, Aussaat.

Bemerkungen: Lilien eignen sich hervorragend für Töpfe. Die unüberschaubare Sortenfülle und Artenvielfalt wird gewöhnlich in verschiedene Gruppen eingeteilt. Hier die wichtigsten:

- Asiatische Hybriden: Wichtigste Gruppe im Garten, meist mit offenen, aufrechten Schalenblüten. Unter den Wildarten gehören zu ihr u. a. *L. bulbiferum* und *L. lancifolium* (Syn.: *L. tigrinum*), die Tigerlilie.
- Türkenbundlilien: Umfasst Lilien mit Blüten in Türkenbundform, mit stark zurückgebogenen Blütenblättern, etwa die Türkenbundlilie *(L. martagon)* oder *L. hansonii.*
- Candidum-Hybriden: Hierzu zählen Lilien aus Europa und dem Kaukasus, wie die Madonnenlilie *(L. candidum), L. chalcedonicum* und *L. kesselringianum.*

Trompetenlilie 'African Queen'

- Trompetenlilien: Leicht zu kultivierende Sorten mit prächtigen, großen, trompetenförmigen Blüten und leichtem bis betörendem Duft. Die Blüten stehen schräg abwärts gerichtet.
- Orientalische Hybriden: Gruppe mit empfindlicheren, nicht immer winterharten Arten und Sorten, die u. a. von der Goldbandlilie *(L. auratum)* abstammt. Sie benötigen geschützte Plätze in milden, luftfeuchten Lagen oder werden im Topf gezogen. Die Blüten sind sehr groß, stark duftend, schalenförmig mit teilweise zurückgeschlagenen Blütenblättern.

Goldbandlilie

Lilium auratum

Lilium auratum

◑ ⬆90-240 cm ✿ 8-9

Wuchs: Zwiebelpflanze mit straffen, kräftig dunkelgrünen Stängeln.

Blätter: Schmal bis breit-lanzettlich, kurz gestielt, grün, bis über 20 cm lang.

Blüten: Seitlich gerichtet, groß, wohlriechend, schalenförmig, die äußeren Blütenblätter zurückgeschlagen, weiß mit goldgelben Mittelstreifen.

Standort: Gedeiht am besten in feuchtem, warmem Meeresklima. Sandig-humoser, durchlässiger Boden.

Pflege: Hohe Sorten stützen. Nach dem Verblühen Blütenstand abschneiden. Boden im Herbst mit Düngetorf abdecken. Zwiebeln mehrere Jahre am gleichen Platz belassen.

Vermehrung: Brutzwiebeln und Aussaat.

Sorten:

- 'Platyphyllum', breite Blütenblätter.
- 'Rubrovittatum', weiß, gelbe Mittelstreifen, dunkel karminrote Streifen.
- 'Virginale', reinweiß mit Goldband.

Weitere Art:

- Prachtlilie, Prachttürkenbund *(L. speciosum)*, 80–150 cm, dunkelgrüne, lederartige Blätter, Blüte trichterförmig, weit geöffnet, Zipfel zurückgeschlagen, weiß mit Rosa, dunkelrot gepunktet, 15 cm groß, in lockeren Trauben, süß duftend, 8–9; 'Rubrum', karminrosa auf weißem Grund, rosarot gefleckt.

Feuerlilie, Bauernlilie

Lilium bulbiferum

Lilium bulbiferum

○ ⬆60-100 cm ✿ 5-6

Wuchs: Zwiebelpflanze mit aufrechten Trieben und quirlständigen Blättern.

Blätter: Quirlständig, glänzend grün, schmal-lanzettlich, stark längs gerillt. Bis 10 cm lang.

Blüten: Aufrechte, offene Schalen, leuchtend orangegelb, außen rotorange, mit langen Staubblättern.

Standort: Sonnige, warme Plätze mit durchlässigem, naturhaftem Boden; verträgt kalkreiche Böden!

Pflege: Anspruchslos.

Vermehrung: Schwarze Brutzwiebeln (Bulben) erscheinen in den Blattachseln; abnehmen und in Töpfe setzen.

Bemerkungen: War bereits im 16. Jahrhundert bei uns bekannt.

Weitere Art:

- *L. bulbiferum* ssp. *croceum* kommt im Alpenland häufig vor, bildet keine Bulben in den Blattachseln. Blüten orangerot, stark schwarz gesprenkelt.

Madonnenlilie

Lilium candidum

Lilium candidum

○-◑ ⬆80-150 cm ✿ 6-7

Wuchs: Zwiebelpflanze mit Grundrosette und straffen Trieben.

Blätter: Rosettenartig angeordnet, grundständig, erscheinen bereits im Herbst und überwintern; bis 25 cm lang und verkehrt-eiförmig.

Blüten: Trichterförmig, groß, reinweiß, 10–15 cm lang, in üppigen, aufrechten Trauben.

Standort: Sonnige, warme Plätze auf lockerem, humosem Lehmboden, verträgt auch kalkhaltige Böden.

Pflege: Pflanzung im Herbst, nicht wie andere Lilien im Frühjahr! Flach pflanzen, Pflanztiefe 5 cm! Boden im Herbst mit Düngetorf abdecken, immergrüne Blattschöpfe mit Reisig. Nach dem Verblühen Blütenstand abschneiden. Zwiebeln mehrere Jahre am Standort belassen. Stützstab für hohe Sorten.

Vermehrung: Tochterzwiebeln.

Bemerkungen: Christliches Symbol der Reinheit und Keuschheit Marias.

Einjährige
Zweijährige
Stauden
Zwiebelblumen
Gräser/Farne
Ziergehölze
Hecken
Rosen
Kletterpflanzen

Türkenbundlilie
Lilium martagon

Lilium martagon

○-◑ ⬆50-100 cm ✿ 6-7

Wuchs: Relativ zierliche Zwiebelpflanze mit aufrechten Trieben.

Blätter: Elliptisch, in Quirlen, grün.

Blüten: Türkenbundförmig, nickend, in einer Traube mit 20 und mehr Einzelblüten an waagerechten Stielen, hell weinrot bis schmutzig-purpur, braun gefleckt, streng riechend.

Standort: Sonnige bis halbschattige Lage in humosem, kalkhaltigem Boden.

Pflege: Anspruchslos.

Vermehrung: Samen und Schuppenstecklinge.

Sorten:
- 'Album', reinweiß, kräftig.
- 'Albiflorum', weiß mit karminroten Punkten.

Weitere Arten:
- Gold-Türkenbund *(L. hansonii)*, 60–150 cm, goldgelb bis orangegelb, rotbraun gepunktet, Stängel mit bis zu 10 Blüten, 6. Vor Spätfrost schützen.
- Gelber Riesen-Türkenbund *(L. henryi)*, 120–200 cm, überhängend, Blüte orangegelb mit braunen, kleinen Warzen gepunktet, türkenbundförmig, groß, 8–9.

Königslilie
Lilium regale

Lilium regale

○ ⬆80-120 cm ✿ 7

Wuchs: Zwiebelpflanze mit runden, etwa 10 cm großen Zwiebeln.

Blätter: Lanzettlich, kräftig grün.

Blüten: Groß, trichterförmig, außen glänzend weiß, innen chromgelb und an den Außenrippen rosapurpurfarben, selten auch ganz gelb. In Trauben mit bis zu 25 Blüten. Starker Lilienduft.

Standort: Sonnige, warme Plätze auf gutem Humusboden. Kalkverträglich

Pflege: Anspruchslos. Vor Spätfrösten schützen.

Vermehrung: Selbstaussaat.

Sorten:
- 'Album', (Syn.: *L. regale* var. *album*), Blüten reinweiß, glänzend.
- 'Royal Gold', Blüten goldgelb.

Bemerkungen: Stammt aus China, im Tal des Flusses Min, nördlich Chengtu, wo sie E. H. Wilson erst 1903 entdeckte. Eine der schönsten Lilien, sehr dekorativ im Topf. Betörender Duftträger für Terrasse und Balkon.

Traubenhyazinthe
Muscari armeniacum

Muscari armeniacum

○-◑ ⬆15-25 cm ✿ 4-5

Wuchs: Horstartige, teppichbildende Zwiebelpflanze.

Blätter: Lineal, grasartig, wintergrün, zieht im Sommer ein und treibt im Herbst wieder aus.

Blüten: Winzige Glöckchen in dichten, kegelförmigen Trauben. Azurblau mit weißem Rand, auch weiß, duftend.

Standort: Sonnige, warme Plätze, als Einfassung von Beeten oder gruppenweise unter Gehölzen. Nahrhafter, durchlässiger Boden.

Pflege: Pflanzzeit im September. Die dünnhäutigen Zwiebeln sind empfindlich, daher nicht lange an der Luft liegen lassen.

Vermehrung: Brutzwiebeln und Aussaat.

Sorten:
- 'Blue Spike', leuchtend blau, gefüllt, reichblühend.
- 'Early Giant', blüht früher.

Weitere Art:
- Schopfige Traubenhyazinthe *(M. comosum)*, 20–30 cm, breitere Blätter, die blauvioletten Blütentrauben von einem Schopf aus lang gestielten, sterilen Einzelblüten gekrönt, 5–6.

Narzissen
Narcissus

Kleinkronige Narzisse, Tellernarzisse
Narcissus-Hybriden

Narzissen sollten am besten in Gruppen gepflanzt werden.
Hier die kleinkronige Narzisse 'Barret Browning', zusammen mit Fosteriana-Tulpen.

○-◑ 30-40 cm ✿ 3-4

Wuchs: Horstbildende Zwiebelpflanze mit ein- oder mehrblütigen, straffen Stielen.

Blätter: Linealisch bis riemenförmig, graugrün. Treiben mit den Blüten aus, ziehen ab etwa Juni ein.

Blüten: Zweigeteilt, mit einer sternförmigen Blütenhülle (Hauptkrone oder Blütenkranz) und einer trompeten- oder tellerförmigen Nebenkrone in der Mitte der Blüte. Gelb oder weiß, einfarbig oder mit kontrastierender Nebenkrone.

Sorten: Das riesige Sortiment wird in elf Klassen eingeteilt, u. a. Kleinkronige, Großkronige, Trompeten-, Gefüllte, Engelstränen- und Alpenveilchennarzissen sowie Jonquillen (Duftnarzissen), Tazetten, Dichternarzissen und die Wildarten.

Standort: Sonnige bis halbschattige Rabatten oder Gehölzränder, auf sandig-humosen Böden.

Pflege: Pflanzung im Herbst in 10 bis 15 cm tief, vorher Sand untermischen. Fruchtansätze abschneiden. Das Laub erst nach dem Gelbfärben entfernen. Bis dahin zusammenbinden.

Vermehrung: Tochterzwiebeln.

Wuchs: Horstbildende Zwiebelpflanze mit einblütigen Stielen.

Blätter: Linealisch, graugrün.

Blüten: Sternförmig mit kurzer, flacher Nebenkrone (höchstens ein Drittel so lang wie die des Kranzes), weiß, gelb oder orange, ein- oder zweifarbig.

Standort: Siehe Narzissen.

Pflege: Siehe Narzissen.

Vermehrung: Tochterzwiebeln.

Sorten:
- 'Barret Browning', rahmweiß, Krone flach, groß, reinorange.
- 'Edward Buxton', primelgelb.
- 'La Riante', weiß mit dunkelorangefarbenen Krone, 30 cm hoch.
- 'Pomona', weiß mit gelber Nebenkrone, orangefarbenen Rand.

Bemerkungen: Sehr haltbare Schnittblumen.

Trompetennarzisse, Osterglocke
Narcissus-Hybriden

Narcissus-Hybride 'Gold Medal'

○-◑ 40-60 cm ✿ 3-4

Wuchs: Horstförmige Zwiebelpflanze mit einblütigen Stielen.

Blätter: Linealisch, graugrün.

Blüten: Groß, sternförmig, mit langer, trompetenförmiger Nebenkrone mit glattem oder gewelltem Rand. Gelb, weiß oder zweifarbig, duftend.

Standort: Siehe Narzissen.

Pflege: Siehe Narzissen.

Vermehrung: Tochterzwiebeln.

Sorten:

Einfarbige Blüten:
- 'Cantatrice', reinweiß.
- 'Empress of Ireland', cremeweiß.
- 'Gold Medal', goldgelb.
- 'Lemon Glow', schwefelgelb.
- 'Spellbinder', schwefelgelb.
- 'Royal Gold', klassische gelbe Osterglocke.
- 'Trousseau', seidig weiß.

Zweifarbige Blüten:
- 'Las Vegas', weiß mit gelber Trompete.
- 'Louise de Coligny', außen schneeweiß, aprikotfarbene Krone, intensiver Duft.
- 'Magnet', weiß tiefgelbe Trompete.
- 'Queen of the Bicolors', rahmenweiß mit kanariengelber Trompete.

Bemerkungen: Gute Schnittblume. Die Wildform der Trompetennarzisse *(N. pseudonarcissus)* ist heimisch auf Bergwiesen und steht unter Naturschutz.

Gefüllte Narzisse

Narcissus-Hybriden

Narcissus 'Flower Drift'

○ ⬆30-60 cm ✿4-5

Wuchs: Horstförmige Zwiebelpflanze mit einblütigen Stielen.

Blätter: Linealisch, graugrün.

Blüten: Rundlich, gefüllt, mit vielen Blütenblättern. Weiß, gelb, orange, ein- und zweifarbig.

Standort: Siehe Narzissen. Gut im Kübel.

Pflege: Siehe Narzissen. Etwas empfindlich, daher vor Kälte und Ostwind schützen.

Vermehrung: Tochterzwiebeln.

Sorten:

- 'Bridal Crown', weiß mit orangefarbener Mitte, duftend.
- 'Cheerfulness', weiß mit rahmgelber Mitte, duftend.
- 'Flower Drift', weiß mit tief orangeroter Mitte.
- 'Ice King', weiß, gut für dunkle Gartenplätze.
- 'Irene Copeland', cremeweiß mit einigen gelben Blütenblättern.
- 'Manley', cremeweiß mit orangefarbener Füllung, duftend.
- 'Golden Ducat', leuchtend gelb.
- 'Tahiti', gelb-rot.
- 'Van Sion', leuchtend gelb, bereits seit 1629 bekannt.

Bemerkungen: Im Freiland etwas empfindlich. Sehr gut für Töpfe geeignet.

Alpenveilchennarzisse

Narcissus-Cyclamineus-Hybriden

Narcissus-Cyclamineus-Hybride 'Jetfire'

○ ⬆20-30 cm ✿4-5

Wuchs: Vieltriebige Zwiebelpflanze mit meist einblütigen Trieben.

Blätter: Lineal-lanzettlich, grün.

Blüten: Klein, mit trompetenförmiger Nebenkrone und stark zurückgeschlagenen äußeren Blütenblättern. Weiß, gelb oder gelborange, ein- oder zweifarbig.

Standort: Siehe Narzissen. Auch für trockenere Beete, im Steingarten und im Topf.

Pflege: Siehe Narzissen. Etwas empfindlich, daher vor Winternässe und starkem Frost schützen.

Vermehrung: Tochterzwiebeln.

Sorten:

- 'February Silver', cremeweiß, Trompete goldgelb, haltbar, frühblühend.
- 'Itzim', goldgelb mit orangefarbener Krone.
- 'Jack Snipe', reichblühend, cremeweiß, Trompete klein, primelgelb.
- 'Jetfire', goldgelb, Trompete grell orangefarben.

Weitere Art:

- Reifrock-Narzisse *(N. bulbocodium)*, zarte Art für Steingärten und Töpfe, 10–20 cm, Blüten einzeln, bis 5 cm lang, mit nach vorne gerichteter, tütenförmiger Nebenkrone (»Reifrock«) und aus 5 abstehenden Zipfeln bestehender Hauptkrone, blass- bis kräftig gelb oder weiß, 4–5.

Dichternarzisse

Narcissus poeticus

Narcissus poeticus 'Actaea'

○-◑ ⬆30-40 cm ✿4-5

Wuchs: Horstartige Zwiebelblume mit meist einblütigen Stielen, bildet dichte Kolonien.

Blätter: Lanzettlich, grün.

Blüten: Sehr klein, mit kurzer, andersfarbiger Nebenkrone und breiter, weißer Hauptkrone. Stark duftend!

Standort: Siehe Narzissen.

Pflege: Siehe Narzissen.

Vermehrung: Tochterzwiebeln.

Sorten:

- 'Actaea', reinweiß, gelbes Auge mit rotem Rand, ideal zum Verwildern unter Bäumen.
- 'Queen of Narcissi', reinweiß, gelbe, relativ große Krone mit rotem Rand.

Weitere Art:

- Jonquillen-Narzisse *(N. jonquilla)*, 2- bis 6-blütig, Blüten gelb oder weiß mit kurzer, becherförmiger Nebenkrone, stark duftend, 20–40 cm, 4–5; 'Baby Moon', zartgelb, 25 cm; 'Pipit' 35 cm, dunkel zitronengelb mit weißer Mitte, gefranst. 'Suzy', hellgelb, Krone orangerot, 30 cm; 'Tittle-Tattle', hellgelb, duftend, 45 cm. Jonquillen brauchen einen sonnigen Platz und dicken Winterschutz. Nur für wintermilde Regionen geeignet.

Dolden-Milchstern, Stern von Bethlehem

Ornithogalum umbellatum

Ornithogalum umbellatum

○-◑ ⬆10-30 cm ✿4-5

Wuchs: Lockere Gruppen bildende Zwiebelblume.

Blätter: Linealisch, rinnig, grün mit weißer Mittellinie.

Blüten: Sternförmig in kurz gestielten, doldenartigen Trauben. Weiß, außen mit grünen Streifen. Nur mittags geöffnet.

Standort: Staudenbeete in voller Sonne oder Gehölzränder im Halbschatten, frischer, humoser Boden.

Pflege: Im Herbst und evtl. im Frühjahr Laub und Kompost über die Flächen streuen, sonst ungestört wachsen lassen, verwildert.

Vermehrung: Tochterzwiebeln.

Weitere Art:

- Nickender Milchstern *(O. nutans)*, silbrig-weiße nickende Sternblüten, außen mit grünem Mittelstreifen, 20–50 cm, 4-5, wächst auch im tiefsten Schatten, zum Verwildern geeignet. Eignet sich sehr gut zum Verwildern unter Sträuchern.

Puschkinie

Puschkinia scilloides var. *libanotica* (Syn.: *P. libanotica)*

Puschkinia libanotica

○-◑ ⬆10-15 cm ✿4-5

Wuchs: Lockere Gruppen bildende Zwiebelblume.

Blätter: Breit linealisch, grasartig, glänzend dunkelgrün.

Blüten: Klein, sternförmige Glocken in dichten, aufrechten Trauben, erinnern an Blausterne. Weiß bis blassblau, außen mit blauen Streifen.

Standort: Sonnige bis halbschattige Plätze am Gehölzrand und im Steingarten, bei frischem bis trockenem, durchlässigem Gartenboden.

Pflege: Anspruchslos.

Vermehrung: Tochterzwiebeln und Aussaat, auch Selbstaussaat.

Sorten:

- 'Alba', Blüten reinweiß, 10–15 cm.

Bemerkungen: Gute Partnerpflanzen sind u. a. der Märzenbecher *(Leucojum vernum)*, Krokusse (z. B. *Crocus chrysanthus)* und Hornveilchen *(Viola cornuta)*.

Sibirischer Blaustern, Blausternchen

Scilla siberica

Scilla siberica

○-◑ ⬆10-15 cm ✿3-4

Wuchs: Teppichbildende Zwiebelblume.

Blätter: Breit linealisch, kräftig grün, glänzend.

Blüten: Weit geöffnete, nickende Sternchen in lockeren Trauben. Leuchtend blau mit blauvioletten Streifen, auch weiß.

Standort: Sonnige bis halbschattige Flächen am Gehölzrand mit frischem, durchlässigem, mäßig nährstoffreichem Boden.

Pflege: Keine.

Vermehrung: Brutzwiebeln, Aussaat und Selbstaussaat.

Sorten:

- 'Spring Beauty', kräftig lilablau, steril, in allen Teilen etwas kräftiger.
- 'Atrocaerulea', lilablau.

Bemerkungen: Gut mit Bodendecker-Stauden wie die Elfenblume *(Epimedium)*, Botanische Tulpen (z. B. *Tulipa kaufmanniana)* und die Schaumblüte *(Tiarella cordifolia)*.

Weitere Art:

- Zweiblättriger Blaustern *(S. bifolia)*, blau, 10 cm, 2–3, zierlicher, anspruchslos, sät sich selbst aus.

Tulpen
Tulipa

Ähnlich wie Narzissen kommen auch Tulpen in Gruppen am besten zur Geltung.

Was wäre der Frühlingsgarten ohne die leuchtenden Farbtupfer der Tulpen? Noch bevor die meisten Stauden austreiben, sorgen die Tulpen für Leben und Abwechslung nach tristem Wintergrau.

Wuchs: Zwiebelgewächs mit häufig brauner, trockener Haut.

Blätter: Linealisch bis breit elliptisch, graugrün, derb.

Blüten: Becher-, schalen- oder sternförmig, meist einzeln, in Weiß-, Gelb-, Rosa-, Rot- und Violetttönen, auch mehrfarbig, gefranst und gefüllt.

Standort: Sonnige, auch halbschattige Beete. Trockene bis frische, nährstoffreiche, durchlässige, warme Böden.

Pflege: Pflanzzeit September/Oktober, Pflanztiefe ca. 10 cm. Im März oder Mai mit Volldünger düngen, damit sich die Tulpen gut entwickeln und jährlich blühen. Fruchtstände abschneiden. Blätter erst nach dem Vergilben entfernen.

Vermehrung: Tochterzwiebeln.

Sorten: Verschiedene Klassen, eingeteilt nach Blütezeit, Blütenform und Abstammung. Nachfolgend die wichtigsten.

Frühe Tulpen
Tulipa-Hybriden

○-◑ ⬆25–40 cm ✿4

Wuchs: Einblütige Zwiebelblumen.

Blätter: Breit elliptisch, graugrün.

Blüten: Becherförmig, relativ klein, auch gefüllt.

Standort: Siehe Tulpen.

Pflege: Siehe Tulpen.

Vermehrung: Tochterzwiebeln.

Sorten:

Ungefüllte Blüten:
- 'Arma', dunkelrot, gefranst, 35 cm.
- 'Bellona', reingelb, großblumig, 40 cm.
- 'Couleur Cardinal', scharlachrot, 35 cm.
- 'Yokohama', dunkelgelb, großblumig, spitzzipfelig, 35 cm.

Gefüllte Blüten:
- 'Carlton', tiefrot mit orangefarbenem Hauch, 40 cm.
- 'Casablana', schneeballähnlich, weiß, haltbar, standfest, 35 cm.
- 'Monte Carlo', gelb, 40 cm, beliebt.
- 'Orange Nassau', orangerot, mittelfrühblühend, 30 cm.
- 'Peach Blossom', dunkelrosa, mittelfrüh, 30 cm.
- 'Willemsoord', karminrot, weiße Spitzen, 30 cm.

Mittelfrühe Tulpen, Darwin-Tulpen
Tulipa-Hybriden

Tulipa 'American Dream'

○-◑ ⬆40–70 cm ✿4

Wuchs: Einblütige, straff aufrechte Zwiebelblumen.

Blätter: Breit elliptisch, graugrün.

Blüten: Becherförmig, groß, leuchtkräftig, ungefüllt.

Standort: Siehe Tulpen.

Pflege: Siehe Tulpen.

Vermehrung: Tochterzwiebeln.

Sorten:
- 'American Dream', Blütenblätter gelborange mit roten Rändern.
- 'Apeldoorn', orange-scharlachrot, schwarzgelbe Mitte, Blüte öffnet sich weit, 55 cm.
- 'Beauty of Apeldoorn', magentarot, breit goldgelb gerandet, leicht gesprenkelt, frühblühend, 55 cm.
- 'Ollioules', kräftig hellrosa mit weißen Rändern, 55 cm.
- 'Parade', signalrot mit schwarzgelber Mitte, kräftig, 50 cm.
- 'Elizabeth Arden', dunkel-lachsrot mit violettem Hauch, 55 cm.
- 'Gordon Cooper', rot, zur Mitte rosa, Innenseite glänzend rot, mit schwarzgelber Mitte, 60 cm.

Bemerkungen: Besonders schön sieht eine Gruppe von 10–20 Tulpen einer Sorte aus, eingerahmt von Vergissmeinnicht *(Myosotis)* oder dem frischen Blattaustrieb von Frauenmantel *(Alchemilla)*.

Späte Tulpen
Tulipa-Hybriden

Tulipa
'Synaeda King'

○-◑ 50–70 cm ✿ 4–5

Wuchs: Einblütige, straff aufrechte Zwiebelblumen.

Blätter: Breit elliptisch, graugrün.

Blüten: Einfache Späte Tulpen: groß, becherförmig, in leuchtenden Farben oder zweifarbig. Lilienblütige Tulpen: Groß, schlank becherförmig, mit zugespitzten, oft zurückgebogenen Blütenblättern. Sehr elegant.

Standort: Siehe Tulpen.

Pflege: Siehe Tulpen.

Vermehrung: Tochterzwiebeln.

Sorten:

Einfache Späte Tulpen:

- 'Balalaika', leuchtend rot, gelbe Basis, spätblühend, 65 cm, gute Gartensorte.
- 'Dillenburg', kupferorange, gelb gerandet, sehr spät blühend, 65 cm.

Mehrblütige späte Sorten (Bouquet-Tulpen):

- 'Arbon', zartes Rosa, apart, gefüllt, 40 cm.
- 'Montreux', goldgelb, gefüllt, 40 cm.

Lilienblütige Tulpen:

- 'Aladdin', rot, gelb gerandet, innen orangerot mit gelbem Basalfleck, mittelspätblühend, 50 cm.
- 'Alaska', zitronengelb, Blütensegmente stark nach außen gebogen.
- 'Captain Fryatt', rubin-purpur, 50 cm.
- 'White Triumphator', weiß, 50 cm.

Tulpen mit besonderen Blütenformen
Tulipa-Hybriden

Crispa-Tulpe
'Hamilton'

○-◑ 40–70 cm ✿ 4–5

Wuchs: Einblütige Zwiebelblumen, nicht immer standfest.

Blätter: Breit elliptisch, graugrün.

Blüten: Becher- bis breit glockenförmig. Gefranste Tulpen: Blütenblätter am Rand gefranst. Viridiflora-Tulpen: Blüten gelb, rosa oder weiß und jeweils grün gestreift. Papageien-Tulpen: Tief geschlitzte Blüten mit wellig gedrehten Blütenblättern, häufig geflammt. Rembrandt-Tulpen: Blüten geflammt und gestreift auf intensiv rotem, gelbem oder weißem Grund. Päonienblütige Tulpen: gefüllte, großblumige Blüten.

Standort: Siehe Tulpen.

Pflege: Siehe Tulpen.

Vermehrung: Tochterzwiebeln.

Sorten:

Aus der Fülle an Sorten eine Auswahl bewährter:

Gefranste oder Crispa-Tulpen:

- 'Burgundy Lace', weinrot, 60 cm.
- 'Hamilton', goldgelb, 50 cm.

Viridiflora-Tulpen:

- 'Golden Artist', gold, bronze und grün, 40 cm.
- 'Groenland', grün mit zartem Rosa, 45 cm.
- 'Spring Green', grün-weiß, 45 cm.

Rembrandt-Tulpen:

Werden meist als Prachtmischungen angeboten. 40–60 cm.

Papageientulpe
'Prof. Röntgen'

Gefüllte Späte Tulpe
'Angelique'

Papageien-Tulpen:

- 'Bird of Paradise', 40 cm, standfeste Beetsorte, kardinalrot, gelb gerändert.
- 'Black Parrot', kastanien-schwarzpurpurn, 55 cm.
- 'Estella Rijnveld', herrlich duftend, rot, weiß und grün geflammt, 55 cm.
- 'Flaming Parrot', gelb-rot geflammt, stark geschlitzt, 50 cm.

Gefüllte Späte oder Päonienblütige Tulpen:

- 'Angelique,' zartrosa, leicht duftend, 40 cm.
- 'Black Hero', fast schwarz, 50 cm.
- 'Uncle Tom' braunrot, 70 cm.

Bemerkungen: Rembrandt-Tulpen sind berühmt durch die Darstellung auf verschiedenen alten Gemälden und Stilleben. Papageientulpen sind seit etwa 200 Jahren bekannt.

Botanische Tulpen: Greigii-Tulpen

Tulipa-Greigii-Hybriden

Tulipa-Greigii-Hybride

○ 20–40 cm ✿ 3–5

Wuchs: Niedrige, einblütige Zwiebelblumen.

Blätter: Breit elliptisch, graugrün, rötlich gestrichelt.

Blüten: Becherförmig, mittelgroß, feurig scharlachrot oder gelb, oft mit gelbschwarzer Mitte.

Standort: Siehe Tulpen, aber vollsonnig, auch im Steingarten oder Kübel.

Pflege: Siehe Tulpen.

Vermehrung: Tochterzwiebeln.

Sorten:

- 'Eastern Surprise', innen dottergelb, außen zitronengelb, 40 cm.
- 'Engadin', außen blutrot, gelb gerändert, innen tiefgelb mit blutroten Streifen, 35 cm.
- 'Lady Diana', gelb/orange/rosa, 20 cm.

Weitere Art:

- *T.*-Fosteriana-Hybriden, 35–45 cm, Blüten becher- bis sternförmig, groß, rot, gelb oder weiß, ungefüllt, 4. Laub meist einheitlich graugrün, selten gestreift. 'Flaming Youth', 40 cm, leuchtend zinnoberrot, herrliche Blütenform, frühblühend; 'Golden Beater', leuchtend goldgelb, 40 cm, 4; 'Orange Emperor', leuchtend orange, auffallend, 40 cm, 4; 'Sweetheart', sehr große Blüte, zartgelb, in Weiß übergehend, 40 cm, 4.

Botanische Tulpen: Seerosentulpen

Tulipa-Kaufmanniana-Hybriden

Tulipa-Kaufmanniana-Hybride 'Scarlet Baby'

○ 15–40 cm ✿ 3–4

Wuchs: Niedrige, einblütige Zwiebelblumen.

Blätter: Kurz, breit, ei-lanzettlich. Graugrün, teilweise rötlich gefleckt.

Blüten: Becher- bis sternförmig, groß, öffnen sich weit und ähneln dann Seerosen. Weiß, gelb, rot, orange, mit roter oder gelber Mitte. Sehr früh blühend.

Standort: Siehe Tulpen, aber vollsonnig, auch im Steingarten oder Kübel.

Pflege: Siehe Tulpen.

Vermehrung: Tochterzwiebeln.

Sorten:

- 'Alfred Cortot', karminrot, innen tief scharlach, 25 cm.
- 'Jeantine', apricot-rosafarben, 25 cm.
- 'Johann Strauß', außen tiefrot mit weißem Rand, innen reinweiß mit goldgelber Mitte, 20 cm.
- 'Scarlet Baby', scharlachrot mit gelbem Grund.
- 'Scarlet Elegance', 20 cm, glühend rote Blüten, duftend.

Bemerkungen: Die Seerosen- oder Kaufmanniana-Tulpen gehören zusammen mit den Fosteriana- und Greigii-Tulpen zu den sogenannten Botanischen Tulpen. Als niedrige Arten eignen sie sich auch zur Bepflanzung von Balkonkästen und Schalen, etwa zusammen mit Sibirischem Blaustern (Scilla siberica) oder Vergissmeinnicht (Myosotis).

Wildtulpen

Tulipa-Arten

Tulipa saxatilis 'Lilac Wonder'

Tulipa sylvestris

○ 10–30 cm ✿ 3–5

Wuchs: Kleine, zierliche, ein- bis mehrblütige Zwiebelblumen.

Blätter: Schmal, lanzettlich, graugrün.

Blüten: Sternförmig, schlank und klein, in leuchtenden Farben.

Standort: Siehe Tulpen, aber vollsonnig. Vorwiegend im Steingarten, aber auch in Töpfen.

Pflege: Siehe Tulpen.

Vermehrung: Tochterzwiebeln und Aussaat.

Wichtige Arten:

- Kretische Tulpe *(T. saxatilis*, oft auch als *T. bakeri* im Handel), pink bis mauvefarben mit gelben Flecken am Grund, 10–30 cm, 4; 'Lilac Wonder', leuchtend rosaviolett, 10–15 cm.
- Weinbergstulpe *(T. sylvestris)*, zart, gelb, 30 cm, 4, duftend!
- *T. tarda*, mehrblütig, weiß mit breiter gelber Mitte, 10–15 cm, 4.

Silberährengras, Ränkegras

Achnatherum calamagrostis (Syn.: *Stipa calamagrostis)*

Achnatherum calamagrostis

○ ⬆30/80 cm ✿7-9

Wuchs: Horstig bis dichtrasig, Halme strahlig und steif.

Blätter: Bogig überhängend, schmal, blaugrün, wintergrün.

Blüten: Ähren schweifartig, fein gegliedert, gelbbraun.

Standort: Trockene, sonnige, lückige Stauden- und Steppenbeete, gern auf steinigem, schottrigem Boden. Am besten auf warmen Böschungen und an der Terrasse.

Pflege: Im Frühjahr zurückschneiden.

Vermehrung: Teilung oder Aussaat.

Sorten:

- 'Allgäu', Blüten gelb-braun, 50/80 cm, sehr schöne, standfeste Auslese.
- 'Lemperg', kompakte Auslese, goldbraune Ähren; Höhe 30/70 cm.

Bemerkungen: In den Alpen heimisch und auch als »Föhngras« bekannt. Sehr schönes, ausdrucksstarkes Gras für sonnige Flächen. Wunderschön passen dazu Roter Sonnenhut *(Echinacea purpurea)*, Anis-Agastache *(Agastache foeniculum)*, Ziersalbei *(Salvia nemorosa)* und Wermut *(Artemisia absinthium)*. Die Rispen eignen sich als Schnittblume.

Zittergras

Briza media

Briza maxima

○ ⬆20/40 cm ✿7-9

Wuchs: Zierlich, locker aufrecht bis bogig, horstig. Grün, grasartig, kurze, mittelgrüne Halme.

Blätter: Schmal, aufrecht, grün.

Blüten: Flache, braune, oft violett getönte Ährchen in Form eines Herzens, geschlängelten Stielen.

Standort: Sonnige, lückige Beete, auch im Steingarten und im Steppenbeet, auf magerem, durchlässigem Boden.

Pflege: Im Frühjahr zurückschneiden.

Vermehrung: Teilung.

Bemerkungen: Robustes, heimisches Wiesengras. Zum Trocknen vor der Reife schneiden und aufrecht trocknen lassen. Sehr schön mit polsterförmigen Stauden wie dem Polsterphlox (*Phlox*-Subulata-Hybriden), mit Zitronenthymian *(Thymus × citriodorus)*, Katzenpfötchen *(Antennaria dioica)* oder mit anderen Gräsern wie dem Blauschwingel *(Festuca cinerea)*.

Weitere Art:

- Großes Zittergras *(B. maxima)*, einjährig, sehr großblütig, ideal für Sträuße, 30/50 cm, 6–7. Am besten ab März im Topf oder Frühbeet aussäen.

Foersters Reitgras, Garten-Sandrohr,

Calamagrostis × acutiflora 'Karl Foerster'

Calamagrostis × acutiflora 'Karl Foerster'

○-◑ ⬆60/120 cm ✿7-8

Wuchs: Straff aufrecht, horstartig, nicht wuchernd. Halme straff aufrecht.

Blätter: Schmal, leicht überhängend,

Blüten: Schmal, steil aufstrebend, cremeweiß, in fedrigen Rispen. Nach der Blüte verfärben sich die Ähren ockergelb.

Standort: Sonnige bis halbschattige Plätze mit trockenem, durchlässigem Boden. Wächst auf jedem Gartenboden.

Pflege: Im Frühjahr pflanzen. Rückschnitt im zeitigen Frühjahr. Im Winter für Wasserabfluss sorgen.

Vermehrung: Teilung.

Bemerkungen: Heimisches Staudengras. Passt wunderbar zu hohen Herbstastern *(Aster novi-belgii)*, Sonnenbraut *(Helenium)* und Sonnenhut *(Rudbeckia fulgida)*.

Weitere Art:

- Diamantgras *(C. arundinacea* var. *brachytricha*, Syn.: *C. brachytricha)*, lockerhorstig, Blätter schmal, leicht graugrün, 60/100 cm hoch, aufrechte, zierliche, graurosa Ähren, 8–10.

Japansegge
Carex morrowii 'Variegata'

Carex morrowii 'Variegata'

◐-● ⬆30/40 cm ✿6-7

Wuchs: Dicht horstig.

Blätter: Steif, ledrig und lang zugespitzt, glänzend dunkelgrün mit hellen Längsstreifen, immergrün.

Blüten: Gelbbraun, kleine Ähren, kaum über das Laub hinausragend.

Standort: An wechselschattigen Gehölzrändern oder im lichten Schatten von hohen Bäumen, auf frischem, humosem Boden.

Pflege: Im Frühjahr pflanzen und im zeitigen Frühjahr zurückschneiden. In Trockenperioden gießen.

Vermehrung: Teilung im Frühjahr.

Bemerkungen: Robuster Flächenbegrüner unter Gehölzen. Passt wunderbar zu Funkien *(Hosta)*, zwischen Rhododendren, Farnen und Bodendeckern wie der Goldnessel *(Lamiastrum galeobdolon)* und Elfenblumen *(Epimedium)*.

Weitere Arten:

- Fuchsrote Segge *(C. buchananii)*, fast ganzjährig rostrot gefärbt, sehr feine, überhängende Blätter, schlanke, unscheinbare Ähren, 40/40 cm, 7. Für sonnige Plätze auf frischen bis trockenen Böden.
- Morgensternsegge *(C. grayi)*, frischgrün, dekorative, morgensternartige Ähren, grün, später braun; für absonnige bis schattige Plätze, gern am Wasserrand, 30/60 cm, Blüte 7–8.

Riesensegge, Hängesegge
Carex pendula

Carex pendula

◐-● ⬆60/100 cm ✿6-8

Wuchs: Üppige Horste mit beblätterten Stängeln.

Blätter: Lang, breit überhängend, stark rinnig, bis 2 cm breit, unterseits blaugrün.

Blüten: Walzliche, dichte, senkrecht herabhängende Ähren, bis 10 cm lang.

Standort: Halbschattige und schattige Plätze auf feuchten Böden. Keine Wintersonne, Zugluft und Trockenheit!

Pflege: Im Frühjahr pflanzen und im zeitigen Frühjahr zurückschneiden. Vor Wintersonne schützen. Bei Trockenheit im Sommer wässern.

Vermehrung: Teilung.

Bemerkungen: Anspruchsloses Gras für den Schattengarten.

Weitere Art:

- Schattensegge *(C. umbrosa)*, rotbraune Ähren, 20/35 cm, 4–5, für halbschattige Plätze. Blätter anfangs aufrecht, später liegend, bildet mit der Zeit dichte Teppiche. Guter Bodendecker zwischen und vor höheren Schattenstauden wie Waldgeißbart *(Aruncus)* und Silberkerzen *(Cimicifuga)*.
- Breitblatt-Segge *(C. plantaginea)*, immergrün, 2,5 cm breite Blätter, 20/25 cm hoch, 5.

Pampasgras
Cortaderia selloana

Cortaderia selloana

○ ⬆50/100 cm ✿9-10

Wuchs: Hohes Solitärgras, horstartig.

Blätter: Groß, graugrün, scharf gezähnt, überhängend.

Blüten: Große, silbrigweiße Schweife auf hohen, unbeblätterten Stielen. Die Pflanzen sind zweihäusig: männliche Pflanzen haben kleinere, weniger lang haltbare Blütenrispen. Weibliche Pflanzen bilden die schöneren, seidigen Blütenstände.

Standort: Für warme, sonnige Lagen auf nährstoffreichem, tiefgründigem Boden ohne Staunässe.

Pflege: Im Frühjahr pflanzen und im zeitigen Frühjahr zurückschneiden. Für Wasserabfluss sorgen. Empfindlich gegen Winternässe, daher im Spätherbst zum Winterschutz zusammenbinden und mit Laub oder Stroh einpacken.

Vermehrung: Teilung im Mai.

Sorten:

- 'Pumila', kompakte Form, überhängende Blätter, Ähren dicht, groß, silberweiß. 50–80 cm/120–150 cm.
- 'Sunningdale Silver', weiblicher Klon, Ähren locker, besonders schön geformt, silberweiß, 90/200–250 cm.

Bemerkungen: Schönes Solitärgras für Kiesbeete an der Terrasse oder vor einer Mauer oder Hecke. Lange haltbare Schnittblume.

Einjährige
Zweijährige
Stauden
Zwiebelblumen
Gräser/Farne
Ziergehölze
Hecken
Rosen
Kletterpflanzen

Rasenschmiele, Waldschmiele

Deschampsia cespitosa

Deschampsia cespitosa

○-◑-● ↑30-60/70-100 cm ✿ 6-8

Wuchs: Sattgrüne, dichte, feste Horste mit graziösen Ähren.

Blätter: Überhängend, flach, scharf gekielt, oberseits sehr rau.

Blüten: Weitschweifig, breit pyramidal, zuerst grün, später gelblich.

Standort: Für sonnige bis halbschattige Plätze, auf feuchten Stellen, aber auch auf normalem Gartenboden.

Pflege: Im Frühjahr pflanzen und im zeitigen Frühjahr zurückschneiden, für Wasserabfluss sorgen.

Vermehrung: Teilung.

Sorten:

- 'Tauträger', duftig auf straffen Halmen, spät blühende Sorte mit grazilen Halmen, die bis weit in den Winter erhalten bleiben, 50/100 cm.
- 'Tardiflora', goldbraun, 60/100 cm, gedrungener Wuchs und frühe Blüte, feine Schleierblüten, besonders schön im Gegenlicht.

Bemerkungen: Wertvolles Gras, da schon ab Juni schöne Blütenschleier zu sehen sind. So pflanzen, dass das Gegenlicht die Schleier zum Glitzern bringt!

Blauschwingel

Festuca cinerea
(Syn.: *F. glauca)*

Festuca cinerea

○ ↑10-15/25cm ✿ 6-7

Wuchs: Geschlossene, halbkugelige Büschel bildendes Horstgras.

Blätter: Schmal, bläulich.

Blüten: Graugrün, auf lockeren Rispen auf aufrechten Stielen.

Standort: Vollsonnig, warm, auch heiß, im Stein- und Steppengarten, magerer auch sandiger, durchlässiger Boden.

Pflege: Im Frühjahr pflanzen. Blütenstände vor der Samenreife abschneiden! Empfindlich gegen Schneedruck und sommerliche Nässe. Schnee abräumen und Kies als Drainage ins Pflanzloch geben.

Vermehrung: Teilung, auch Aussaat (Sämlinge von Sorten verlieren jedoch die Eigenschaften der Mutterpflanze).

Sorten:

- 'Azurit', dichte, tiefblaue Polster, 15/25 cm.
- 'Bergsilber', dichte, blausilbrig bereifte, feinlaubige Horste, 15/25 cm.
- 'Frühlingsblau', Horste blau gefärbt, halbkugelig, 15/25 cm.
- 'Glaucantha', Zwerg-Blauschwingel, Blätter haarfein, blaugrau, flachpolstrig, 10/15 cm.

Japan-Berggras, Japan-Waldgras

Hakonechloa macra

Hakonechloa macra

◑-● ↑20/40 cm ✿ 7-10

Wuchs: Überhängend, auch bogig ausladend. Ausläufer bildend.

Blätter: Grünlich, lanzettlich. Schöne Herbstfärbung.

Blüten: Grün, rispig bis doldenrispig, unscheinbar.

Standort: Im Halbschatten oder Schatten unter und vor Gehölzen. Böden frisch bis feucht, nahrhaft, schwach sauer.

Pflege: Winterschutz ratsam. Im Frühjahr pflanzen und im zeitigen Frühjahr zurückschneiden, für Wasserabfluss sorgen.

Vermehrung: Teilung.

Sorten:

- 'Aureola', Gold-Japan-Berggras, 20/40 cm, Blätter überhängend bis bogig ausladend, mit schmalen, cremefarbenen Längsstreifen, teils auch grün. Sommergrün, 7-8.

Bemerkungen: Die Sorte 'Aureola' eignet sich auch gut zur Bepflanzung von Terrakottatöpfen. Durch die ungewöhnliche Farbe der zierlichen, überhängenden, gelbbunten Blätter sehr dekorativ.

Blaustrahlhafer

Helictotrichon sempervirens
(Syn.: *Avena sempervirens)*

Helictotrichon sempervirens 'Saphirsprudel'

○ ⬆30–40/120 cm ✿7–8

Wuchs: Aufrecht, locker bis bogig, Horst bildend. Bis zu 1 m Durchmesser möglich.

Blätter: Wintergrün, blaugrau bis mattgrau, schmal und bandförmig.

Blüten: Graugrün, rispig bis doldenrispig auf bis zu 150 cm hohen Halmen.

Standort: Sonnige, trockene Beete, mit möglichst durchlässigem Boden, gerne auch steinig. Bei zu viel Schatten oder zu nährstoffreichen Böden vergrünen die Blätter.

Pflege: Im Frühjahr pflanzen und im zeitigen Frühjahr zurückschneiden, für Wasserabfluss sorgen.

Vermehrung: Teilung.

Sorten:

- 'Pendula', Hänge-Blaustrahlhafer, 30/120 cm, Blätter überhängend, blaugrün, 7–8, wintergrün.
- 'Saphirsprudel', 40/120 cm hoch, aufrecht, locker bis bogig, kriechender Wuchs, teils wurzelnd, Blüten blaugrün, 7–8.

Bemerkungen: Im westlichen Mittelmeerraum beheimatetes blaues Gras für durchlässige, eher trockene Böden.

Mähnengerste

Hordeum jubatum

Hordeum jubatum

○ ⬆40/70 cm ✿6–8

Wuchs: Einjährig, dicht büschelig, zierlich.

Blätter: Hellgrün, linealisch, weich, bis zu 15 cm lang.

Blüten: Ähren sind 5–12 cm lang, sehr lange Grannen, dicht und nickend, färben sich bei der Reife leuchtend gelb, rosa überhaucht.

Standort: Sonnige, lichtdurchflutete Plätze im Garten. Nährstoffarme, durchlässige Böden. Guter Partner zwischen Sommerblumen und Stauden. Verträgt keine Staunässe.

Pflege: Anspruchslos.

Vermehrung: Aussaat im April/Mai an Ort und Stelle.

Bemerkungen: Ideal für Trockensträuße; dazu frühzeitig schneiden. An einen Platz pflanzen, an dem Gegenlicht die Grannen zum Leuchten bringt. – Traumhaft! Passt gut zu Sommerblumen wie Studentenblumen *(Tagetes)*, Goldmohn *(Eschscholzia)*, Gazanien und Kornblumen *(Centaurea cyanus)*. Die Saatgerste *(H. vulgare)* ist bei uns landwirtschaftliche Nutzpflanze.

Hasenschwanzgras

Lagurus ovatus

Lagurus ovatus

○ ⬆20/40 cm ✿5–8

Wuchs: Polster bildend, einjährig.

Blätter: Schmal, linealisch, zunächst grün, dann goldgelb.

Blüten: Blassgrüne bis cremefarbene, eiförmige Blütenköpfchen, seidenweich behaart.

Standort: Sonnige, warme Beete auf durchlässigen Böden.

Pflege: Anspruchslos.

Vermehrung: Aussaat. Die Blütezeit kann man durch den Aussaattermin steuern. Sät man im April oder Mai direkt ins Freiland, dauert es bis zur Blüte etwa drei Monate. Bei früherer Anzucht Anfang März im Haus, blühen sie schon im Mai. Sät man im Spätsommer in Töpfe, überwintert diese frostfrei und pflanzt im April ins Freie, erfolgt die Blüte ebenfalls ab Mai.

Bemerkungen: Sehr schön als Einfassung, zusammen mit einjährigen Sommerblumen wie Gazanien *(Gazania*-Hybriden), Lobelien *(Lobelia)* und Mehlsalbei *(Salvia farinacea)*. Passt auch gut zu Studentenblumen *(Tagetes)*. Schöner Vasenschmuck.

Waldmarbel, Wald-Hainsimse

Luzula sylvatica

Luzula nivea

◑-● ↑20/40-50 cm ✿ 6-7

Wuchs: Überhängend, ausladend, horstig wachsend.

Blätter: Breit linealisch, dunkelgrün, wintergrün, früh austreibend.

Blüten: Hellbraun, an ästigen Blütenständen, lockersträußig.

Standort: Halbschattige bis schattige Bereiche unter Gehölzen, frischer, saurer, kalkarmer, humoser Boden.

Pflege: Im Frühjahr flächig pflanzen, bildet dichte Teppiche, wenn man es in großen Kolonien pflanzt.

Vermehrung: Teilung.

Sorten:

- 'Farnfreund', zierlicher, schmalblättriger als die Art, 20/40 cm.
- 'Marginata', Silberrandmarbel, Blätter mit deutlich gelblich-weißem Rand, Ähren braun, 20/40 cm.
- 'Tauernpass', Blätter sehr breit, frischgrün, 20/40 cm.

Bemerkungen: Heimische Waldstaude. Ideal zur Unterpflanzung von Bäumen und Sträuchern.

Weitere Arten:

- Schneemarbel *(L. nivea)*, 15/40 cm, schmale, immergrüne Blätter, behaart und weiß bewimpert, Blüte doldenrispig, weiß, 6–8.
- Haarmarbel *(L. pilosa)*, 10/20 cm, linealische Blätter, dicht weiß bewimpert, wintergrün, bräunliche, doldenartige Blüten, 4–5.

Chinaschilf

Miscanthus sinensis

Miscanthus sinensis 'Malepartus'

○ ↑120-150/160-200 cm ✿ 8-10

Wuchs: Lockerhorstige, stattliche Gräser mit überhängenden Halmen.

Blätter: Dunkelgrün mit schmalem silbrigem Streifen, schmal, bandförmig, an bambusähnlichen Halmen. Schöne Herbstfärbung.

Blüten: Silbrige, cremeweiße, braunrote oder hellbraune, endständige Rispen.

Standort: Sonnige Beete mit frischen, nährstoffreichen Böden, ideal in Staudenrabatten.

Pflege: Im zeitigen Frühjahr zurückschneiden. Im Frühjahr pflanzen. Pflanzabstand: 120 bis 150 cm. Sämlinge entfernen. Die Halme im Herbst stehen lassen, die Fruchtstände sind bei Raureif und Schnee im Winter äußerst dekorativ.

Vermehrung: Teilung, Selbstaussaat.

Sorten:

- 'Gracillimus', 130-150 cm, blüht nicht, schmalblättrig.
- 'Ferner Osten', kompakter Wuchs, rote Rispen mit weißen Spitzen, tolle Herbstfärbung, 120/160 cm.
- 'Malepartus', eine der schönsten rotblühenden Sorten, rotbraune Herbstfärbung, zierlich, 150/200 cm.

Miscanthus sinensis 'Strictus'

- 'Silberfeder', blüht schon im August, silberweiß, fedrige Ähren, blühfreudig, 130/200 cm.
- 'Strictus', Blätter gelblich quergestreift, straff aufrecht, 120/180 cm.
- 'Variegatus', straffer Wuchs, selten blühend, Blätter weiß längs gestreift, 140/170 cm.

Weitere Art:

- Riesen-Chinaschilf *(M. floridulus,* Syn.: *M. giganteus)*, 150/300 cm, schilfartig, nicht wuchernd, blüht selten. Prächtige Ocker-Herbstfärbung.

Rohr-Pfeifengras
Molinia arundinacea
(Syn.: *M. caerulea* ssp. *arundinacea*)

Molinia caerulea 'Moorhexe'

○-◑ ⬆50-60/180-200 cm ✿ 7-10

Wuchs: Locker aufrecht, horstartig, Halme knotenlos.

Blätter: Breit, linealisch, grün.

Blüten: Feine, stark verästelte Rispen, braun, im Herbst gelb.

Standort: Sonnig bis halbschattig, auf frischen bis trockenen Böden.

Pflege: Im Frühjahr abschneiden. Sämlinge entfernen.

Vermehrung: Teilung, Selbstaussaat.

Sorten:
- 'Karl Foerster', Riesen-Pfeifengras, breite Blätter, Halme aufrecht, 60/180 cm.
- 'Transparent', besonders grazile Sorte, 50/200 cm.
- 'Windspiel', hohe, straffe Sorte, 60/180 cm.

Bemerkungen: Goldbraune Herbstfärbung. Schön vor herbstfärbenden Gehölzen wie Fächerahorn *(Acer palmatum)* und Pfaffenhütchen *(Euonymus)*.

Weitere Art:
- Kleines Pfeifengras *(M. caerulea)*, für sandige, magere Böden; 'Moorhexe', 20/80 cm, schwarzbraune Ähren, 8 bis 10; 'Edith Dudzsus', braun, 40/100 cm, 7-9, leuchtend gelbe Herbstfärbung.

Rutenhirse
Panicum virgatum

Panicum virgatum 'Rehbraun'

○ ⬆60-80/100-150 cm ✿ 7-9

Wuchs: Grazile Horste, aufrecht, teilweise nicht standfest. Später Austrieb.

Blätter: Schmal-lanzettlich. Hellgrün, im Herbst hellbraun oder rötlich.

Blüten: Grün, lockere breite Rispe, gut für den Schnitt. Nicht immer standfest, Blütenstiele knicken leicht und blühen dann am Boden liegend weiter.

Standort: Sonnige Plätze, frische bis trockene Böden, gut für das herbstliche Staudenbeet.

Pflege: Im Frühjahr zurückschneiden.

Vermehrung: Teilung.

Sorten:
- 'Hänse Herms', (= 'Haense Herms'), 60/100 cm hoch, braunrote Spätsommerfärbung.
- 'Rehbraun' (= 'Kupferhirse'), 80/120 cm hohe Sorte, kupfrig-rote Herbstfärbung der Blätter und Ähren.
- 'Strictum', vielhalmige Horste, starkwüchsig, sehr standfest, straffe, kurze Rispenäste, 80-100/120-150 cm. Schöne hellbraune Herbstfärbung.
- 'Rotstrahlbusch', Blätter etwas breiter, rote bis grünbraune Herbstfärbung, 90-100 cm.

Bemerkungen: Ideal zur Gliederung und Auflockerung von Staudenbeeten, auch als Leitstaude. Gute Partnerpflanzen sind Herbstastern *(Aster novae-angliae)*, Indianernesseln *(Monarda-*Hybriden) und Wasserdost *(Eupatorium)* zusammen mit Rotem Sonnenhut *(Echinacea purpurea)*.

Federborstengras
Pennisetum alopecuroides
(Syn.: *P. compressum*)

Pennisetum alopecuroides

○ ⬆30/60-80 cm ✿ 8-9

Wuchs: Dichte, kompakte Horste.

Blätter: Lineal-lanzettlich, schmal, graugrün.

Blüten: Lange, Lampenputzer-ähnliche, walzenförmige Ähren, flaumig, mit langen, abstehenden Grannen, bräunlich, häufig leicht rosa schimmernd.

Standort: Sonnige Staudenbeete, als Nachbar von Herbstblühern.

Pflege: Regelmäßig wässern und im Frühjahr und Frühsommer mineralisch-organisch düngen. Nach einigen Jahren die Horste aufnehmen und teilen, sonst werden sie blühfaul.

Vermehrung: Teilung.

Sorten:
- 'Hameln', 30/60 cm, schöne Sorte, früh- und reichblühend.

Bemerkungen: Das Federborstengras wird häufig als *P. compressum* oder als Sorte 'Compressum' angeboten. Gute haltbare Schnitt- und Trockenblume. Unbedingt im Winter stehen lassen und erst im Frühjahr zurückschneiden - die Fruchtstände wirken bei Raureif und Schnee bezaubernd.

Moor-Blaugras
Sesleria caerulea

Melica uniflora

○ ⬆30/50 cm ✿6-7

Wuchs: Polster bildend, locker horstig.

Blätter: Bandförmig, blaugrün, oberseits behaart.

Blüten: Kleine, schwarz-bläuliche, kopfige Ähren. Eines der frühest blühenden Gräsern.

Standort: Vollsonnige, trockene Standorte. Auch für nasse, moorige, kalkhaltige Böden.

Pflege: Anspruchslos.

Vermehrung: Teilung.

Bemerkungen: Unkompliziertes, bodendeckendes Gras. Kalkflachmoorpflanze.

Weitere Arten:
- Einblütiges Perlgras *(Melica uniflora)*, kleine perlenförmige Ähren; breite, linealisch, hellgrüne, behaarte Blätter, 30/60 cm, 5-6.
- Nickendes Perlgras *(M. nutans)*, ähnlich, aber an jedem Stängel mehrere hängende, perlenförmige Ährchen, grün, schwarz überlaufen, 30/50 cm, 5-6.

Goldleistengras
Spartina pectinata 'Aureomarginata' (Syn.: *S. michauxiana)*

Spartina pectinata 'Aureomarginata'

○ ⬆80/150 cm ✿8-9

Wuchs: Horstartig, Ausläufer bildend.

Blätter: Lang, bandförmig, locker überhängend, goldgelb/grün gestreift.

Blüten: Grünlich-bräunliche, flachgedrückte, längliche Ähren, kurz begrannt, an hohen, straffen Stielen.

Standort: Sonnige Beete mit frischem Boden, auch am Wasserrand auf wechselfeuchten Plätzen.

Pflege: Im Winter zusammenbinden und im Frühjahr zurückschneiden. Mit dem Spaten abstecken, falls es sich zu stark ausbreitet.

Vermehrung: Teilung.

Bemerkungen: Sehr auffälliges Gras, als Leitstaude in Staudenbeeten sehr dekorativ. Die einzelnen, goldgelben Halme eignen sich wunderbar für Sträuße. Passt gut zu Chinaschilf *(Miscanthus sinensis)*, Schwertlilien *(Iris)* und Sonnenbraut *(Helenium*-Hybriden).

Großes Federgras, Reiherfedergras
Stipa pulcherrima

Stipa gigantea

○ ⬆30/80 cm ✿7-8

Wuchs: Horstig, mit lockeren Halmen.

Blätter: 1 mm schmal, graugrün, unterseits rau.

Blüten: Große, fedrige Rispen an langen Halmen. Die einblütigen Ährchen tragen auffällige, sehr lange Grannen.

Standort: Sonnige, warme, lückige Stauden- und Steppenbeete mit durchlässigem, kalkhaltigem Boden.

Pflege: Anspruchslos, nur bei langer Trockenheit wässern. Von wuchsstarken Nachbarpflanzen freihalten.

Vermehrung: Aussaat im Frühjahr oder Herbst, Teilung im späten Frühjahr.

Weitere Arten:
- Haarfedergras *(S. capillata)*, Rispe mit langen, unbehaarten, hellbraunen Grannen, 20/90 cm, 7-8.
- Riesenfedergras *(S. gigantea)*, Halme straff aufrecht, Blütenrispe sehr groß, mit vielen langen, unbehaarten Grannen, gut als Schnittblume, 50/180 cm, 7-8.
- Echtes Federgras *(S. pennata)*, 20/50 cm hoch, 10 cm lange Rispe mit langen, seidig-fedrigen Grannen, 6-8.

Schirmbambus

Fargesia murielae
(Syn.: *Sinarundinaria murielae, Thamnocalamus spathaceus)*

Fargesia murielae 'Kranich'

○-◑ ↑1-4 m

Wuchs: Dicht horstig mit nur kurzen Ausläufern, Halme im ersten Jahr straff aufrecht, später bogig überhängend, schirmartige Gestalt.

Blätter: Lanzettlich, lang zugespitzt, 7–12 cm lang, 1,2–1,8 cm breit, hellgrün, immergrün,

Blüten: Ährige Rispen. Aber: wie alle Bambusse nur im Abstand von vielen, fast 100 Jahren blühend und danach absterbend!

Standort: Halbschattig bis sonnig, windgeschützt, auf allen durchlässigen, feuchten bis frischen Böden. Sehr frosthart (bis –28 °C).

Pflege: Liebt hohe Luftfeuchte. Bei anhaltender Trockenheit übersprühen.

Vermehrung: Aussaat, Ausläufer.

Sorten:

- 'Bimbo', 1 m hoch, dichtbuschig, dünne Halme, stark überhängend.
- 'Jumbo', stärkerer Wuchs, 3–4 m.
- 'Harewood', 2,5-3 m, Halmscheiden rötlich gefärbt.
- 'Kranich', bis 4 m, schöner, dichtbuschiger Strauch, überhängend.
- 'Neue Generation' (Sämlinge), 3-4 m, dichtbuschig, sehr winterhart, idealer Sichtschutz.

Bemerkungen: Vor einigen Jahren fand eine »Bambus-Blüte« statt, die sämtliche Schirmbambusse zum Absterben brachte. Die Nachkommen sind heute als Sorten im Handel.

Knotenbambus, Kranichknie-Bambus

Phyllostachys aurea

Phyllostachys aurea

○-◑ ↑2,5-4 m

Wuchs: Schmal trichterförmig, Halme sehr dicht stehend, horstartig, aufrecht, erst im Alter etwas übergeneigt, bildet nur kurze Ausläufer. Die Halme sind gelblichgrün oder graugrün, 2–3 cm im Durchmesser; im unteren Bereich sind die Zonen zwischen den Blattknoten (Internodien) gestaucht, die Knoten verdickt und angeschwollen (daher Kranichknie-Bambus).

Blätter: Klein, gelbgrün, lanzettlich.

Standort: Sonnig bis halbschattig, vor Wintersonne und Zugluft schützen. Auf allen Gartenböden, bevorzugt tiefgründige, frische bis feuchte, nährstoffreiche, aber durchlässige Erde. Frosthart bis –18 °C, kurzfristig bis –20 °C, Blattschäden schon ab –13 °C.

Pflege: Junge Pflanzen im Winter mit Stallmist oder einer 25–30 cm dicken Laubschicht abdecken, diese allerdings im Frühjahr entfernen, sonst brechen die Bambussprossen.

Vermehrung: Ausläufer.

Bemerkungen: Auch für kleine Gärten geeignet.

Gelbbunter Buschbambus

Pleioblastus auricomus
(Syn.: *P. auricoma, P. viridistriatus)*

Pleioblastus auricomus

○-◑-● ↑0,6/1,5 m

Wuchs: Lockerer, aufrechter Zwergbambus, flächendeckend. Ausläufer treibend. Halme dünn, grün bis rötlichviolett.

Blätter: Hellgelb mit unterschiedlich breiten, hell- bis mittelgrünen Streifen. Auffallend weich, samtig behaart, 15–20 cm lang und 2,5 cm breit.

Standort: Sonnig bis schattig, auf allen frischen bis feuchten Böden. Frosthart bis –22 °C, Blattschäden ab –18 °C.

Pflege: Rückschnitt im Frühjahr fördert geschlossenen Wuchs und strahlend gelbe Ausfärbung der Blätter.

Vermehrung: Ausläufer.

Weitere Arten:

- Dichtbuschbambus *(P. chino)*, grüne bis purpurfarbene Halme, grüne Blätter, wuchernd, 100/200 cm.
- Zwergbambus *(P. pumilus*, Syn.: *Sasa pumila)*, stark Ausläufer treibend, nicht für kleine Gärten.
- Zwergbambus *(P. pygmaeus)*, 40 cm, buschig, wuchernd, Ausläufer bildend, wintergrün, für sonnige Beete.
- Bunter Bambus *(P. variegatus)*, 40 cm, buschig, wuchernd, wintergrünes Blatt.

Pfauenradfarn, Frauenhaarfarn

Adiantum pedatum

Adiantum pedatum 'Imbricatum'

◑-● ⬆40–60 cm

Wuchs: Flach kriechendes Rhizom, aus dem am Grund in zwei fast horizontale Äste gegabelte, drahtige, dunkle Stiele entspringen. Breitet sich langsam aus.

Blätter: Handförmig ausgebreitete, gefiederte Wedel, die Fiederchen kurz gestielt, oval-rautenförmig und etwa 2 cm lang. Lichtgrün, im Herbst hell- bis goldgelb.

Standort: Halbschattige bis schattige Plätze unter oder zwischen Gehölzen, günstig sind hohe Luft- und Bodenfeuchtigkeit sowie Schutz vor starker Sommersonne.

Pflege: Mit Laub im Winter abdecken, sonst ungestört wachsen lassen.

Vermehrung: Teilung oder Anzucht aus Sporen.

Sorten:

- 'Imbricatum', Zwerg-Pfauenradfarn, zierlicher, nur 15–20 cm. Auch für Tröge und schattige Steinanlagen geeignet.

Bemerkungen: Zusammen mit Stauden für den halbschattigen Gehölzrand pflanzen, wie Primeln, Fingerhut *(Digitalis)*, Funkien *(Hosta)* und Elfenblumen *(Epimedium)*.

Weitere Art:

- Venushaarfarn *(A. venustum)*, Wedel hellgrün, dreieckig, vielfiedrig. Bei leichtem Winterschutz immergrün und frosthart, 15–30 cm.

Brauner Streifenfarn, Steinfeder

Asplenium trichomanes

Asplenium trichomanes

◑-● ⬆10 cm

Wuchs: Kleine, büschelige, aus kriechenden Rhizomen wachsende Rosetten.

Blätter: Einfach gefiedert, dunkelgrün, mit rundlichen Teilblättchen, immergrüne, Blattstiele glänzend schwarzbraun. Blattunterseits tragen sie die typischen, in Streifen angeordneten Sporenhaufen, auf die sich der Name bezieht.

Standort: Im Halbschatten bis Schatten von Steinen und Mauern. Sehr genügsam.

Pflege: Keine.

Vermehrung: Anzucht aus Sporen.

Bemerkungen: Heimischer und in gemäßigten Zonen fast weltweit verbreiteter Mauerfarn. Ideal für Trockenmauern und in den Fugen schattiger Treppenstufen. Gut dazu passen Porzellanblümchen *(Saxifraga × umbrosa)*, Goldtöpfchen *(Chiastophyllum oppositifolium)* und niedrige Gräser.

Frauenfarn

Athyrium filix-femina

Athyrium nipponicum 'Pictum'

◑-● ⬆50–150 cm

Wuchs: Kurzes Rhizom, dichtbuschig mit eleganten Trichtern.

Blätter: Fein geschnittene Wedel, 2- bis 3fach gefiedert. Hellgrün, Herbstfärbung braun.

Standort: Halbschattige bis schattige Gehölzränder und Staudenbeete, frischer bis feuchter, nahrhafter, humoser Boden.

Pflege: Im Winter mit Laub mulchen.

Vermehrung: Teilung oder Anzucht aus Sporen.

Sorten:

- 'Cristata', Kamm-Frauenfarn, Fiedern an den Spitzen fein zerteilt, 50 cm.
- 'Minutissimum', Zwerg-Frauenfarn, 30 cm.

Bemerkungen: Häufiger Farn in unseren feuchten Wäldern. Seine hellgrünen Wedel bringen freundliche Farben in die dunklen Stellen des Gartens.

Weitere Art:

- Regenbogenfarn *(A. nipponicum)*, Wedel breit dreieckig, 2- bis 3fach gefiedert, hell graugrün, oft metallisch schimmernd, 30–40 cm; 'Pictum' (= 'Metallicum'), Wedel silbergraugrün und purpur gezeichnet.

Rippenfarn
Blechnum spicant

Blechnum spicant

◐-● ⬆20-50 cm

Wuchs: Rhizome mit Ausläufern, bildet rasige Flächen und kann andere Pflanzen verdrängen.

Blätter: Dicht kammförmig gefiedert, ledrig, dunkelgrün, wintergrün. Die fruchtbaren (Sporen tragenden) Wedel sind anders geformt, schmalfiedrig und aufrecht.

Standort: Im Halbschatten bis Schatten bei hoher Luftfeuchtigkeit sowie saurem, humosem, feuchtem Boden am Gehölzrand und unter Bäumen.

Pflege: Laubdecke als Winterschutz.

Vermehrung: Teilung oder Anzucht aus Sporen.

Bemerkungen: Heimische Art. Gute Partnerpflanzen sind andere Waldstauden, wie der Salomonssiegel *(Polygonatum)*, die Herbstanemonen *(Anemone hupehensis)*, der Fingerhut *(Digitalis purpurea)* und die Waldmarbel *(Luzula sylvatica)*.

Rotschleierfarn
Dryopteris erythrosora

Dryopteris erythrosora

◐-● ⬆40-70 cm

Wuchs: Stattliche Gestalt, trichterförmig, unten schmal, nach oben breiter werdend.

Blätter: Glänzend dunkelgrüne Wedel, dreieckig, zweifach gefiedert mit schmalen, lanzettlichen Fiedern. Nach dem Austrieb zunächst bronzefarben, später glänzend dunkelgrün. Trichterförmig angeordnet. Wintergrün.

Standort: Halbschattig bis schattig bei hoher Luft- und Bodenfeuchtigkeit sowie Schutz vor direkter Wintersonne.

Pflege: In Trockenzeiten wässern. Ältere, unschön gewordene Wedel im Frühjahr abschneiden. Vor strengen Frösten mit Laub- und Reisigschicht schützen, vor allem an Tagen ohne Schneedecke.

Vermehrung: Teilung oder Anzucht aus Sporen.

Bemerkungen: Besonders schön unter oder zwischen Gehölzen, zusammen mit Stauden des halbschattigen Bereichs, wie Primeln, Fingerhut *(Digitalis)*, Funkien *(Hosta)* und Elfenblumen *(Epimedium)*, sowie Zwiebelblumen wie Narzissen *(Narcissus) und* Schneeglöckchen *(Galanthus nivalis)*.

Gewöhnlicher Wurmfarn
Dryopteris filix-mas

Dryopteris filix-mas
'Linearis Polydactylon'

◐-● ⬆60-120 cm

Wuchs: Stattliche Gestalt mit trichterförmigen Wedeln.

Blätter: Breite, derbe Wedel, dicht mit Spreuschuppen besetzt, oberseits dunkelgrün, unterseits heller, einfach gefiedert.

Standort: Im Halbschatten oder Schatten unter und zwischen Gehölzen; günstig hohe Luft- und Bodenfeuchtigkeit sowie Schutz vor starker Sommersonne.

Pflege: In Trockenzeiten wässern, sonst anspruchslos.

Vermehrung: Teilung oder Anzucht aus Sporen.

Sorten:

- 'Linearis Polydactylon', Schellenbaumfarn, fein zerteilte Wedel mit gefingerten Spitzen, teils herabhängend, 70–90 cm hoch.

Bemerkungen: Passt gut zu Waldstauden für den Halbschatten, wie Astilben, der Waldglockenblume *(Campanula latifolia)*, dem Fingerhut *(Digitalis)*, und Gräsern wie der Hängesegge *(Carex pendula)*.

Einjährige
Zweijährige
Stauden
Zwiebelblumen
Gräser/Farne
Ziergehölze
Hecken
Rosen
Kletterpflanzen

Straußfarn, Trichterfarn
Matteuccia struthiopteris

Matteuccia struthiopteris

◑-● ⬆80–120 cm

Wuchs: Stattlich, trichterförmig. Starke Ausläuferbildung durch unterirdisches Rhizom.

Blätter: Charakteristischer Trichter aus hellgrünen, doppelt gefiederten Blattwedeln, die die kleineren, straußenfederartigen Sporenwedel umstehen. Diese sind anfangs olivgrün, später dunkelbraun und bleiben bis tief in den Winter erhalten.

Standort: Halbschattig bis schattig, auf tiefgründigen, feuchten Böden. Am Gehölzrand, gerne auch am feuchten Teich- und Bachrand. Je sonniger der Standort, desto feuchter muss der Boden sein.

Pflege: Bei Trockenheit wässern. Ausläufer mit Spaten abstechen.

Vermehrung: Abtrennen der Ausläufer.

Bemerkungen: Für kleine Gärten nicht geeignet, breitet sich zu stark aus. Gute Partnerpflanzen sind Fingerhut *(Digitalis purpurea)*, Hortensien *(Hydrangea)*, Geißbart *(Aruncus dioicus)* und Primeln *(Primula)*.

Perlfarn
Onoclea sensibilis

Onoclea sensibilis

◑-● ⬆40–60 cm

Wuchs: Robuster Farn mit stark kriechendem, verzweigtem Rhizom.

Blätter: Doppelt gefiederte, breit dreieckige Wedel. Hellgrün, im Herbst gelbbraun. Sporenwedel aufrecht, perlschnurartig.

Standort: Halbschattig bis schattig, gern auf sumpfigen, nassen Uferflächen, die er mit seinen Wurzeln befestigt, sowie unter oder zwischen Gehölzen. Auch trockene Standorte werden vertragen.

Pflege: Frostempfindlich, die jungen, austreibenden Wedel gegen Spätfröste durch Abdecken schützen.

Vermehrung: Teilung oder Anzucht aus Sporen.

Bemerkungen: Stammt aus den feuchten Wäldern Ostasiens und Nordamerika. Schön zusammen mit Stauden für den Halbschatten, wie Primeln *(Primula)*, Fingerhut *(Digitalis)*, Funktien *(Hosta)*, und Elfenblumen *(Epimedium)*.

Königsfarn, Rispenfarn
Osmunda regalis

Osmunda regalis 'Gracilis'

◑-● ⬆60–150 cm

Wuchs: Stattlicher, üppiger, aber langsam wachsender Farn. Horstig, locker aufrecht bis bogig.

Blätter: Breite, doppelt gefiederte Wedel, gelblich-grün, Herbstfärbung leuchtend gelb.

Standort: Halbschattige bis schattige Plätze vor und unter Gehölzen oder am Gewässerrand. Feuchte bis frische, saure, humose Böden.

Pflege: Laubdecke als Winterschutz.

Vermehrung: Teilung und Anzucht aus Sporen.

Sorten:
- 'Gracilis', Zwerg-Königsfarn, rotstielige Wedel, schlank, gelblich-grün, kleiner als die Art, 60–80 cm.
- 'Purpurascens', Purpur-Königsfarn, üppiger und schmaler, rötlich austreibend und herbstfärbend, 100–150 cm.

Bemerkungen: Der Königsfarn steht bei uns unter Naturschutz. Gute Partnerpflanzen sind der grazile Scheinmohn *(Meconopsis)* und Primeln *(Primula)*. Im Alter braucht er viel Platz, daher am besten einzeln pflanzen.

Hirschzungenfarn

Phyllitis scolopendrium
(Syn.: *Asplenium scolopendrium)*

Phyllitis scolopendrium 'Crispa'

◑–● ⬆20–40 cm

Wuchs: Breit lagernde Horste.

Blätter: Ungefiederte, zungenförmige Wedel mit schwarzer Mittelrippe, lederartig, glänzend, immergrün.

Standort: Halbschattige bis schattige, kühle und luftfeuchte Plätze auf kalkhaltigen Böden, unter Sträuchern oder im Steingarten und an Treppenstufen.

Pflege: Zugige Stellen vermeiden. Schnee- oder Laubschutz für die immergrünen Wedel. Keine Plätze mit Wintersonne!

Vermehrung: Blattstecklinge und Anzucht aus Sporen.

Sorten:

- 'Capitata', Hahnenkamm-Hirschzungenfarn, mit am Rand gekräuselten Wedeln, an der Spitze geteilt mit rispiger Kammbildung.
- 'Crispa' (= 'Undulata'), Krauser Hirschzungenfarn, Wedel am Rande gleichmäßig gewellt, steril.

Bemerkungen: Einzigartig tropisch wirkender Farn. Im vorigen Jahrhundert gab es schon 400 Sorten! Viele davon sind heute noch erhältlich. Man teilt sie in Gruppen ein, darunter die:

- 'Angustifolia'-Gruppe, Schmale Hirschzungenfarne.
- 'Cristata'-Gruppe, mit Hahnenkamm-Wedeln.
- 'Marginata'-Gruppe, die Doppelrand-Hirschzungenfarne.

Tüpfelfarn, Engelsüß

Polypodium vulgare

Polypodium vulgare

◑ ⬆30–50 cm

Wuchs: Heimischer Zwergfarn mit kriechendem, hellbraun beschupptem Rhizom. Bildet dichte Teppiche.

Blätter: 30–50 cm lange, schmale Wedel, kahl, tief und grob fiederteilig, ledrig, dunkelgrün, leicht bogig aufrecht. Immergrün.

Standort: Halbschattig, vor und unter Gehölzen, auch im Steingarten. Gern gesellig in größeren Gruppen. Kalkfreie, sandige Böden.

Pflege: Pflanzstelle mit Sand, Torf, Rindenkompost oder Rhododendronerde verbessern.

Vermehrung: Teilung und Anzucht aus Sporen.

Bemerkungen: Der Tüpfelfarn stammt aus Dünen- und Bergwäldern. Gute Partnerpflanzen im Garten sind schwach wachsende Pflanzen wie Gedenkemein *(Omphalodes verna)*, Balkan-Anemone *(Anemone blanda)* und das Goldtröpfchen *(Chiastophyllum oppositifolium)*. Der Name »Engelsüß« bezieht sich auf die süß schmeckenden Rhizome, die früher als Hustenmittel verwendet wurden.

Borstiger Schildfarn

Polystichum setiferum

Polystichum setiferum

◑–● ⬆40–80 cm

Wuchs: Stark wachsend, in breiten, trichterförmigen Horsten.

Blätter: Fein und sehr gleichmäßig gefiederte, weiche Wedel mit braunen Spreuschuppen, mattgrün, wintergrün.

Standort: Kühl und luftfeucht, unter Gehölzen oder am absonnigen Gehölzrand, auch für Tröge, Steinanlagen und Kübel im Schatten. Humoser, nahrhafter, frischer bis feuchter Boden.

Pflege: Mit Laub im Herbst abdecken. Bei anhaltender Trockenheit besprühen.

Vermehrung: Teilung.

Sorten:

- 'Dahlem', breite, frischgrüne Wedel, 40 cm.
- 'Herrenhausen', zwei- bis dreifach gefiedert, dunkelgrün, flach und breit wachsend, 40–70 cm.
- 'Proliferum', Filigranfarn, Wedel filigran gefiedert, unterseits mit Brutknospen, 40 cm.
- 'Plumosum Densum', Flaumfederfarn, weich, fein gefiedert, moosartig, dicht mit Schuppen besetzt, 40 cm.

Bemerkung: Etwas empfindlich, in rauen Lagen nicht ganz winterhart. Schöne Partnerpflanzen sind die Knotenblume *(Leucojum aestivum)* das Schneeglöckchen *(Galanthus nivalis)*, Narzissen *(Narcissus* 'Actaea') und andere Waldfarne.

Colorado-Tanne
Abies concolor

Abies koreana

○-◑ ↑20-25 m ↔7-9 m ✿4 ♁5-11

Wuchs: Hoher, raschwüchsiger Nadelbaum, schmal kegelförmig, steife, später lockere Krone. Äste waagerecht abstehend. Wurzel flach oder ausgebreitet.

Blätter: Immergrüne Nadeln, 4–8 cm lang, 2,5 mm breit, beiderseits grau- bis blaugrün.

Blüten: Männliche und weibliche in getrennten Zapfen.

Früchte: Aufrecht stehende, zylindrische Zapfen, an den Enden abgerundet, 8–15 cm lang, 3–5 cm dick.

Standort: Sonnig bis absonnig, auf feuchten, nahrhaften Böden. Keine Staunässe!

Pflege: Keine.

Vermehrung: Aussaat, Sorten durch Veredelung.

Sorten:

- 'Compacta', Zwergform, unregelmäßiger Wuchs, 2 m breit und hoch.
- 'Globosa', kugelige Zwergform, 2 m.
- 'Piggelmee', Hexenbesen-Form, sehr dicht stehende Nadeln, 2–3 cm lang, 40 cm.
- 'Wintergold', Nadeln konstant gelb bis grüngelb, 20–25 m hoch.

Weitere Art:

- Korea-Tanne *(A. koreana)*, regelmäßiger Wuchs, sehr zierende, violette, kleine Zapfen, die zu Dutzenden auf den Zweigen stehen.

Feldahorn, Maßholder
Acer campestre

Acer platanoides 'Globosum'

○-◑ ↑5-15 m ↔4-10 m ✿5 ♁8-9

Wuchs: Kleiner bis mittelgroßer Baum mit eiförmiger, dicht verzweigter Krone.

Blätter: Sommergrün, 3- bis 5-lappig, an den Enden gerundet, dunkelgrün. Milchsafthaltig. Herbstfärbung goldgelb.

Blüten: Gelbgrüne Rispen während des Laubaustriebs.

Früchte: Braune Ahornfrüchte (»Nasenzwicker«) mit waagerechten Fruchtflügeln.

Standort: Volle Sonne bis lichter Schatten, auf allen Gartenböden.

Pflege: Anspruchslos. Als Formhecke 2- bis 3-mal schneiden.

Vermehrung: Aussaat und Absenker.

Sorten:

- 'Elsrijk', 6–12 m hoch, 4–6 m breit, kleinere Blätter, schmalerer Wuchs als die Art.
- 'Royal Ruby', purpurrotes Laub, 6–8 m hoch, 4–5 m breit.

Bemerkungen: Sehr gut für 2–4 m hohe Hecken und Windschutzpflanzung.

Weitere Art:

- Kugelahorn *(A. platanoides* 'Globosum'), 6 m, Krone bis 5 m breit, auch ohne Schnitt dicht kugelförmig.

Eschenahorn
Acer negundo

Acer negundo 'Flamingo'

○-◑ ↑5-15 m ↔3-12 m ✿3-4 ♁6-11

Wuchs: Baum oder Großstrauch, meist mehrstämmig mit lockerer Krone. Äste weit ausladend, Zweige überhängend. Raschwüchsig.

Blätter: Sommergrün, gegenständig, gefiedert. Im Herbst gelb bis orange.

Blüten: Blassgelb, vor dem Laubaustrieb in hängenden Trauben. Weibliche und männliche Blüten getrennt.

Früchte: Zweiflügelig, lange am Baum haftend.

Standort: Sonnig bis halbschattig auf allen Bodenarten, kalkverträglich.

Pflege: Leicht verpflanzbar. Jährlicher Rückschnitt sorgt für guten Neutrieb.

Vermehrung: Steckhölzer.

Sorten:

- 'Aureo-variegatum', Gold-Eschenahorn, mit goldgelb gefleckten Blättern, 5–7 m hoch, 4–6 m breit.
- 'Flamingo', kleinkronig, 5–7 m hoch, 4–6 m breit, Blätter beim Austrieb flamingorosa gefärbt oder grünrosa gefleckt.
- 'Variegatum', weiß gerandete Blätter, im Austrieb rosa, 7 m hoch, 3–5 m breit.

Fächerahorn
Acer palmatum

Acer palmatum 'Dissectum Atropurpureum'

○-◑ ⬆2–5 m ⬌3–5 m ✿5 9–2

Wuchs: Mehrstämmiger, langsam wachsender Strauch, Krone rundlich, im Alter schirmförmig. Flachwurzler.

Blätter: Sommergrün, gegenständig, 5- bis 7-lappig, 6–11 cm breit, tief eingeschnitten. Im Herbst orange bis rot.

Blüten: Purpurn, in Trauben.

Früchte: Zweiflügelig, rot, dann braun.

Standort: Sonnig bis halbschattig, liebt feuchte, kühle Plätze. Auf frischen bis feuchten, durchlässigen, sandigen oder Lehmböden. Keine Staunässe!

Pflege: In der Jugend vor Frost schützen. Auf sehr sandigen Böden den Wurzelbereich mulchen.

Vermehrung: Aussaat und Veredelung.

Sorten:
- 'Atropurpureum', Roter Fächerahorn, 3–5 m hoch und breit, dunkelrotes Laub.
- 'Dissectum', Grüner Schlitzahorn, 2 m hoch, 3 m breit, hellgrüne, geschlitzte Blätter, im Herbst orange.
- 'Dissectum Atropurpureum', Roter Schlitzahorn, 3–4 m hoch und breit, bronzegrünes Laub, im Herbst feurig rot.

Weitere Art:
- 'Goldahorn *(A. shirasawanum* 'Aureum', Syn.: *A. japonicum* 'Aureum'), ein mittelhoher Strauch mit dichter, flach rundlicher Krone, gelbe Blätter, 2,5–4,5 m hoch und breit, langsam wachsend.

Kupfer-Felsenbirne
Amelanchier lamarckii

Amelanchier lamarckii

○-◑ ⬆4–6 m ⬌6–7 m ✿5 8–9

Wuchs: Malerischer, mehrstämmiger Strauch mit leicht schirmförmiger Krone.

Blätter: Sommergrün. Wechselständig, im Austrieb kupferrot, mit gelber bis feurigroter Herbstfärbung.

Blüten: Sternförmig, weiß, in endständigen, aufrechten Trauben.

Früchte: Blau-schwarz, beerenartig, essbar. Sehr beliebt bei Vögeln.

Standort: Sonnig bis halbschattig auf normalen Gartenböden.

Pflege: Anspruchslos.

Vermehrung: Aussaat oder Stecklinge.

Weitere Arten:
- Kahle Felsenbirne *(A. laevis)*, mehrstämmig, 3–5 m hoch und breit, bläulichgrüne Blätter, im Herbst gelb bis orange-scharlach, sehr schön und anspruchslos, für saure bis leicht alkalische Böden.
- Gewöhnliche Felsenbirne *(A. ovalis)*, heimisch, Blätter dunkelgrün-graufilzig, im Herbst rot, 2–3 m hoch und breit, Blüte 4, für kalkhaltige Böden.

Immergrüne Berberitze
Berberis julianae

Berberis julianae

○-◑ ⬆2–3 m ⬌3–4 m ✿5–6 8–11

Wuchs: Mittelhoher, aufrechter und dicht wachsender Strauch.

Berberis × stenophylla

Blätter: Immergrün, verkehrt eiförmig, bis zu 10 cm lang, derb ledrig, gezähnt, dunkelgrün.

Blüten: Gelb in Büscheln.

Früchte: Längliche Beeren, schwarz, blau bereift.

Standort: Sonnig bis absonnig auf guten Gartenböden.

Pflege: Keine.

Vermehrung: Aussaat oder Stecklinge.

Bemerkungen: Eignet sich bestens für hohe, undurchdringliche Hecken und als Vogelschutzgehölz. Sehr robuste Art.

Weitere Art:
- *B. × stenophylla*, immergrün, wertvolles Blütengehölz, 2 m hoch und breit, goldgelbe bis orangefarbene Blütenbüschel, 5–6; 'Crawley Gem', Zwergform mit locker überhängenden Zweigen, tiefgelbe Blüten.

Einjährige
Zweijährige
Stauden
Zwiebelblumen
Gräser/Farne
Ziergehölze
Hecken
Rosen
Kletterpflanzen

Sommerflieder
Buddleja alternifolia

Buddleja alternifolia

○ ↑2-3 m ↔2-4 m ✿6-7

Wuchs: Schnellwüchsig, breit ausladend mit aufrechten Hauptästen und langen, dünnen, bogig überhängenden Seitenzweigen. Flach wurzelnd.

Blätter: Sommergrün, wechselständig, 6–10 cm lang, stumpfgrün, unterseits silbriggrau.

Blüten: Hellviolette Büschel in Reihen an den letztjährigen Zweigen. Stark duftend.

Standort: Vollsonnige, warme und geschützte Plätze auf normalen Gartenböden, je durchlässiger, desto besser.

Pflege: Kein Rückschnitt, nur alle 3–4 Jahre im Frühjahr auslichten.

Vermehrung: Stecklinge im Sommer.

Sorten:

- 'Argentea', graulaubig, sonst wie die Art.

Bemerkungen: Anspruchsloser Strauch mit duftenden Blütenrispen. Ökologisch sehr wertvoll, ein Magnet für Falter, Schwebfliegen, Hummeln und Bienen. Ideal auf Mauerkronen oder an Böschungen, zusammen mit Besenginster *(Cytisus),* Kolkwitzien, Strauchrosen und Lavendel.

Schmetterlingsstrauch
Buddleja davidii und *B.*-Hybriden

Buddleja davidii

○ ↑3-4 m ↔3-4 m ✿7-10

Wuchs: Strauch mit trichterförmig aufrechten Hauptästen und leicht überhängenden Seitenzweigen.

Blätter: Sommergrün, gegenständig, graugrün, graufilzig, bei mildem Wetter den ganzen Winter bleibend.

Blüten: Große, kegelförmige Blütenrispen, leicht übergeneigt, endständig, mit etwas herbem Duft.

Standort: Sonnige, warme Gartenplätze auf allen Gartenböden.

Pflege: Jährlicher Rückschnitt im Frühjahr, da Blüten am diesjährigen Holz sitzen. Mehrjährige Triebe sind blühfaul.

Vermehrung: Stecklinge im Sommer.

Sorten:

- 'Black Knight', dunkelviolett, stark duftend.
- 'Cardinal', tief purpur.
- 'Île de France', dunkelviolett.
- 'Pink Delight', rosa, großblütig.
- 'White Profusion', weiß.

Bemerkungen: Unermüdlicher Blüher, ideal für den Hintergrund einer Staudenrabatte. Wertvolles Insektennährgehölz, Schmetterlingsmagnet.

Heidekraut, Besenheide
Calluna vulgaris

Calluna vulgaris 'Amethyst'

○-◑ ↑0,2-0,5 m ↔0,2-0,4 m ✿7-10

Wuchs: Zwergwüchsiger Strauch, niederliegend bis aufsteigend, dicht verzweigt.

Blätter: Immergrün, nadelförmig, 1–3 mm lang, dachziegelartig deckend, in vier Längsreihen sitzend.

Blüten: Vierzählige, glockige Blüten in 5–10 cm langen Doppeltrauben an den Zweigenden; violettrosa, zartrosa, purpurrot bis weiß, auch die Kronblätter werden von den farbigen Kelchblättern verdeckt, im Unterschied zu *Erica.*

Standort: Sonnig bis halbschattig auf trockenen, sandigen, sauren bis neutralen Böden.

Pflege: Nach der Blüte zurückschneiden.

Vermehrung: Triebstecklinge im Mai/Juni.

Sorten: Ständige Züchtungsarbeit verändert das Sortiment laufend. Hier einige empfehlenswerte Sorten:

- 'Amethyst', 0,2–0,3 m hoch, 0,3 m breit, violettrosa, halbgefüllt.
- 'Darkness', 0,3–0,5 m hoch, 0,3–0,4 m breit, purpurrot, halbgefüllt.
- 'Gold Haze', 0,3–0,4 m hoch, 0,2–0,3 m breit, gelbes Blatt, weiße Blüte.

Bemerkungen: Es gibt mittlerweile so viele Sorten, dass man vom Hochsommer bis zum Spätherbst ununterbrochen blühende Besenheide im Garten haben kann.

Bartblume

Caryopteris × clandonensis

Caryopteris × clandonensis

○ ⬆0,6–1 m ⬌0,6–1 m ✿8–10

Wuchs: Kleiner, vieltriebiger, buschig aufrechter Halbstrauch mit am Grund verholzenden Trieben.

Blätter: Sommergrün, gegenständig, länglich-lanzettlich, graugrün, aromatisch duftend.

Blüten: Dunkelblau, in achsel- und endständigen Büscheln an den einjährigen Trieben.

Standort: Sonnige, geschützte Plätze, etwa vor Mauern, auf gut durchlässigem, auch kalkhaltigem Gartenboden.

Pflege: Rückschnitt im Frühjahr direkt über dem Boden fördert die Bildung von Blüten, denn diese sitzen am einjährigen Holz. Winterschutz für junge Pflanzen mit Laub oder Tannenreisig.

Vermehrung: Stecklinge.

Sorten:

- 'Arthur Simmonds', dunkelblau.
- 'Heavenly Blue', dunkelblau.
- 'Kew Blue', tiefblau, dunkler als 'Heavenly Blue'.

Bemerkungen: Hummelpflanze. Wertvoller Spätsommerblüher, passt gut zu Rosen, *Buddleja* und Fingerstrauch *(Potentilla)* sowie zu graulaubigen Stauden wie Wollziest *(Stachys byzantina* 'Cotton Ball'), Salbei *(Salvia nemorosa)* und Lavendel *(Lavandula angustifolia)*.

Trompetenbaum

Catalpa bignonioides

Catalpa bignonioides 'Aurea'

○-◑ ⬆4–15 m ⬌4–10 m ✿6–7 9–3

Wuchs: Schnellwüchsiger, mittelgroßer Baum mit breiter, rundlicher Krone.

Blätter: Sommergrün, gegenständig oder in 3er-Quirlen, herzförmig, sehr groß, 10–20 cm lang, frischgrün, im Herbst hellgelb.

Blüten: Glockenförmig, in vielblütigen, aufrechten Rispen. Weiß, innen mit zwei gelben Streifen und purpurnen Flecken.

Früchte: Schotenähnlich, bis zu 35 cm lang und 6–8 mm dick.

Standort: Sonnig bis halbschattig, windgeschützt, auf frischen, nahrhaften Böden.

Pflege: Anspruchslos.

Vermehrung: Aussaat, Stecklinge im Frühjahr, Sorten durch Veredelung.

Sorten:

- 'Aurea', 8–10 m hoch und 5–8 m breit, Blätter beim Austrieb goldgelb, später gelbgrün.
- 'Nana' (= 'Globosa'), 4–7 m hoch, 4–7 m breit, rundkroniger Kleinbaum, ideal für formale Gärten und als Hausbaum in kleinen Gärten.

Bemerkungen: Veredelte Bäume blühen früher.

Säckelblume

Ceanothus × delilianus und C. Hybriden

Ceanothus-Hybride

○ ⬆0,6–1,5 m ⬌1–2 m ✿7–10

Wuchs: Kleiner, lockerer, aufrecht wachsender Strauch.

Blätter: Sommergrün, wechselständig, elliptisch bis ei-lanzettlich, 4–8 cm lang, dunkelgrün.

Blüten: Violett bis puderblau, in lockeren, verzweigten, rundlichen Rispen.

Standort: Vollsonnige, warme und geschützte Plätze auf leichtem, kalkhaltigem Boden mit gutem Wasserabzug. Vor geschützten Hauswänden, Gartenmauern oder im Pflanzkübel.

Pflege: Rückschnitt im Frühjahr, da die Pflanze am einjährigen Holz blüht. In raueren Lagen Winterschutz geben.

Vermehrung: Aussaat, Stecklinge.

Sorten:

- 'Concha', tiefblau.
- 'Gloire de Versailles', violett bis puderblau.
- 'Henri Désfossé', dunkelblau, große Rispen.
- 'Topaze', dunkel-puderblau.

Bemerkungen: Es gibt keine Alternative zu diesem Blau im Hochsommer – deshalb Nachsicht wegen der bisweilen mangelhaften Frosthärte.

Weitere Art:

- *C. × pallidus*, 'Marie Simon', rosa, winterhart, 1,5 m breit und hoch, 7–9.

Judasbaum
Cercis siliquastrum

Cercis siliquastrum

○-◑ ⬆4-6 m ⬌3,5-6 m ✿4 8

Wuchs: Schwach wachsender Strauch oder kleiner Baum mit sparrig verzweigten Ästen.

Blätter: Sommergrün, wechselständig, rundlich herzförmig oder nierenförmig, Blaugrün.

Blüten: Rosa Schmetterlingsblüten, in Büscheln vor dem Laubaustrieb, erscheinen direkt am mehrjährigen Holz oder am Stamm. Essbar, schmecken süß-säuerlich.

Früchte: 10–12 cm lange, flache, braune Hülsen, die auch im Winter am Strauch bleiben.

Standort: Sonnig, geschützt und warm, auf sandigen, gut durchlässigen Böden, kalkliebend.

Pflege: In der Jugend frostempfindlich, deshalb abdecken.

Vermehrung: Aussaat, Steckhölzer.

Bemerkungen: Die »Stammblütigkeit« nennen Fachleute Kauliflorie. Bei uns ist dies sehr selten, häufig jedoch in den Tropen, z. B. bei der Papaya oder beim Kakaobaum.

Chinesische Zierquitte, Chinesische Scheinquitte
Chaenomeles speciosa

Chaenomeles × superba 'Crimson and Gold'

○-◑ ⬆1-3 m ⬌1,5-3 m ✿3-4 9-10

Wuchs: Mittelhoher Strauch mit dornigen, dicht verzweigten Ästen, im Alter breit ausladend.

Blätter: Sommergrün, schmal eiförmig, scharf gesägt, dunkelgrün, glänzend.

Blüten: Schalenförmig, 3–5 cm breit, rosa bis dunkelrot oder weiß.

Früchte: Apfelartig, klein, gelblichgrün, oft gerötet, essbar.

Standort: Sonnig bis halbschattig, auf jedem Gartenboden.

Pflege: Rück- und Formschnitt wie erwünscht. Alle 5 Jahre auslichten

Vermehrung: Stecklinge.

Sorten:
- 'Brilliant', dunkelrosa.
- 'Nivalis', reinweiß, stark duftende Früchte.
- 'Rubra', reinrot, Früchte stark duftend.
- 'Simonii', dunkelrot, niedrig.

Weitere Art:
- *C. × superba*, ähnlich, aber 1,2–1,5 m hoch und breit, Blüten leuchtend dunkelrot bis zartrosa oder weiß, 4–5; Andenken an 'Karl Ramcke', zinnoberrot; 'Crimson and Gold', feuerrot; 'Fire Dance', signalrot; 'Pink Lady, dunkelrosa.

Weißer Hartriegel, Tartarischer Hartriegel
Cornus alba

Cornus alba 'Sibirica'

○-◑ ⬆3-4 m ⬌3-4 m ✿5 9-10

Wuchs: Mittelhoher bis hoher Strauch, aufrecht, im Alter Seitenzweige niederliegend und bewurzelnd. Flachwurzler.

Blätter: Sommergrün, elliptisch, 4–8 cm lang, grün, im Herbst gelb.

Blüten: Sternförmig, gelblichweiß, in 3–5 cm großen Trugdolden.

Früchte: Weißliche bis hellblaue, runde, erbsengroße Steinfrüchte.

Standort: Sonnig bis halbschattig, auf jedem Gartenboden.

Pflege: Durch scharfen Rückschnitt wird ein Neuaustrieb der intensiv gefärbten Jungtriebe gefördert.

Vermehrung: Absenker.

Sorten:
- 'Kesselringii', schwarzbraune Rinde, 3–4 m, dunkelbraune, später bläulichgrüne Blätter.
- 'Sibirica', korallenrote Rinde an Jungtrieben, 3 m, zierend.
- 'Spaethii', Gelbbunter Hartriegel, 3 m, dunkelrote Rinde, mattrote Blätter mit maisgelbem Rand.

Bemerkungen: Im Winter sehr attraktiv wegen der farbigen Rinde.

Etagen-Hartriegel, Pagoden-Hartriegel
Cornus controversa

Cornus controversa

○-◑ ↑5-8 m ↔4-6 m ✿6 ●8

Wuchs: Hoher Strauch mit auffallend waagerecht, etagenförmig angeordneten Ästen. Flachwurzler.

Blätter: Sommergrün, eiförmig bis breit elliptisch, kurz zugespitzt, 7–16 cm lang, runzelig und derb, im Herbst purpurrot.

Blüten: Klein, weiß, sternförmig, in bis zu 15 cm breiten Schirmrispen (ähnlich dem Holunder).

Früchte: Blauschwarze Steinfrüchte, 6 mm groß.

Standort: Sonnig bis halbschattig, geschützt, auf saurem bis neutralem, durchlässigem, nahrhaftem Boden. Gern mit beschattetem Wurzelbereich.

Pflege: Anspruchslos. Schnitt nur im Herbst oder im Sommer. Bei Trockenheit wässern.

Vermehrung: Aussaat oder Absenker.

Sorten:

- 'Variegata', grün-gelblichweiße Blätter beim Austrieb, später weiß gerandet. Auffallende gelbe Herbstfärbung. Braucht sauren bis neutralen, frischen bis feuchten Boden.

Bemerkungen: Sehr dekoratives, relativ klein bleibendes Solitärgehölz.

Kornelkirsche, Herlitze, Dirlitze
Cornus mas

Cornus mas

○-◑ ↑4-7 m ↔4-6 m ✿3-4 ●9-10

Wuchs: Stark und sparrig wachsender Großstrauch mit kräftigen Grundtrieben und stark verzweigten Seitenästen.

Blätter: Sommergrün, eiförmig bis elliptisch, 4–10 cm lang, Rand oft wellig, glänzend grün, im Herbst rötlich.

Blüten: Sehr klein, sternförmig, gelb, in kleinen, kugeligen Dolden. Erscheinen als einer der ersten Frühlingsblüher vor dem Laubaustrieb.

Früchte: Glänzend rote, ovale bis eiförmige, 2 cm große Steinfrüchte. Essbar, säuerlich, köstliches Wildobst!

Standort: Sonnig bis halbschattig, liebt warme Plätze auf allen Böden.

Pflege: Keine Pflege nötig. Wenn als Hecke gezogen, regelmäßiger Rückschnitt nach der Blüte – dann setzen im Herbst Blütenknospen an, die im nächsten Jahr blühen.

Vermehrung: Bewurzelte Ableger oder Aussaat.

Sorten:

- 'Kasanlaker', starkwüchsig, bis zu 3 cm lange Früchte.

Bemerkungen: Heimische Art, sehr gut für geschnittene, 2–4 m hohe Hecken geeignet (25 cm Jahreszuwachs).

Nuttalls Blumen-Hartriegel
Cornus nuttallii

Cornus nuttallii

○-◑ ↑3-6 m ↔2-5 m ✿5 ●10

Cornus kousa var. *chinensis*

Wuchs: Hoher, breit aufrechter Strauch.

Blätter: Sommergrün, elliptisch-eiförmig bis verkehrt eiförmig, kurz zugespitzt, 6–12 cm lang, 3–7 cm breit. Im Herbst leuchtend gelb bis orangerot.

Blüten: Klein, in halbkugeligen, grünlich-purpurnen Köpfchen, umgeben von 4–8 großen, spitzen, cremeweißen, später weißen Hochblättern. Durchmesser der »Blüte« 10 cm.

Früchte: 4 cm große, rote oder orange, beerenartige Köpfchen.

Standort: Sonnig bis halbschattig, geschützt, auf frischen bis feuchten, humosen, durchlässigen Böden.

Pflege: Vor Spätfrösten schützen.

Vermehrung: Bewurzelte Absenker.

Weitere Art:

- Chinesischer Blumen-Hartriegel *(C. kousa* var. *chinensis)*, 5–7 m hoch, 4–8 m breit, Hochblätter rundlich-oval, reinweiß, himbeerartige Früchte.

Scheinhasel
Corylopsis pauciflora

Corylopsis pauciflora

○-◑ ↑1-1,5 m ↔ 1-1,5 m ✿3-4

Wuchs: Kleiner, breitbuschiger, feintriebiger Strauch mit leicht überhängenden Triebspitzen.

Blätter: Sommergrün, herz-eiförmig, 3–7 cm lang. Im Austrieb rötlichbraun, hellgrün, unterseits bläulichgrün, im Herbst gelb.

Blüten: Klein, hellgelb, glockig, zu 2–3 in kurzen, hängenden Ähren, vor dem Laubaustrieb. Leichter Primelduft.

Standort: Sonnig bis halbschattig, je sonniger, desto feuchter. Auf frischen, nährstoffreichen, humosen Böden, sauer bis schwach alkalisch.

Pflege: Gegen kalte Nord- und Ostwinde schützen! Treibt schlecht aus, daher möglichst nicht stutzen!

Vermehrung: Aussaat und Steckhölzer.

Bemerkungen:
Zarter Frühlingsbote, passt gut an die Ecken von Staudenbeeten, zusammen mit Tulpen, Narzissen oder Schneestolz *(Chionodoxa)*.

Weitere Art:
- Hohe Scheinhasel *(C. spicata)*, 1,5–2 m; gelbe Glöckchen, vor Spätfrost schützen, 4–5. Nicht schneiden.

Haselnuss
Corylus avellana

Corylus avellana

○-◑ ↑5-7 m ↔ 5-7 m ✿2-4 ⚲ 9-10

Wuchs: Aufrechter, vielstämmiger Großstrauch, schirmartige Äste.

Blätter: Sommergrün, wechselständig, rundlich bis breit eiförmig, 6–10 cm lang, doppelt gesägt, leicht gelappt. Frischgrün, Herbstfärbung gelb.

Blüten: Männliche Kätzchen gelb, lange vor dem Laubaustrieb erscheinend. Weibliche Blüten bis auf leuchtend rote, fädige Narben in den Knospen verborgen, kaum zu sehen. Einhäusig (beide Geschlechter an einer Pflanze).

Früchte: Nüsse, jeweils zu 1 bis 4 in geschlitztblättrigen Becherhüllen.

Standort: Sonnige bis halbschattige Plätze auf allen, auch armen, rohen Böden (Neubaugebiete).

Pflege: Keine. Wenn zu groß, einzelne Triebe dicht über dem Boden abschneiden. Treibt wieder durch, großes Ausschlagvermögen.

Vermehrung: Aussaat oder Absenker.

Sorten:
- 'Contorta', Korkenzieherhasel, 5–6 m hoch und breit, langsam wachsend, Zweige korkenzieherartig gedreht und gewunden, sehr zierend.

Perückenstrauch
Cotinus coggygria

Cotinus coggygria

○ ↑3-5 m ↔ 2-4 m ✿6-7 ⚲ 8-12

Wuchs: Strauch mit breit ausladendem, sparrigem Wuchs. Hellbraune oder rötliche Rinde mit vielen kleinen Höckern (Korkwarzen).

Blätter: Sommergrün, verkehrt eiförmig bis elliptisch, 3–8 cm lang, sehr dünn. Spät austreibend. Frischgrün, Herbstfärbung mildgrün über leuchtend gelborange.

Blüten: Winzig, gelblich-grün, in 15 bis 20 cm langen, endständigen, fedrigen Rispen.

Früchte: Auffallend perückenartig, mit seidig-fedrigen, behaarten Stielen.

Standort: Sonnig, auf allen normalen Gartenböden, auch nährstoffarmen und trockenen.

Pflege: Bei Verwendung in Rabatten jährlich im Frühjahr bodennah zurückschneiden; dies fördert den Austrieb von geraden, schön gefärbten Trieben.

Vermehrung: Weichholzstecklinge im Frühsommer oder Aussaat im Herbst.

Sorten:
- 'Royal Purple', 3 m hoch und breit, gelblichrote Blüten, Früchte auffallend silbrig-rötlich, perückenartig. Blätter beständig rötlich!

Bemerkungen: Regelmäßiger Rückschnitt ist zu empfehlen, da der Strauch sonst zu groß und ausladend wird.

Teppich-Zwergmispel, Kriechmispel

Cotoneaster dammeri

Cotoneaster dammeri

○-◑ ↑0,1–0,8 m ↔ 0,5–1,5 m ✿ 5–6 ♂ 9

Wuchs: Kriechender Strauch, idealer Flächendecker.

Blätter: Immergrün, länglich-elliptisch.

Blüten: Weiß oder rot, klein, schalenförmig.

Früchte: Leuchtend rote Beeren.

Standort: Sonnig bis halbschattig, auf jedem Gartenboden.

Pflege: Keine.

Vermehrung: Absenker.

Sorten:

- 'Cardinal', blüht rot, 0,2–0,3 m, rote Früchte.
- 'Coral Beauty', Fruchtende Kriechmispel, 0,4–0,8 m, immergrün, weiße Blüten, leuchtend rote Früchte, Flächendecker.
- 'Jürgl', 0,3–0,5 m, schwach wachsend, weiß.
- 'Major', starkwüchsig, 0,1–0,2 m, weiß-rote Blüten.
- 'Skogholm', Immergrüne Böschungsmispel, 0,5–0,7 m, stark wachsend, Blüten weiß.

Weitere Arten:

- Immergrüne Kriechmispel *(C. salicifolius)*, 'Herbstfeuer', 0,3–0,4 m, weiß, 5–6, rote Früchte, Flächendecker; 'Parkteppich', 0,5–0,7 m, weiß, 5–6.
- Kissenmispel *(C. microphyllus* var. *cochleatus)*, 0,3–0,5 m, immergrün, Blüte weiß, 5, Früchte rot, sehr flach wachsend.

Fächer-Zwergmispel

Cotoneaster horizontalis

Cotoneaster horizontalis

○-◑ ↑0,3–1 m ↔ 0,6–2 m ✿ 6 ♂ 9

Wuchs: Kleiner Strauch mit sparrig wachsenden, flach ausgebreiteten, später bogig aufstrebenden Zweigen, fischgrätenartig verzweigt.

Blätter: Sommergrün, kreisrund, ledrig. Herbstlaub scharlachrot, sehr lange am Strauch haftend.

Blüten: Klein, weiß oder rötlich, schalenförmig, zu 1 bis 2 an den vorjährigen Trieben.

Früchte: Leuchtend rote, rundliche, erbsengroße Beeren.

Standort: Sonnig bis halbschattig, auf allen Gartenböden.

Pflege: Keine.

Vermehrung: Absenker.

Sorten:

- 'Saxatilis', nur 0,3 m hoch, 0,6 m breit, rötlich-weiße Blüte, 6, Früchte hellrot.

Bemerkung: Idealer Flächendecker für Plätze, die schlecht und nur mit Mühe zu pflegen sind. Rückschnitt problemlos. Verdrängt Nachbarpflanzen.

Weitere Arten:

- Sparrige Zwergmispel *(C. divaricatus)*, 2–3 m hoch, 3 m breit, sommergrüne Blätter, weiße Blüten, 6, rote Früchte.
- Weidenblättrige Felsenmispel *(C. salicifolius* var. *floccosus)*, 3–5 m hoch und breit, Blätter immergrün, dunkelgrün, Blüten weiß, stark duftend, 6, Früchte orangerot.

Zweigriffeliger Weißdorn

Crataegus laevigata

Crataegus laevigata 'Paul's Scarlet'

○-◑ ↑2–6 m ↔ 2–6 m ✿ 5–6 ♂ 9

Wuchs: Aufrechter, sparrig verzweigter Strauch, dichtästig.

Blätter: Sommergrün, verkehrt eiförmig, 3- bis 5-lappig, gekerbt, ledrig, glänzend dunkelgrün. Herbstfärbung gelb bis gelborange.

Blüten: Weiß, in endständigen Schirmrispen.

Früchte: Scharlachrote, glänzende Beeren, eiförmig, mehlig-fleischig, essbar.

Standort: Sonnig bis halbschattig, auf allen Böden; toleriert auch nährstoffarme und leichte Böden. Extrem frosthart und windfest.

Pflege: Keine. Gut schnittverträglich.

Vermehrung: Aussaat (Kaltkeimer!) oder Veredelung (Pfropfung).

Sorten:

- 'Plena', weiße, gefüllte Blüten.
- 'Paul's Scarlet', Echter Rotdorn (fälschlich in Baumschulen auch als *C. monogyna* 'Kermesina Plena' geführt), leuchtend karminrote Blüten, rundliche Krone.

Bemerkungen: Schöner Hausbaum und gute Heckenpflanze für bis zu 4 m hohe Hecken. Eingriffeliger Weißdorn *(C. monogyna)* siehe Seite 211.

Besenginster, Geißklee

Cytisus-Scoparius-Hybriden

Cytisus × praecox 'Allgold'

○-◑ 1–1,5 m ↔ 1,5–2 m ✿ 5–6 8

Wuchs: Vieltriebiger, besenartiger, aufrechter Strauch.

Blätter: Sommergrün, wechselständig, lanzettlich, jeweils zu dreien, dunkelgrün.

Blüten: Schmetterlingsblüten in Gelb, Rosa, Rot oder mehrfarbig.

Früchte: Schwarze, flache Hülsen. Schwach giftig, Ameisenverbreitung.

Standort: Sonnig bis halbschattig, auf sandig-humosen, sauren Böden.

Pflege: Rückschnitt nach der Blüte fördert Blütenfülle und -größe. Bei lang anhaltender Trockenheit wässern.

Vermehrung: Aussaat und Ableger.

Sorten:

Es gibt unüberschaubar viele Selektionen und Kreuzungen z. B.

- 'Firefly', butterblumengelb/kardinalrot mit schmalem Saum.

Weitere Art:

- Elfenbeinginster *(C. × praecox)* 'Allgold', goldgelb, 1,5 m, industriefeste Sorte. Rückschnitt nach der Blüte fördert Blütenfülle und -größe; 'Hollandia', rubinrot-gelb, 1,5–2 m, stark wachsend.

Deutzie, Maiblumenstrauch

Deutzia-Hybriden

Deutzia × rosea

○-◑ 1,5–2 m ↔ 1–1,5 m ✿ 6

Wuchs: Mittelhohe, straff aufrechte Sträucher, Zweige bogig aufstrebend.

Blätter: Sommergrün, gegenständig, breit elliptisch bis lanzettlich.

Blüten: Sternförmig mit auffälligen, gelben Staubgefäßen, weiß, weißrosa oder zartrosa, auch gefüllt.

Standort: Sonnig bis halbschattig, auf normalen Gartenböden.

Pflege: Keine.

Vermehrung: Aussaat oder Stecklinge im späten Frühjahr.

Sorten:

- 'Mont Rose', rosa, 1,5 m hoch und breit.
- 'Perle Rose', rosa, 1,5–2 m hoch, 1,5 m breit.
- 'Pink Pom-Pom' (= 'Pink Pompon'), rosa, dicht gefüllt, in Büscheln.

Weitere Arten:

- *D. × lemoinei* 'Boule de Neige', 1,5 m hoch und breit, rahmweiße Blüten, auffallend gelbe Staubblätter, 6.
- *D. × rosea,* kompakte, kleine Büsche, 0,8–1,5 m hoch und 1–1,5 m breit, Blüten weiß bis rosa, in kleinen Büscheln, 5–6.
- *D. scabra* 'Candidissima', bis 3 m hoch, 1,5 m breit, reinweiß, in bis zu 12 cm langen Rispen, 6–7; 'Plena', bis 4 m hoch, 2 m breit, weiß, gefüllt, 6–7.

Schneeheide

Erica carnea (Syn.: *E. herbacea)*

Erica carnea 'Winter Beauty'

○-◑ 0,15–0,35 m ↔ 0,3–0,5 m ✿ 10

Wuchs: Kriechend, dichte Teppiche bildend, mit niederliegend-aufstrebenden Trieben.

Blätter: Immergrün, nadelförmig, in 4er-Quirlen angeordnet, dunkelgrün, glänzend.

Blüten: Klein, röhrig-glockig, rosa, rot oder weiß, in endständigen, 3–10 cm langen Trauben. Blüten werden im Sommer angelegt, überwintern ohne Knospenschutz, deshalb oft schon im Winter Farbe zu sehen.

Standort: Sonnenliebend, doch auch im Halbschatten gedeihend, auf allen sandigen, humosen Gartenböden mit gutem Wasserabzug.

Pflege: Rückschnitt im Frühjahr nach der Blüte fördert die Verzweigung.

Vermehrung: Steckling im Juni.

Sorten:

- 'Myretoun Ruby', 0,3 m hoch, breitbuschig, lilarot, 2–5.
- 'Snow Queen', weiß, 15 cm, 1–5.
- 'Winter Beauty', lilarosa bis hellrosa, 0,3 m, 10–4, sehr früh blühend.

Weitere Arten:

- Grauheide *(E. cinerea),* blüht 6–7 in Rosa-, Lila- und Weißtönen.
- *E. × darleyensis,* blüht 11–5, aber weniger winterhart; z. B. 'Arthur Johnson', violettrosa; 'White Perfection', weiß bis cremeweiß.

Goldglöckchen, Forsythie

Forsythia × intermedia

Forsythia × intermedia 'Karl Sax'

○-◑ ⬆2-4 m ⬌2-3 m ✿3-5

Wuchs: Mittelhoher Strauch mit aufrechten Trieben.

Blätter: Sommergrün, gegenständig, lanzettlich, 10–15 cm lang, grob gezähnt.

Blüten: Leuchtend hell- oder goldgelbe, hängende Glöckchen, bis 3,5 cm breit, einzeln oder in Büscheln. Erscheinen vor dem Laubaustrieb.

Standort: Sonnig bis halbschattig, warm, auf jedem nicht zu trockenen Gartenboden.

Pflege: Alle 3–4 Jahre die überalterten Triebe nach der Blüte dicht über dem Boden abschneiden.

Vermehrung: Steckhölzer.

Sorten:

- 'Karl Sax', 3 m hoch und breit, hellgelb, groß- und reichblütig.
- 'Lynwood', 2–3 m hoch und breit, knallgelb, dicht gedrängt.
- 'Spectabilis', 3 m hoch und breit, dunkelgelbe Blüten, dicht gedrängt an langen Trieben.
- 'Spring Glory', 3–4 m hoch, 3 m breit, hellgelb, großblütig.

Bemerkungen: Ein Gartenfrühling ohne die goldenen Forsythienblüten ist undenkbar. Auch als Formhecke möglich, dann Rückschnitt nach der Blüte. Auch dann blüht die Forsythie, da die Knospen an den jungen Trieben gebildet werden. Schöner Vasenschmuck!

Chinesische Zaubernuss

Hamamelis mollis

Hamamelis mollis 'Brevipetala'

○-◑ ⬆3-5 m ⬌3-5 m ✿1-2 🍂3-4

Wuchs: Hoher, langsam wachsender Strauch mit breit trichterförmigen Hauptästen.

Hamamellis × intermedia (Herbstfärbung)

Blätter: Sommergrün, eiförmig, im Herbst kräftig rotgelb.

Blüten: Mit jeweils 4 fädigen, gelben Kronblättern, in Büscheln, schwach duftend, bei Frostgraden zusammengerollt. Erscheinen vor den Blättern.

Früchte: Zweiklappige, verholzende Kapseln.

Standort: Sonnig bis halbschattig auf nahrhaften, schwach sauren Gartenböden.

Pflege: Anfangs vor Frost schützen.

Vermehrung: Pfropfen, Okulieren oder Achselstecklinge.

Sorten:

- 'Brevipetala', kräftig dunkelgelb.

Weitere Art:

- *H. × intermedia* (Kreuzung von *H. japonica × H. mollis)*, Blüte 12–1; 'Arnold Promise', primelgelb; 'Ruby Glow', braunviolett bis weinrot. 'Westerstede', hellgelb;

Roseneibisch, Garteneibisch

Hibiscus syriacus

Hibiscus syriacus

○-◑ ⬆1,5-2 m ⬌1-1,5 m ✿6-9 🍂9-10

Wuchs: Straff aufrechter, steifer, mittelhoher Strauch, langsam wachsend.

Blätter: Sommergrün, eiförmig, dreilappig, mittelgrün, spät austreibend.

Blüten: Groß, malvenähnlich, rot, rosa, violett, weiß, auch gefüllt.

Früchte: Braune, fünfklappige Kapseln.

Standort: Sonnig bis leicht schattig, auf nährstoffreichen, frischen bis mäßig trockenen Böden.

Pflege: Junge Pflanzen mit Laub und Reisig im Wurzelbereich schützen. In strengen Wintern frieren die Triebe zurück, treiben aber wieder durch und setzen am Neuaustrieb Blüten an. Bei längerer Trockenheit wässern.

Vermehrung: Stecklinge, Steckhölzer.

Sorten:

- 'Hamabo', rosa, eine der besten Sorten.
- 'Red Heart', weiß mit dunkelroter Mitte, großblütig.
- 'Rubis', rubinrot, kleinblumig, frosthart und regenfest.

Bemerkungen: Wertvolle Bienen- und Hummelweide.

Sanddorn
Hippophae rhamnoides

Hippophae rhamnoides 'Leikora'

○ ⬆3–6 m ⬌2–3 m ✿3–4 8–10

Wuchs: Oftmals sparrig und unregelmäßig wachsender Großstrauch, bildet dornige Kurztriebe und Ausläufer.

Blätter: Sommergrün, weidenähnlich, lineal-lanzettlich, 1–6,5 cm lang und 7–8 mm breit, silbrig-grau, lange haftend, keine Herbstfärbung.

Blüten: Unscheinbar grünlichbraun, erscheinen vor dem Blattaustrieb; getrenntgeschlechtig, es gibt also weibliche und männliche Pflanzen.

Früchte: Orangefarbene, eiförmige, fleischige, sehr saftige Beeren. Essbar, hoher Gehalt an Vitamin C, A und E.

Standort: Volle Sonne, im Schatten kümmert der Strauch. Auf gut drainierten, sandig-kiesigen bevorzugt kalkhaltigen Böden. Wind- und hitzefest.

Pflege: Keine. Den Boden offen lassen, nicht mulchen. Bei Bedarf Ausläufer abstechen.

Vermehrung: Abstechen von Ausläufern und Steckholz.

Sorten:
- 'Hergo', weibliche Pflanze mit mittelgroßen Früchten, bedornte Rinde.
- 'Leikora', große, walzenförmige Früchte, reich tragend, spät reifend.

Bemerkungen: 42 heimische Vogelarten lieben Sanddornfrüchte – daher ökologisch sehr wertvoll.

Ballhortensie
Hydrangea arborescens 'Annabelle'

Hydrangea arborescens 'Annabelle'

○-◑-● ⬆1–1,5 m ⬌1–2 m ✿6–9

Wuchs: Kleiner bis mittelhoher Strauch, aufrecht breitbuschig, mit vielen Grundtrieben.

Blätter: Sommergrün, eiförmig bis elliptisch, 8–15 cm lang, hellgrün.

Blüten: Sehr große, kugelige Schirmrispen mit 15–25 cm Durchmesser aus dicht gedrängt sitzenden Einzelblüten. Zunächst grünlich, später rahmweiß.

Standort: Sonnig, halbschattig oder schattig, auf nährstoffreichen, humosen, frischen bis feuchten Böden.

Pflege: 'Annabelle' blüht am einjährigen Holz, deshalb: Rückschnitt im Frühjahr direkt über dem Boden.

Vermehrung: Stecklinge, Steckhölzer.

Sorten:
- *H. a.* 'Grandiflora', Schneeball-Hortensie, 1,5–2 m, bis zu 20 cm große, cremeweiße Blütenbälle, 7–9. Niederliegende Triebe, bildet mit den Jahren eine dichte Hecke.

Bemerkungen: Wunderschöne weiße Blütenwolken – ein unvergleichlicher Blütenstrauch.

Bauernhortensie, Gartenhortensie
Hydrangea macrophylla

Hydrangea macrophylla

○-◑ ⬆1,2–1,5 m ⬌1,2–1,5 m ✿6–10

Wuchs: Aufrecht breitbuschig.

Blätter: Sommergrün, gegenständig, eiförmig, 11–17 cm lang, am Rand gesägt.

Hydrangea macrophylla 'Snow'

Blüten: Flachkugelige, große Rispen aus zahlreichen kleinen Einzelblüten. Rosa, rot, weiß, auch blau oder violett.

Standort: Sonnig bis halbschattig, geschützt, auf nahrhaften, tiefgründigen, frischen bis feuchten Gartenböden.

Pflege: Rückschnitt der erfrorenen Spitzen nach den Spätfrösten bis zum nächsten kräftigen Knospenpaar.

Vermehrung: Absenker, Stecklinge.

Sorten:
- 'Bouquet Rose', 1–1,3 m hoch und breit, rosalila bis hell türkisblau.
- 'Generale Vicomtesse de Vibraye', 1,2 m, auf sauren Böden reinblau.
- 'Snow', weiß, schirmförmig, 1,5 m.

Bemerkungen: Saurer Boden (pH 4,5) und Aluminium (mit Alaun düngen!) für die Blaufärbung der Sorten nötig.

Rispenhortensie

Hydrangea paniculata

Hydrangea paniculata 'Kyushu' (links) und 'Tardiva' (rechts)

○-◑ ⬆2-3 m ⬌2-3 m ✿7-9

Wuchs: Mittelhoher Strauch, aufrecht, stark gabelig, mit brüchigen Trieben und sich ablösender Rinde.

Blätter: Sommergrün, gegenständig, eiförmig, mattgrün.

Blüten: Breit kegelförmige, endständige, 20–30 cm lange Rispen aus zahlreichen Einzelblüten, am Rand steil und vergrößert, weiß, im Verblühen rosa.

Standort: Sonnig bis halbschattig, auf sandig-humosen Böden, sauer bis neutral.

Pflege: Frosthärteste aller Hortensien. Lichthungrig, verträgt keinen Konkurrenzdruck durch Baumwurzeln. Rückschnitt der Triebe um zwei Drittel im Frühjahr fördert den Blütenansatz. Soll der Strauch groß werden, auf Schnitt verzichten!

Vermehrung: Absenker.

Sorten:

- 'Grandiflora', weiß, 20–30 cm lange Rispen.
- 'Kyushu', kegelförmige, sehr große Rispen, cremeweiß, 20–35 cm lang.
- 'Tardiva', weiß, bis 20 cm lange Rispen.

Weitere Art:

- *H. serrata* 'Acuminata', 1–1,5 m hoch und breit, flache Schirmrispen, weißlich-rosa, 7–8; 'Bluebird', 1–1,5 m hoch und breit, flache Schirmrispen, 10 cm breit, rotlila bis purpur, 7–10; 'Preziosa', dunkelrosa bis weinrot, 8-10.

Johanniskraut

Hypericum-Hybride 'Hidcote' (Syn.: *H. patulum)*

Hypericum-Hybride 'Hidcote'

○-◑ ⬆0,8–1,5 m ⬌0,8–1,5 m ✿7–10 8–11

Wuchs: Kleiner Strauch mit aufrechten Grundtrieben, Triebenden leicht überhängend.

Blätter: Wintergrün, gegenständig, länglich eiförmig, 4–5 cm lang, dunkelgrün.

Blüten: Goldgelbe, 5–7 cm breite Schalenblüten mit auffällig weit hervorragenden Staubgefäßen.

Früchte: Leuchtend rote, länglich-ovale Kapseln.

Standort: Sonnig bis halbschattig auf normalen, mäßig trockenen bis frischen Gartenböden.

Pflege: Im Frühjahr kräftig zurückschneiden.

Vermehrung: Absenker, Stecklinge.

Bemerkungen: Ausreichend frostharter, herrlicher Dauerblüher für das zweite Halbjahr. Ideal für die gemischte Rabatte. Wertvolle Insektenfutterpflanze.

Weitere Art:

- Mannsblut *(H. androsaemum)*, 0,8–1 m, goldgelbe Blüten, 6–8, kugelige, rote Früchte. Schön zusammen mit Fingerstrauch *(Potentilla)*, Spireen *(Spiraea*-Bumalda-Hybriden) und Stauden.

Gewöhnliche Stechpalme, Hülse

Ilex aquifolium

Ilex aquifolium 'Alaska'

◑-● ⬆3-8 m ⬌3-5 m ✿5–6 9–2

Wuchs: Spitz kegelförmiger Strauch oder kleiner Baum mit breit eiförmiger Krone, Äste im unteren Bereich hängend. Langsam wachsend.

Blätter: Immergrün, eiförmig bis lanzettlich, derb-ledrig, am Rand wellig, dornig gezähnt, glänzend, dunkelgrün.

Blüten: Klein, weiß, krugförmig, weibliche (mit Narbe) und männliche Blüten (mit Staubblättern) auf getrennten Pflanzen.

Früchte: Rot leuchtende, lange haftende Steinfrüchte, giftig!

Standort: Halbschattig bis schattig, luftfeuchte Plätze auf normalen oder mageren, mäßig trockenen bis feuchten Böden.

Pflege: Anspruchslos.

Vermehrung: Absenker, Stecklinge.

Sorten:

- 'Alaska', 5–8 m hoch, zierlichere Blätter als die Art.
- 'J. C. van Tol', breit aufrecht, 6–8 m hoch, Blätter kaum bedornt, sehr reich fruchtend.

Bemerkungen: Auch als Schnitthecke geeignet (Höhe: bis 2,5 m).

Gewöhnlicher Wacholder
Juniperus communis

Juniperus horizontalis 'Bar Harbor'

○ ⬆2–8 m ⬌0,6–3 m ✿3 1–12

Wuchs: Je nach Sorte säulenförmig oder niedrig und kriechend.

Blätter: Grüne bis bläuliche Nadeln.

Blüten: Unscheinbar.

Früchte: Kugelige bis eirunde Beerenzapfen, anfangs grün, später schwarzgrau. Mehrere Jahre am Strauch.

Standort: Sonnig, lichthungrig, auf mageren, durchlässigen, sandigen bis lehmigen Gartenböden.

Pflege: Bei Trockenheit wässern.

Vermehrung: Stecklinge.

Sorten:

- 'Barmstedt', 2 m hoch, 0,3 m breit, grün bis bläulichgrün.
- 'Compressa', Zwergform, 0,8–1 m hoch, 0,25 m breit, dunkelgrün.
- 'Hibernica', säulenförmig, 3–5 m hoch, 1–1,2 m breit, bläulichgrün.
- 'Hornibrookii', mattenförmig, 0,3 bis 0,5 m hoch, 2–3 m breit, Nadeln hellgrün mit silbernen Linien.
- 'Nana Aurea', flach wachsend, 0,5 m hoch, 2 m breit, goldgelb, im Winter bronzefarben.

Weitere Arten:

- Teppich-Wacholder *(J. horizontalis)*, flach wachsend, 0,3–0,5 m hoch, 2–3 m breit, in vielen Blautönen, z. B. 'Bar Harbor', blau bereift.
- Raketen-Wacholder *(J. scopulorum* 'Skyrocket', Syn.: *J. virginiana* 'Skyrocket'), schmal säulenförmig, 6–8 m hoch, 0,8 m breit, blaugrau.

Ranunkelstrauch
Kerria japonica

Kerria japonica 'Pleniflora'

○-◑-● ⬆1,5–2 m ⬌1,5–2 m ✿4–5 9

Wuchs: Buschig aufrecht, viele dünne, rutenförmige Grundtriebe, wenig verzweigt. Durch Ausläufer allmählich dichte Horste bildend.

Blätter: Sommergrün, ei-lanzettlich, bis 5 cm lang, frischgrün, im Herbst grünlich-gelb. Oft leichte Nachblüte im Herbst.

Blüten: Goldgelbe Schalenblüten, bis zu 3 cm breit.

Früchte: Einsamige Steinfrüchte.

Standort: Sonnig bis schattig, auf allen durchlässigen Gartenböden.

Pflege: Auslichtungsschnitt nach der Blüte, dabei die 3- bis 4-jährigen Triebe direkt über dem Boden abschneiden.

Vermehrung: Wurzelausläufer oder Teilung im Winter.

Sorten:

- 'Pleniflora', gefüllte, goldgelbe Blüten.

Bemerkungen: Robuster, verlässlicher Blütenstrauch für alle Lagen. Wächst auch sehr gut unter Bäumen im Schatten.

Kolkwitzie, Perlmuttstrauch
Kolkwitzia amabilis

Kolkwitzia amabilis 'Pink Cloud'

○-◑ ⬆2–3 m ⬌2–3 m ✿5–6 7–9

Wuchs: Aufrecht wachsender, dicht verzweigter Strauch, im Alter locker ausgebreitet mit elegant überhängenden Zweigen.

Blätter: Sommergrün, breit eiförmig, lang zugespitzt, stumpfgrün.

Blüten: Glockenförmig, bis 1,5 cm lang, rosaweiß in endständigen Doldentrauben, zart süßlicher Duft.

Früchte: Einsamige, dunkelgraue, borstige Kapseln.

Standort: Sonnig bis halbschattig auf jedem normalen Gartenboden.

Pflege: Auslichtungsschnitt und Sommerschnitt nach der Blüte.

Vermehrung: Stecklinge im Sommer.

Sorten:

- 'Pink Cloud', großblütiger als die Art.

Bemerkungen: Schön in einer frei wachsenden Blütenhecke, zusammen mit Pfeifenstrauch (*Philadelphus*-Hybriden), Deutzien (*Deutzia*-Hybriden) und vorab Stauden in Blautönen, z. B. Himmelsleiter *(Polemonium caeruleum)* und Himalaya-Storchschnabel *(Geranium himalayense)*.

Goldregen

Laburnum × watereri

Laburnum × watereri

○-◑ ⬆5-6 m ⬌3-4 m ✿5-6 ⚘9

Wuchs: Hoher Strauch oder mehrstämmiger Baum mit straff aufrechten Grundästen, trichterförmiger Wuchs.

Blätter: Sommergrün, wechselständig, dreiteilig, bis 10 cm lang. Dunkelgrün, unterseits auf den Nerven behaart. Fallen im Herbst früh ab.

Blüten: Goldgelbe Schmetterlingsblüten in bis zu 50 cm langen Trauben, duftend.

Früchte: Seidig behaarte Hülsen. Giftig!

Standort: Sonnig bis halbschattig, auf frischen Gartenböden. Sehr anpassungsfähig, sowohl auf sauren als auch auf Kalkböden.

Pflege: Anspruchslos. Lässt sich auch an Spalieren oder Klettergerüsten ziehen.

Vermehrung: Veredelung im Sommer.

Sorten:

- 'Vossii', derzeit die schönste Sorte, großblütig.

Bemerkungen: In England sind häufig Laubengänge mit Goldregen bepflanzt, zusammen mit Blauregen *(Wisteria sinensis)* – eine überwältigende Kombination!

Amberbaum

Liquidambar styraciflua

Liquidambar styraciflua

○ ⬆10-25 m ⬌6-15 m ✿5 ⚘9-10

Wuchs: Mittelgroßer, stattlicher Baum mit geradem Stamm.

Blätter: Sommergrün, ahornähnlich, 5- bis 7-lappig, 12–15 cm breit, glänzend, dunkelgrün, im Herbst wein- bis scharlachrot oder gelb-orange.

Blüten: Einhäusige Pflanze, männliche Blüten in grünen, endständigen, aufrechten Ähren, weibliche in hängenden, lang gestielten, kugeligen Köpfchen.

Früchte: Kugelige, verholzte Kapseln, 2,5 cm, an Plantanen erinnernd.

Standort: Vollsonnige, warme Plätze auf frischen bis feuchten, sauren bis neutralen Böden, kalkmeidend.

Pflege: Nur im Frühjahr pflanzen. Den Wurzelbereich frei halten.

Vermehrung: Veredelung (Okulation).

Sorten:

- 'Burgundy', 10–15 m hoch und 6–10 m breit, im Herbst weinrot.
- 'Festival', 10–18 m hoch und 6–10 m breit, im Herbst gelb bis purpurrot.
- 'Moraine', 10–25 m hoch und 6–15 m breit, im Herbst rot.

Bemerkungen: Schöner Hausbaum.

Tulpenmagnolie

Magnolia × soulangiana

Magnolia-Hybride 'Randy'

○ ⬆2-8 m ⬌2-8 m ✿4-5

Wuchs: Langsam wachsender Großstrauch mit pyramidenförmiger Krone und locker aufsteigenden Ästen. Im Alter rundliche, markante Hauptäste, die sich zu Boden neigen.

Blätter: Sommergrün, breit elliptisch bis verkehrt eiförmig, bis 15 cm lang, hellgrün, leicht glänzend.

Blüten: Große, tulpenförmige Einzelblüten, weiße Grundfarbe, rosaviolett getönt, besonders bei älteren Exemplaren. Erscheinen vor dem Laubaustrieb.

Standort: Sonnig bis halbschattig. Auf allen frischen bis feuchten, sauren bis neutralen Gartenböden. Bei zu viel Kalk neigt der Strauch zu Chlorose.

Pflege: Wurzelbereich mit organischem Material mulchen. Nicht zu tief pflanzen. Beim Pflanzen Lauberde zusetzen.

Vermehrung: Absenker, Abmoosen.

Sorten:

- 'Lennei Alba', 2-4 m hoch und breit, reinweiß, große, glockenförmige Einzelblüten, 4-5.

Weitere Art:

- *M.*-Hybride 'Randy', aufrechter Stand, 2-4 m hoch und 2-3 m breit, großblütig, intensiv rosa, 4-5.

Sternmagnolie

Magnolia stellata

Magnolia stellata

○ ⬆ 2–3 m ↔ 2–3 m ✿ 3–4

Wuchs: Langsam wachsender, dicht verzweigter, breitbuschiger Strauch.

Blätter: Sommergrün, elliptisch bis verkehrt eiförmig, 6–10 cm lang, 5 cm breit, hellgrün, etwas glänzend.

Blüten: Groß, sternförmig, weiß, bis zu 10 cm breit, erscheinen vor dem Laubaustrieb.

Standort: Sonnige, geschützte Lagen, aber nicht pralle, heiße Südseite. Auf allen frischen bis feuchten, nahrhaften, schwach sauren Gartenböden.

Pflege: Wurzelbereich mit organischem Material mulchen. Nicht zu tief pflanzen.

Vermehrung: Absenker, Abmoosen.

Sorten:

- 'Royal Star', spätblühend, sehr frosthart.

Bemerkungen: Sternmagnolien eignen sich auch für sehr kleine Gärten.

Weitere Art:

- Sommermagnolie *(M. sieboldii)*, 2,5–6 m hoch und breit, sommergrün, Blüten erscheinen nach den Blättern, 6–7, reinweiß mit auffallend scharlachroten Staubgefäßen, 7–10 cm breit, nickend, angenehm duftend. Am besten in Sichtnähe an der Terrasse, in Innenhöfen oder an die Ecke von Rabatten pflanzen.

Gewöhnliche Mahonie

Mahonia aquifolium

Mahonia aquifolium 'Apollo'

○–◑ ⬆ 0,6–1 m ↔ 0,6–1 m ✿ 4–5 🍒 8

Wuchs: Aufrechter, breitbuschiger und vieltriebiger Strauch, wenig Ausläufer bildend.

Blätter: Immergrün, glänzend dunkelgrün, gefiedert, bis 2,5 m lang. Im Austrieb kupfrig, im Herbst purpur bis dunkelrot.

Blüten: Krugförmig, in dichten, aufrechten, goldgelben Trauben.

Früchte: Knapp 1 cm große, runde Beeren, schwarz, hellblau bereift, nicht giftig.

Standort: Sonnig bis halbschattig, auf allen normalen Gartenböden.

Pflege: Keine. Schnittverträglich.

Vermehrung: Absenker und Aussaat.

Sorten:

- 'Apollo', 0,6–1 m hoch und breit, goldgelbe Blüte.
- 'Atropurpureum', 0,6 m hoch und breit, Herbst- und Winterfärbung dunkelrot bis bronzebraun.

Bemerkungen: Sehr beliebte Nektarpflanze bei Bienen und anderen Insekten. Gute Partnergehölze sind Kirschlorbeer *(Prunus laurocerasus)*, Stechpalme *(Ilex aquifolium)*, Buchs *(Buxus sempervirens)* und Eibe *(Taxus)*. Auch für Dach- und Kübelgärten geeignet.

Zierapfel

Malus-Hybriden

Malus-Hybride 'Butterball'

○ ⬆ 5–7 m ↔ 4–6 m ✿ 5–6 🍒 9–11

Wuchs: Großstrauch oder kleiner Baum mit steifem Astgerüst.

Blätter: Sommergrün, wechelständig, breit bis länglich, eiförmig, Herbstfärbung oft eindrucksvoll orange bis rot.

Blüten: Schalenförmig, in überwältigender Fülle, weiß oder rosa bis weinrot.

Früchte: Reicher Behang aus gelben oder roten, sehr sauren, kleinen Äpfeln, bleiben oft bis in den Winter hängen.

Standort: Sonnige Plätze auf normalen, nährstoffreichen Gartenböden.

Pflege: Wurzelbereich (Baumscheibe) offen halten.

Vermehrung: Veredelung.

Sorten:

- Weiße Blüten, gelbe Früchte: 'Butterball', 4–6 m hoch; Golden Hornet', 4–6 m; 'Wintergold', 4-6 m.
- Weiße Blüten, gelbe bis orangerote Früchte: 'Evereste', 4–6 m; 'Prof. Sprenger', 5-6 m; 'Red Jade', 1,5 m hoch; *M. toringo* var. *sargentii* (Veredelungen), 2–3 m hoch, rote Früchte.
- Rosa bis weinrot blühend: 'Hillieri', gelborange Früchte, 5–7 m hoch; 'Profusion', rote Früchte, 5–6 m hoch.

Blauraute, Silberstrauch

Perovskia abrotanoides

Perovskia abrotanoides

○ ⬆ 0,5–1 m ⬌ 0,5–1 m ✿ 7–10

Wuchs: Aufrechter, wenig verzweigter, locker breitbuschiger Halbstrauch mit schlanken, graufilzigen Trieben.

Blätter: Sommergrün, einfach bis doppelt gefiedert, 3–6 cm lang, silbriggraufilzig, stark duftend.

Blüten: Sehr klein, violettblau, in endständigen Ähren. Erscheinen am einjährigen Holz.

Standort: Vollsonnige, warme Plätze auf leichten, trockenen bis feuchten, durchlässigen, bevorzugt kalkhaltigen Böden.

Pflege: Vor Winternässe schützen. Junge Pflanzen in den ersten Wintern mit Laub oder Reisig abdecken. Regelmäßiger Rückschnitt im Frühjahr, damit genug einjähriges Holz heranwächst.

Vermehrung: Aussaat oder Stecklinge.

Bemerkungen: Perovskien werden gerne von Schwebfliegen und Hummeln besucht. Sie passen gut in Staudenrabatten, Steppenbeete und an den Rand von Terrassen. Schöne Partnerpflanzen sind graulaubige Stauden wie Wollziest *(Stachys byzantina)*, Ziersalbei *(Salvia nemorosa)*, oder auch Yucca *(Yucca filamentosa)*.

Pfeifenstrauch, Falscher Jasmin

Philadelphus-Hybriden

Philadelphus-Hybride

○–◑ ⬆ 1–3 m ⬌ 1–3 m ✿ 6–7

Wuchs: Locker aufrecht wachsender Großstrauch mit starken, straffen Haupttrieben.

Blätter: Sommergrün, gegenständig, spitz-eiförmig, tiefgrün, matt.

Blüten: Zu 5–9 in Trauben, weiß, einfach oder gefüllt, bis 6 cm breit, stark duftend.

Standort: Sonnig bis halbschattig auf jedem normalen, nahrhaften Gartenboden.

Pflege: Alle 3–4 Jahre auslichten.

Vermehrung: Steckhölzer.

Sorten:

- 'Belle Étoile', 1–1,5 m hoch und breit, Blüten weiß mit rosalilafarbenen Basalflecken, fransig gerüscht, 5–5,5 cm breit.
- 'Dame Blanche', 1–1,5 m hoch und breit, weiß, einfach bis halbgefüllt, bis 4 cm groß, teils gefranst, stark duftend.
- 'Lemoinei' (auch *P. × lemoinei)*, 1–1,5 m hoch und breit, weiß, ungefüllt, bis 3 cm breit, duftend.
- 'Virginal', straff aufrecht, 2–3 m hoch, weiß, gefüllt, bis 5 cm breit, duftend, in dichten Trauben.

Zuckerhutfichte

Picea glauca 'Conica'

Picea glauca 'Conica'

○–◑ ⬆ 3–4 m ⬌ 1,5–2 m ✿ 5 🍂 7–3

Wuchs: Regelmäßig spitz kegelförmig, dicht und geschlossen wachsende Zwergform, langsamwüchsig.

Blätter: Nadelförmig, 1 cm lang, hellgrün, sehr weich, radial und locker stehend. Immergrün.

Blüten: Männliche Blüten gelb, weibliche stehen aufrecht, rot oder purpur.

Früchte: Hängende Zapfen, als Ganzes abfallend.

Standort: Sonnig bis halbschattig auf frischen bis feuchten Böden in kühlen, luftfeuchten Lagen. Bei Trockenheit sehr leicht Befall durch Spinnmilben.

Pflege: Bei Trockenheit wässern.

Vermehrung: Aussaat.

Bemerkungen: Sehr ausgeprägte Kegelform, mit der man in formalen Gärten Strukturen betonen und geometrische Akzente setzen kann. Braucht im Gegensatz zu einem Eibenkegel *(Taxus)* nicht geschnitten zu werden. Sehr wirkungsvoll zusammen mit Efeu *(Hedera)* oder Elfenblume *(Epimedium)* als Bodendecker am Fuß.

Japanische Lavendelheide
Pieris japonica

Pieris japonica
'Forest Flame'

◑-● 1–3 m ⬌ 2–3 m ✿ 3–5 9

Wuchs: Locker und breit aufrecht wachsend, leicht überhängende Seitenzweige. Langsam wachsend.

Blätter: Immergrün, wechselständig, verkehrt eiförmig bis lanzettlich. An den Triebenden quirlig gehäuft, bis 8 cm lang, mittelgrün, glänzend.

Blüten: Krugförmig, klein, in überhängenden, bis 15 cm langen Rispen, weiß, rosa oder rot.

Früchte: Graubraune, kugelige Kapseln.

Standort: Halbschattig bis schattig, windgeschützt, auf humosen, nicht zu nährstoffreichen, sauren Böden.

Pflege: In saure Erde pflanzen.

Vermehrung: Samen, Stecklinge oder Absenker.

Sorten:

- 'Debutante', 1–1,5 m, niedrig, rahmweiße Blüten in aufrechten, 8–11 cm hohen Blütentrauben.
- 'Forest Flame', 1–1,5 m, Blätter im Austrieb feuerrot.
- 'Mountain Fire', Blätter kardinalrot beim Austrieb, später vergrünend, Blüten weiß, 1,2 m hoch.
- 'Valley Rose', 1,5–2,5 m hoch, Blätter hellgrün, Blüten rosa.

Latschenkiefer, Bergkiefer, Legföhre
Pinus mugo

Pinus mugo

○ 2–6 m ⬌ 1,5–4 m ✿ 6–7 9–2

Wuchs: Vielstämmiger, oft niederliegender Großstrauch, die vielen Sorten wachsen meist kissenförmig oder kugelig, gedrungen.

Blätter: Immergrün, 3–4 cm lange Nadeln, immer in 2er-Büscheln. Sichelförmig zum Trieb gekrümmt, oft auch leicht gedreht, dunkelgrün.

Blüten: Männliche Blüten in walzenförmigen, gelben Blütenständen, weibliche in Zapfen fast am Ende der Langtriebe, rosarot.

Früchte: Eiförmige bis kegelförmige Zapfen, 2–6 cm lang, gelb- bis dunkelbraun.

Standort: Sonnig, auf allen Böden, auch auf mageren Sandböden.

Pflege: Keine. Rückschnitt ins mehrjährige Holz möglich. Wenn *P. mugo* als Hecke gepflanzt wird, dann Triebe Mitte Juni um zwei Drittel einkürzen.

Vermehrung: Aussaat.

Sorten:

- 'Columnaris', schmal kegelförmig, langsam wachsend, 0,5–0,8 m breit, Endhöhe nicht bekannt.
- 'Gnom', kugelig und sehr dicht wachsend, 2–3 m hoch, 1,5–2 m breit.
- 'Mini Mops', flach, kissenförmig, kurze Zweige, 0,3 m hoch, 1 m breit.
- *P. m.* var. bzw. ssp. *pumilio*, 1 m hoch, 2–3 m breit, flachkugelig.

Bemerkungen: Locker wirkender Gerüstbildner für kleine Gärten.

Fingerstrauch
Potentilla fruticosa

Potentilla fruticosa
'Tangerine'

○-◑ 0,5–1,5 m ⬌ 1–1,5 m ✿ 6–10

Wuchs: Kleiner Strauch mit aufrechten, stark verzweigten Trieben.

Blätter: Sommergrün, elliptisch, 3- bis 5fach gefingert, 1–3 cm lang, dunkelgrün.

Blüten: Schalenförmig, bis 3 cm breit, gelb, weiß, orange oder rosa.

Standort: Sonnig bis halbschattig, auf allen nahrhaften, durchlässigen Gartenböden. Bei zu hohem Kalkgehalt im Boden Chlorosegefahr (Blätter färben sich gelb).

Pflege: Rückschnitt im Frühjahr dicht über dem Boden fördert die Blütenfülle.

Vermehrung: Absenker, Steckhölzer.

Sorten:

- 'Abbotswood', 1 m hoch, 1,3 m breit, reinweiß.
- 'Farreri', 0,6–1 m hoch, 1,3 m breit, dunkelgelb.
- 'Goldfinger', 1–1,3 m hoch und 1,5 m breit, dunkelgelb, großblütig.
- 'Golddigger', 0,5 m hoch, 1 m breit, goldgelb, 5 cm breit.
- 'Hachmanns Gigant', 0,7 m hoch, 1 m breit, leuchtend gelb.
- 'Princess', 0,8 m hoch, 1,2 m breit, rosa.
- 'Red Ace', 0,7 m hoch, 1,2 m breit, rotorange.
- 'Tangerine', 1,2 hoch und 1,5 m breit, dicht und kompakt, gelborange.

Lorbeerkirsche, Kirschlorbeer

Prunus laurocerasus

Prunus laurocerasus

○-◑ ⬆ 1,2–3 m ⬌ 1,5–5 m ✿ 4–5 9–11

Wuchs: Breit aufrechter bis kegelförmiger Strauch, zum Teil auch straff aufrecht, je nach Sorte.

Blätter: Immergrün, groß, glänzend, länglich-oval, dunkelgrün, ledrig.

Blüten: Weiße, aufrechte, bis zu 20 cm lange Blütenkerzen, duftend.

Früchte: Schwarze Beeren, giftig.

Standort: Sonnig bis schattig, auf mäßig trockenen bis feuchten, humosen Gartenböden.

Pflege: Vor Wintersonne und austrocknenden Winden schützen.

Vermehrung: Stecklinge.

Sorten:

- 'Herbergii', 2–3 m hoch und breit, weiße Blüte.
- 'Mount Vernon', flach ausgebreitet, kompakt wachsende Zwergform, nur 0,3 m hoch, weiß.
- 'Otto Luyken', 1,2–1,5 m hoch, 2–3 m breit, blüht weiß in bis zu 12 cm langen Trauben, sehr frosthart.
- 'Schipkaensis Macrophylla', 2–3 m hoch, 2–5 m breit, weiß, in bis zu 20 cm langen, aufrechten Trauben, Nachblüte im Herbst.
- 'Rotundifolia', straff aufrecht.

Bemerkungen: Guter Gerüstbildner für kleine Gärten. In milden, luftfeuchten Lagen auch als Heckenpflanze geeignet.

Zierkirsche, Japanische Blütenkirsche

Prunus serrulata

Prunus serrulata 'Shirofugen'

Prunus serrulata 'Kanzan'

○ ⬆ 3–8 m ⬌ 1–5 m ✿ 4–5

Wuchs: Großstrauch oder kleiner Baum, mit trichter- bis säulenförmiger Krone und steif aufrechten Trieben. Rinde rotbraun, geringelt.

Blätter: Sommergrün, spitz-elliptisch, 8–12 cm lang, im Austrieb bronzefarben, dann glänzend grün, im Herbst gelb-orange.

Blüten: Schalenförmig, ungefüllt bis dicht gefüllt, bis zu 6 cm breit, in Büscheln, weiß oder rosa.

Standort: Sonnige Plätze auf allen Gartenböden, bevorzugt frische bis feuchte, nährstoffreiche, sandig-lehmige Substrate, neutral bis stark alkalisch.

Pflege: Im Alter auslichten. Wildtriebe frühzeitig entfernen.

Vermehrung: Veredelung.

Sorten:

- 'Amanogawa', säulenförmig, 4–7 m hoch, 1–2 m breit, hellrosa, leicht gefüllt.
- 'Kanzan', trichterförmig, 6–8 m, pinkrosa, dicht gefüllt.
- 'Kiku-shidare-zakura', Hängende Nelken-Kirsche, 3–7 m hoch und breit, bogig überhängende Zweige, Blüten rosa, dicht gefüllt, bis 6 cm breit.
- 'Shirofugen', Blüten trichterförmiger Wuchs, 5–8 m hoch, zartrosa, gefüllt, im Verblühen rosa.
- 'Shirotae' (= 'Mount Fuji'), 4–6 m hoch und breit, leicht überhängend, Blüten reinweiß, einfach oder halbgefüllt, duftend.

Bemerkungen: Wunderbare Blütenbäume, die im Frühling jeden Garten verzaubern. Bei guten Lichtverhältnissen schöner Hausbaum. Schöner Vasenschmuck! Im Dezember geschnittene Triebe treiben im Zimmer vorzeitig Blüten (Barbarazweige).

Weitere Arten:

- Herbst-Blütenkirsche *(P. subhirtella* 'Autumnalis'), aufrecht trichterförmig, 3–5 m hoch und breit, weiße halb gefüllte Blüten schon ab Dezember, in Schüben bis April.
- Kugel-Steppenkirsche *(P. fruticosa* 'Globosa'), buschiger, langsam wachsender Strauch, oft als Hochstamm mit regelmäßiger, geschlossener Kugelkrone, 3–5 m hoch und 1–2 m breit. Blüten weiß, lang gestielt, 4–5, bildet dunkelrote, erbsengroße, säuerliche Kirschen, Reife 7. Vogelnährgehölz, schöner kleinkroniger Kugelbaum für Vorgärten und Innenhöfe.
- Japanische Zieraprikose *(P. mume* 'Beni-chi-dori'), 3 m, dunkelrosa, süßlicher Duft, ideal für kleine Gärten.

Großblumiger Rhododendron, Immergrüner Rhododendron

Rhododendron-Hybriden

Großblütige *Rhododendron*-Hybriden

◐-● ↑1-6 m ↔1-5 m ✿4-5

Wuchs: Aufrechte Sträucher mit formschönem Wuchs.

Blätter: Immergrün, elliptisch, großblättrig, ledrig, glänzend grün.

Blüten: Große Dolden aus trichterförmigen Einzelblüten mit tiefem Schlund. In vielen Farben, oft mit Zeichnung.

Standort: Halbschattig oder im lichten Schatten von hohen Bäumen, auf lockeren, humosen, durchlässigen und gut durchlüfteten Böden mit einem pH-Wert von 4,5 bis 5,5. Rhododendren sind zum Großteil nicht kalkverträglich. Die neue Inkarho®-Unterlage ermöglicht die Pflanzung auch auf Böden mit pH-Wert bis 7,1.

Pflege: Bei Trockenheit im Frühjahr und Sommer wässern, besonders aber zur Blüte- und Austriebszeit. Welke Blüten ausbrechen, nicht zum Fruchtansatz kommen lassen, um die Blühkraft zu erhalten. Dies ist vor allem bei jungen Pflanzen wichtig. Rückschnitt bis auf 40–50 cm über dem Boden möglich, am besten im März! Spätere Schnitttermine sind schlecht. Rhododendren wurzeln flach, deshalb so wenig wie möglich umgraben. Mulchschicht auf der Wurzelscheibe mit Rinderdung, Nadelstreu oder saurem Laub.

Rhododendron-Yakushimanum-Hybride

Vermehrung: Veredelung.

Sorten:

Aus der Fülle des Sortiments hier einige bekannte:

- 'Catawbiense Album', 2,5 m hoch, 2,5 m breit, weiß, gelbgrüne bis braune Zeichnung.
- 'Catawbiense Grandiflorum', bis 6 m hoch, 4 m breit, lila, gelbrote Zeichnung.
- 'Cunningham's White', 3–4 m hoch, 4–4,5 m breit, blüht weiß mit rosa, zartgelbe oder gelbbraune Zeichnung.

Weitere Art:

- *Rh.*-Yakushimanum-Hybriden, kalkverträglicher, niedrig, kompakt buschig, 0,5–1,5 m hoch und breit, Blätter unterseitig auffallend graufilzig, Blüten gelb oder weitere Farben, 5–6.

Laubabwerfender Rhododendron, Azalee

Rhododendron-Hybriden
(Syn.: *Azalea*-Hybriden)

Laubabwerfende *Rhododendron*-Hybride

◐-● ↑1-2 m ↔1,2-2 m ✿4-5

Japanische Azalee

Wuchs: Mittelhohe, breitbuschige, aufrecht und sparrig verzweigte Sträucher.

Blätter: Sommergrün, elliptisch, 6 bis 10 cm lang, stumpfgrün.

Blüten: Trichterförmig, dicht stehend, in vielen Farben von Gelb über Pink bis Dunkelrot, mit orangefarbenem Mittelfleck, vor dem Blattaustrieb blühend.

Standort: Halbschattige bis schattige Plätze mit humosem, saurem Boden (pH Wert 4,5), möglichst bei hoher Luftfeuchte.

Pflege: Bei Trockenheit wässern.

Vermehrung: Veredelung.

Sorten:

- Es gibt zahlreiche Sorten, darunter die Knap-Hill-Hybriden, z. B. 'Goldpracht', rein goldgelb, duftend, 5–6.

Weitere Art:

- Japanische Azaleen *(Rh.*-Hybriden), immer- oder wintergrün, 1–1,5 m, kompakte Büsche mit geschlossener Blütendecke, rosa, rot oder weiß, 5–6.

Brautspiere, Schneespiere

Spiraea × arguta

Spiraea × arguta

○ ↑1,5–2 m ↔1,5–2 m ✿4–5

Wuchs: Locker und breit aufrecht, feintriebig, mit elegant überhängenden Seitenzweigen. Langsam wachsend.

Blätter: Sommergrün, zierlich, schmal lanzettlich oder elliptisch, 2–4 cm lang, hellgrün, Ränder gesägt.

Blüten: Weiß, in kurz gestielten Doldentrauben, auf der ganzen Länge der vorjährigen Triebe aufgereiht. Streng duftend.

Standort: Sonnig, auf allen Gartenböden. Kalkverträglich.

Pflege: Anspruchslos, schnittverträglich.

Vermehrung: Aussaat.

Bemerkungen: Auch als Schnitthecke möglich, dann sind jedoch viele Blüten nach innen gerichtet.

Weitere Arten:

- Niedrige Zwergspiere *(S.-Bumalda-Hybriden)*, 0,6–0,9 m hoch und breit, viele Sorten, z. B. 'Anthony Waterer', blaurote Blüten, 7–9, gut schnittverträglich, für niedrige Hecken; 'Froebelii', 0,8–1,2 m, karminrot, 6–9, ideal für niedrige Hecken.
- *S. × cinerea* 'Grefsheim', 1,5–2 m hoch und breit, schneeweiß, zierlich, 4–5.
- Rosa Zwergspiere *(S. japonica* 'Little Princess'), schwach wachsend, 0,5 m hoch, im Alter bis 1m breit, Blüten rosa, 6–8.

Edelflieder, Gartenflieder

Syringa vulgaris

Syringa meyeri 'Palibin'

○ ↑3–4 m ↔2–3 m ✿4–5

Wuchs: Aufrechter, dicht verzweigter und etwas steiftriebiger Strauch. Ausläufer treibend.

Blätter: Sommergrün, herzförmig, 5–12 cm lang, frischgrün, etwas derb.

Blüten: Trichterförmig, in kegeligen, bis 30 cm langen Rispen. Weiß, violett, purpurrot, lilarosa – jetzt sogar in Gelb; auch gefüllt. Herrlich duftend!

Standort: Sonnig, auf mäßig trockenen bis frischen, nährstoffreichen Gartenböden. Kalkliebend.

Pflege: Nur verblühte Rispen entfernen, kein tiefer Rückschnitt.

Vermehrung: Steckhölzer, Veredelung.

Sorten:

- 'Andenken an Ludwig Späth', dunkel-purpurrot, Rispen bis 30 cm lang.
- 'Leon Gambetta', lilarosa, gefüllt.
- 'Michel Buchner', lila, innen weiß, halbgefüllt, große Einzelblüten.
- 'Maximowicz', lilablau, sehr lange Rispen.
- 'Mme. Lemoine', reinweiß, gefüllt, dichte Rispen.
- 'Primrose', hellgelb, erste gelbe Flieder-Sorte!

Weitere Art:

- Zwerg-Duftflieder *(S. meyeri* 'Palibin'), 1–1,2 m hoch, helllila, 10 cm lange Rispen, intensiv duftend, 5–6. Ideal für kleine Gärten und für Rabatten.

Frühlings-Tamariske

Tamarix parviflora

Tamarix parviflora

○ ↑3–4 m ↔2–3 m ✿5–6

Wuchs: Lockerer, breit buschiger, fein verzweigter, nicht ganz standfester, ausladender Großstrauch.

Blätter: Sommergrün, linealisch, nadelartig, zugespitzt.

Blüten: Winzig, rosa, in schmalen, etwa 4 cm langen Trauben an den vorjährigen Trieben.

Standort: Sonnige Plätze auf trockenen bis frischen, durchlässigen Böden.

Pflege: Keine.

Vermehrung: Samen, Steckhölzer oder halbreife Stecklinge im Frühjahr.

Bemerkungen: Frosthart, trockenheits- und hitzeresistent, außerordentlich windfest.

Weitere Art:

- Sommer-Tamariske *(T. ramosissima)*, 2,5–4 m hoch, 2–3 m breit, hellrosa, 6–9, liebt warme Standorte, ist salzverträglich und windfest; Rosea', hellrosa Blüten; 'Rubra', dunkelrosarote Blüte, 7–9.

Einjährige
Zweijährige
Stauden
Zwiebelblumen
Gräser/Farne
Ziergehölze
Hecken
Rosen
Kletterpflanzen

Kanadische Hemlocktanne
Tsuga canadensis

Tsuga canadensis

○-◑ ↑20-30 m ↔ 6-8 m ✿ 3-4 9-2

Wuchs: Mittelhoher bis großer Nadelbaum mit breit pyramidenförmiger Krone. Ein- oder mehrstämmig, mit malerisch hängenden Zweigspitzen.

Blätter: Immergrün, nadelförmig mit rundlicher Spitze, glänzend dunkelgrün. Stehen fast regelmäßig zweizeilig.

Blüten: Unscheinbar.

Früchte: Zapfen kurz gestielt, eiförmig, stumpf, 1,5–2 cm lang.

Standort: Sonnig bis halbschattig, windgeschützt, kühl, luftfeucht, auf nahrhaften, frischen bis feuchten Böden.

Pflege: Schnitt im Frühling und Sommer möglich. Bei anhaltender Trockenheit wässern.

Vermehrung: Halbreife Stecklinge, Aussaat.

Sorten:
- 'Gracilis Oldenburg', Zwergform, halbkugelig, 2 m hoch und 2,5 m breit.
- 'Jeddeloh', Zwergform, nur etwa 1 m hoch.
- 'Nana', bis 1 m hohe Zwergform.

Duftschneeball
Viburnum × bodnantense 'Dawn'

Viburnum × bodnantense 'Dawn'

○-◑ ↑2-3 m ↔ 1-2 m ✿ 11-12/3-4

Wuchs: Mittelhoher, dichtbuschiger Strauch, Grundtriebe straff aufrecht, sparrig verzweigt, später breit auseinanderstrebend. Ausläufer bildend.

Blätter: Sommergrün, länglich elliptisch, 6–10 cm lang, Blattstiel rot, zerrieben unangenehm riechend. Im Herbst rot bis dunkelviolett.

Blüten: Tief rosafarbene Knospen, Blüte weißlich-rosa in endständigen Rispen, sehr stark duftend. Vorblüte im Spätherbst, Hauptblüte im Frühjahr.

Standort: Sonnig bis halbschattig, geschützt, auf mäßig trockenen bis frischen, durchlässigen Böden.

Pflege: Anspruchslos.

Vermehrung: Veredelung, Steckhölzer.

Bemerkungen: Gute Partnerpflanzen für den Duftschneeball sind Zierquitten (*Chaenomeles*-Hybriden) und Scheinhasel (*Corylopsis pauciflora*). Schön wirkt eine Unterpflanzung mit Blausternchen (*Scilla bifolia*) und anderen Frühlingsblühern. Übrigens sind seine Blüten im November die letzten und im Februar mit die ersten Nektarspender für Insekten.

Weitere Art:
- *V. farreri*, 2 m hoch und breit, langsamer wachsend als 'Dawn', mit kleineren Blüten, Knospen rosa, Blüten weiß, erscheinen oft schon 11, Hauptblüte 3–4.

Immergrüner Duftschneeball
Viburnum × burkwoodii

Viburnum × burkwoodii

○-◑ ↑1,5-2,5 m ↔ 1,5-2,5 m ✿ 4-5/12

Wuchs: Mittelhoher Strauch, in der Jugend breitbuschig, rundlich, im Alter etwas unregelmäßig, locker aufrecht, gelegentlich sparrig. Langsam wachsend.

Blätter: Immergrün, elliptisch bis eiförmig, 4–7 cm lang, dunkelgrün, glänzend, unterseits graugrün, filzig. Im Herbst gelb bis orangerot.

Blüten: Knospen rosa, Blüten weiß, klein, trichterförmig, in ballförmigen Trugdolden, mit sehr starkem, süßlichem Duft. Nachblüte im Spätherbst.

Standort: Sonnig bis halbschattig, geschützt, auf mäßig trockenen bis frischen, nährstoffreichen, bevorzugt schwach sauren Böden.

Pflege: In raueren Lagen nicht ganz winterhart. Wurzelschutz für junge Pflanzen. Vorsichtiger Formschnitt möglich.

Vermehrung: Steckhölzer.

Weitere Arten:
- Immergrüner Kissen-Schneeball (*V. davidii*), 0,5 m hoch, 1 m breit, weißlich-rosa, 6, auf sauren Böden.
- Runzelblättriger Schneeball (*V. rhytidophyllum*), 3–5 m hoch, derbes, raues Blatt, unterseits dicht braunfilzig behaart, Blüten cremeweiß, in bis zu 20 cm breiten, flachen Schirmrispen, 5–6.

Gewöhnlicher Schneeball
Viburnum opulus

Viburnum opulus 'Roseum'

○-◑ ↑3-4 m ↔3-4 m ✿5-6 9-2

Wuchs: Lockerer, breit ausladender Großstrauch, rasch wachsend, Ausläufer bildend.

Blätter: Sommergrün, ähneln Ahornblättern, 3- bis 5-lappig, 8–12 cm lang, hellgrün, im Herbst weinrot bis orangerot.

Blüten: Rahmweiß, 8–10 cm breit, klein, in tellerförmigen Schirmrispen, die von einem Kranz steriler Randblüten eingerahmt werden.

Früchte: Leuchtend rote, glänzende, bis 1 cm große Beeren, bleiben lange am Strauch. Unreife Beeren sind giftig.

Standort: Sonnig bis halbschattig, auf allen frischen bis feuchten, nahrhaften Böden.

Pflege: Bei Sommertrockenheit wässern. Bei Bedarf Ausläufer abstechen.

Vermehrung: Ausläufer, Absenker, Stecklinge.

Sorten:
- 'Compactus', dichtbuschig, breit rundlich, bis 1,5 m hoch, 2 m breit, rahmweiße Blüten.
- 'Roseum' (= 'Sterile'), Gefüllter Schneeball, bis 4 m hoch, Blüten ballförmig, weiß, bis 8 cm groß, 5–6.

Bemerkungen: Ob gefüllt oder einfach, der Schneeball ist immer eine Zierde für den Garten. Blätter und Rinde enthalten Giftstoffe.

Gefüllter Japan-Schneeball
Viburnum plicatum

Viburnum plicatum

○-◑ ↑2-3 m ↔2-3 m ✿5-6 9-10

Wuchs: Breiter, runder und kompakter, mittelhoher Strauch mit waagerecht ausgebreiteten, etagenartigen Zweigen. Langsam wachsend.

Blätter: Sommergrün, gegenständig, breit-eiförmig, mit 8–12 charakteristischen, deutlich hervortretenden Adern. Dunkelgrün, im Herbst wunderschön weinrot bis violett.

Blüten: Weiß bis zartrosa, klein, in dichten ballförmigen, bis 10 cm großen Trugdolden.

Früchte: Kleine schwarze Beeren.

Standort: Sonnig bis halbschattig, auf frischen bis feuchten, genügend nährstoffreichen Böden.

Pflege: Hitze und trockene Luft werden nicht vertragen. Wässern im Sommer, Boden mulchen.

Vermehrung: Steckhölzer, Aussaat.

Sorten:
- 'Mariesii', Japanischer Etagen-Schneeball, 1,5–2 m hoch, 3 m breit, sommergrün, im Herbst weinrot bis violett, Blüten cremeweiß, in bis zu 15 cm breiten, flachen Schirmrispen, 5–6, ohne Früchte.

Weigelie
Weigela-Hybriden

Weigela-Hybride

○-◑ ↑2-3 m ↔2,5-3,5 m ✿5-6

Wuchs: Mittelhoher Strauch, buschig aufrecht, Außentriebe bei älteren Pflanzen leicht überhängend. Starkwüchsig.

Blätter: Sommergrün, elliptisch, 6 bis 10 cm lang, hellgrün, lange haftend.

Blüten: Trichterförmig, mit fünf Blütenblättern, z. T. mit auffallender Narbe und andersfarbigem Schlund, tiefrot.

Standort: Sonnig bis absonnig, auf allen Gartenböden, bevorzugt auf frischen bis feuchten, nährstoffreichen Substraten.

Pflege: Keine. Alle vier Jahre auslichten, alte Triebe über dem Boden abschneiden.

Vermehrung: Steckhölzer.

Sorten:
- 'Bristol Ruby', rubinrot, innen blaurot, weiße Narbe, 2,5–3 m hoch und bis 3,5 m breit.
- 'Eva Rathke', bis 2 m hoch und 3 m breit, Blüte außen blaurot, innen heller, Narbe weiß, leuchtet.

Weitere Art:
- *W. florida* 'Purpurea', 1–1,5 m hoch, 1,5 m breit, sommergrün, lange haftend, Blüte dunkelrosa, innen heller mit hellgelbem Fleck; 'Victoria', kleiner, kompakt wachsend, Blätter breit elliptisch, bronzebraunrot, Blüten purpurrot.

Blut-Berberitze
Berberis thunbergii 'Atropurpurea'

Berberis thunbergii
links als Art, rechts 'Atropurpurea'

○-◑ ⬆2-3 m ⬌2-3 m ✿5-9/2 Früchte 8-12

Wuchs: Mittelhoher, dicht verzweigter, straff aufrechter Strauch mit überhängenden Triebspitzen. Jahreszuwachs 10-20 cm.

Blätter: Sommergrün, wechselständig, eiförmig, bis 4 cm lang, purpurrot bis rotbraun, im Herbst leuchtend karminrot.

Blüten: Gelb bis rötlich, in Büscheln.

Früchte: Korallenrote, elliptische Beeren, bis in den Winter am Strauch haftend.

Standort: Sonnig bis halbschattig, auf allen normalen Gartenböden.

Pflege: Heckenschnitt im Frühling oder Frühsommer. Verträgt das »Auf-den-Stock-Setzen«, also den Rückschnitt ins alte Holz, bis auf 20 cm über dem Boden. Wenig Schnittaufwand, da Endhöhe ohne Schnitt auch nur 2 m beträgt.

Vermehrung: Steckhölzer und Aussaat.

Bemerkungen: Sehr schnittverträglich, hohes Ausschlagvermögen.

Weitere Art:

- Ebenfalls sehr gut für Hecken eignet sich *B. × ottawensis* 'Superba', groß- und rotblättrig, gelbe Blüten, 5.

Buchs, Gewöhnlicher Buchsbaum
Buxus sempervirens

Buxus sempervirens

○-◑-● ⬆2-4 m ⬌2-4 m ✿3-4 Früchte 8-9

Wuchs: Hoher, aufrechter, dichtbuschiger Strauch. Langsam wachsend, kann bis 100 Jahre alt werden. Jahreszuwachs 10-15 cm.

Blätter: Immergrün, ledrig, gegenständig, eiförmig bis länglich-elliptisch, 1,5 bis 3 cm lang, dunkelgrün glänzend, unten heller.

Blüten: Unscheinbar, gelblichgrün, in den Blattachseln.

Früchte: 7-8 mm lange Kapseln.

Standort: Sonnig bis schattig, auf neutralen bis stark kalkhaltigen, nahrhaften, nicht zu trockenen Böden.

Pflege: Buchs kann mehrere hundert Jahre alt werden. Schnitt im April oder im Juli möglich.

Vermehrung: Stecklinge.

Sorten:

- 'Blauer Heinz', sehr langsam und gedrungen wachsend, Triebe straff aufrecht, bis 60 cm hoch. Relativ große Blätter, im Austrieb blaugrün, in den Wintermonaten dunkelgrün. Ideal für niedrige Hecken.
- 'Suffruticosa', bis 1 m hoch, bekannter Einfassungs-Buchs für niedrige Hecken in historischen Gärten.

Weitere Art:

- Kleinblättriger Buchsbaum *(B. microphylla)*, 1,2-2 m hoch, frosthärter, kleinblättriger, Blüten unscheinbar, 3-4; 'Faulkner', 2-3 m hoch.

Bemerkungen: Alle Teile der Buchsbaum-Arten sind giftig!

Hainbuche, Weißbuche
Carpinus betulus

Carpinus betulus

○-◑-● ⬆10-20 m ⬌7-12 m ✿4 Früchte 9-11

Wuchs: Mittelgroßer Baum mit kegelförmiger, im Alter hoch gewölbter, mehr rundlicher Krone, Stamm oft drehwüchsig. Jahreszuwachs in der Höhe 35 cm, in der Breite 25-35 cm.

Blätter: Sommergrün, wechselständig, eiförmig bis länglich-elliptisch, 5 bis 10 cm lang, frischgrün, Herbstfärbung leuchtend gelb. Oft bleiben die Blätter bis zum Frühjahr hängen.

Blüten: Unscheinbar, in Kätzchen; männliche gelb, vor und während des Austriebs, weibliche grün, kleiner.

Früchte: Hellgrüne Büschel kleiner Nüsschen mit 3-lappigen Hochblättern.

Standort: Sonnig bis schattig, auf tiefgründigen, mäßig trockenen bis feuchten Böden.

Pflege: Bei Trockenheit wässern. Sehr schnittverträglich, hohes Ausschlagvermögen.

Vermehrung: Steckhölzer.

Sorten:

- 'Fastigiata', schmal wachsende Sorte, Jahreszuwachs in der Breite 10 cm.
- 'Fastigiata Monument', sehr schmal, kompakt, Jahreszuwachs 7-10 cm, ideal als Formgehölz.

Blaue Scheinzypresse

Chamaecyparis lawsoniana 'Columnaris'

Chamaecyparis lawsoniana 'Minima Glauca'

○-◑ ⬆6-15 m ⬌1-1,5 m 1-12

Wuchs: Schmale, dicht verzweigte, bis unten beastete Säulenform, kompakt. Jahreszuwachs in der Höhe 20 cm, in der Breite 5 cm.

Blätter: Schuppenförmige Nadeln, dicht anliegend, stahlblau bereift, später eher blaugrün.

Früchte: Kleine, kugelige Zapfen.

Standort: Sonnig bis leicht schattig, windgeschützt, auf normalen Gartenböden.

Pflege: Im Frühjahr mit Tannendünger düngen. Bei später Pflanzung und Trockenheit wässern.

Vermehrung: Halbweiche Stecklinge.

Weitere für Hecken geeignete Sorten:

- 'Alumii', schmal kegelförmig, 8–15 m hoch, blau, sehr schattenverträglich.
- 'Alumigold', Blätter im Austrieb goldgelb, später gelbgrün, 8–10 m.
- 'Ellwoodii', extrem langsam wachsend, gut für Hecken in kleineren Gärten.
- 'Minima Glauca', 1–2 m hoch, flachkugelig, kompakt, blaugrün bis mattblau.

Bemerkungen: Verträgt viel Schatten! Auch im Alter kompakt und geschlossen, ideal für Hecken.

Eingriffeliger Weißdorn

Crataegus monogyna

Crataegus monogyna

○-◑ ⬆2-6 m ⬌2-6 m ✿5-6 9-11

Wuchs: Aufrechter, stark bedornter Großstrauch, starkwüchsig. Jahreszuwachs in der Höhe 20–30 cm, in der Breite 15–20 cm.

Blätter: Sommergrün, eirund mit 1–3 Lappen, tief eingeschnitten.

Blüten: Weiß, schalenförmig, in endständigen Schirmrispen.

Früchte: Dunkelrote Steinfrüchte, mehlig-fleischig, essbar.

Standort: Sonnig bis halbschattig, auf frischen bis trockenen, durchlässigen, kalkhaltigen Böden.

Pflege: Anspruchslos und robust.

Vermehrung: Aussaat, Absenker, Steckhölzer.

Weitere Arten:

- Scharlach-Weißdorn *(C. pedicellata,* Syn.: *C. coccinea)*, sehr robust, beste Heckenpflanze, 5–7 m hoch, 3–4 m breit, pro Jahr 30 cm Höhen- und 20 cm Breitenzuwachs. Blüten weiß mit rosa Staubgefäßen, 5. Blätter im Herbst leuchtend gelborange.
- Hahnensporn-Weißdorn *(C. crus-galli)*, 5–7 m hoch, mehrstämmiger Großstrauch, bildet undurchdringliche Hecken; Blüten weiß, 5.

Rotbuche

Fagus sylvatica

Fagus sylvatica 'Purpurea Pendula'

○-◑-● ⬆25-30 m ⬌15-25 m ✿5 9-2

Wuchs: Großer, breiter Baum mit bis zum Boden herabhängenden Ästen. Knospen lang und spitz (im Gegensatz zu den kurzen, stumpfen Knospen der Weißbuche). Jahreszuwachs 50 cm in der Höhe, 40 cm in der Breite.

Blätter: Sommergrün, glänzend, elliptisch bis oval; am Rand leicht wellig, anfangs leicht behaart, später oben dunkelgrün, glänzend.

Blüten: Unscheinbar, männliche in gestielten Blütenbüscheln, gelblichgrün, weibliche jeweils zu zweien. Blüht erst nach 10–15 Jahren.

Früchte: Dreikantige Bucheckern.

Standort: Sonnig bis schattig, am besten auf warmen, kalkhaltigen Böden in luftfeuchter Lage. Gedeiht aber auch auf normalen Gartenböden.

Pflege: Sehr schattenverträglich! Empfindlich gegen Hitze, Trockenheit und Bodenverschmutzung.

Vermehrung: Steckhölzer.

Sorten:

- 'Dawyck', sehr schmal wachsende Säulen-Buche, 15 m hoch, 3 m breit.
- 'Purpurea Pendula', Hänge-Blutbuche, hängende Äste, langsam wachsend, 6–10 m, Blätter im Austrieb tief-, später schwarzrot.

Bemerkungen: Robuste Heckenpflanze. Bei Trockenheit große Probleme mit der Buchenblattlaus.

Gewöhnlicher Liguster
Ligustrum vulgare 'Atrovirens'

Ligustrum vulgare 'Atrovirens'

○-◑-● ⬆3-4 m ⬌3-4 m ✿6-7 9-2

Wuchs: Aufrecht wachsender, hoher Strauch, dicht verzweigt, kurze Seitentriebe. Jahreszuwachs in der Höhe 25 cm, in der Breite 20 cm.

Blätter: Wintergrün, länger haftend als bei der Art. Eilänglich bis lanzettlich, 4–6 cm lang und 2 cm breit, dunkelgrün, im Winter violettbraun, glänzend.

Blüten: Weiße Rispen, streng duftend.

Früchte: Erbsengroße, schwarze Beeren, schwach giftig.

Standort: Sonnig bis schattig, auf allen Böden, bevorzugt kalkhaltigen.

Pflege: Hohe Ausschlagskraft, Dichttriebigkeit, Langlebigkeit – die beste Heckenpflanze überhaupt. Schnitt zwei Mal, im Juni und August.

Vermehrung: Steckhölzer, Stecklinge, Aussaat.

Sorten:

- 'Lodense', niedrige, 0,7–1 m hohe und breite, langsam wachsende Sorte, nur für niedrige Hecken.

Bemerkungen: Hohe Schatten- und Schnittverträglichkeit. Ideal für Nordseiten. Das sehr dichte, fein verzweigte Wurzelsystem verhindert erfolgreich und dauerhaft jede Art von Unterpflanzung.

Rotfichte, Gewöhnliche Fichte
Picea abies

Picea abies

○-◑ ⬆20-30 m ⬌6-8 m ✿4-5 5-12

Wuchs: Großer Baum mit regelmäßiger, kegelförmiger, mehr oder weniger spitzer Krone, Jahreszuwachs in der Höhe 50 cm, in der Breite 15 cm.

Blätter: Immergrün, 2–3 cm lange, vierkantige, dunkelgrüne Nadeln, starre und an der Spitze stechende Nadeln. Kleine, bräunliche Blattstielchen, die nach dem Nadelfall am Zweig sitzen bleiben (im Gegensatz zur Tanne).

Blüten: In Zapfen, männliche Blüten gelb, weibliche aufrecht stehend, rot oder purpur.

Früchte: Hängende Zapfen, als Ganzes abfallend.

Standort: Sonnig bis halbschattig, auf frischen bis feuchten Böden in kühlen, luftfeuchten Lagen. Bevorzugt sandige, schwach saure Böden, toleriert aber auch trockene, flachgründige Erde.

Pflege: Als Hecke gezogen, unbedingt von Anfang an zweimal im Jahr schneiden.

Vermehrung: Aussaat.

Bemerkungen: Ungeschnitten zu groß für Hausgärten!

Feuerdorn
Pyracantha coccinea

Pyracantha coccinea

○-◑ ⬆1,5-4 m ⬌1,5-4 m ✿5-6 9-4

Wuchs: Mehr oder weniger aufrechter, dichtbuschiger und sparrig verzweigter Strauch. Jahreszuwachs 30 cm in Höhe und Breite.

Blätter: Immergrün, schmal lanzettlich, dunkelgrün, glänzend, ledrig.

Blüten: Weiß, in sehr dichten Scheinrispen entlang der mehrjährigen Triebe.

Früchte: Kugelige, erbsengroß, Beeren, orange, gelb oder rot gefärbt.

Standort: Sonnig bis halbschattig, auf allen durchlässigen Böden. Sehr genügsam.

Pflege: Verträgt keine Wintersonne und Zugluft. An windigen Stellen fällt das Laub ab, junge Pflanzen frieren zurück, treiben aber gut durch. Sonst robust. Hohes Ausschlagvermögen.

Vermehrung: Steckhölzer, Aussaat.

Sorten:

- 'Orange Charmer', breitbuschig, 2–2,5 m, orangefarbene Früchte.
- 'Orange Glow', orangefarbene Früchte, schmal aufrecht, 2,5–3,5 m.
- 'Soleil d'Or', 1,5 m hoch, frosthart, leuchtend gelbe Früchte.

Bemerkungen: Auch am Spalier oder als streng formal geschnittene Hecke möglich.

Alpen-Johannisbeere

Ribes alpinum 'Schmidt'

Ribes aureum

○-◑-● ↑2 m ↔1-2 m ✿4-5 8-11

Wuchs: Kleiner Strauch mit straff aufrechten Trieben, dicht verzweigt, langsam wachsend. Jahreszuwachs 15–20 cm.

Blätter: Sommergrün, wechselständig, 3- bis 5-lappig, rundlich, frischgrün, sehr früh austreibend und lange haftend. Im Herbst gelb.

Blüten: Gelblichgrün, klein, unscheinbar, in Trauben.

Früchte: Korallenrote Beeren.

Standort: Sonnig bis schattig, auch unter hohen Bäumen. Auf allen trockenen bis feuchten Böden, bevorzugt kalkhaltigen und nährstoffreichen.

Pflege: Schnitt im April und Juni. Nicht anfällig für Blattpilze.

Vermehrung: Steckhölzer, Absenker.

Bemerkungen: Schattenverträgliches Gehölz für niedrige Hecken.

Weitere Art:

- Gold-Johannisbeere *(R. aureum)*, 2 m hoch, Blätter hellgrün, 3-lappig, im Herbst rötlich bis violett; Blüten goldgelb, in lockeren, hängenden Trauben, 4–5.

Gewöhnliche Eibe

Taxus baccata

Taxus baccata

○-◑-● ↑10–15 m ↔8–12 m ✿3–4 9–2

Wuchs: Kleiner bis mittelgroßer Baum oder Strauch mit eiförmiger oder unregelmäßiger Krone. Jahreszuwachs 10–30 cm.

Blätter: Immergrün, schwarzgrüne, zweizeilige Nadeln, 1–3 cm lang.

Blüten: Männliche in gelben Köpfchen, weibliche unscheinbar.

Früchte: Beerenartig; leuchtend roter, fleischiger Fruchtmantel (Arillus), nicht giftig, umschließt die stark giftigen Samen.

Standort: Sonnig bis schattig, auf nährstoffreichen, feuchten, durchlässigen, kalkhaltigen Böden. Gedeiht nicht auf stark sauren Standorten.

Pflege: Für hohe Luftfeuchtigkeit sorgen. Schnitt Ende April und Juni.

Vermehrung: Steckhölzer, Aussaat.

Sorten:

- 'Aurea', gelbnadelig.
- 'Fastigiata', Säulen-Eibe, schlank kegelförmig, 3–5 m.

Weitere Art:

- Japanische Eibe *(T. cuspidata)*, frosthärter, 2–3 m hoch, dicht verzweigt, gut für Hecken.

Bemerkungen: Die gesamte Pflanze ist stark giftig! Ausnahme ist die rote fleischige Hülle der Steinfrucht.

Lebensbaum, Thuja

Thuja occidentalis

Thuja occidentalis

○-◑ ↑15–20 m ↔3–4 m ✿4–5 9–2

Wuchs: Mittelhoher Baum mit schmaler, kegelförmiger Krone und leicht aufwärts gerichteten Seitenästen. Jahreszuwachs 20–30 cm.

Blätter: Immergrün, schuppenförmige, dicht dachziegelartig angeordnete Nadeln, dunkelgrün, im Winter bronzebraun.

Blüten: Männliche zahlreich, gelbbraun, weibliche unscheinbar.

Früchte: Zapfen länglich elliptisch, 8–12 mm lang, gelbgrün, später bräunlich.

Standort: Sonnig bis halbschattig, auf ausreichend feuchten, gern kalkhaltigen und nährstoffhaltigen Böden.

Pflege: Bei Trockenheit wässern. Sehr schnittverträglich. Vernachlässigte, alte Pflanzen nicht mehr stark zurückschneiden, sonst verkahlen sie.

Vermehrung: Aussaat, Stecklinge.

Sorten:

- 'Brabant', 15–20 m hoch, sehr gesunde Sorte, im Winter auch grün.
- 'Columna', Säulen-Lebensbaum, 5 bis 8 m hoch, 1,5 m breit, Jahreszuwachs 15 cm in der Höhe, 5 cm in der Breite. Sehr gutes Heckengehölz für kleine Gärten.
- 'Smaragd', 4–6 m, 1–1,8 m breit, langsam wachsend, ideal für Hecken.

Bemerkungen: Schnelle und preiswerte Lösung für den Sichtschutz in kleinen Gärten. In allen Teilen giftig!

Edelrose 'Aachener Dom'

Rosa
'Aachener Dom'

○-◑ ⬆60-80 cm ✿6-9

Wuchs: Aufrecht, mit straffen Stielen.

Blätter: Gefiedert, glänzend grün, ledrig, sehr robust.

Blüten: Edel geformt, bis 12 cm groß und stark gefüllt, meist einzeln auf straffen Stielen. Lachsrosa, öfterblühend, leichter, feiner Duft.

Standort: Sonnige bis halbschattige Plätze mit nahrhaftem, lockerem, tiefgründigem Gartenboden.

Pflege: Boden lockern, mit Rosendünger im Frühjahr verbessern. Rückschnitt im Frühjahr. Verblühtes laufend entfernen (Blütenbüschel bis zum nächsten gesunden Blatt zurückschneiden). Winterschutz: Anhäufeln. Beim Pflanzen muss die Veredelungsstelle 5 cm unter dem Boden sein. Regenfest und Halbschatten ertragend.

Vermehrung: Veredelung (Okulation).

Bemerkungen: Züchter: Meilland (1982). Edelrose für Einsteiger. Gut für den Vasenschnitt, für Kübel geeignet. Gute Partnerpflanzen sind hohe Glockenblumen *(Campanula lactiflora)* und Salbei *(Salvia nemorosa* 'Ostfriesland'). Die Stauden aber nicht zu dicht an die Rosenstöcke setzen – Rosen brauchen »Luft«!

Edelrose 'Banzai '83'

Rosa
'Banzai '83'

○-◑ ⬆80-100 cm ✿6-9

Wuchs: Aufrecht, mit straffen Stielen.

Blätter: Gefiedert, glänzend grün, gesund.

Blüten: Edel geformt, meist einzeln auf straffen Stielen. Goldgelb mit orangerotem Außenrand, stark gefüllt, öfterblühend, mit leichtem Duft.

Standort: Siehe 'Aachener Dom'.

Pflege: Siehe 'Aachener Dom'.

Vermehrung: Veredelung (Okulation).

Bemerkungen: Züchter: Meilland (1983). Sehr robuste Edelrose mit kräftigem Wuchs. Schön zusammen mit Schafgarbe *(Achillea filipendulina)* Anis-Ysop. *(Agastache foeniculum)*, Steppenkerze *(Eremurus)* und Königskerzen *(Verbascum)*. Hübsch sehen zu ihren Füßen auch die einjährige Kapuzinerkresse *(Tropaeolum majus)* und Jungfer-im-Grünen *(Nigella damascena)* aus.

Edelrose 'Gloria Dei'

Rosa
'Gloria Dei'

○-◑ ⬆70-90 cm ✿6-10

Wuchs: Aufrecht, mit straffen Stielen.

Blätter: Gefiedert, dunkelgrün, glänzend, gesund.

Blüten: Edel geformt, groß und gefüllt, meist einzeln auf straffen Stielen. Gelb mit rotem Rand, öfterblühend, leicht duftend.

Standort: Siehe 'Aachener Dom'.

Pflege: Siehe 'Aachener Dom'.

Vermehrung: Veredelung (Okulation).

Bemerkungen: Züchter: Meilland (1945), in England und den USA als 'Peace' bekannt. Gilt als »Weltrose« – über 100 Millionen mal verkauft, die meistgepflanzte Rose aller Zeiten. Gut für den Vasenschnitt. Wuchsstarke, robuste und blühwillige Edelrose. Die goldgelben Blüten bilden in einem Rosen-Staudenbeet die Hauptattraktion. Sie lassen sich kombinieren mit Königskerzen *(Verbascum)*, Frauenmantel *(Alchemilla mollis)*, gelber Kapuzinerkresse *(Tropaeolum* 'Tip Top') und anderen gelb-blühenden Blumen. Auch Kombinationen mit Blau wirken attraktiv, etwa mit Eisenhut *(Aconitum × carmichaelii* 'Arendsii'), mit Rittersporn *(Delphinium*-Hybriden) und Katzenminze *(Nepeta)*.

Beetrose 'Bonica '82'

Rosa
'Bonica '82'

○-◑ 50–80 cm ✿ 6–10 8–10

Wuchs: Buschig, aufrechte bis überhängende Triebe.

Blätter: Gefiedert, grün, glänzend, ledrig.

Blüten: Rosa, in heißen Lagen aufhellend, gefüllt. Öfterblühend mit sommerlanger Blüte.

Früchte: Hagebuttenansatz in heißen Sommern.

Standort: Siehe 'Aachener Dom'.

Pflege: Siehe 'Aachener Dom'. Sehr regenfest und frosthart.

Vermehrung: Veredelung (Okulation).

Bemerkungen: Züchter: Meilland (1982). ADR-Rose 1983. Eine sommerlang blühende Beetrose mit ausgeprägter Frosthärte. Ideal für Einsteiger. Auch als Stammrose mit 60 und 90 cm Höhe angeboten. Sieht sehr schön aus neben Gruppen aus Salbei *(Salvia nemorosa)*, Lavendel *(Lavandula angustifolia)* und Gräsern wie etwa dem Lampenputzergras *(Pennisetum alopecuroides)*. Am besten pflanzt man Tuffs von 4–6 Rosen und daneben Stauden in 6er-Gruppen. So lassen sich beide Gruppen ihren Ansprüchen gerecht pflegen. Niemals einzeln und abwechselnd.

Beetrose 'Goldmarie '82'

Rosa
'Goldmarie '82'

○-◑ 40–60 cm ✿ 6–10

Wuchs: Buschig mit straff aufrechten Trieben.

Blätter: Gefiedert, glänzend dunkelgrün.

Blüten: Goldgelb, gefüllt, wetterfest. Öfterblühend.

Standort: Siehe 'Aachener Dom'.

Pflege: Siehe 'Aachener Dom'. Bei Benachbarung mit Stauden unbedingt 50 cm Abstand halten, damit Sie den Boden regelmäßig lockern können.

Vermehrung: Veredelung (Okulation).

Bemerkungen: Züchter: Kordes (1984). Eine robuste, frostharte, gelbe (selten!) Beetrose. Gute Partnerpflanzen sind Rittersporn *(Delphinium*-Hybriden), Katzenminze *(Nepeta × faassenii)*, Frauenmantel *(Alchemilla mollis)* und Polster-Glockenblumen *(Campanula perscharskyana)*.

Beetrose 'Schneeflocke'

Rosa
'Schneeflocke'

○-◑ 40–60 cm ✿ 5–10

Wuchs: Niedrig buschig wachsend, mit steif aufrechten Trieben. Schmiegt sich an jeden Untergrund an.

Blätter: Gefiedert, glänzend grün.

Blüten: Leuchtend weiß, halb gefüllt mit gelben Staubbeuteln in der Mitte, in Büscheln mit bis zu 25 Blüten. Öfterblühend, bis weit in den Herbst. Leichter Duft.

Standort: Siehe 'Aachener Dom'.

Pflege: Siehe 'Aachener Dom', jedoch kein Rückschnitt nötig. Winterschutz im ersten Jahr nach der Pflanzung. Sehr gesund, wenig anfällig für Sternrußtau, Mehltau.

Vermehrung: Veredelung (Okulation).

Bemerkungen: Züchter: Noack (1991). ADR-Rose 1991. Eine weiße Spitzensorte, die sich auch als Bodendeckerrose eignet. Wird auch als Stammrose mit 60 cm und 90 cm Höhe angeboten.

Einjährige
Zweijährige
Stauden
Zwiebelblumen
Gräser/Farne
Ziergehölze
Hecken
Rosen
Kletterpflanzen

Strauchrose 'Ghislaine de Féligonde'

Rosa
'Ghislaine de Féligonde'

○-◑ 50–200 cm ✿ 6–10

Wuchs: Aufrecht, leicht überhängende, fast stachellose Triebe.

Blätter: Gefiedert mit 7 Teilblättchen, gesägt, glänzend grün.

Blüten: Klein, lachsrosa bis gelb, gefüllt, öfterblühend, mit lieblichem Duft! Regenfest.

Standort: Siehe 'Aachener Dom'.

Pflege: Siehe 'Aachener Dom'. Sehr robuste, gesunde Strauchrose.

Vermehrung: Veredelung (Okulation).

Bemerkungen: Züchter: Turbat (1916). Eine der bemerkenswertesten Wiederentdeckungen in den 90er Jahren. Sie wächst an luftigen Plätzen völlig gesund ohne jeglichen chemischen Pflanzenschutz. Sehr schön als freiwachsende Hecke und als Hochstammrose.

Weitere öfterblühende, gesunde Strauchrosen:

- 'Centenaire de Lourdes', 100–150 cm, rosa, gefüllt.
- 'Grandhotel', 150–200 cm, rot, gefüllt.
- 'Souvenir de la Malmaison', 100 cm, rosa, gefüllt, stark duftend.

Strauchrose 'Schneewittchen'

Rosa
'Schneewittchen'

○-◑ 100–150 cm ✿ 5–10 9–2

Wuchs: Buschig, aufrecht mit überhängenden Triebspitzen. Häufig als Hochstammrose erzogen. Malerisch, da die langen Triebe bogig überhängen.

Blätter: Glänzend grün, gesägt.

Blüten: Weiß, gefüllt, öfterblühend und sehr früh schon blühend.

Früchte: Rote Hagebutten.

Standort: Siehe 'Aachener Dom'.

Pflege: Siehe 'Aachener Dom'. Sehr robust, erträgt Hitze, Regen und Halbschatten.

Vermehrung: Veredelung (Okulation).

Bemerkungen: Züchter: Kordes (1958). Eine der bekanntesten und am besten bewährten weißen Strauchrosen. Gute Partnerpflanzen zu weißen Rosen wie dieser sind viele graulaubige Stauden wie Eberraute *(Artemisia absinthium)*, Wollziest *(Stachys byzantina)* und Vexiernelke *(Lychnis coronaria)*. Weiße Gärten mit Rosen und Stauden wirken edel und elegant. Verstärkt wird ihr Charme durch eine einfarbige Bepflanzung in Weiß vor und nach der Rosenblüte, etwa mit weißen Triumphtulpen oder weißen Herbstastern.

Strauchrose 'Westerland'

Rosa
'Westerland'

○-◑ 150–200 cm ✿ 6–10

Wuchs: Buschig, steif aufrechte Triebe, mit den Jahren kompakter, geschlossener, selbsttragender Strauch.

Blätter: Gefiedert, glänzend grün, gesund.

Blüten: Orange-aprikot, gefüllt, duftend. Reich- und öfterblühend mit kleiner Blühpause im Hochsommer.

Standort: Siehe 'Aachener Dom'.

Pflege: Siehe 'Aachener Dom', aber nur leichter Rückschnitt im Frühjahr.

Vermehrung: Veredelung (Okulation).

Bemerkungen: Züchter: Kordes (1969). ADR-Rose 1974. Mit ihrem Kupferton passt 'Westerland' wunderbar zu Kokardenblume *(Gaillardia)*, Kapuzinerkresse *(Tropaeolum)* und Ringelblumen *(Calendula)* – in den farbenfrohen Bauerngarten.

Bodendeckerrose 'Apfelblüte'

Rosa
'Apfelblüte'

○-◑ ⬆70–90 cm ✿6–10 9–2

Wuchs: Niedrig buschig, flach und breit wachsend. Gute Bodenabdeckung.

Blätter: Gefiedert, dunkelgrün, glänzend.

Blüten: Weiß, leicht gefüllt, Durchmesser 5–6 cm, etwa 5–20 pro Blütenbüschel. Öfterblühend. Die Blüten erinnern an Wildrosen.

Früchte: Kleine, rot-orange Hagebutten.

Standort: Siehe 'Aachener Dom'.

Pflege: Kein Schnitt notwendig. Düngen im April und Juni.

Vermehrung: Veredelung (Okulation).

Bemerkungen: Züchter: Noack (1990). ADR-Rose 1991. Gesund und wenig anfällig für Sternrußtau und Echten Mehltau. Neben der 'Apfelblüte' können z.B. Sommerflieder *(Buddleja alternifolia)*, Schmetterlingsstrauch *(Buddleja davidii*-Sorten wie 'Empire Blue') oder die Blauraute *(Perovskia abrotanoides)* stehen.

Bodendeckerrose 'Ballerina'

Rosa
'Ballerina'

○-◑ ⬆60–80 cm ✿6–10 9–2

Wuchs: Starkwüchsige, robuste Flächenrose mit langen, überhängenden Trieben.

Blätter: Gefiedert, glänzend grün.

Blüten: Unzählige, an Wildrosen erinnernde Schalenblüten, zartrosa, ungefüllt, öfterblühend.

Früchte: Zierliche, orangefarbene Hagebutten.

Standort: Siehe 'Aachener Dom'.

Pflege: Siehe 'Aachener Dom', jedoch kein Rückschnitt notwendig. Im April düngen.

Vermehrung: Veredelung (Okulation).

Bemerkungen: Züchter: Bentall (1937). Eine Rose mit Wildrosencharme, ideal für freiwachsende Hecken, Kübel und Tröge. Häufig auch als Stammrose mit 60 cm und 90 cm Höhe angeboten. Zu 'Ballerina' passen andere zartrosafarbene Blüten wie die des Schleierkrauts *(Gypsophila paniculata)*, aber auch des Sommerflieders *(Buddleja*-Hybride 'Royal Red') und der Präriemalve *(Sidalcea malviflora)*.

Bodendeckerrose 'Heidetraum'

Rosa
'Heidetraum'

○-◑ ⬆70–80 cm ✿7–11

Wuchs: Niedrig, buschig, mit überhängenden Trieben.

Blätter: Gefiedert, grün, glänzend, wintergrün, sehr zierend.

Blüten: In Dolden zu 25 Blüten, karminrosa, halbgefüllt, öfterblühend. Später Blühanfang, dann aber pausenlos bis zum Frost.

Standort: Siehe 'Aachener Dom'.

Pflege: Siehe 'Aachener Dom', aber Rückschnitt nicht nötig. Wenig anfällig für Rosenkrankheiten, sehr gesund.

Vermehrung: Veredelung (Okulation).

Bemerkungen: Züchter: Noack (1988). ADR-Rose 1990. Damals eine spektakuläre Neuzüchtung, da robust, pflegeleicht und mit wintergrünem Laub. Noch heute sehr empfehlenswert. Nachbarpflanzen könnten in Karminrosa, Violettblau, Karminrot und Violettrot blühen, zum Beispiel Vexiernelke *(Lychnis coronaria)*, Storchschnabel *(Geranium psilostemon)*, Mehlsalbei *(Salvia farinacea)* und Zierlauch *(Allium sphaerocephalum)*.

Kletterrose 'Bobbie James'
(= 'Bobby James')

Rosa 'Bobbie James'

○-◑ ⬆3–5 m ✿6–7 9–11

Wuchs: Kletterrose mit langen, weichen, wenig bedornten Ranktrieben (Rambler-Rose).

Blätter: Gefiedert, glänzend grün, gesund. Rötliche Herbstfärbung.

Blüten: Unzählige kleine, cremeweiße, einfache Schalenblüten, duftend. Einmalblühend.

Früchte: Kleine Hagebutten.

Standort: Siehe 'Aachener Dom'.

Pflege: Siehe 'Aachener Dom', aber nur leichter Rückschnitt im Frühjahr. Braucht unbedingt ein Klettergerüst oder einen Baumstamm, an dem sie emporranken kann.

Vermehrung: Okulation (Veredelung).

Bemerkungen: Züchter: Sunningdale Nurseries (1961). Beste Sorte, um alte Obstbäume oder andere lichte Baumkronen erblühen zu lassen. Am besten pflanzt man die Rose dazu unter der Außenlinie der Baumkrone und führt sie an einem Seil nach oben. Direkt am Baumstamm ist häufig der Boden zu stark durchwurzelt, trocken und nährstoffarm.

Kletterrose 'New Dawn'

Rosa 'New Dawn'

○-◑ ⬆3–4 m ✿6–10 10–12

Wuchs: Wuchskräftige Kletterrose mit langen, überhängenden Trieben.

Blätter: Gefiedert, enorm robust, glänzend grün, wintergrün.

Blüten: Edelrosengleich, überreich, perlmuttrosa, mit Duft.

Früchte: Grünlich-bräunliche Hagebutten.

Standort: Siehe 'Aachener Dom'. Auch im Kübel.

Pflege: Siehe 'Aachener Dom', aber kein Rückschnitt nötig. Hitze, Frost und Halbschatten ertragend. Verblühtes stets abschneiden!

Vermehrung: Okulation (Veredelung).

Bemerkungen: Züchter: Somerset (1930). Beste Kletterrose in Porzellanrosa, ideal für Spaliere und Pergolen sowie an Wänden. Eine sichere Sorte für den Rosen-Neuling, Garant für üppige Rosenbögen. Auch als Stammrose mit 140 cm Höhe erhältlich. Sehr schön sieht dazu eine Vorpflanzung mit Stauden aus. Aber auch am Eingang eines Kräutergartens oder am Gerüst einer Laube wirkt 'New Dawn' malerisch.

Kletterrose 'Super Excelsa'

Rosa 'Super Excelsa'

○-◑ ⬆3–5 m ✿6–10

Wuchs: Kletterrose mit langen, weichen, kletternden Ranktrieben (= Rambler-Rose).

Blätter: Glänzend grün, gefiedert. Färben sich im Herbst kupferfarben.

Blüten: Karminrosa, kleinblumig, zahlreiche Blüten in einer Dolde. Gefüllt, öfterblühend.

Standort: Siehe 'Aachener Dom'.

Pflege: Siehe 'Aachener Dom', aber im Frühjahr kein Rückschnitt. Alle 3–4 Jahre einzelne alte Triebe bodennah abschneiden. Unbedingt an ein Klettergerüst anbinden und im Laufe des Sommers nachkontrollieren.

Vermehrung: Okulation (Veredelung).

Bemerkungen: Züchter: Hetzel (1986). ADR-Rose 1991. Bewährte Rambler-Sorte für Pyramiden, Säulen, Wände und Pergolen.

Weitere öfterblühende Kletterrosen:

- 'Parkdirektor Riggers', 2–2,5 m, rot, ungefüllt.
- 'Rosarium Uetersen', 2–2,5 m, rosa, gefüllt.
- 'Sympathie', 3–4 m, samtig, dunkelrot, gefüllt, stark duftend.

Hundsrose

Rosa canina

Rosa canina

○-◑ 200–300 cm ✿ 5–6 8–10

Wuchs: Stark wachsende, heimische Wildrose.

Blätter: Dunkelgrün, gefiedert, sehr robust.

Blüten: Ungefüllte, zartrosa bis rote Schalenblüten. Einmalblühend.

Früchte: Rote, spitz-eiförmige Hagebutten, essbar.

Standort: Siehe 'Aachener Dom'.

Pflege: Siehe 'Aachener Dom', der Schnitt beschränkt sich jedoch auf das Auslichten alter, nicht mehr blühwilliger Triebe an der Basis.

Vermehrung: Aussaat, Stecklinge.

Sorten:

- 'Kiese', 250 cm, feurigrote Blüte mit roter Mitte, ungefüllt, 6, einmalblühend, viele Hagebutten.

Bemerkungen: Eine heimische Rose der Felder und sonnigen Gebüsche. Ein etwa 600 Jahre alter Abkömmling ziert den Hildesheimer Dom. Sehr frosthart und widerstandsfähig gegenüber Krankheiten.

Bibernellrose, Dünenrose

Rosa pimpinellifolia
(Syn.: *R. spinosissima)*

Rosa pimpinellifolia

○-◑ 100–150 cm ✿ 5–6 9–11

Wuchs: Hohe Sträucher mit überhängenden Trieben, schöne Wuchsform.

Blätter: Gefiedert, hell- bis dunkelgrün, robust, gesund.

Blüten: Einfache, gelblich-weiße Schalenblüten, duftend. Einmalblühend.

Früchte: Schwarze oder rote, kugelige Hagebutten.

Standort: Siehe 'Aachener Dom'. Auch auf trockenen Lagen.

Pflege: Siehe Hundsrose *(R. canina)*. Robust und frosthart.

Vermehrung: Aussaat, Stecklinge.

Sorten *(R.*-Pimpinellifolia-Hybriden):

- 'Claus Groth', lachsorange mit gelben Schattierungen, halbgefüllt, stark duftend, 150 cm.
- 'Frühlingsanfang', cremeweiß, ungefüllt, angenehm duftend, rote Hagebutten, 300 cm.
- 'Frühlingsduft', rosa, innen gelb, gefüllt, stark duftend, Nachblüte im Herbst, 200 cm.
- 'Frühlingsgold', goldgelb, einfach bis leicht gefüllt, 250 cm.

Kartoffelrose, Apfelrose

Rosa rugosa

Rosa rugosa

○-◑ 50–150 cm ✿ 6–8 9–2

Wuchs: Niedrige, straff aufrechte Wildrose mit stark bedornten Trieben, bildet buschige Hecken, Ausläufer treibend.

Blätter: Gefiedert, derb, hellgrün, im Herbst orangefarben.

Blüten: Große, rosarote, ungefüllte Schalenblüten mit gelben Staubbeuteln.

Früchte: Große, rote, flach kugelige Hagebutten, essbar.

Standort: Siehe 'Aachener Dom'.

Pflege: Siehe Hundsrose *(R. canina)*. Bei Bedarf Ausläufer abstechen.

Vermehrung: Aussaat, Stecklinge.

Sorten *(R.*-Rugosa-Hybriden):

- 'Alba', weiß.
- 'Conrad Ferdinand Meyer', historische Rose, 250 cm hoch, Blüten porzellanrosa, gefüllt, stark duftend und einmalblühend.
- 'Dagmar Hastrup', 100 cm, Blüten rosa, ungefüllt. Robuster Flächendecker.
- 'Max Graf', rosa, ungefüllt, sehr wüchsig, 50 cm.

Bemerkungen: Gute Bauerngartenrose für luftige, helle Standorte. Ideal als Wildstrauchhecke.

Rosa Strahlengriffel, Flamingo-Strahlengriffel
Actinidia kolomikta

Actinidia kolomikta

○ ⬆2-3 m ✿6 9-10

Wuchs: Schwachwüchsiger, schlingender Kletterstrauch.

Blätter: Sommergrün, breit eiförmig, zugespitzt, bis 15 cm lang. Färben sich bei den männlichen Pflanzen von den Blattspitzen her weiß bis hellrosa.

Blüten: Weiß, duftend, bis etwa 1,5 cm groß.

Früchte: Stachelbeerähnlich, bis 2 cm lange, gelbgrüne, sehr wohlschmeckende Beeren.

Standort: Sonnig, geschützt, auf allen nahrhaften, frischen bis feuchten Gartenböden.

Pflege: In der Jugend Winterschutz nötig. Braucht als Kletterhilfe ein Spalier oder Spanndrähte.

Vermehrung: Absenker.

Weitere Art:

- Gelber Strahlengriffel oder kleinfrüchtige Kiwi *(A. arguta)*, bis 7 m hoch windend, sattgrüne Blätter an roten Blattstielen, lange haftend. Guter Sichtschutz an Pergolen und Lauben. Blüte 5-6, duftend, weiß, stachelbeerähnliche Früchte, mit Schale essbar.

Klettergurke, Fingerblättrige Akebie
Akebia quinata

Akebia quinata

○-◑ ⬆6-10 m ✿4-5 8-9

Wuchs: Schlingstrauch, hochwindend, in der Jugend langsam, später raschwüchsig.

Blätter: Sommergrün, in milden Wintern immergrün, aus fünf handförmig zusammengesetzten, elliptischen Teilblättchen bestehend, langgestielt, dunkelgrün.

Blüten: Eingeschlechtig, weibliche Blüten violett-braun bis schokoladen-purpur, mit drei schüsselförmigen Blütenblättern. Männliche Blüten kleiner, rosa, duftend.

Früchte: Purpurviolett oder hellviolett, bereift, gurkenähnlich. 5–10 cm lang, essbar.

Standort: Sonnige bis halbschattige, geschützte Lagen auf normalen, nahrhaften, lehmigen, mäßig trockenen bis feuchten Gartenböden.

Pflege: In der Jugend vor Frost schützen. Kletterhilfe mit Stützendurchmesser unter 3 cm oder Spanndrähte anbringen.

Vermehrung: Bewurzelte Bodentriebe, Absenker.

Bemerkungen: Dekorativer Schlinger für Pergolen, Sichtschutzwände, Zäune, auch zur Begrünung älterer Bäume. Die schönen Blüten fallen leider manchmal Spätfrösten zum Opfer – dann auch beim Fruchtansatz.

Pfeifenwinde, Osterluzei
Aristolochia macrophylla

Aristolochia macrophylla

◑-● ⬆3-8 m ✿6-8 9-11

Wuchs: Starkwüchsiger, hochwindender Schlingstrauch mit bis zu 2 m Jahreszuwachs im Jahr.

Blätter: Sommergrün, riesig, wirken tropisch. Herzförmig, bis 30 cm lang, spät abfallend, gelegentlich im Herbst goldgelb färbend.

Blüten: Pfeifenartig, außen gelbgrün, innen purpurbraun, bis 8 cm lang.

Früchte: Keulenförmige, 6klappige Kapseln.

Standort: Halbschattig bis schattig, auf nährstoffreichen, genügend feuchten, etwas lehmigen Gartenböden. Verträgt Kalk.

Pflege: Kletterhilfe in Form eines Rankgitters oder Spaliers oder einer Laube nötig. Gelegentlicher Rückschnitt bei Bedarf.

Vermehrung: Absenker.

Bemerkungen: Durch die großen Blätter schattiert die Pfeifenwinde sehr gut. Ideal für die Begrünung von Lauben und Pergolen und als Sichtschutz. Eine passende Nachbarpflanze wären die Kletterhortensie *(Hydrangea anomala* ssp. *petiolaris)*.

Amerikanische Trompetenblume
Campsis radicans

Campsis radicans

○ ⬆4–10 m ✿7–9 10–12

Wuchs: Stark wachsender, mittels Haftwurzeln kletternder, leicht windender Strauch.

Blätter: Sommergrün, gegenständig, gefiedert mit 9–11 Blättchen, bis 25 cm lang, frischgrün.

Blüten: Orange bis hellorange, röhrig-glockig, bis 7 cm lang, Kronröhre innen gelb, Kronsaum leuchtend scharlachrot, gelb oder orange.

Früchte: Schmale, zweiklappig aufspringende Kapseln, 7–10 cm lang.

Standort: Vollsonnig, geschützt und warm, normaler Gartenboden.

Pflege: Benötigt ein Klettergerüst. Wurzeln schattieren, evtl. durch Vorpflanzung, dann aber regelmäßig gießen. Scharfer Rückschnitt im Frühjahr oder Spätsommer, da Blütenansatz am einjährigen Holz.

Vermehrung: Absenker, Steckhölzer.

Sorten:

- 'Flamenco', starkwüchsig, behaarte Blätter, Blüten hellorange bis rosaorange, blüht sicherer als die Art.
- 'Flava', Blüten orangegelb bis gelb, bis 8 cm lang.

Rundblättriger Baumwürger
Celastrus orbiculatus

Celastrus scandens

○-◑ ⬆6–10 m ✿6 9–2

Wuchs: Starkwüchsiger Kletterstrauch, dicke und kantige Zweige. Bis 2 m Zuwachs pro Jahr. Flachwurzler, Ausläufer bildend.

Blätter: Elliptisch bis rundlich, groß, 10–18 cm lang, 8–14 cm breit. Im Herbst gelb.

Blüten: Endständige, 10–15 cm lange, hängende Rispen, grüngelb. Zweihäusig, männliche und weibliche Pflanzen.

Früchte: Runde, 3-klappige, erbsengroße Früchte, leuchtend gelbe Kapseln mit orangerotem Fruchtmantel.

Standort: Sonnig bis halbschattig, auf normalen Gartenböden.

Pflege: Kletterhilfe in Form von vertikalen Stäben, Stangen oder Drähten erforderlich. Nicht an junge Bäume pflanzen. Für Früchte männliche und weibliche Pflanzen setzen.

Vermehrung: Absenker, Wurzelschösslinge, Steckhölzer.

Bemerkungen: Ideal zur Begrünung von Wänden, Lauben und Pergolen.

Weitere Art:

- Amerikanischer Baumwürger *(C. scandens)*, bis 7 m hoch, ei-längliche Blätter.

Berg-Waldrebe, Anemonen-Waldrebe
Clematis montana

Clematis montana 'Rubens'

○-◑ ⬆3–8 m ✿5 8–12

Wuchs: Starkwüchsige, sehr hoch kletternde Waldrebe.

Blätter: Sommergrün, gegenständig, 3-zählig, mit kurz gestielten, eiförmigen, gezähnten Blättchen, bis 10 cm lang, bronzegrün.

Blüten: Strahlenförmig, bis 6 cm groß, mit 4 Blütenblättern und zentralen Staubblätterbüschel, rosarot. Erscheinen am vorjährigen Holz.

Früchte: Samenstände wie Federpinsel, silber-grau, attrakiv.

Standort: Sonnig bis halbschattig, auf gleichmäßig frischen bis feuchten, nährstoffreichen Gartenböden. Gut kalkverträglich.

Pflege: Pflanzung im August/September, mindestens 5 cm tiefer als vorher (im Topf). Pflanzenbasis mit Laub, Mulch oder schwachwüchsigen, flachwurzelnden Nachbarpflanzen schattieren. Benötigt eine Kletterhilfe aus gitterartig gespannten Schnüren oder aus Latten, Gitterweite 10–20 cm. Rückschnitt nicht erforderlich, wenn nötig, dann nach der Blüte.

Vermehrung: Veredelung.

Sorten:

- 'Rubens', Blüten kräftig rosa.
- 'Superba', bis 8 m, Blüten weiß, etwas großblütiger.

Weitere früh blühende Art:

- Alpen-Waldrebe *(C. alpina)*, 2–3 m, blauviolett, nickend, 5–6.

Großblütige Waldrebe

Clematis-Hybriden

Clematis-Hybriden
oben 'Nelly Moser', unten 'Ville de Lyon'

○-◑ 2–5 m 6–9 10–12

Wuchs: Mittelstark wachsender Kletterstrauch, haftet mit Blattranken an Pergolen, Drähten und Sträuchern.

Blätter: Siehe Berg-Waldrebe.

Blüten: Sternförmig mit 4–8 Blütenblättern, auch gefüllt, in der Mitte mit Staubblattbüschel. Weiß, rosa, rot, purpur, bräunlich, blauviolett.

Früchte: Fedrige, silbrige Samenstände, unauffälliger als bei den Wildarten.

Standort: Sonnig bis halbschattig, auf humosen, sandig-lehmigen, durchlässigen, mäßig trockenen bis feuchten Gartenböden.

Pflege: Siehe Berg-Waldrebe. Rückschnitt im Februar/März bis auf 40 cm.

Vermehrung: Veredelung.

Clematis florida
'Bicolor'

Sorten:

- 'Jackmanii', Blüten tiefviolett, 12–14 cm groß, starkwüchsig, 6–9.
- 'Mme Le Coultre', weiß, 12–18 cm groß, starkwüchsig, 6–9.
- 'Nelly Moser', lilarosa mit dunkelroten Streifen, 10–14 cm groß, 5–6 und Nachblüte 8–9, nur schwach zurückschneiden.
- 'Niobe', samtig tiefmagenta, 12 bis 18 cm groß, Blütezeit 5–6 mit Nachblüte 8–9.
- 'The President', Blüten blauviolett, 12–18 cm groß, 6–9.
- 'Ville de Lyon', Blüten rubinrot, 10–14 cm groß, 7–9.

Bemerkungen: Wunderschön zusammen mit zur gleichen Zeit blühenden Kletterrosen. Bei Trockenheit und stark schwankender Bodenfeuchte anfällig für die *Clematis*-Welke (Triebe sterben von der Spitze her ab).

Weitere Art:

- *Clematis florida*, nicht ganz winterhart, daher Winterschutz erforderlich oder im Kübel ziehen, 2,5–4 m, 6–10; 'Bicolor', Blüte passionsblumenähnlich, weiß, mit 6 Blütenblättern und blauvioletter Mitte, dicht gefüllt; 'Alba Plena', weiß, dahlienartig, gefüllt.

Italienische Waldrebe

Clematis viticella
und C.-Viticella-Hybriden

Clematis viticella
'Étoile Violette'

○-◑ 4–5 m 6–9 10–12

Wuchs: Zierlicher, feintriebiger, mittelstark wachsender Kletterstrauch.

Blätter: Sommergrün, gegenständig, gefiedert mit 5–7 eiförmigen Blättchen, meist ganzrandig bis dreilappig.

Blüten: Mittelgroß, glocken- oder schalenförmig, einzeln auf 5–10 cm langen, dünnen Stielen, 3–5 cm breit, weiß, rot, purpur, blau oder violett.

Früchte: Fedrige, silbrig-weiße Büschel.

Standort: Sonnig bis halbschattig, auf humosen, sandig-lehmigen, durchlässigen, mäßig trockenen bis feuchten Gartenböden.

Pflege: Siehe Berg-Waldrebe.

Vermehrung: Veredelung.

Sorten:

- 'Étoile Violette', tiefviolette, schalenförmige Blüten, 6–10 cm breit.
- 'Prince Charles', Blüten hellblau, 5–10 cm groß, reichblühend.
- 'Rubra', Blüten weinrot, 6–8 cm groß, reichblühend.

Bemerkungen: Sehr gesund, nicht anfällig für die gefürchtete *Clematis*-Welke.

Kletterspindel, Kletternde Kriechspindel

Euonymus fortunei

Euonymus fortunei 'Emerald 'n' Gold'

○-◐-● ⬆0,8-3 m ✿6-7 10-11

Wuchs: Kriechend-kletternd mit Hilfe von Haftwurzeln, Äste trichterförmig, schwach wachsend, gedrungene Gestalt.

Blätter: Immergrün, elliptisch, mittelgrün. Im Herbst rosafarben.

Blüten: Unscheinbar, grünlich-gelb.

Früchte: Rosa bis rötliche, aufspringende »Pfaffenhütchen«-Kapseln, giftig!

Standort: Sonnig bis schattig, auf nährstoffreichen, schweren Gartenböden, schwach sauer bis alkalisch.

Pflege: Keine, kein Schnitt nötig.

Vermehrung: Absenker, Risslinge.

Sorten:

- 'Coloratus', großblättriger als die Art, olivgrünes Laub, reichfruchtend.
- 'Emerald 'n' Gold', Gelbbunte Kriechspindel, Blätter mit breitem, goldgelbem Rand.
- 'Vegetus', an Mauern und Zäunen kletternd, Blätter hellgrün, reichfruchtend; die härteste Kriechspindel-Sorte, die auch in rauen Lagen die strengsten Winter übersteht.

Bemerkungen: Auch als immergrüner Bodendecker einsetzbar.

Weitere Form:

- *E. f.* var. *radicans*, Immergrüne Kriechspindel, kriechend bis kletternd, 0,3–0,8 m hoch, 1–1,5 m breit.

Schlingknöterich,

Fallopia aubertii
(Syn.: *F. baldschuanica, Polygonum aubertii)*

Fallopia aubertii

○-◐ ⬆8-15 m ✿7-9

Wuchs: Stark und sehr dicht wachsender Schlinger, oft mit lang überhängenden Zweigen. Jahrestriebe von 5–8 m Länge!

Blätter: Sommergrün, herz-eiförmig. Frischgrün, hellgelbe Herbstfärbung.

Blüten: Weiß, später rötlich verfärbend, sehr zahlreich, in aufrechten, bis 20 cm langen Rispen, duftend.

Standort: Sonnig bis halbschattig, auf allen Gartenböden.

Pflege: Rankhilfe (Spanndrähte, Holzgerüst) erforderlich. Alte Pflanzen sollte man durch radikalen Rückschnitt im Frühjahr bis auf kräftige Triebe vor dem Austrieb verjüngen. Dadurch wird die Blütenbildung (erfolgt an einjährigen Trieben) gefördert.

Vermehrung: Absenker, Aussaat.

Bemerkungen: Keine andere Kletterpflanze wächst in einem Jahr so hoch wie der Schlingknöterich. Bildet mit seinen hängenden Jahrestrieben richtige Vorhänge – ideal als raschwüchsiger Sichtschutz.

Gewöhnlicher Efeu

Hedera helix

Hedera helix

○-◐-● ⬆10-20 m ✿9-10 4-9

Wuchs: Klettert ohne Kletterhilfe durch Haftwurzeln nach oben oder wächst ohne Stütze kriechend und bodendeckend. Jahrestriebe anfangs 10–20 cm, später 70–100 cm. Die Haftwurzeln wandeln sich bei Feuchtekontakt zu Erdwurzeln um oder verkorken nach 14 Tagen. Altersformen stark verzweigt, ohne Haftwurzeln.

Blätter: Immergrün, Form sehr variabel, in der Jugend 3 bis 5lappig, ledrig, im Alter (nach etwa 10 Jahren) eirund bis rautenförmig. Dunkelgrün, Sorten meist weiß oder gelb gefleckt.

Blüten: Grün-gelb, klein, in kugelförmigen Dolden, nur bei Altersformen (ab etwa 10 Jahren) bzw. an überhängenden Zweigen.

Früchte: Erbsengroße, schwarze Beeren. Reifen erst im Frühjahr, giftig.

Standort: Sonnig bis schattig, auf normalen, nährstoffreichen Gartenböden. Am schönsten auf feuchten, kalkhaltigen Humusböden. Empfindlich gegen Bodenverdichtung!

Pflege: In trockenen Wintern wässern. Sonst keine Pflege nötig.

Vermehrung: Absenker, bewurzelte Teilstücke.

Sorten:

- 'Goldheart', Blätter dunkelgrün mit weiß-gelber Mitte.
- 'Woerner', starkwüchsig (bis 150 cm jährlich), Blätter schwarzgrün, weiß geädert, im Winter bronzefarben.

Gewöhnlicher Hopfen
Humulus lupulus

Humulus lupulus

○-◑ ⬆2-8 m ✿7-8 9-10

Wuchs: Schlingende Staude, die jedes Jahr aus dem Wurzelstock mehrere Meter lange Triebe produziert. Im Herbst absterbend, im Winter also kahl.

Blätter: Sommergrün, groß, dekorativ, 3- bis 7fach handförmig gelappt, am Rand grob gesägt, dunkelgrün.

Blüten: Zweihäusige Pflanze; bei männlichen Pflanzen in aufrechten, achselständigen Rispen, unscheinbar, bei weiblichen in rundlichen Trauben.

Früchte: Zapfenähnlich, papierartig.

Standort: Sonnig bis halbschattig, auf normalen, frischen bis feuchten Gartenböden; bevorzugt tiefgründige, gleichmäßig feuchte Substrate.

Pflege: Braucht ein Rankgerüst oder Drähte als Kletterhilfe. Im Frühjahr auf 3 bis 5 Triebstummel zurückschneiden.

Vermehrung: Teilung, Stecklinge.

Sorten:
- 'Hallertau', gelbgrüne Fruchtzapfen.
- 'Aureus', goldgelbe Blätter

Weitere Art:
- Einjähriger Hopfen *(H. japonicus,* Syn.: *H. scandens),* ebenfalls sehr wüchsiger Schlinger, stirbt im Herbst völlig ab, Aussaat Anfang April an Ort und Stelle; 'Aurea', gelbblättrig, auch Goldhopfen genannt.

Kletterhortensie
Hydrangea anomala ssp. *petiolaris*

Hydrangea anomala ssp. *petiolaris*

◑-● ⬆10-12 m ✿6-7

Wuchs: Klettert mit Haftwurzeln ohne Kletterhilfe, als ältere Pflanze leicht schlingend. Locker überhängende Zweige, die ersten 3–5 Jahre sehr schwachwüchsig (Jahrestrieb 5–10 cm), später stärker (Jahrestrieb 20–50 cm).

Blätter: Sommergrün, herzförmig bis breit eiförmig, ledrig, glänzend dunkelgrün, gelbe Herbstfärbung. Früher Austrieb, dekorative Knospen.

Blüten: Bis 25 cm große, flache, weiße Dolden, mit attraktiven, sterilen, weißen Randblüten. Duftend.

Standort: Halbschattig bis schattig, liebt kühl-feuchte Lagen, nicht an heißen Südmauern. Auf normalen, lockeren, gut durchlässigen, frischen bis feuchten Gartenböden, nahrhaft, sauer bis neutral; kalkmeidend. Verträgt tiefen Schatten und Wurzeldruck von Bäumen.

Pflege: Empfindlich gegen Bodenverdichtung, also Boden vor der Pflanzung lockern. Kein Schnitt.

Vermehrung: Absenker.

Sorten:
- 'Cordifolia', bodendeckende, kriechende Sorte.

Bemerkungen: Wunderschöne Gartenpflanze, auch als Bodendecker im schattigen Bereich.

Prunkwinde
Ipomoea tricolor
(Syn.: *I. violacea, Pharbitis rubrocaerulea)*

Ipomoea tricolor 'Maroon'

○ ⬆2-3 m ✿7-10

Wuchs: Einjährige Schlingpflanze, in der Heimat (tropisches Amerika) mehrjährig.

Blätter: Herz-eiförmig, zugespitzt.

Blüten: Weiß, rot, blau, große Trichterblüten, bis zu 10 cm Durchmesser, Schlund und Röhre immer weiß.

Standort: Sonniger, geschützter Standort auf kalkhaltigen, nicht zu nährstoffreichen Gartenböden. Für Spaliere und Spanndrähte. An Mauern und Wänden ist eine Kletterhilfe nötig.

Pflege: Mäßig wässern und düngen.

Vermehrung: Aussaat im Frühbeet oder im Gewächshaus ab März, im Mai nach den Spätfrösten auspflanzen.

Sorten:
- 'Blauer Himmel', dunkelblau, Schlundmitte gelb.
- 'Maroon', rosaviolett, weiße Mitte.
- 'Praecox', himmelblau, früh und lange blühend.

Bemerkungen: Nur in warmen Lagen wirklich schön.

Weitere Art:
- *I. purpurea,* stärker behaart, in wintermilden Regionen ausdauernd, herzförmige Blätter, bis 5 m hoch.

Winterjasmin
Jasminum nudiflorum

Jasminum nudiflorum

○-◑ ↑2-3 m ✿12-4

Wuchs: Spreizklimmer mit langen, rutenförmigen und bogig überhängenden Trieben, entweder aufrecht an Bäumen oder Gerüsten kletternd oder niederliegend kriechend und bodenbedeckend.

Blätter: Sommergrün, gegenständig, 3-zählig, lanzettlich, dunkelgrün.

Blüten: Primelgelb, forsythienähnlich, öffnen sich je nach Witterung schon vor Weihnachten.

Standort: Volle Sonne bis leicht schattig, geschützt. Auf allen gleichbleibend feuchten, nahrhaften Gartenböden.

Pflege: Frühjahrs-Rückschnitt alle 2 Jahre, da der Winterjasmin am jungen Holz blüht, ältere Zweige werden blühfaul.

Vermehrung: Absenker.

Bemerkungen: Geeignet für Mauerkronen, wo die rutenförmigen Triebe herunterhängen können. Schöner Winterblüher mit sehr langer Blütezeit, da sich die Knospen nacheinander öffnen.

Gelbes Geißblatt, Gelbe Geißschlinge
Lonicera × tellmanniana

Lonicera periclymenum

Lonicera × heckrottii

○-◑ ↑4-6 m ✿6

Wuchs: Starkwüchsige Schlingpflanze.

Blätter: Sommergrün, breit elliptisch, die oberen Blattpaare scheibenförmig verwachsen, derb. Anfangs olivbraun, später tiefgrün. Lange haftend, früh austreibend.

Blüten: Röhrenförmig, zweilippig, in reichblütigen Quirlen an den Triebenden. Leuchtend orange-gelb, ohne Duft. Nachblüte im Oktober.

Standort: Sonnig bis halbschattig, auf normalen, frischen bis feuchten, nahrhaften Gartenböden.

Pflege: Kletterhilfe in Form von senkrechten Stäben, Stangen oder Drähten erforderlich.

Vermehrung: Absenker, Steckhölzer.

Weitere Arten:

Sommergrüne Arten:

- *L. × brownii* 'Dropmore Scarlet', 2–3 m hoch, mäßig windend, Blüten leuchtend rot bis orangerot, 6-9, korallenrote Früchte über tellerartig verwachsenen Blättern, später Frucht- und Laubfall.
- Jelängerjelieber *(L. caprifolium)*, 2 bis 5 m hoch, stark wachsend, Blüten weiß bis cremegelb, 5-6, süß duftend, am stärksten zwischen 18 und 24 Uhr. Nachtfalter-Pflanze, früher Blattaustrieb, korallenrote Beerenfrüchte.
- Feuer-Geißschlinge *(L. × heckrottii)*, 2–4 m, karminrot, innen weiß, im Verblühen gelb, süßer, vanilleähnlicher Duft, 6–9.
- Waldgeißblatt *(L. periclymenum)*, 3–6 m, gelblichweiß mit rötlichen Spitzen. 5–6, abends intensiv duftend; 'Aurea', gelbbuntes Laub; 'Quercina', eichenartig gebuchtete Blätter; 'Serotina', mit schmalen Blättern.

Immergrüne Art:

- *L. henryi*, 5–7 m, schmale, lanzettliche Blätter, schwach wachsend, Blüten gelbrot, für niedrige Mauern oder Zäune, nur für geschützte Lagen, nicht immer ganz winterhart, 6–7 m.

Fünfblättrige Jungfernrebe, Wilder Wein

Parthenocissus quinquefolia

Parthenocissus quinquefolia

○-◑ 10-15 m 7-8 9-2

Wuchs: Raschwüchsiger Kletterstrauch, dessen Ranken mit Haftscheiben klettern. Schwächer ausgebildete Haftscheiben als bei *P. tricuspidata.*

Blätter: Sommergrün, 5-zählig, handförmig gefingert, mit elliptischen Teilblättchen. 4–10 cm lang, glänzend dunkelgrün. Im Herbst rotglühend, färben sich schon ab August.

Blüten: Unscheinbar gelb-grün.

Früchte: Schwarze, blau bereifte, kleine Beeren, in Rispen an roten Stielen. Nicht essbar.

Standort: Sonnige bis halbschattige Plätze auf allen Gartenböden.

Pflege: Bei der Verwendung an Rankgittern sollten diese eine Gitterweite von 10–20 cm aufweisen. Wandabstand: 10 cm. Die Pflanzen schlingen nicht, sie bleiben überwiegend vor dem Gitter. Um die Pflanze in Zaum zu halten, ist Rückschnitt jederzeit möglich.

Vermehrung: Steckholz, Steckling und Herbstaussaat.

Sorten:

- 'Engelmannii', häufigste Sorte, mit besser ausgebildeten Haftscheiben, auch für steile Wände geeignet, kleinere Blätter, im Herbst flammendrot.

Bemerkungen: Besser zum Beranken von Bäumen, Lauben oder Pergolen als für steile Hauswände geeignet. Wunderbar leuchtende Herbstfärbung!

Wilder Wein, Dreispitz-Jungfernrebe

Parthenocissus tricuspidata

Parthenocissus tricuspidata

○-◑ 8-20 m 7-8 9-2

Wuchs: Wuchsstarker Selbstkletterer mit kurzen, mattenartig dicht verzweigten Ranken und Haftscheiben. Breitet sich deutlich waagrechter aus als *P. quinquefolia.*

Blätter: Sommergrün, tief dreilappig eingeschnitten, langgestielt, 10–20 cm breit. Kräftig grün, im Herbst leuchtend orangegelb bis scharlachrot.

Blüten: Unscheinbar, in Rispen.

Früchte: Schwarze Beeren.

Standort: Sonnig bis halbschattig, auf normalen Gartenböden.

Pflege: Klettert ohne Hilfe an Sichtschutzwänden und anderen senkrechten Elementen. Rückschnitt problemlos möglich.

Vermehrung: Absenker und bewurzelte Risslinge.

Sorten:

- 'Veitchii', häufigste Sorte, mit etwas zierlicheren Blättern als die Art.

Bemerkungen: Unglaublich, wie sich die fingerähnlichen Haftorgane sogar an glatten und steilen Mauern festhalten, ja selbst an Marmorwänden. Unvergleichliche orangerote Herbstfarbe.

Sternwinde

Quamoclit lobata

Quamoclit lobata

○-◑ 3-6 m 6-10

Wuchs: Eigentlich mehrjährige, bei uns jedoch als Einjährige kultivierte Schlingpflanze. Starkwüchsig, mit bis zu 6 m langen Trieben.

Blätter: Tief dreilappig, hellgrün.

Blüten: Einseitswendige, bis zu 40 cm lange Rispen mit zungenförmigen, orange bis cremegelben Blüten. Kurzlebig, aber stets neu gebildet.

Standort: Sonnig bis halbschattig warm, in stets feuchter, gut gedüngter Gartenerde.

Pflege: Im Topf laufend wässern und düngen. Kletterhilfe in Form von Drähten, Gerüsten oder einer Pergola nötig.

Vermehrung: Aussaat in Töpfen mit 3–5 Körnern Ende März bis Anfang Mai. Um die Keimdauer zu verkürzen, die Samen vor der Aussaat 24 h in Wasser einweichen. Auspflanzen Ende Mai. Direktsaat ab Anfang Mai möglich.

Rosenkleid, Rosenkelch
Rhodochiton atrosanguineum

Rhodochiton atrosanguineum 'Purple Bells'

○-◑ ⬆150 cm ✿8-10

Wuchs: Zierlicher Schlinger, bei uns einjährig gezogen.

Blätter: Herzförmig, dunkelgrün.

Blüten: Rosenroter, glockiger Kelch, purpurrote bis rotviolette, röhrenförmige Blütenkrone, 5 cm lang, einzeln hängend in den Blattachseln.

Standort: Sonnig bis halbschattig, warm und geschützt, in sandig-humoser Gartenerde.

Pflege: Wässern und düngen im Laufe des Sommers. Braucht Gitter oder netzförmige Spanndrähte als Kletterhilfe.

Vermehrung: Aussaat unter Glas im März, Auspflanzen im Mai. Verträgt keine Temperaturen unter 5 °C.

Sorten:
- 'Purple Bells', intensiv rotviolette Blüten, die rosa Kelchblätter bleiben monatelang erhalten.

Bemerkungen: Reichblühende Schlingpflanze für Balkone und Innenhöfe. Blüht im Topf und als Ampelpflanze. Der Name leitet sich ab von den lateinischen Wörtern *rhodon* für Rose und *chiton* für Kleid. Wird teilweise fälschlich auch als Purpurglöckchen bezeichnet.

Schwarzäugige Susanne
Thunbergia alata

Thunbergia alata 'Golden Wonder'

○-◑ ⬆0,8-2 m ✿6-10

Wuchs: Einjährige Schlingpflanze.

Blätter: Herzförmig, grob gezähnt, dunkelgrün.

Blüten: Trichterförmig, goldgelb mit pechschwarzem Schlund, auch weiß oder orange.

Standort: Sonnig bis halbschattig, warm und geschützt, in gut gedüngter, humoser Gartenerde.

Pflege: Im Topf düngen und wässern. Braucht ein Rankgitter als Kletterhilfe.

Vermehrung: Aussaat im März auf der Fensterbank oder im Gewächshaus und auspflanzen ins Freiland ab Mitte Mai; oder ab Anfang Mai im Freiland an Ort und Stelle.

Sorten:
- 'Alba', weiß mit schwarzem Schlund.
- 'Bakeri', reinweiß, ohne schwarzen Schlund.
- 'Aurantiaca', orangerote Blüten mit brauner Mitte.
- 'Golden Wonder', leuchtend goldgelb mit schwarzem Auge.

Weitere Arten:
- Oranger Glockenwein *(T. gregorii,* Syn.: *T. gibsonii),* rein orangefarben ohne schwarzes Auge, sehr großblütig, Blüten gelappt, behaarte Blätter, 1–2 m, 6–8. Vermehrung nur über Stecklinge möglich.

Glyzine, Wistarie, Chinesischer Blauregen
Wisteria sinensis

Wisteria sinensis

○ ⬆8-10 m ✿5-6 8-9

Wuchs: Stark wachsender Schlinger mit kräftigen, verholzenden Trieben.

Blätter: Sommergrün, gefiedert, gelblich-grün im Herbst gelb. Erscheinen nach den Blüten.

Blüten: Schmetterlingsblütler mit blauvioletten oder weißen, duftenden Blütentrauben, 15–30 cm lang.

Früchte: Längliche, grüne, mehrsamige Hülsen, giftig.

Standort: Sonnig-warm, windgeschützt, am besten auf der Mauer-Ostseite, auf frischen und humosen Böden.

Pflege: Braucht eine stabile Kletterhilfe in Form von vertikalen Stäben, Stangen oder Seilen (mindestens 8 mm stark). Im August Rückschnitt der langen Triebe auf zwei Augen. Es bleiben 10 cm lange Zapfen stehen, aus denen die nächstjährigen Blüten erwachsen.

Vermehrung: Aussaat, Veredelung, Absenker.

Sorten:
- 'Alba', weiße, 15–30 cm lange Blütentrauben.

Bemerkungen: Wunderschön an Laubengängen und Pergolen.

Weitere Art:
- Japanischer Blauregen *(W. floribunda),* etwas wuchsschwächer, 3–8 m, besonders lange, schlanke Blütentrauben, 5–6; 'Purple Patches', violett mit Weiß, in 60 cm langen Trauben.

Pflegekalender für Gartenpflanzen

Gärtnern macht Spaß. Gießen, düngen und schneiden – all diese Arbeiten bereiten mehr Freude denn Mühe. Werden wir doch belohnt mit üppiger Blütenfülle, strotzender Lebenskraft und jeder Menge Überraschungen, die den grünen Daumen sofort wieder kribbeln lassen, kaum dass er mal ruhig im Schoß liegt. Zum Abschluss des Buches ein Pflegekalender mit allen wichtigen Arbeiten rund ums Jahr, sowie genauen Anleitungen, wie man seine grünen Lieblinge selbst vermehren kann.

Frühling

Im Staudenbeet

Schutz vor Schnecken

Junge Austriebe von Rittersporn, Ligularien und allen anderen Pflanzen im eher kühl-feuchten Bereich des Gartens vor Schnecken schützen. Der Handel bietet mittlerweile eine Reihe von Schneckenkörnern an, die für Igel und Vögel ungefährlich sind. Völlig ohne Chemie schützen Schneckenzäune aus Metall oder Kunststoff und dienen kleinere Beete als Starthilfe für frisch gepflanzte Stauden.

Rückschnitt

Stauden im **Steppenbeet** oder auf sonnigen, offenen Beeten mit magerem, steinigem Boden sollte man erst im Frühjahr zurückschneiden. Dies trifft vor allem auf die dekorativen Fruchtstände der Zierlauch-Arten *(Allium)*, auf die Gräser und Königskerzen *(Verbascum)* zu. Mit ihren schönen Fruchtständen sind sie zugleich ja auch Gerüstbildner auf diesen Beeten, was durchaus auch im Winter zur Geltung kommen sollte. Schneiden Sie auch die Mädchenaugen *(Coreopsis verticillata)* erst im Frühjahr zurück. Stauden auf nährstoffreichen, eher frischen bis feuchten Lehmböden können bereits im Spätherbst abgeschnitten werden.

Im April die **Sonnenröschen** um $^{1}/_{3}$ zurückschneiden, damit die Pflanzen kräftig neu durchtreiben.

Lavendel *(Lavandula angustifolia)* im Frühjahr regelmäßig zurückschneiden.

Schleifenblume *(Iberis)*: Alte, auseinanderfallende Polster bis auf 10 cm zurückschneiden, mineralisch düngen. Ebenso alle Eberrauten *(Artemisia abrotanum* u. a.) und Bergastern *(Aster amellus)*.

Die Triebspitzen der Kräuter wie Salbei *(Salvia officinalis)* und Thymian *(Thymus × citriodorus, Th. vulgaris)* vorsichtig einkürzen. Das führt zur Verzweigung der verholzten Triebe.

Düngen und Kompost verteilen
Je nach Bodenbeschaffenheit muss mindestens einmal im Frühjahr organisch gedüngt werden. Unkrautfreien Gartenkompost im Herbst und Frühjahr verteilen, vor allem auf Prachtstaudenbeeten, ansonsten organischen Dünger einarbeiten.

Gehölze, Sträucher und Kletterpflanzen

An milden Wintertagen sollte man abgestorbene Strauchteile oder Äste sowie solche, die vom Wind oder Schnee beschädigt wurden, bodennah oder direkt über der Ansatzstelle entfernen.
Verjüngt werden sollten Sträucher, die unten kahl und überlang gewachsen sind. Das betrifft häufig Flieder, Weigelie, Pfeifenstrauch.
Alle **Formgehölze** ab Mai in Form schneiden.

Rückschnitt
Der Rückschnitt der Sträucher, der Äste und Zweige richtet sich nach dem Blühverhalten.
Frühjahrsblüher wie Forsythien, Schneeball, Flieder bilden ihre Blüten am Ende oder entlang der vorjährigen Triebe aus. Deshalb schneidet man diese Gehölze auch erst nach der Blüte zurück. Für ihr natürliches Wuchs- und Blühverhalten brauchen sie keinen Rückschnitt.

Sommerblüher
Sommerblühende Sträucher entwickeln ihre Blüten am Ende der Triebe, wie Schmetterlingsstrauch, Trompetenstrauch, Rispenhortensie und Roseneibisch, oder entlang der diesjährigen Neutriebe, wie die Bartblume oder der Sommerflieder.
Diese Sommerblüher werden im Frühjahr kräftig zurückgeschnitten. Je stärker der Rückschnitt, desto kräftiger der Neuaustrieb.
Ausnahmen: Flieder *(Syringa)* und **Schneeball** *(Viburnum)*. Bei beiden entstehen die stärksten Blütensprosse direkt unterhalb der Blütenstände. Würde man mehr als nur die verblühten Rispen entfernen, brächte man sich um die Blüte des nächsten Jahres. Deshalb diese Sträucher nur alle paar Jahre etappenweise verjüngen.

Rosen: Im April Rückschnitt der Beetrosen auf 3-5 Augen pro Trieb. Kletterrosen einkürzen. Öfterblühende Strauchrosen nicht oder nur wenig schneiden, einmalblühende nur auslichten. Bei Hochstämmen die Triebe um die Hälfte einkürzen; dabei stets daumenbreit schräg oberhalb der Triebknospe schneiden.

Bei **Trockenheit** im Frühjahr und Sommer wässern, besonders aber zur Blüte- und Austriebszeit.

Die Sträucher mit einem **Gartendünger** (organisch-mineralisch) düngen, oberflächlich harken und gut einschlämmen. Vor allem auch die Hecken düngen.

Immergrüne mit einem magnesiumhaltigen Dünger (Bittersalz, Tannendünger) düngen.

Heckenschnitt

- Der beste Zeitpunkt ist im Frühling oder im Frühsommer.
- Die Häufigkeit richtet sich nach der Endhöhe der Pflanze im ungeschnittenen Zustand. Eine Rotbuche z. B. wird ohne Schnitt höher als 10 m – ein richtiger Baum also. Sie muss natürlich viel häufiger geschnitten werden als eine Berberitze, die als Strauch ohnehin nur 2 m hoch wird.
- Die geschnittene Hecke muss oben schmaler sein als unten, im Querschnitt also konisch, damit auch nach Jahren noch genug Licht an die unteren Bereiche kommt. So wächst die Hecke gleichmäßig dicht. Die Krone kann gerade, gerundet oder geformt sein, etwa in Kugeln, Kegeln oder als Tierfiguren.

Frühsommer

Im Staudenbeet

Iris-**Barbata-Hybriden:** Braune Blätter im Frühjahr entfernen. Im Juni pflanzen, verpflanzen und teilen. Die Rhizome knapp unter die Erdoberfläche pflanzen. Zu tief gesetzte *Iris* kümmern.

Gehölze, Sträucher und Kletterpflanzen

Rhododendren wurzeln flach, deshalb so wenig wie möglich umgraben oder umpflanzen. Nach der Blüte alles Verblühte ausknipsen. Vorsicht: Unterhalb der verblühten Blütenanlagen sitzen die Knospen für das nächste Jahr. Die dürfen beim Ausknipsen nicht beschädigt werden. Der Grund: Der Fruchtansatz schwächt die Pflanzen, vor allem jüngere Exemplare. Bei älteren, über 2 m großen Pflanzen braucht man die Fruchtansätze nicht mehr zu entfernen.

Rosen: Mit Rosendünger düngen, bei Trockenheit wässern.

Rosenkrankheiten
Echter Mehltau tritt häufig auf in kühlen Sommern mit hoher Luftfeuchtigkeit oder bei heißen Sommer und geringer Luftfeuchte. Die Blätter bekommen einen mehligen Belag, die Rose wächst nicht mehr. Abhilfe: Befallene Blätter absammeln und in die Mülltonne werfen, weniger Stickstoff düngen und erkrankte Triebe herausschneiden.
Falscher Mehltau tritt auf bei anhaltender feuchtwarmer Witterung sowie starken Temperaturschwankungen zwischen Tag und Nacht, häufig im Spätsommer. Er zeigt sich durch rötliche Flecken auf den Blättern und einem grauweißen Schimmel auf der Blattunterseite. Abhilfe: Erkrankte Blätter entfernen.
Sternrußtau bekommen Rosen, die auf kalten, stark tonhaltigen, eher humusarmen, wasserundurchlässigen Böden ste-

Beugen Sie Rosenkrankheiten wie dem Sternrußtau vor: Pflanzen Sie gesunde Sorten an luftige, sonnige Plätze.

hen. Auch bei Staunässe über einen längeren Zeitraum wird Sternrußtau gefördert. Vorbeugend sollte man nur trockene, helle, windige Plätze für die Rosen wählen, den Boden gut vorbereiten und robuste Sorten pflanzen. Vor der Knospenbildung kann mit einem Pflanzenschutzmittel behandelt werden. Die befallenen Blätter unbedingt absammeln und in die Mülltonne werfen.

Sommer

Wässern im Garten

Generell frisch gepflanzte Gehölze, Hecken und Sträucher wässern. Ebenfalls Rabatten mit Prachtstauden bei langer Trockenheit.

So gießen Sie richtig: Mit dem Schlauch oder Gießgerät zwischen die Blätter, dabei nicht auf die Blätter oder gar Blüten gießen. Dies gilt vor allem für Purpurglöckchen *(Heuchera)*, Ligularien, Flammenblume *(Phlox)*, Sonnenbräute *(Helenium)* bei Trockenheit sowie Rhododendren und andere Immergrüne bei lang anhaltender Trockenheit.

Bewährt hat sich das Wässern mit einem »porösen Schlauch«. Das sind mehrere, meist 15 m lange Bewässerungsschläuche, aus alten Autoreifen hergestellt, die bei einem niedrigen Wasserdruck ständig Tröpfchen für Tröpfchen Wasser abgeben. Man kann den Schlauch an eine Regentonne mit Zapfhahn oder an einen Wasserhahn anschließen, sollte ihn 10 bis 15 cm tief eingraben oder mit Rindenhumus, Laub und Komposterde abdecken. Das schützt vor Verdunstung und Frost. Die Schläuche haben eine Haltbarkeit von 10 Jahren, sind bei sachgemäßer Verlegung frosthart und völlig wartungsarm. Eine gute Sache für die Umwelt.

Im Staudenbeet

Rückschnitt für eine zweite Blüte (Remontierschnitt)

Katzenminze *(Nepeta)*, **Frauenmantel** *(Alchemilla mollis)* blühen ein zweites Mal fünf bis sechs Wochen nach dem Totalrückschnitt.

Bei den **Sonnenbräuten** *(Helenium*-Hybriden), **Lupinen** *(Lupinus*-Hybriden), **Ehrenpreis** *(Veronicastrum longifolium)*, **Skabiosen** *(Scabiosa caucasica)*, **Sonnenaugen** *(Heliopsis)* und vielen anderen Beetstauden und auch Stauden der Steppe wie der **Spornblume** *(Centranthus ruber)* lohnt es sich, die verblühten Blüten herauszuschneiden, auch einzeln. Das ist zwar mühsam, verlängert aber die Blütezeit insgesamt um viele Wochen! Dabei die Blätter schonen, denn diese brauchen die Pflanzen für die Ernährung und den Neuaustrieb.

Außerdem verhindern Sie so, dass sich die Stauden versamen. Dies ist vor allem bei Hybrid- und F_1-Sorten wichtig, denn die Sämlinge haben nicht mehr die gleichen Eigenschaften wie die Mutterpflanze.

Schleifenblume *(Iberis)*:
Regelmäßig nach der Blüte um ein $^1/_3$ zurückschneiden.

Pflege-Rückschnitt (keine Zweitblüte!)

Sämtliche *Geranium*-Arten, also Storchschnäbel, sollte man nach der Blüte direkt über dem Boden zurückschneiden. So bauen sich die Pflanzen neu auf und sie sind vor dem Befall durch den Mehltau-Pilz etwas geschützt. Es bilden sich für den Rest des Jahres neue Blattschöpfe, die teilweise den Winter überdauern.

Wenn **Lupinen** kümmern bzw. das Laub unschön geworden ist, kann man die Pflanzen auch direkt über dem Boden abschneiden. Sie treiben neu durch und entwickeln nochmals frischgrüne Blätter.

Alant *(Inula magnifica)*: Blätter verbräunen nach der Blüte, deshalb besser zurückschneiden.

Staudenphlox *(Phlox*-Paniculata-Hybriden): Anfällig für Mehltau und Stängelälchen. Erkrankte Horste entfernen. Die Stängel Mitte Juni um ein Drittel zurückschneiden; dies sorgt für frische, gesunde Blätter und verschiebt die Blütezeit in den September. Verblühtes abschneiden, sonst Selbstaussaat. Die Sämlinge tragen jedoch weitaus kleinere Blüten als die Sorten.

Polsterphlox *(Phlox*-Subulata-Hybriden): Nach der Blüte auf zwei Drittel der ursprünglichen Höhe zurückschneiden.

Bei allen **Zwiebelblumen** die verblühten Stängel herausschneiden, das Laub bis zum vollständigen Einziehen (= Gelbwerden) stehen lassen.

Tipp: Das Laub flechten und die Zöpfe auf den Boden legen. Das sieht witzig und ordentlicher aus.

Taglilien *(Hemerocallis*-Hybriden), **Schwertlilien** *(Iris*-Hybriden), **Lilien:** Samenkapseln entfernen, Blätter stehen lassen.

Gehölze, Sträucher und Kletterpflanzen

Glyzinen *(Wisteria sinensis)* blühen nur üppig, wenn man sie wie folgt schneidet: Im August die langen Sommertriebe auf zwei Augen einkürzen. Es bleiben 10 cm lange Zapfen stehen, aus denen die nächstjährigen Blüten erwachsen. **Waldreben** *(Clematis)*: Im Au-

Tipp für Anfänger

Generell sollte man folgende Stauden nach der Blüte zurückschneiden, um die Selbstaussaat zu verhindern: Schafgarbe, Frauenmantel, Hornkraut, Nelken, Staudenlein, Blutweiderich, Jakobsleiter, Königskerzen.

sen. **Waldreben** *(Clematis)*: Im August/September ist der optimale Zeitpunkt, die Waldreben *(Clematis)* zu pflanzen. Immer daran denken: Mindestens 5 cm, besser 7-8 cm tiefer pflanzen, als die Veredelungsstelle sitzt. Das Pflanzloch gut vorbereiten, tiefgründig lockern, mit Kompost oder Pflanzerde auffüllen und die Wurzeln ausgiebig einschlämmen. Danach die Pflanzenbasis beschatten, mit Holzbrett, Karton oder vorab gepflanzten Stauden. Dabei jedoch keine stark zehrenden Stauden verwenden!

Herbst

Verjüngung im Staudenbeet

Kümmern Stauden, lässt die Blüte nach und stoppt das Wachstum, nimmt man die Pflanze aus dem Boden und teilt sie. Das nennt der Fachmann »Verjüngen«. Die Teilstücke wachsen mit neuer Kraft und frischer Vitalität. Wie Sie teilen, lesen Sie im Abschnitt »Vermehren – Teilung« (Seite 234).

Stauden, die nach 3 bis 5 Jahren geteilt werden sollten:
Strandnelke *(Armeria maritima)*
Frühlingsaster *(Aster tongolensis)*
Margeriten *(Leucanthemum)*
Katzenminze *(Nepeta × faassenii)*
Skabiose *(Scabiosa caucasica)*
Trollblume *(Trollius europaeus)*.

Rückschnitt im Staudenbeet

Alle Stängel, Blätter und Pflanzenteile, die schnell faulen und unschön werden, schneidet man im Spätherbst nach den ersten Frösten ab. Vor allem trifft dies auf Kissenastern, Taglilien, Pfingstrosen und Frauenmantel zu. Schneiden Sie die Stängel aber nicht zu tief, höchstens eine Hand breit über dem Boden. Das schützt die Pflanzenherzen vor Winternässe und Frost.
Eine leicht Abdeckung mit Laub oder klein gehäckselten Pflanzenteilen ist optimal.

Buchs schneidet man am besten im Juni, wenn nötig, Anfang August nochmals.

Pflege von Zwiebelblumen

Die meisten Zwiebelblumen stammen aus Steppen oder Bergländern Asiens oder, seltener, Südamerikas. Dort sind die Winter kalt, der Frühling kurz und regenreich, und es folgt eine lange, trockene Sommerzeit. Deshalb blühen Zwiebelblumen so früh; anschließend lassen sie ihre Blätter welken, während sie die wertvollen, darin gebildeten Nährstoffe in die Zwiebel transportieren und speichern. Der ganze Spross kann dann durch die Zwiebelschale gut geschützt die Sommertrockenheit überdauern.
Knollen und Zwiebeln sind fleischig und daher anfällig für Fäulnispilze. Vor dem Pflanzen muss man deshalb den Boden gründlich vorbereiten, ihn lockern und Sand ins Pflanzloch geben, damit überschüssiges Wasser abfließen kann. Außerdem mischt man gleich etwas Hornmehl oder Komposterde unter.
Pflanztiefe: Die Faustregel für die Pflanztiefe besagt: Man setzt die Zwiebel bzw. Knolle 2–3mal so tief, wie sie hoch ist.
Pflanzzeit: Sehr früh blühende Zwiebelblumen müssen auch früh gepflanzt werden. Bester Zeitpunkt dafür ist Anfang September. Spät blühende Sorten kann man bis zum November pflanzen.
Gedüngt wird zum Austrieb mit einem schnell löslichen, mineralischen Volldünger. Nach der Blüte können Sie einen kalibetonten Dünger geben.
Wichtig: Verwelkte Blüten, nicht aber die grünen Teile abschneiden, sondern diese erst, wenn sie völlig abgetrocknet sind. Sonst fehlen der Zwiebel die Baustoffe für die nächste Blüte.
Nicht frostharte Zwiebeln und Knollen, wie **Dahlien** oder **Gladiolen**, Anfang Oktober ausgraben, reinigen, trocknen und kühl (4–10 °C) lagern.

Pflanzzeit – im Staudenbeet sowie von Gehölzen

Im Herbst ist die optimale Pflanzzeit für die meisten Gartenpflanzen. Ausnahmen sind frostempfindliche Obstgehölze wie Kiwi, frostempfindliche Stauden wie Herbstanemonen und alle Staudengräser, die durch Winternässe leiden. **Koniferen**, alle **Immergrünen** und **Rhododendren** sollte man im September pflanzen. Dies gilt auch für den **Türkenmohn** und die **Pfingstrose**, die eine spätere Pflanzung nicht vertragen.
Das Pflanzen selbst ist nicht schwierig. Wichtig dabei ist, dass man das Pflanzloch doppelt so groß aushebt wie der Wurzelballen groß ist. Vor allem bei Pflanzen, die mit dem anstehenden Gartenboden nicht klar kommen, muss das Pflanzloch groß genug sein, um die gewünschte Erde auszutauschen. Bei Rhododendren und anderen säureliebenden Sträuchern etwa muss ein saures, humoses Substrat eingebracht werden. Außerdem empfiehlt es sich, einen organischen Pflanzendünger, oder Hornspäne gleich mit ins Pflanzloch zu geben. Verwenden Sie dabei keine mineralischen, schnell löslichen Dünger.
Wichtig: Beim Einfüllen der Erde die Pflanze immer wieder vorsichtig bewegen und leicht rütteln, damit auch zwischen die Wurzeln unterhalb des Ballens die Erde fällt. Bevor Sie ganz auffüllen, zunächst mit Wasser einschlämmen, damit sämtliche Luftblasen zwischen den Wurzeln entweichen. Dann erst das Pflanzloch ganz voll füllen, die Erde vorsichtig fest treten und nochmals wässern. Die Erde rund um Stauden tritt man nicht mit dem Fuß fest, sondern drückt mit den Händen.

Winterschutz

Im Staudenbeet

Winterpflege und Frostschutz

Gedenkemein *(Omphalodes)* und andere flach wachsende Bodendecker im halbschattigen bis schattigen Gehölzrand im Spätwinter flach mit Humus oder Kompost bedecken.
Purpurglöckchen in Frostlagen schützen. Ebenfalls weißfilzige, graublättrige Stauden.

Gräser sollten Sie erst im Frühling zurückschneiden, denn sie zieren auch im Winter die Beete.

Tipp für Anfänger

Eine Auswahl pflegeleichter Stauden
Für sonnige Plätze:
Bartiris, Gänsekresse, Kugeldistel, Pfingstrose, Prachtstorchschnabel, Purpurfetthenne, Sonnenhut, Schafgarbe, Ehrenpreis, Sommersalbei, Spornblume, Taglilie.
Für den Schatten:
Akelei, Bergenie, Fingerhut, Farne, Gefleckte Taubnessel, Japansegge, Lungenkraut, Tränendes Herz, Duftveilchen, Sterndolde

Fackellilie *(Kniphofia):* Winterschutz für die Hybriden in Form von trockenem Torf oder trockener Laubdecke. Blattbüschel nur um ein Drittel einkürzen, nicht völlig kappen. Die Schutzdecke darf nicht die Mitte der Pflanze bedecken, sondern nur die fleischigen Wurzeln. Deshalb: 20 bis 30 cm Laub um den Blattkranz legen, darüber Fichtenreisig, um ein Wegwehen zu verhindern. In besonders rauen Lagen die Pflanze im Herbst auspflanzen, in tiefem Frühbeetkasten frostfrei überwintern.
Schleifenblume *(Iberis)* und andere Zwergsträucher auf Mauerkronen und steinigen Böden im Winter mit Reisig abdecken.
Im Staudenbeet sind es vor allem **silberlaubige Immergrüne** und andere mediterrane Kräuter wie die Eberraute *(Artemisia absinthium)*, Lavendel *(Lavandula angustifolia)*, Staudenlein *(Linum perenne)*, Salbei *(Salvia officinalis)* und Thymian *(Thymus × citriodorus)*, die gefährdet sind.
Buschmalven *(Lavatera olbia)* sind bei uns nicht ganz winterhart. Stängel im Herbst stehen lassen, mit Strohmatte einpacken und erst im Frühjahr, nach den Frösten wieder öffnen. Sieht wie eine Gartenskulptur aus. Ende April die vertrockneten Stiele direkt über dem Boden abschneiden. Wenn man Glück hat, sieht man am Grund der Stängel bereits die ersten Knospen herausspitzen.
Lupinen: Im allgemeinen gut winterhart, nur die Gelbblühenden sind heikel. Winterschutz mit Reisig.
Vor Winternässe schützen: So nässeempfindliche Pflanzen wie die Kniphofie, Lilien oder Skabiosen müssen bereits beim Pflanzen vor Winternässe geschützt werden. Nachträglich ist eine Dränage schlecht anzulegen.
Schneiden Sie frostempfindliche Stauden wie Schafgarben, die Bergaster *(Aster × frikartii)* und Herbstchrysanthemen nicht zu tief ab, das führt zu Winterschäden.
Pampasgras und andere, gegen Winternässe empfindliche Gräser: Im Spätherbst für den Winter zusammenbinden und mit Laub oder Stroh einpacken.

Gehölze, Sträucher und Kletterpflanzen

Immergrüne Pflanzen, Gehölze wie Stauden, auf der Südseite des Gartens unbedingt vor der starken Wintersonne schützen, am besten schattieren. Sie sind vor allem bei so genannten Kahlfrösten, also Frösten ohne Schnee, besonders gefährdet. Wenn an klaren, wolkenlosen die Sonne auf die Blätter scheint, das Thermometer aber unter 0 °C steht und die Wurzeln im gefrorenen Boden sind, können sie kein Wasser aufnehmen. Die Blätter aber werden von der Wintersonne förmlich geweckt und verdunsten Wasser. Die Folge: Bei langen, sonnigen Frostperioden verdursten die Immergrünen. Hinzu kommen die Schwankungen von Tag zu Nacht. In der Nacht sinkt das Thermometer weit unter Null, tagsüber erwärmt die Sonne die Blätter stark. Deshalb ist es sehr wichtig, diese durch Kahlfrost gefährdeten Pflanzen mit Tannenreisig oder Spinnvlies abzudecken und so vor der Sonne zu schützen. Das gilt auch für zugige, Ostwind-exponierte Lagen.
Unter den **Gehölzen** sollte man Rhododendren, Kirschlorbeer und Efeu vor zu starker Wintersonne schützen, am besten an Stellen im Garten pflanzen, die im Winter nicht besonnt werden.
Buchsbaum bei strengen Kahlfrösten (Frost unter minus 15 °C und kein Schnee) und intensiver Sonneneinstrahlung mit Tannenreisig oder anderen Materialien schattieren.
Rhododendren: Mulchen der Baumscheibe mit Grasschnitt, verrottetem Rinderdung, Laub von Eichen, Buchen, Linden und Erlen, Nadelstreu oder Stroh und Brauereiabfällen. Es geht darum, für die flach wachsenden Wurzeln ein ausgeglichenes Kleinklima zu schaffen.

Gartenpflanzen selbst vermehren

Stauden vermehren

Stauden kann man auch selbst vermehren und damit den Bestand im Garten vergrößern – oder aber Nachbarn und Freunden Teil haben lassen an den eigenen Freuden. Denn nur wenn Sie einen Teil der Mutterpflanze, einen Steckling oder Rissling abnehmen und vermehren, bleiben die Brillanz, Leuchtkraft und Wuchseigenschaften Ihrer Sorte erhalten. Wer Samen sammelt und aussät, muss wissen, dass bei jeder Aussaat (generativen Vermehrung) die Eigenschaften nach dem Mendelschen Gesetz der Vererbungslehre aufspalten. Die Eigenschaften der Ausgangssorte bleiben bei den Sämlingen nicht erhalten. Die wenigsten Staudensorten »fallen samentreu«, wie der Gärtner sagt. Das heißt, solche Züchtungen müssen wir vegetativ, also ungeschlechtlich, durch Teilung, Wurzelschnittlinge oder Stecklinge vermehren. Siehe dazu folgenden Abschnitt.
Ausnahmen: Folgende Sorten fallen »samenecht«, können also durch Aussaat vermehrt werden, ohne dabei die Eigenschaften der Mutterpflanze zu verlieren:
Akelei *(Aquilegia caerulea* 'Musik' und andere); Polsterglockenblume *(Campanula carpatica* 'Blaue-' und Weiße Clips'); Pacific-Rittersporn *(Delphinium*-Pacific-Hybriden); Staudenlupinen *(Lupinus*-Polyphyllus-Hybriden); Sonnenhut *(Rudbeckia fulgida* var. *sullivantii* 'Goldsturm'); Ziersalbei *(Salvia nemorosa* 'Blaukönigin').

Die Aussaat

Sie brauchen ein möglichst steriles Aussaatsubstrat, ein sauberes Saatgefäß, etwa Kunststoffkästen mit Bodenperforation oder Saatschalen. Diese stellt man im Kleingewächshaus oder auf der Fensterbank auf eine Schicht Sand.
Die meisten Stauden sind **Lichtkeimer**, das heißt, das Saatgut wird nicht abgedeckt nach der Aussaat. Ausnahmen: **Dunkelkeimer**, deren Saatschalen mit feuchten Jutetüchern abgedeckt werden. Das sind zum Beispiel Rittersporn und Lupinen.
Sehr feines Saatgut mit Sand vermischen, um einem sehr dichten Stand der Sämlinge vorzubeugen. Sehr wichtig: gleichmäßige Boden- und möglichst hohe Luftfeuchtigkeit. Sobald die Sämlinge stark genug sind, werden sie pikiert, das heißt aus der Saatreihe herausgenommen und einzeln in Töpfe gesetzt. Aussaattermin ist bei den meisten Arten März/April.

Ausnahmen: Die Kaltkeimer. Das sind Stauden aus den kühlen Bergregionen, deren Samen zum Keimen eine Kälteperiode braucht. Deshalb sät man im Dezember-Januar aus und lässt die Saatgefäße für zwei bis drei Tage bei Zimmertemperatur stehen. Dann in Frühbeetkästen oder unter einen Strauch in den Garten stellen. Mit engmaschigem Drahtgeflecht vor Mäusen schützen!
Kaltkeimer sind z. B. Eisenhut *(Aconitum)*, Waldanemone *(Anemone sylvestris)*, Lerchensporn *(Corydalis)*, Tränendes Herz *(Digitalis spectabilis)*, Staudenphlox *(Phlox paniculata)*, Primeln *(Primula*-Arten), Waldgeißbart *(Aruncus dioicus)*, Trollblume *(Trollius*-Hybriden), Duftveilchen *(Viola odorata)* und viele andere.

Direktaussaat
Manche Stauden können auch direkt ausgesät werden, sozusagen zwischen die Beetpflanzen verstreut, ohne Vorkultur auf der Fensterbank oder unter Glas.
Das gelingt z. B. mit Steinkraut *(Alyssum saxatile)*, mit Akelei *(Aquilegia*-Arten), Glockenblumen *(Campanula carpatica, C. poscharskyana)*, Roter Fingerhut *(Digitalis purpurea)*, Islandmohn *(Papaver nudicaule)*, Mauerpfeffer *(Sedum acre)*.

Teilung

Die häufigste und zugegeben auch einfachste Methode, Stauden zu vermehren, ist die Teilung. Die Ergiebigkeit dieses Weges ist nicht so groß, reicht für Hobbygärtner aber allemal. Meist hat man ohnehin zu viel von den Exemplaren, wenn man sie schon teilen muss, weil sie zu groß geworden sind. Der zweite große Vorteil: Man weiß definitiv, dass die Teilstücke genauso aussehen werden wie die ursprüngliche Pflanze, also gleich hoch werden, die gleiche Blütenfarbe haben, usw. Denn nur eine solche »vegetative Vermehrung«, also nicht über Samen, sondern über Teilstücke, sichert die Erbanlagen der Mutterpflanze.
Der Zeitpunkt ist für die Arten unterschiedlich. Storchschnäbel teilt man während der Vegetationsperiode von Mai bis August. Bewurzelte Teilstücke kann man in einzelne, fingerdicke Triebe auseinandernehmen. Sie wachsen gut an, vorausgesetzt, sie werden gleich nach dem Aufteilen gepflanzt und danach gründlich gegossen.
Möglich ist die Teilung bei Schafgarbe, Eisenhut, Phlox, Sonnenhut, Gelenkblume, Felberich – eigentlich bei fast allen Gartenstauden.

Stecklinge

Eine weitere vegetative, aber schon etwas anspruchsvollere Methode. Man unterscheidet **Kopfstecklinge,** also die letzten 15 cm eines oberirdischen Triebes, von **Blattstecklingen,** wo man nur ein Blatt in die Erde steckt, und **grundständige Stecklinge,** die immer von der Basis der Pflanze geschnitten werden. Der Zeitpunkt zum Stecklinge schneiden ist das Frühjahr, von April bis Mai.
Wichtig: Die Stecklinge müssen sofort in Erde gesteckt werden, bei hoher Luftfeuchte und warmer Luft ein paar Wochen stehen. Wer kein Gewächshaus oder Frühbeetkasten hat, baut einen kleinen Folientunnel mit Bambusstäben und Plastikfolie.
Geeignet für: Günsel *(Ajuga reptans),* Beifuß *(Artemisia vulgaris),* Blauer Steinsame *(Lithospermum purpurocaerulea),* Pfingstnelken *(Dianthus gratianopolitanus),* Waldmeister *(Galium odoratum).*

Risslinge

Eine weitere, mehr bei den Staudengärtnern übliche Methode, die der Hobbygärtner kaum kennt. Hier wird ein seitlicher Trieb so von der Pflanze weggerissen, das ein Stück »Herz«, ein paar Wurzeln, mit abgerissen werden. Das Ergebnis sind Mini-Teilpflanzen mit Wurzeln. Risslinge nimmt man von September bis November. Praktiziert wird das etwa bei den Sommermargeriten, aber auch bei vielen mehrjährigen Kräutern ist das üblich.
Geeignet für: Katzenpfötchen *(Antennaria dioica),* Schlitzblättriger Sonnenhut *(Rudbeckia laciniata),* Kandelaber-Ehrenpreis *(Veronicastrum virginicum).*

Wurzelschnittlinge

Bei dieser Methode wird im Dezember/Januar die Mutterpflanze bei frostfreiem Wetter aus dem Boden ausgegraben, die Erde abgeschüttelt und fingerstarke Wurzeln in Teilstücke geschnitten. Je nach Art werden die Wurzelstücke waagerecht (bei den meisten) oder senkrecht (bei Türkenmohn) in ein Kulturgefäß mit Aussaaterde gesteckt.
Geeignet für: Phlox, Großes Windröschen *(Anemone sylvestris),* Herbstanemonen, Türkischer Mohn, Alpen-Mannstreu *(Eryngium alpinum),* Wiesen-Storchschnabel *(Geranium pratense).*

Gehölze vermehren

Steckhölzer im Winter

Für die Steckholzvermehrung schneidet man die einjährigen, in diesem Sommer gewachsenen Triebe in 15 bis 20 cm Teilstücke. Dabei ist darauf zu achten, dass der untere Schnitt schräg und etwa 2-3 cm unter einer Knospe durchgeführt wird. Oben wird das Steckholz fast waagerecht, direkt oberhalb einer Knospe oder eines Knospenpaares gekappt. Die optimale Länge eines Steckholzes ist etwa die Länge einer normalen Gartenschere. Geschnitten wird im Herbst. Die Steckhölzer werden frostfrei in einem kühlen Keller, eingewickelt in feuchte Tücher, überwintert.
Im März/April geht es weiter. Dann das Steckholz mit dem schrägen Ende (dem unteren Ende) zuerst in den vorbereiteten, gelockerten und mit Kompost angereicherten Gartenboden stecken. Und zwar so tief, dass nur das oberste Knospenpaar über der Erde zu sehen ist. Ausnahme: Weiden; ihre Steckhölzer werden nur $^1/_3$ in den Boden gesteckt, $^2/_3$ über der Erde belassen.
Leicht durch Steckholz vermehrbare Sträucher:
Liguster *(Ligustrum vulgare),* Zierjohannisbeere *(Ribes aureum, Ribes alpinum),* Goldglöckchen *(Forsythia × intermedia),* Hartriegel *(Cornus alba, C. sanguinea),* Weide *(Salix*-Arten), Pfeifenstrauch *(Philadelphus coronaria),* Kolkwitzie *(Kolkwitzia amabilis).*
Kletterpflanzen:
Wilder Wein *(Parthenocissus quinquefolia)* Wilder Wein *(Parthenocissus tricuspidata* 'Veitchii') Geißblatt *(Lonicera*-Arten), Baumwürger *(Celastrus orbiculatus, C. scandens).*

Absenker

Hierbei wird die Fähigkeit der Sträucher genutzt, an oberiridischen Trieben Wurzeln zu bilden, sobald die Ruten Bodenkontakt haben. Der optimale Zeitpunkt für das Absenken ist im Frühjahr, sobald die Gehölze austreiben. Weiche Ruten können das ganze Jahr bis zum Herbst abgesenkt werden. Lockern Sie den Boden rund um die Pflanze und verbessern Sie ihn mit Pflanzerde oder reifem Kompost. Wählen Sie einen seitlichen Zweig und drücken Sie ihn bogenförmig zur Erde. Dort, wo er die Erde berührt, ritzen Sie eine Kerbe ins Holz, möglichst auf der anderen Seite von zwei Knospen. Danach biegen Sie den Zweig ein zweites Mal zu Boden und drücken die verletzte Stelle in den Boden, fixieren ihn mit einem Haken und häufeln Erde mit Sand gemischt über diese Stelle. Sorgen Sie dafür, dass der Boden den gesamten Sommer gleichmäßig feucht ist.
In der Erde treiben aus dem Wundgewebe feine Faserwurzeln. Es kann bis zu drei Jahren dauern, bis die Triebe sich im Boden fest verankert haben.
Durch Absenker vermehrbare Gehölze:
Säckelblume *(Ceanothus*-Arten), Hartriegel *(Cornus*-Arten), Zwergmispel *(Cotoneaster),* Zaubernuss *(Hamamelis),* Hortensien *(Hydrangea),* Stechpalme *(Ilex),* Mahonien *(Mahonia*-Arten), Schneeball *(Viburnum*-Arten).

Bezugsquellen

Ein- und zweijährige Sommerblumen

Gärtner Pötschke
41561 Kaarst
Tel.: 0180/5861100
www.poetschke-garten.de

Die Blumenschule
Engler & Friesch
Augsburger Str. 62
86956 Schongau
Tel.: 08861/7373
www.blumenschule.de

Duftpflanzen und Kräuter

Gärtnerei Kräuterzauber
Daniel Rühlemann
Am Himpberg 32
27367 Stuckenborstel
Tel.: 04264/2284
www.kraeuterzauber.de

SYRINGA-Samen, B. Dittrich
Bachstr. 7
78247 Hilzingen
Tel.: 07739/1452
www.syringa-samen.de

Stauden, Gräser und Farne

Annemarie Eskuche
Staudenkulturen am Söhnholz
29664 Ostenholz
Tel.: 05167/287
www.stauden-eskuche.de

Staudengärtner Klose
Rosenstr. 10
34253 Lohfelden
Tel.: 0561/515555
(Spezialität: *Hosta*)
www.staudengaertner-klose.de

Staudengärtnerei Arends Maubach
Monschaustr. 76
42369 Wuppertal-Ronsdorf
Tel.: 0202/464610
www.arends-maubach.de

Staudengärtnerei
Gräfin von Zeppelin
79295 Sulzburg – Laufen/Baden
Tel.: 07634/69716
www.graefin-v-zeppelin.de

Staudengärtnerei
Dieter Gaißmayer
Bioland-Gärtnerei
Jungviehweide 3
89257 Illertissen
Tel.: 07303/7258
www.staudengaissmayer.de

Blumenzwiebeln

Albrecht Hoch
Potsdamer Straße 40
14163 Berlin
Tel.: 030/8026251

Endre Földesi
Ackerstr. 16a
17268 Flieth-Steglitz
Tel.: 039887/61180

Ziergehölze und Heckenpflanzen

W. Hachmann Baumschule
Brunnenstraße 68 b
25355 Barmstedt in Holstein
Tel.: 04123/2055
(Rhododendren, Zwerggehölze und Raritäten)
www.hachmann.de

Buchsgärtnerei Atrops
Feldstraße 12
47509 Rheurdt-Schaephnysen
Tel.: 02845/609956
www.baumschule-atrops.de

Baumschule Huben
Schrießheimer Fußweg 7
68526 Ladenburg
Tel.: 06203/92800
(Spezialität: Buchs und Kamelien, Englische Rosen)
www.huben.de

Grübele Baumschulen
Martin-Luther-Weg 14
71554 Weissach im Tal
Tel.: 07191/51234
www.gruebele.de

Wörlein Baumschulen
Baumschulweg 9
86911 Dießen/Ammersee
Tel.: 08807/9210-0
www.woerlein.de

Rosen

Rosarot Pflanzenversand,
Gert Hartung
Besenbek 4b
25335 Raa-Besenbek
Tel.: 04121/423884
www.rosarot-pflanzenversand.de

W. Kordes Söhne
Rosenschule GmbH & Co KG
Rosenstraße 54
25365 Klein Offenseth-Sparrieshoop
Tel.: 04121/48700
www.Kordes-Rosen.com

Noack-Rosen
Baum- und Rosenschulen
Im Fenne 54
33334 Gütersloh
Tel.: 05241/20187

Bioland-Rosenschule Ruf
Zum Sauerbrunnen 35
61231 Bad Nauheim-Steinfurth
Tel.: 06032/81893
(Produktion ohne chemische Pflanzenschutzmittel)

Karl-Otto Schütt
Spezialist für historische Rosen
Vorder-Neuendorf 16
25554 Neuendorf
Tel.: 04823/9195
www.historische-rosen-schuett.de

Rosenhof Walter Schultheis
Bad Nauheimer Str. 3–7
61231 Bad Nauheim-Steinfurth
Tel.: 06032/81013
www.rosenhof-schultheis.de
(vor allem Alte Rosen)

David Austin Roses
Bowling Green Lane, Albrighton
Wolverhampton WV7 3HB
Kostenloses Tel.: +800/7777/6737
www.davidaustinroses.com

Kletterpflanzen

F. M. Westphal
Peiner Hof 7
25497 Prisdorf
Tel.: 04101/74104
(Waldreben, Clematis)
www.clematis-westphal.de

Baumschule W. Kruse
Wallenbrücker Straße 14
49328 Melle
Tel.: 05226/9898-66
www.clematis.de

Clematis Herian
Adlesweg 11
89440 Lutringen-Unterliezheim
Tel.: 09089/754

Blumensamen

Thompson & Morgan
Poplar Lane, Ipswich,
Suffolk, England IP8 3BU
Deutsche Tel.: 040/6119 3993
www.thompson-morgan.com

Demeter Bingenheimer Saatgut
Tel.: 06035/1899-0
www.oekoseeds.de

Sperli Samen
Tel.: 04131/3017-0
www.sperli-samen.de

Zubehör

Gartenbedarf Versand
Richard Ward
Günztalstraße 22
87733 Markt Rettenbach
Tel.: 08392/1646
www.gartenbedarfversand.de
(Bewässerungsschlauch)

Literatur

Bücher:

Bärtels, Andreas: Enzyklopädie der Gartengehölze, 4. Aufl., Verlag Eugen Ulmer, Stuttgart, 2001

Haberer, Martin: Taschenatlas Stauden, Verlag Eugen Ulmer, Stuttgart, 2002

Hansen, Richard/Stahl, Friedrich: Die Stauden und ihre Lebensbereiche, 5. Aufl., Verlag Eugen Ulmer, Stuttgart, 1997

Jelitto/Schacht/Fessler: Die Freiland-Schmuckstauden, 5. Aufl., Verlag Eugen Ulmer, Stuttgart, 2002

Korz, Jutta: Gärten umgestalten, 2. Aufl., BLV-Verlag München, 2000

Kreuzers Gartenpflanzen Lexikon, Band 4, 4. Aufl., Bernhard Thalacker Verlag, Braunschweig, 1999

Markley, Robert: Die BLV Rosen-Enzyklopädie, 3. Aufl., BLV-Verlag, München, 2004

Neudorffs Garten-Fibel: W. Neudorff GmbH KG, Emmerthal

Pavord, Anna: Gärten gestalten mit Pflanzplänen, Christian Verlag, München, 2001

Urban, Helga: Ein Garten der Düfte, BLV-Verlag, München, 1999

Warda, Hans-Dieter: Das Große Buch der Garten- und Landschaftsgehölze, Bruns-Pflanzen Export GmbH, Bad Zwischenahn, 2001

Zeitschriften:

FLORA GARTEN
Gruner & Jahr, Hamburg

Gärtnern leicht gemacht
Living & More Verlag, Offenburg

kraut & rüben
Deutscher Landwirtschaftsverlag, München

mein schöner Garten
Burda-Verlag, Offenburg

Stichwortverzeichnis

Seitenzahlen mit * verweisen auf Abbildungen

Autorin und Fotografin sagen ganz herzlichen Dank all den Gartenbesitzern, Gärtnereien und Einrichtungen, die uns mit großer fachlicher Unterstützung zur Seite standen und in deren Gärten fotografiert werden durfte.

Ganz besonderer Dank gilt folgenden Gärtnereibetrieben:

in Deutschland:
Dieter Gaißmayer; Bruno Nebelung/Kiepenkerl; Syngenta Seeds GmbH; Clematis F. M. Westphal; Baumschule Paul Schwieters; Gärtnerei Gräfin Zeppelin; Ernst Pagels

in Holland:
Boomkamp Gardens; Laura Dingemans; Arnoldshof; Kleine Plantage; Coen Jansen; Piet Oudolf; De Rhulenhof; Charles Hendriks

in England:
Cabbages & Kings Gardens; Merriments Gardens

Bibliografische Information Der Deutschen Bibliothek
Die Deutsche Bibliothek verzeichnet diese Publikation in der Deutschen Nationalbibliografie; detaillierte bibliografische Daten sind im Internet über http://dnb.ddb.de abrufbar.

Bildnachweis:

Alle Fotos von Ursel Borstell, außer:

Hagen: 71 l, 170 r, 182 M.
Reinhard: 88 r, 90 M, 124 r, 152 l, 164 r, 165 M, 168 M, 168 r, 212 M, 213 l, 214 r, 215 r, 219 M, 221 M.
Stangl: 76 l.

Grafiken: Heidi Janiček.
Computergrafiken Seite 29 und Vignetten Seite 32 bis 65: Jörg Mair

Umschlaggestaltung: Anja Masuch, Fürstenfeldbruck
Umschlagfotos: Ursel Borstell

4., überarbeitete Auflage (Neuausgabe)

BLV Buchverlag GmbH & Co. KG
80797 München

Lektorat: Dr. Thomas Hagen
Herstellung: Hannelore Diehl
Layoutkonzeption: Parzhuber & Partner, München
Layout und DTP: Satz+Layout Fruth GmbH, München

Printed in Germany · ISBN-10: 3-8354-0167-X
ISBN-13: 978-3-8354-0167-9